W0254847

Beiträge zur Wirtschaftsinformatik

Band 1: Lore Alkier
Zukunftsweisende Konzepte für die EDV-Ausbildung
1992. VIII / 207 Seiten, Brosch. DM 75,-
ISBN 3-7908-0568-8

Ulrich Ludwig Küsters

Entwicklung von regelbasierten Expertensystemen in APL2

Mit 4 Abbildungen

Springer-Verlag Berlin Heidelberg GmbH

Reihenherausgeber
Werner A. Müller
Peter Schuster

Autor
Dr. Ulrich Ludwig Küsters
Bergische Universität (GH) Wuppertal
FB Wirtschaftswissenschaft, Fach Statistik
Gaußstraße 20 / M 14.30
D-5600 Wuppertal-Elberfeld

ISBN 978-3-7908-0589-5

CIP-Titelaufnahme der Deutschen Bibliothek
Küsters, Ulrich:
Entwicklung von regelbasierten Expertensystemen in APL2 /
Ulrich Ludwig Küsters.
(Beiträge zur Wirtschaftsinformatik; Bd. 2)
ISBN 978-3-7908-0589-5 ISBN 978-3-662-11679-1 (eBook)
DOI 10.1007/978-3-662-11679-1
NE: GT

7120/7130-543210 - Gedruckt auf säurefreiem Papier

Vorwort

Dieses Buch enthält eine vollständige APL2-Implementation einer Expertensystemshell, mit der regelbasierte Expertensysteme entwickelt werden können. Die Expertensystemshell ermöglicht eine einfache Einbindung von APL2-Funktionen und eignet sich daher zur Entwicklung von Expertensystemen, in denen umfangreiche numerische Berechnungen durchgeführt werden müssen. Damit läßt sich das System zur Konstruktion von statistischen Expertensystemen verwenden. Eine weiteres Anwendungsfeld ist die Programmierung von regelbasierten Expertensystemkomponenten innerhalb von Managementinformationssystemen, in denen die unterschiedlichsten numerischen Algorithmen für Prognose- und Optimierungszwecke eingesetzt werden. Die erste Version des Regelübersetzers und des Regelwerkinterpreters entstand 1989 während eines einjährigen Forschungsaufenthaltes in der Arbeitsgruppe *Mathematical Statistics and Econometrics* am *Scientific Center IBM* in Pisa, wo ich die Gelegenheit hatte, den modernen APL2/370-Interpreter unter VM/CMS kennenzulernen. Die in diesem Buch dokumentierte Expertensystemshell stellt eine reduzierte Version dar, in der einige Programmelemente wieder entfernt wurden. Das Programm arbeitet weitgehend fehlerfrei. Da ein erschöpfender Test unmöglich ist, übernehme ich – wie es bei akademischer Software üblich ist – keine Garantie für eine vollständig einwandfreie Funktionsweise.

Die Kameravorlage dieses Buches wurde mit dem PC-TEX-System und dem Dokumentationssystem LATEX von Leslie Lamport unter Zuhilfenahme der deutschen Trenntabelle von N. Schwarz, Bochum auf einem IBM-PS/2-70-486 Rechner unter IBM-PC-DOS 3.3. erstellt. Der Ausdruck erfolgte mit dem GesyCom Druckertreiber DVItoHP auf einem IBM Seitendrucker 4216-010. Graphiken wurden mit der LATEX-Umgebung `picture` erstellt. Die zum Ausdruck verwendeten Times Roman Fonts (AP-TEX-Postscript-Emulationsfonts) wurden durch einen Patch der LATEX-Fontdefinitionsdatei `LFONTS.TEX` eingebunden. Zur Erstellung der TEX-TFM– und TEX–PK-Fontdateien für APL-Sonderzeichen wurde D. Knuth's MetaFont-System in der PC-MF-Version verwendet. Die MetaFont-APL-Zeichensatzdefinition stammt weitgehend von A. Hohti und O. Kanerva (1988), Helsinki, wurde aber um APL2-Sonderzeichen wie ⎕ ergänzt. Umlaute und Graphik-Sonderzeichen können mit diesem Font nicht ausgegeben werden, da PC-TEX lediglich 7-Bit-Kodes erlaubt. Weiterhin erstellte ich mehrere, zur Formatierung notwendige TEX- und LATEX-Makros. Zur Übersetzung der APL2-Sonderzeichen zu TEX-Escape-Sequenzen wurden zwei in APL2 und in TurboC implementierte Übersetzer geschrieben. Alle im Buch abgedruckten APL2-Programme wurden mit der 32-Bit APL2/PC-Version 1.02 vom 21.6.1990 bzw. mit dem APL2/370-Interpreter (Release 3) unter VM/SP5 entwickelt. Zur Erstellung der Kameravorlage wurden ca. 20 definierte APL2-Funktionen auf eine kürzere Seitenbreite umgebrochen. Ich hoffe, daß sich bei diesem Umbruch keine Fehler eingeschlichen haben. Allerdings möchte ich darauf hinweisen, daß vor der Drucklegung alle abgedruckten Programme mit Hilfe der in Kapitel 5 und Anhang C angegebenen Beispiele mit dem APL2-Interpreter (Version 1, Release 3.0, Put Tape Service Level 303) unter VM/SP6 getestet wurden. Daher können zumindest die wichtigsten Fehler ausgeschlossen werden, da die Programme mit einem Hilfsprogramm aus den TEX-Quelldateien extrahiert wurden.

Zum Abschluß dieser Arbeit möchte ich all denjenigen danken, die mir während der Entstehung dieser Arbeit mit Rat und Tat, aber auch mit harter Kritik zur Seite gestanden haben. Mein langjähriger akademischer Lehrer, Vorgesetzter und Freund Gerhard Arminger (BUGH Wuppertal) hat mich seit 1978 durch zahlreiche Anregungen und durch die Bereitstellung einer effizienten Arbeitsumgebung gefördert. Insbesondere ließ er mir stets einen großen Freiraum bei der Gestaltung und Einteilung meiner Arbeitszeit. Dadurch hatte ich die Gelegenheit, nicht nur auf meinem Hauptarbeitsgebiet der Modellierung latenter und qualitativer Variablen, sondern auch auf den für die Forschungsinteressen am Lehrstuhl sekundären Gebieten der computergestützten Methoden der Datenanalyse, der Expertensysteme und der Programmiersprachen zu arbeiten. Carlo Bianchi (Scientific Center IBM, Pisa) unterstützte mich durch zahlreiche Diskussionen über die Notwendigkeit, den praktischen Nutzen und die Implementationsmöglichkeiten von statistischen Expertensystemen. Durch ihn wurde mein Anspruchsniveau an ein Expertensystem auf ein praktisch realisierbares Maß reduziert. Claudio Sandi (Research Center IBM, Pisa) leistete einen erheblichen Beitrag, indem er mich durch die Vermittlung von APL2-Idiomen tatkräftig unterstützte. Insbesondere möchte ich ihm für seine permanente Bereitschaft danken, sich mit mir über programmiertechnische und algorithmische Probleme auseinanderzusetzen. Bei Dieter Lattermann (IBM Heidelberg) möchte ich mich herzlichst für eine kritische Durchsicht einer Vorversion dieses Buches bedanken. Natürlich gehen alle Fehler und konzeptionellen Mängel zu meinen Lasten. Manuel Alfonseca (IBM Scientific Center Madrid) und David Selby (IBM Scientific Center Winchester) gebührt mein Dank für die erstklassige PC-Implementation von APL2. Herzlichst danken möchte ich aber auch Elena Avanchini, Günter Bamberg, Karl Bommert, Giorgio Calzolari, Roland Dillmann, Daniel Enache, Angela Küsters, Irmgard Laag, Winfried Matthes, Franz Müller, Lorenzo Panattoni, Giovanna Peternella, Michael Röding, Andreas Schepers, Wolfgang Sodeur und Manfred Wolff, die mich in den vergangenen Jahren in vielfältiger Form unterstützten. Insbesondere danke ich auch Horst Statz (IBM Deutschland) und Renzo Marconi (IBM Italien) für ihre freundliche Bereitschaft, mir einen Aufenthalt am Scientific Center von IBM in Pisa zu ermöglichen. Der IBM Deutschland GmbH danke ich dafür, daß sie dem FB Wirtschaftswissenschaft der BUGH Wuppertal einen APL2R3-Interpreter im Rahmen eines Studienvertrags zur Verfügung gestellt hat. Meiner Frau Anja und meinen Söhnen Niklas und Frederick danke ich für ihre Toleranz, durch die ich ungestört bis in die späten Nachtstunden arbeiten konnte. Ohne sie wäre dieses Buch nie zustandegekommen.

Ulrich Ludwig Küsters

Inhaltsverzeichnis

Kapitel 1

Expertensysteme und APL2

1.1 Einleitung

Dieses Buch enthält eine vollständige APL2-Implementation einer Expertensystemshell, mit der regelbasierte Expertensysteme programmiert werden können. Die Anwendung des Systems wird durch zwei ausgewählte Beispiele aus Betriebswirtschaftlehre und Statistik illustriert. Expertensysteme sind hochkomplexe Computerprogramme zur Lösung von Problemen, die normalerweise durch menschliche Experten gelöst werden. Derartige Programme, die oft auch als wissensbasierte Systeme bezeichnet werden, manipulieren formal repräsentierbares Wissen durch symbolische Algorithmen, die menschliches Problemlösungsverhalten durch Suchverfahren und Heuristiken emulieren sollen. Faktisch ist dieser Anspruch bis jetzt erst für relativ einfache und eng abgrenzbare Problemstellungen eingelöst worden. Das ursprüngliche Ziel von Expertensystemen – die Entwicklung von allgemeinen Problemlösungsprogrammen – ist hingegen bisher nicht erreicht worden. Dennoch findet man in der Alltagspraxis eine Reihe von bemerkenswerten Expertensystemen, unter denen die erfolgreichsten zur Rechnerkonfiguration und zur medizinischen Diagnostik verwendet werden. Diese Anwendungen lieferten ermutigende Hinweise darauf, daß maschinelle Experten gegenüber menschlichen Experten eine Reihe von Vorteilen besitzen, die im wesentlichen auf ihre permanente Verfügbarkeit, ihre innere Konsistenz und ihre Kostenkonstanz zurückzuführen sind.

Bei der Entwicklung von Expertensystemen treten eine Reihe von komplexen Problemen auf, die unter den Stichwörtern Wissensakquisition und Wissensrepräsentation diskutiert werden. Eng verbunden mit dem Problem der Wissensrepräsentation ist der Entwurf von Inferenzalgorithmen, die beim praktischen Entwurf von Expertensystemen in einer Programmiersprache realisiert werden müssen. Traditionell werden die meisten Expertensysteme in Lisp und Prolog – den klassischen Sprachen der künstlichen Intelligenz (KI) – implementiert. Dabei wird häufig übersehen, daß diese Programmiersprachen nicht die einzig brauchbaren Werkzeuge zur Implementation von KI-Algorithmen sind. Die meisten Lisp- und Prolog-Interpreter sind für die Implementation von numerischen Algorithmen, wie sie etwa zur linearen Programmierung, statistischen Analyse oder Portfolio-Selektion erforderlich sind, ungeeignet. Bei der Verbindung von Datenbankapplikationen mit Expertensystemen treten neben den ohnehin schon erheblichen konzeptionellen Problemen komplexe Implementationsprobleme auf. Langfristig werden Expertensysteme jedoch nur dann Erfolg haben, wenn die reinen Methoden der Expertensystemtechnologie mit bereits bestehenden und bewährten Technologien verbunden werden. Potentiell bieten sich zwei Ansätze zur Verknüpfung an: Zum ersten kann man die in Lisp oder Prolog nur schwer oder ineffizient zu programmierenden Algorithmen mit einer anderen Programmiersprache implementieren und durch Fremdsprachen-Schnittstellen in Lisp- bzw. Prolog-Programme einbinden. Diese Vorgehensweise führt zu einigen Problemen. Die Verwendung von Fremdsprachenschnittstellen erfordert immer einen erhöhten Aufwand bei der Fehlersuche. Außerdem ist die Migration (Portierung) eines Programms auf andere Maschinen und Betriebssysteme aufwendig, da Fremdsprachenschnittstellen fast immer systemspezifisch sind. Bei der Koppelung von unterschiedlichen Programmsystemen durch Dateien treten hingegen fast immer Probleme beim Datenaustausch auf[1]. Eine zweite und bisher nur selten verfolgte Alternative ist der Verzicht auf eine Implementation in einer typischen KI-Sprache, indem man den Kern des Expertensystems in der Hauptapplikationssprache erstellt (Butler, Hodil und Richardson 1988, Streitberg und Naeve 1986)[2]. Diese Alternative ist insbesondere dann vorzuziehen, wenn der dafür erforderliche Aufwand mit dem Implementationsaufwand in Lisp oder Prolog vergleichbar ist. Allerdings ist das Design von Algorithmen zu einem wesentlichen Teil von der verwendeten Implementationssprache abhängig. Vorwärtsschließende Produktionssysteme werden in Prolog vorwiegend durch Meta-Interpreter realisiert (Walker et.al. 1987). In Lisp muß ein vorwärtsschließendes Produktionssystem hingegen durch die Programmierung einer prozeduralen Inferenzmaschine implementiert werden (Winston und Horn 1989). Beide Vorgehensweisen sind in der Literatur durch eine Vielzahl von Arbeiten dokumentiert, die explizite Vorlagen (etwa Stoyan 1988 und Hu 1987) oder zumindest Anregungen für den Programmentwurf liefern.

Dokumentierte Implementationsvorschläge findet man weitaus seltener, wenn man eine imperativ-prozedurale Programmiersprache wie Pascal, C und Modula-2 oder feldorientierte Sprachen wie APL und Gauss verwenden möchte bzw. muß. Die fehlende Literaturunterstützung führt dazu, daß die meisten Anwender versuchen, Lisp- oder Prolog-Algorithmen als Vorlagen heranziehen und ohne algorithmische Änderungen analog in der Hauptapplikationssprache zu kodieren. Diese Vorgehensweise scheitert allerdings oft, da die Programmiersprachen auf völlig unterschiedlichen Paradigmen basieren[3].

[1]Dieses Problem wird bei Naeve (1990) besonders deutlich illustriert. Naeve organisiert den Datenaustausch zwischen einem mit Twaice (eine Prolog-Expertensystemshell von Nixdorf) programmierten statistischem Expertensystem und dem Statistikpaket PStat durch Batch-Dateien und Unix-Shell-Skripte. VM-Prolog und APL2 können in einer VM/CMS-Umgebung ebenfalls nur indirekt, nämlich über REXX-Variablen miteinander kommunizieren.

[2]Andere Autoren wie Locarek (1988) ziehen eine andere Konsequenz und schlagen den Entwurf von Programmiersprachen vor, die gleichermaßen zur Programmierung von numerischen und symbolischen Algorithmen geeignet sind. Dieser Ansatz ist konzeptionell richtig, hat aber den Nachteil, daß wiederum Spezialsprachen konstruiert werden, die nur eine geringe Verbreitung finden.

[3]In der Literatur zu Programmiersprachen wird zwischen imperativ-prozeduralen, funktional-applikativen, logisch-deklarativen, objektorientierten und parallelen Sprachen unterschieden. Fortran, Pascal, Modula-2 und C gehören zur Gruppe der imperativ-prozeduralen Programmiersprachen und unterscheiden sich in erster Linie durch unterschiedliche Syntax. Unterschiede in Hinblick auf Daten- und Kontrollstrukturen sind eher geringfügig (Backus 1978). Die Hauptvertreter innerhalb der Gruppe der funktional-applikativen Programmiersprachen, die auf dem Konzept des Lambda-Kalküls basieren, sind Lisp und Scheme, obwohl diese Sprachen bzw. Spracherweiterungen auch erhebliche imperative und objektorientierte Elemente enthalten. Der Hauptvertreter der logisch-deklarativen Programmiersprachen ist Prolog. Objektorientierte Programmiersprachen basieren auf dem Konzept, daß Programme nicht durch Prozeduren, sondern durch Datenstrukturen modularisiert werden, die in hierarchischer Beziehung zueinander stehen können (Vererbung) und die lediglich durch ein festgelegtes, möglicherweise polymorphistisches Protokoll miteinander kommunizieren dürfen (Einkapselung und Nachrichtenaustausch). Typische objektorientierte Programmiersprachen lehnen sich strukturell meistens an imperative (Smalltalk 80, C++, Eiffel) oder an funktional-applikative (CLOS) Programmiersprachen an. APL2 stellt eine eher untyische Kombination von feldorientierten, funktional-applikativen und imperativ-prozeduralen Elementen dar (Backus 1978, Hudak 1989, Tu und Perlis 1986). Daher führt die Übertragung von Algorithmen, die nur für ein bestimmtes Programmierparadigma 'passen', fast immer zu ineffizienten und/oder unübersichtlichen Programmen.

Das Hauptziel dieses Buches ist die Entwicklung und APL2-Implementation einer regelbasierten Expertensystemshell, die für die unterschiedlichsten Anwendungen verwendet werden kann. APL und moderne APL-Dialekte wie APL2 und APL⋆Plus sind vor allem im Großrechnerbereich sehr weit verbreitet[4]. APL2 ist der auf Großrechnern dominierende APL-Dialekt von IBM, der gegenüber dem klassischen und mittlerweise veralteten Standard-ISO-APL (APL-News 1990/1, DIN 1991) eine Reihe von erheblichen Erweiterungen enthält, die eine effiziente und auch konzeptionell elegante Implementation von KI-Algorithmen ermöglichen. APL2 wird vorwiegend von Anwendern aus den Bereichen Bankwesen, Finanzierung, Datenbankorganisation, Statistik, Operations Research und Versicherungswesen benutzt, an die sich dieses Buch auch in erster Linie wendet. Anwender, die auf diesen Gebieten arbeiten, wünschen sich oft eine enge Koppelung einer in APL oder APL2 erstellten numerischen oder kommerziellen Applikation mit einem Expertensystem. Leider scheitern viele Versuche einer direkten APL2-Implementation der Expertensystemkomponente daran, daß Anwender nur sehr unzulänglich durch publizierte Prototypen unterstützt werden[5]. Dies ändert jedoch nichts daran, daß viele Anwender eine reine APL2-Implementation aufgrund der oben beschriebenen Schnittstellenprobleme vorziehen würden.

Programmiertechnisch ist es relativ einfach, einen Prolog-Interpreter in APL2 zu implementieren (siehe Brown et.al. 1986a, 1986b, Brown und Guerreiro 1987a, 1987b, Eusebi und Brown 1986). Daher besteht im Prinzip die Möglichkeit, bereits publizierte und getestete Algorithmen für Expertensysteme aus der Prolog-Literatur (etwa Meta-Interpreter) zu übernehmen. Allerdings führt diese Vorgehensweise zu drei Interpretationsebenen. Auf der obersten Ebene wird die reale Expertensystemdefinition, die durch Prolog-Klauseln repräsentiert wird, durch ein in Prolog erstelltes Meta-Programm interpretiert. Dieser Metainterpreter (Sterling und Beer 1989) enthält Erklärungs- und Interaktionskomponenten. Auf der nächsten Ebene wird dieses Meta-Programm durch einen in APL2 geschriebenen Prolog-Interpreter ausgeführt. Dieser in APL2 implementierte Prolog-Interpreter wird auf einer weiteren Ebene wiederum durch den APL2-Interpreter exekutiert. Jede Interpretationsebene erhöht den Rechenaufwand, so daß dieser Ansatz zu sehr langsamen Programmen führt.

Lisp-Konstrukte wie Lambda-Ausdrücke, Ströme etc. (Abelson, Sussman und Sussman 1985) können ebenfalls durch definierte APL2-Funktionen und Operatoren emuliert werden (Guerreiro 1986), so daß man mit diesen Emulationsfunktionen Lisp-Programme direkt in APL2-Funktionen übersetzen kann. Diese Vorgehensweise führt aber ebenfalls zu ähnlichen Effizienzproblemen wie die Emulation eines Prolog-Interpreters. Außerdem werden derartige Programme sehr schnell unübersichtlich. Allerdings lassen sich elementare Lisp-Algorithmen (ohne Lambda-Ausdrücke und Ströme) sehr einfach in APL2-Kode übertragen, da APL2 durch das Konzept des genesteten Felder alle in Lisp verfügbaren Listen repräsentieren kann (Kaneko 1988).

[4]Dies ist u.a. auch daran erkennbar, daß von den beiden ersten Auflagen von Gilman und Rose (1984, dritte Auflage) 250000 Exemplare gedruckt wurden. Aufgrund der zunehmenden Verfügbarkeit von leistungsfähigen Mikrocomputern und effizienten APL-Implementationen ist mit einer weiteren Verbreitung von modernen APL-Dialekten zu rechnen.

[5]Für kommerzielle und mathematische Probleme stehen hingegen eine ganze Reihe von publizierten und dokumentierten APL-Algorithmen zur Verfügung, die auch in APL2 verwendet werden können. In Grenander (1982) findet man eine Vielzahl von numerischen Funktionen, während Anscombe (1981) sowie Ramsey und Musgrave (1981) eine Reihe von statistischen Funktionen implementierten. Kommerzielle APL-Funktionen werden in Lattermann (1986) und Bergquist (1987) beschrieben. Die Monographie von Stiers, Goovaerts und de Kerf (1987) enthält neben einer Einführung in APL1 eine Reihe von versicherungsmathematischen APL-Funktionen. Thomson (1989) beschreibt eine Reihe von elementaren mathematischen Anwendungen von APL.

Aufbau und Struktur von Lisp-, Prolog- und APL2-Programmen unterscheiden sich erheblich. Lisp verwendet Listen als grundlegende Datenstruktur und stellt durch Algol-ähnliche Flußkontrollstrukturen in Verbindung mit dem Lambda-Kalkül ein mächtiges Programmierwerkzeug dar. Prolog basiert hingegen auf dem Ansatz der logisch-deklarativen Programmierung, in dem der Programmablauf mit einem Tiefensuchverfahren durch Resolution und Unifikation gesteuert wird. APL2 verwendet als grundlegende Datenstruktur genestete Felder, auf die mächtige Funktionen und durch Operatoren abgeleitete Funktionen angewandt werden. Klassische Flußkontrollstrukturen (`do while, if, then, else` etc.), wie sie in imperativ-prozeduralen Sprachen üblich sind, stehen in APL2 nicht zu Verfügung, sind zur Programmierung aber auch überflüssig[6]. Daher muß man bei einer Übertragung von Lisp- und Prolog-Programmen zu APL2-Kode mit erheblichen Problemen rechnen[7].

Akzeptiert man die Beschränkung auf eine einzige Entwicklungssprache, so bleibt für eine sinnvolle Implementation von Expertensystemen in APL2 lediglich der Weg offen, praxisrelevante und bewährte Algorithmen der Expertensystemtechnologie direkt unter Ausnutzung der Feldorientierung in APL2 zu implementieren. Damit scheidet eine algorithmisch analoge Reimplementation von klassischen Lisp- oder Prolog-Algorithmen aus.

Dieses Buch konzentriert sich daher auf eine APL2-adäquate Implementation eines regelbasierten Prototyps, der sehr einfach mit konventionellen APL2-Applikationen verbunden werden kann. Alle Programme werden vollständig abgedruckt, da in der Literatur wiederholt (z.B. Geller 1988) der Bedarf nach dokumentierten Algorithmen geäußert wurde. Allerdings möchte ich nicht verschweigen, daß viele Programmierer APL-Kode als unlesbar betrachten (vgl. etwa Pornelle 1983). Ludewig (1985, Seite 140) beurteilte APL folgendermaßen:

> Die Sprache hat wegen ihrer äußerst knappen, dem Laien völlig unverständlichen Notation, die einen besonderen Zeichensatz (viele griechische Buchstaben und Sonderzeichen) und damit spezielle Terminals verwendet, eine kleine Gemeinde überzeugter Fans (oft Mathematiker), die sich gerne einen Sport daraus machen, komplizierte Probleme mit einem Programm zu lösen, das in eine einzige Zeile paßt (die berüchtigten "One-liner"). APL gilt daher unter den "Ungläubigen" als praktisch unlesbar.

Diese sehr kritische Einstellung wird allerdings nicht von allen Autoren geteilt. Hansen (1986, Seite 329) bewertet APL in folgender Weise:

> Eine weitere *wichtige*, zunächst für mathematische Anwendungen konzipierte Programmiersprache ist **APL** (A Programming Language). Diese Sprache ist vor allem für die interaktive Programmentwicklung durch den mit mathematischen Notationen vertrauten Endbenutzer geeignet und zeichnet sich durch eine äußerst kompakte, unkonventionelle Schreibweise aus. Mittlerweise wird APL

[6] APL2 enthält eine Reihe von funktional-applikativen Sprachelementen (Hudak 1989), zu denen vor allem das Operatorkonzept (Eusebi 1985a), die Rekursion (Eusebi 1985b) und die Möglichkeit der Listenverarbeitung gehören. Da Lisp-Dialekte wie CommonLisp (Steele 1984) und Scheme (Dybvig 1987, Friedman und Felleisen 1987, Abelson, Sussman und Sussman 1985) ebenfalls funktional-applikative Teilmengen enthalten (MacLennan 1990), kann man mit APL2 zumindest elementare Lisp-Programme (ohne Ströme und Lambda-Ausdrücke) in einer ähnlichen Weise wie mit Lisp implementieren. Dadurch werden allerdings die vielseitigen Möglichkeiten der Feldtheorie (More 1973, Ghandour und Mezei 1973, Gull und Jenkins 1979, Kajiya 1983), die APL2 bietet, nicht ausgenutzt.

[7] Abschnitt 1.6 enthält eine vergleichende Diskussion von APL2, Lisp und Prolog.

gleichermaßen zur Programmierung technischer und kommerzieller Aufgabenstellungen (*insbesondere für Planungszwecke*) verwendet[8].

Sicherlich ist es in APL bzw. APL2 nicht sehr schwer, ein völlig unlesbares Programm zu schreiben. Allerdings kann man auch in sogenannten 'gut lesbaren' Programmiersprachen wie Pascal völlig unlesbare Kode-Segmente erstellen, indem man etwa irreführende Symbolnamen, inadäquate Datenstrukturen, tief verkettete Zeiger etc. verwendet. APL und APL2 zeichnen sich gegenüber konventionellen Sprachen dadurch aus, daß komplexe Algorithmen sehr kompakt und damit viel kürzer als in konventionellen Programmiersprachen implementiert werden können[9]. Daher muß man Algorithmen nicht in Hunderte von Einzelsegmenten zerlegen, was wiederum der Übersichtlichkeit zugute kommt.

Bei der Strukturierung und Segmentierung der Expertensystemshell habe ich mich bemüht, alle APL2-Funktionen und Operatoren in einer möglichst lesbaren Weise zur erstellen, ohne auf die Mächtigkeit der APL2-Sprachelemente zu verzichten. Als Leitlinie wurde das Segmentierungskonzept von van Batenburg (1988) herangezogen.

1.2 Inhaltsübersicht

Der Kern dieses Buches beschreibt den Entwurf und die Implementation einer regelbasierten Expertensystemshell, in der man in einer äußerst einfachen Weise alle Sprachelemente von APL2 verwenden kann. Daher kann man nicht nur primitive, sondern auch definierte APL2-Funktionen und Operatoren aufrufen, so daß man alle Arten von numerischen Berechnungen sehr einfach in ein Expertensystem einbinden kann. Das System enthält neben einer einfachen Regelsprache (mit `IF:-THEN:`-Konstrukten) eine interaktive Benutzeroberfläche zum Abfragen fehlender Informationen sowie mehrere Erklärungskomponenten, zu denen u.a. auch ein interaktives Lexikon gehört. Damit kann ein Expertensystementwickler *alle Möglichkeiten*, die APL2 bietet, voll ausnutzen und in sein System integrieren.

In den Abschnitten 3-5 dieses Kapitels wird eine Übersicht über Anwendungsmöglichkeiten, Wissensrepräsentation und Wissensakquisitionsverfahren für Expertensysteme gegeben. Die Diskussion der Wissensrepräsentation beschränkt sich auf die in der Literatur dominierenden Ansätze, zu denen insbesondere Rahmen, Netze, regelbasierte Systeme und Prädikatenlogik erster Ordnung gehören. Abschnitt 6 enthält eine kurze Charakterisierung von APL2 im Vergleich zu Prolog und Lisp. Anschließend wird in Abschnitt 7 ein einfaches Expertensystem zur Bewertung der Kreditwürdigkeit von Bankkunden in APL2 implementiert, um dem Leser eine Vorstellung über die Implementationsmöglichkeiten von Expertensystemen in APL2 zu vermitteln. Bei der Programmierung dieses Beispiels werden ausschließlich prozedurale Programmierelemente verwendet.

Kapitel 2 beschreibt Design, Syntax und Semantik der regelbasierten Wissensrepräsentationssprache. Die Grundstruktur der Regelwerkrepräsentation orientiert sich an dem Konzept von Bard (1988). Die Grundideen zur Strukturierung der Interaktions- und Erklärungskomponenten wurden hingegen aus der Prolog-Literatur übernommen. Das System verfügt in der hier vorliegenden Version lediglich über einen sehr einfachen Inferenzmodus, der dem

---

[8] *Kursive* Hervorhebungen von mir.

[9] APL2-Programme sind in Abhängigkeit vom Problem ca. 3-10 mal kürzer als in imperativen Sprachen erstellte Programme. Ausnahme: Input/Output-Operationen.

Vorwärtschlußverfahren entspricht. Allerdings kann der Inferenzinterpreter ohne großen Aufwand zu einer rückwärtsschließenden Inferenzmaschine abgeändert werden. Beide Inferenzverfahren sind aus der Literatur über Suchverfahren in der künstlichen Intelligenz (Luger und Stubblefield 1989, Nilsson 1982, Eusebi und Brown 1986) hinlänglich bekannt. Daher wird lediglich der im Inferenzinterpreter implementierte vorwärtsschließende Inferenzalgorithmus präzise beschrieben. Das Kapitel schließt mit einer Implementationsübersicht ab, in der die Modulstruktur skizziert wird. Zusätzlich werden die wichtigsten Systemvariablen angegeben.

Kapitel 3 enthält eine ausführlich beschriebene Implementation eines Übersetzers, mit dem Regeln und Interaktionsspezifikationen in ausführbare APL2-Funktionen und Kontrollvariablen transformiert werden. Regeln werden mit der in Kapitel 2 dargestellten Sprache repräsentiert. Praktische Beispiele von in APL2 implementierten Übersetzern sind im Gegensatz zu Programmiersprachen wie C, Pascal, Modula-2, Lisp und Prolog (siehe Wirth 1984 oder Aho, Sethi und Ullman 1986) mit Ausnahme der Analyse von arithmetischen Ausdrücken (Iverson 1962, 1976, Bartolli et.al. 1975) und einfachen Sprachen (Zippel 1982) in der Literatur bisher nicht beschrieben worden. Daher konzentriert sich dieses Kapitel auf eine detaillierte Beschreibung eines APL2-adäquaten Algorithmus zur Übersetzung einer Expertensystemdefinition.

Kapitel 4 enthält eine ausführliche Beschreibung des Entwurfs und der Implementation eines Regelinterpreters. Der interne Aufbau der vorwärtsschließenden Inferenzmaschine lehnt sich an das Konzept von Fordyce und Sullivan (1987, Fordyce et.al. 1989, Sullivan und Fordyce 1985, 1986a, 1986b) an. Ein wesentliches Element des Regelinterpreters ist die Repräsentation von Zusammenhangsstrukturen durch boolesche Felder. Zusätzlich wird die Benutzeroberfläche des Regelinterpreters durch ein Variablenabfragemodul, mehrere Erklärungskomponenten und ein interaktives Lexikon erweitert.

Kapitel 5 enthält zwei Beispiele zur Demonstration der Leistungsfähigkeit der regelbasierten Expertensystemshell. Nach einer Beschreibung von Hilfsfunktionen wird das Kreditbewertungssystem aus Kapitel 1.7 mit der in Kapitel 2 beschriebenen Wissensrepräsentationssprache unter Verwendung von Frage-Antwort-Spezifikationen reimplementiert. Dieses Beispiel illustriert in erster Linie die Interaktionskomponenten der Expertensystemshell. Das Regelwerk des zweiten Beispiels kann zur Bestimmung der unabhängigen Variablen in metrischen Regressionsmodellen verwendet werden. Das Regelwerk basiert auf einer kombinierten Anwendung der Vorwärts- und Rückwärtsselektion von unabhängigen Variablen, die durch Wenn-Dann-Regeln repräsentiert werden. Numerische Algorithmen werden durch primitive und definierte APL2-Funktionen in das Regelwerk eingebettet. Dieses Beispiel demonstriert insbesondere die flexiblen Möglichkeiten der Expertensystemshell zur Einbettung von traditionellen APL2-Algorithmen. Beide Anwendungen werden durch exemplarische Protokolle dokumentiert und dienen ausschließlich zur Illustration der Expertensystemshell. Lösungen für reale 'Experten'-Probleme erfordern weitaus umfangreichere Regelwerke. Die Schichtung einer Wissensbasis durch den Einsatz einer Agenda wird mit dem Kreditevaluationssystem illustriert.

Kapitel 6 beschreibt eine Reihe von offenen Problemen, die bei der Anwendung der in APL2 implementierten Expertensystemshell auftreten.

Anhang A enthält einige Hintergrundinformationen über APL2 und ist daher insbesondere für Leser nützlich, die entweder mit anderen APL-Dialekten arbeiten oder die bisher nur geringe Erfahrungen mit APL2 sammeln konnten. Der erste Abschnitt beschreibt eine nützliche Notationsform zur Beschreibung von APL2-Variablen. Anschließend werden die wichtigsten APL2-Primitiven durch einfache Beispiele illustriert. Der dritte Abschnitt gibt eine Reihe von APL2-Idiomen an, die innerhalb der im Hauptteil implementierten Funktionen benutzt werden.

Abschließend wird eine Übersicht über die in APL2 verfügbaren Fehlerabfangtechniken gegeben, da die bisher publizierten APL2-Bücher eine Darstellung dieser Techniken weitgehend vernachlässigen.

Anhang B enthält eine Reihe von Zusatzfunktionen. Zunächst werden eine Reihe von einfachen APL2-Funktionen angegeben, die wiederholt innerhalb dieses Buches benutzt werden. Außerdem wird eine APL2-Funktion abgedruckt, durch die alle im System benötigten globalen Schaltervariablen initialisiert werden können. Anschließend wird ein Regelwerklister implementiert, mit dem man die in den Systemkontrollvariablen abgespeicherten Informationen in lesbarer Form ausgeben kann. Im letzten Abschnitt wird ein Kreuzreferenzer für APL2-Funktionen und Operatoren angegeben. Regelwerklister und Kreuzreferenzer werden lediglich zur Vereinfachung der Fehlersuche benötigt und stellen somit keinen essentiellen Bestandteil der Expertensystemshell dar.

Anhang C enthält ein exemplarisches Fehlerprotokoll des Übersetzers, das mit einer syntaktisch fehlerhaften Regelwerkdefinition erzeugt wurde. Die Regelwerkdefinition dient lediglich zur Illustration der durch den Übersetzer abgefangenen Fehler und hat keine inhaltliche Bedeutung.

Alle in diesem Buch beschriebenen Programme werden mit vollständigem APL2-Quelltext wiedergegeben und verwenden den Indexursprung `⎕IO←1`, sofern nichts anderes angegeben wird. Die Äquivalenz `A≡B` von zwei identischen APL2-Größen `A` und `B` wird durch `A←→B` bezeichnet.

Die Lektüre dieses Buches erfordert neben betriebswirtschaftlichen und statistischen Grundlagen, die zum Verständnis der Beispiele benötigt werden, folgende Kenntnisse:

- Gründliche theoretische und praktische Kenntnisse der Programmiersprache APL2, wie sie etwa durch Brown, Pakin und Polivka (1988) vermittelt werden.
- Grundlegende Kenntnisse über Datenstrukturen und Algorithmen, wie sie etwa durch die Monographien von Wirth (1986) bzw. Aho, Hopcroft und Ullman (1987) vermittelt werden.
- Zweckmäßig sind Vorkenntnisse über die Grundlagen von Expertensystemen (Jackson 1986, Luger und Stubblefield 1989) und der Methoden der künstlichen Intelligenz (Nilsson 1982, Winston 1984), die aber gegebenenfalls während der Lektüre geschlossen werden können.

APL wurde ursprünglich nicht als Programmiersprache, sondern als präzise Algorithmenbeschreibungssprache von Iverson (1962, 1980) konzipiert. Daher kann die Funktionsweise der in diesem Buch angegebenen Algorithmen ohne einen Rückgriff auf theoretischen Grundlagen erfaßt werden. Somit sind lediglich gründliche APL2-Kenntnisse zur vollständigen Lektüre dieses Buches zwingend erforderlich.

Die für dieses Buch entwickelten Programme wurden mit verschiedenen APL2-Interpretern für PCs (unter PC-DOS; IBM 1988a, 1988b) und Großrechner (unter VM und MVS; IBM 1987, 1988a) erstellt, die sich syntaktisch und semantisch nur geringfügig unterscheiden. Ich möchte darauf hinweisen, daß die abgedruckten Programme nur mit der auf den 21.6.1990 datierten 32-Bit-80386/80387-Version 1.02 unter PC-DOS 3.3 ausgetestet wurden. Die Programme lassen sich ohne übermäßigen Aufwand auf APL2-ähnliche APL-Dialekte wie APL⋆Plus II von STSC oder Dyalog-APL von Dyadic Systems übertragen. Übrigens lassen sich genestete Felder auch auf klassischen APL1-Systemen emulieren (Bergquist 1987), so daß man im Prinzip – wenn auch unter großen Schwierigkeiten – das gesamte System in APL1 reimplementieren kann.

Die deutschsprachige Terminologie für APL2-Funktionen und Operatoren lehnt sich an Lochner (1989) und der deutschen Übersetzung von Brown, Polivka und Pakin (1988) an. Meistens werden jedoch die bedeutend kürzeren und immer *kursiv* hervorgehobenen englischen Bezeichnungen aus der APL2-Sprachreferenz (IBM 1988a) benutzt. Mit Ausnahme von APL2-spezifischen Begriffen wie Funktions- und Operatorbezeichnungen wird weitgehend auf die in der Informatik übliche Terminologie verzichtet, da die meisten APL2-Anwender als Realwissenschaftler mit dieser Terminologie nicht vertraut sind. Aus diesem Grund wird z.B. die Syntax der Regelsprache nicht durch Syntaxdiagramme und Backus-Naur-Formeln (Wirth 1984), sondern durch einfache Beispiele beschrieben.

Die angegebene und verarbeitete Literatur ist in Hinblick auf die Schnittmenge von APL und regelbasierten Expertensysteme weitgehend vollständig. Unbedeutende und/oder völlig uninformative Arbeiten werden bewußt fortgelassen. Die Literaturangaben über Expertensysteme beschränken sich auf zentrale Arbeiten und weiterführende Quellen, da die zu diesem Thema verfügbare Literatur ganze Bibliotheken füllt.

1.3 Was sind Expertensysteme?

Experten lösen Probleme aus ihrem Arbeitsbereich durch die Anwendung ihrer theoretischen Kenntnisse und ihrer praktischen und empirischen Erfahrungen, die fast immer durch einen langjährigen Lernprozeß erworben wurden. Kreditsachbearbeiter in Banken kombinieren etwa bei der Vergabe von Investitionskrediten allgemeine volks- und betriebswirtschaftliche Kenntnisse mit spezifischem und teilweise empirisch erworbenem Fachwissen zur Einschätzung von Risikofaktoren wie Marktchancen und Kundenbonität. Systemberater von Computerherstellern nutzen bei der Konfiguration eines Rechners nicht nur ein umfangreiches Detailwissen über Hard- und Softwarekomponenten, sondern auch eine Vielzahl von formalen und heuristischen Regeln zur Kombinierbarkeit der einzelnen Einheiten, die entweder auf technischen Sachzwängen oder auf Erfahrungswerten basieren. Menschliche Experten sind flexibel und kreativ und können aufgrund ihres breiten Fachwissens und ihres Alltagsverständnisses eine Reihe von Problemen lösen, für die keine fest vorgegebenen Methoden verfügbar sind. Andererseits wenden sie ihr Wissen häufig in einer inkonsistenten und intransparenten Art und Weise an (Waterman 1986). Zusätzlich sind menschliche Experten zumindest für hochkomplexe Probleme selten und teuer, da Expertenwissen nur durch einen langwierigen Lernprozeß erworben bzw. transferiert werden kann.

Expertensysteme, die auch als wissensbasierte Systeme bezeichnet werden[10], sind hochkomplexe Computerprogramme (Jackson 1986, Waterman 1986) zur symbolischen Manipulation von Wissen in relativ engen Problembereichen zur Problemlösung und Entscheidungsunterstützung. Wissensbasierte Systeme sollen das Problemlösungsverhalten von menschlichen Experten auf einem Computer emulieren. Natürlich enthalten alle Computerprogramme Wissen über ein bestimmtes Anwendungsfeld. Buchhaltungsprogramme verfügen etwa über hochspezialisiertes Wissen, das nicht nur formale Fakten wie Abschreibungsvorschriften und Steuersätze, sondern auch Alltagswissen über Geschäftspraktiken wie übliche Arbeitszeiten und Zahlungssitten enthält. Dennoch unterscheiden sich konventionelle Applikationssysteme von Expertensystemen in einem erheblichen Ausmaß. Realwissen wird in Expertensystemen durch ein abstraktes Repräsentationsschema explizit durch Fakten, Regeln und/oder Rahmen in einer

[10]Einige Autoren (etwa Walker et.al. 1987) fassen den Begriff *wissensbasierte Systeme* weiter und schließen neben Expertensystemen auch die natürliche Sprachverarbeitung ein.

Wissenbasis abgespeichert. Zur Verarbeitung des Realwissens wird ein Interpretationsmodul, das abstraktes Wissen zur Lösung von allgemeinen Problemen enthält, verwendet. Das Interpretationsmodul enthält somit kein Realwissen und ist daher weitgehend von der realen Wissensbasis unabhängig. In klassischen Applikationsprogrammen wie Buchhaltungssystemen wird das Realwissen hingegen in einer rigiden und inflexiblen Weise in Prozeduren eingebettet. Die explizite Trennung von Realwissen und abstraktem Problemlösungswissen in Expertensystemen weist gegenüber konventionellen Programmarchitekturen eine Reihe von Vorteilen auf:

- Realwissen in Form von Fakten und Regeln kann relativ einfach erweitert und verändert werden, da lediglich die Wissensbasis modifiziert werden muß. Aufwendige Eingriffe in die prozedurale Verarbeitungslogik sind hingegen in der Regel nicht notwendig.
- Das Interpretationsmodul trifft eine Entscheidung, ob, wann und in welcher Reihenfolge Wissenssegmente erhoben und kombiniert werden. Damit gehören Expertensysteme zur Klasse der *nichtdeterministischen* Algorithmen. Diese Eigenschaft ermöglich die Sammlung von weitgehend isolierten Wissenssegmenten, die in nahezu beliebiger Reihenfolge angeordnet werden können.
- Das Interpretationsmodul kann auch für völlig andersgeartete Wissensbasen verwendet werden. Die Unabhängigkeit des Interpretationsmoduls von der Wissenbasis erlaubt außerdem eine vollständig neue Reimplementation des Interpreters zur Steigerung der Effizienz, ohne daß das bereits gesammelte Realwissen umstrukturiert werden muß.
- Ein Expertensystem kann die hergeleiteten Schlußfolgerungen (*wie?*), aber auch Gründe für interaktiv gestellte Abfragen (*warum?*) gegenüber dem Benutzer erklären, da das Realwissen explizit durch ein Interpretationsmodul verarbeitet wird.

Normalerweise verändert sich das zur Lösung von spezifischen Problemen anwendbare Realwissen kontinuierlich. Risikoeinschätzungen von Anlageberatern in Banken sind stetigem Wandel unterworfen, der Faktoren wie die allgemeine Wirtschaftslage, aber auch spezifische Erfahrungen mit neuen Wirtschaftszweigen reflektiert. Computerkonfigurateure müssen sich nahezu wöchentlich auf neue Hard- und Softwarekomponenten einstellen. Daher ist unumgänglich, daß Expertensysteme schnell und einfach auf neue Verhältnisse umgestellt werden können. Ohne Erklärungen über das '*Wie*' und '*Warum*' würde ein Benutzer die Schlußfolgerungen und Abfragen eines Expertensystems kaum akzeptieren. Daher ist eine brauchbare Erklärungskomponente in einem Expertensystems unabdingbar (Wick und Slagle 1989).

Die ersten Expertensysteme wurden Ende der 60'er Jahre in den USA entwickelt. Das Dendral-System von Lindsay's Gruppe in Stanford (siehe Winston 1984) ist in der Lage, die Struktur von organischen Molekülen aus der chemischen Basisformel und dem Massenspektrogramm festzustellen. Das Mycin-System, das von Shortliffe (Buchanan und Shortliffe 1984) Mitte der 70'er Jahre entwickelt wurde, kann Blutinfektionskrankheiten diagnostizieren und geeignete Therapien vorschlagen. Mycin weist die bemerkenswerte Eigenschaft auf, unsicheres Wissen über Konfidenzfaktoren verarbeiten zu können. Aus Mycin entwickelte sich die Expertensystemshell Emycin, die im wesentlichen aus der in Mycin verwendeten Wissensrepräsentationssprache und dem Inferenzinterpreter besteht. Dieses Paradigma wurde durch Aikins (1983) mit einem von Minsky (1975) entwickeltem taxonomischem Repräsentationskonzept zum Centaur-System verknüpft, mit dem Lungenkrankheiten diagnostiziert werden können. Ein nicht nur wissenschaftlich, sondern auch kommerziell sehr erfolgreiches Expertensystem ist das

Computerkonfigurationsprogramm Xcon (Barker et.al. 1989), das ein Nachfolger des R1-Systems von McDermott (1982) ist. Beide Systeme wurden in der Repräsentationssprache OPS5 (Brownston et.al. 1985, Forgy 1982) implementiert.

Seit Beginn der 80'er Jahre wurde die Expertensystemtechnologie auch von Wirtschaftswissenschaftlern übernommen, obwohl realistische und umfangreiche Anwendungen im Vergleich zu Medizin, Chemie, Militär, Elektronik und Informatik noch selten sind. Die meisten Anwendungen findet man im Bereich der Entscheidungsunterstützungs- und Planungssysteme. Folio (Cohen und Lieberman 1983) ist ein relativ einfaches Beratungssystem für Manager, mit dem Anlagen unter Berücksichtigung der Klientenzielstruktur ausgewählt werden können. Das kürzlich entwickelte Invest-System (Heuer, Koch und Cryer 1988) berät Anlageberater und deren Kunden bei der Selektion von Wertpapieren. Einen kleinen Demonstrationsprototyp zur Bewertung der Kreditwürdigkeit von Bankkunden findet man in Sterling und Shapiro (1986). Die Regeln dieses Prototyps werden in dieser Arbeit unter anderem auch zur Implementation eines Musterbeispiels verwendet. Syllog (Fellenstein et.al. 1985) ist ein Planungssystem, mit dem die Kapazität einer Testanlage für eine Vielzahl von elektronischen Komponenten in einer Fertigungslinie bestimmt werden kann. Ausführliche Literatur zu ökonomischen Anwendungen von Expertensystemen ist nach wie vor rar[11]. Zum einen verbietet der Klientenschutz eine zu detaillierte und damit nachvollziehbare Dokumentation. Andererseits erfordern viele betriebswirtschaftliche Anwendungen eine Verknüpfung der Expertensystemtechnologie mit bereits bestehenden Umgebungen wie Datenbanken, so daß neben den ohnehin schon schwierigen Prozessen der Wissensakquisition und der Wissenrepräsentation noch eine Reihe von technischen Implementationsproblemen hinzutreten. Ausgereifte Expertensysteme zur statistischen Datenanalyse sind noch seltener als betriebswirtschaftliche Anwendungen zu finden. Dies ist in erster Linie darauf zurückzuführen, daß Statistiker über adäquate Datenanalysestrategien noch weitgehend uneinig sind (Hand 1986). Außerdem treten bei der Verknüpfung von numerischen und symbolischen Algorithmen erhebliche technische Implementationsprobleme auf (Naeve 1990). Einige Prototypen wurden u.a. von Gale und Pregibon (Gale 1986), Wolstenholme, Nelder und O'Brien (Wolstenholme und Nelder 1986, Wolstenholme, O'Brien und Nelder 1988) und Klösgen (1990) vorgestellt. Eine Übersicht über eine Vielzahl von Anwendungen der Expertensystemtechnologie findet man in Waterman (1986), während die grundlegenden Konzepte in Jackson (1986), Walker (1986) und Luger und Stubblefield (1989) erläutert werden.

Die Expertensystemtechnologie ist ein Teilgebiet der *künstlichen Intelligenz*. Daher findet man in diesem Bereich auch eine Reihe von Ansätzen, die eine sehr hohe Ähnlichkeit mit Expertensystemen aufweisen. Die ersten Untersuchungen in diesem Gebiet konzentrierten sich auf Spiele und automatische Theorembeweiser, mit denen die ersten Erfahrungen über Wissensrepräsentationstechniken und Suchverfahren in Zustandsräumen gesammelt werden konnten (Amarel 1968). Programmsysteme für symbolische Mathematik wie etwa Macsyma (Martin und Fateman 1971, Gong 1983) und Mathematica (Wolfram 1988) sind mittlerweise den meisten Mathematikern bei der Manipulation von algebraischen Formeln überlegen. Natürliche Sprachverarbeitung wird von vielen Anwendern als ein wesentlicher Bestandteil der Benutzeroberfläche von Expertensystemen gesehen. Dem Gebiet der Robotik wird eine große Bedeutung im Rahmen von CIM zugemessen. Maschinelles Lernen ist ein weiteres Teilgebiet, in dem untersucht wird, wie in einem System das bereits verfügbare Wissen durch empirisches Lernen erweitert werden kann (Michalski, Carbonell und Mitchell 1983). Einen Überblick über diese

[11] Eine Bibliographie über Expertensysteme aus den Bereichen des Marketings und der Datenanalyse findet man in Decker und Gaul (1990). Allerdings sind die meisten der in dieser Arbeit zitierten Systeme nie über den Status eines Prototypen hinausgekommen.

verwandten Ansätze findet man in Shapiro (1987) und Barr und Feigenbaum (1981) sowie in allgemeinen Monographien über künstliche Intelligenz (Nilsson 1982, Winston 1984).

Allerdings darf nicht übersehen werden, daß die Expertensystemtechnologie bei weitem noch nicht alle Erwartungen erfüllen konnte, die anfänglich in sie gesteckt wurden[12]. Zur Zeit bestehen vor allem noch folgende Probleme, die in absehbarer Zukunft auch wohl kaum gelöst werden können (Luger und Stubblefield 1989)[13]:

- Expertensysteme enthalten kein reales, tiefgründiges Wissen über den Problembereich. Expertensysteme können lediglich Wissen verarbeiten, das explizit in symbolischer Form eingegeben wurde. Das Resultat *'nein'* auf eine hypothetische Behauptung in einem Expertensystem bedeutet nicht notwendigerweise die Falschheit der Behauptung, sondern lediglich die Nichtherleitbarkeit der Hypothese (abgeschlossene Welt, Genesereth und Nilsson 1987). Unsinnige Benutzerinteraktionen wie etwa die Frage nach einer vorliegenden Schwangerschaft bei Männern können in Expertensystemen lediglich durch das explizite Verneinen dieser Möglichkeit durch eine symbolische Information in der Wissensbasis vermieden werden.
- Expertensysteme sind weder robust noch flexibel. Menschliche Experten lösen nicht unmittelbar lösbare Probleme durch eine Inspektion von allgemein anwendbaren Prinzipien ('gesunder Menschenverstand'), auf die Expertensysteme nicht zurückgreifen können.
- Die Erklärungsfähigkeit von Expertensystemen ist in der Regel auf ein Protokoll der angewendeten Regeln und Netzrelationen beschränkt. Damit sind die Erklärungen relativ homogen. Ohne zusätzliche Metaregeln kann zwischen wesentlichen und unwesentlichen Informationen nicht unterschieden werden. Da in Expertensystemen auch triviales Wissen explizit eingegeben werden muß, führt dies in vielen Fällen zu einer Informationsflut. Außerdem können Expertensysteme keine Erklärungen bzw. Erläuterungen über die Metaproblemlösungsstrategie geben.
- Die Verifikation von Expertensystemen beschränkt sich normalerweise auf die ohnehin schon sehr schwierige Konsistenzprüfung der Wissensbasis. Aufgrund der Vielzahl von Möglichkeiten in komplexen Suchbäumen ist eine erschöpfende Verifikation jedoch faktisch unmöglich.
- Aufgrund der bisher bescheidenen Fortschritte im Bereich des maschinellen Lernens können Wissensbasen von Expertensystemen nur durch die Systementwickler mit Hilfe von Benutzerrückmeldungen verbessert und erweitert werden.

Daher muß vor dem Entwurf eines Expertensystems ausführlich geprüft werden, ob sich ein Problem überhaupt zur Entwicklung eines Systems eignet. Die Entwicklung eines Expertensystems besteht aus mehreren iterativen und eng verzahnten Schritten, zu denen die Problemidentifikation, die Wissensakquisition, die Wissensrepräsentation, die Auswahl der Inferenzmaschine, die Implementation und das Testen gehören (Waterman 1986).

In der Phase der Problemidentifikation muß neben der genauen Erfassung des Problems genau geprüft werden, ob eine Lösung durch die Entwicklung eines Expertensystems möglich und

[12]Diese Bewertung gilt für fast alle Methoden aus dem Bereich der künstlichen Intelligenz.

[13]Manche Autoren halten diese Probleme für unlösbar. Partridge (1989) kommentiert die bisherigen Forschungsresultate in der künstlichen Intelligenz sehr provokativ mit der Phrase: *'Die Hälfte von dem was man über KI hört, ist nicht wahr; die andere Hälfte ist nicht möglich'*.

sinnvoll ist. Das Problem muß wohldefiniert sein und darf daher nicht zu kompliziert sein. Andernfalls wird der Entwicklungsaufwand zu groß. Probleme, die selbst für einen Experten tage- oder wochenlange Arbeit erfordern, sind sicherlich zu komplex, um durch Expertensysteme bewältigt zu werden. Das Problem darf aber auch nicht trivial sein, da andernfalls die Verwendung von Prüflisten und Entscheidungstabellen[14] oder das Einweisen von Nichtexperten weitaus effizienter ist. Bei der Entwicklung müssen Experten aus dem Problembereich zur Verfügung stehen, die in der Lage und auch bereit sind, ihre Methoden und ihr Fachwissen zu artikulieren. Weiterhin müssen Experten zumindest weitgehend übereinstimmende Lösungsmethoden verwenden. Uneinigkeit zwischen Experten erhöht die Chance, daß ein System kurz nach der Fertigstellung aufgrund verbesserter oder völlig veränderter Erkenntnisse unbrauchbar wird. Außerdem generiert das System Schlußfolgerungen, die zumindest für einige Anwender zweifelhaft sind. Probleme, deren Lösung außer Detailwissen den gesunden Menschenverstand erfordern, eignen sich daher kaum für ein Expertensystem. Probleme treten auch dann auf, wenn außer kognitiven Fähigkeiten auch manuelle Geschicklichkeit oder ähnliche physische Fähigkeiten erforderlich sind[15]. Die Analyse der Realisierbarkeit eines Expertensystems muß aber in jedem Fall noch durch eine Analyse der Notwendigkeit ergänzt werden. Dies ist insbesondere dann der Fall, wenn Expertenwissen knapp ist und unabhängig von einer Person verfügbar gemacht werden soll (Kurbel 1989).

Die Phasen der Wissensakquisition und Wissensrepräsentation beinhalten den Transfer von Expertenwissen in symbolische Regeln und Taxonomien, die durch den Inferenzalgorithmus des Interpretationsmoduls verarbeitet werden können. Wissensakquisition ist ein hochgradig schlechtstrukturierter Prozeß, in dem ein Wissensingenieur das Faktenwissen und die Problemlösungsmethoden des Experten durch fokussierte und strukturierte Interviews, eine Simulation der Benutzeroberfläche oder durch Fallanalysen erfassen und in eine relativ homogene Form bringen muß (Specht 1989). Dieses Wissen muß anschließend durch eine Wissensrepräsentationssprache symbolisch kodiert werden. Die wichtigsten Ansätze zur Wissensrepräsentation werden im nächsten Abschnitt dargestellt. Das Design der Inferenzmaschine, die das symbolisch kodierte Wissen verarbeitet, hängt im wesentlichen von dem ausgewählten Wissensrepräsentationskonzept, in einem geringeren Ausmaß aber auch von der verfügbaren Softwareumgebung ab. Expertensystemshells erfordern im Gegensatz zu Programmiersprachen wie Lisp, Prolog, APL2 und C einen relativ geringen Implementationsaufwand. Allerdings stellen die meisten Expertensystemshells im Gegensatz zu der in diesem Buch dokumentierten Shell abgeschlossene Systeme dar, so daß relativ große Einschränkungen in Hinblick auf Flexibilität, Effizienz und Schnittstellen zu anderen Programmsystemen hingenommen werden müssen (Pedersen 1988).

In der Implementations- und Testphase werden die gesammelten Fakten, Regeln, Taxonomien und die Inferenzalgorithmen mit einer Expertensystemshell oder Programmiersprache implementiert und soweit wie möglich auf ihre Korrektheit überprüft. In der Testphase wird zunächst ein interner Test innerhalb der Entwicklungsgruppe durchgeführt. Anschließend wird das System in einem externen Feldtest durch Feldexperten und potentielle Benutzer auf Faktoren wie Korrektheit der Inferenzschlüsse, Brauchbarkeit der Benutzeroberfläche und Effizienz überprüft.

[14] Viele 'sogenannte' Expertensysteme werden ausschließlich mit Hilfe der schon vor Beginn der EDV-Technologie bekannten Prüflisten und Entscheidungstabellen implementiert, während explizite und vom Realproblem getrennte Wissensrepräsentationstechniken, Inferenzalgorithmen und Erklärungskomponenten vollständig fehlen.

[15] Eine Reihe von Konzepten zur Verknüpfung von Expertensystemen und Sensorik wurden innerhalb der Robotik und der Computer Vision entwickelt.

Prototypen für einfache Probleme, mit denen man die prinzipielle Realisierbarkeit einer Problemlösung durch ein Expertensystem demonstrieren kann, lassen sich meistens schon innerhalb von einigen Monaten implementieren. Seriöse Expertensysteme mit kommerziellem Charakter, in denen 500 - 3000 Regeln implementiert sind, erfordern aber in Abhängigkeit von der Problemkomplexität meistens mehr als 4 Mannjahre. Gelegentlich wird eine Entwicklungszeit von 30 Mannjahren überschritten (Waterman 1986). Für den Entwurf und für die Implementation der Wissensrepräsentationssprache, der Inferenzalgorithmen und der Benutzeroberfläche sind zusätzlich zwischen 1 und 10 Mannjahren erforderlich, sofern keine dokumentierten Vorlagen zur Verfügung stehen.

1.4 Wissensrepräsentation

Logisch ist der Prozeß der Wissensakquisition der Wissensrepräsentationsphase vorgelagert. Wissen kann aber nicht in beliebiger Form gesammelt werden, da man schon im Akquisitionsprozeß auf eine Notation zur Darstellung des Wissens angewiesen ist, die durch geeignete Algorithmen symbolisch zur Ableitung von Inferenzschlüssen verarbeitet werden kann. Im Akquisitionsprozeß erworbenes Wissen, das nicht symbolisch repräsentiert werden kann, ist für die Konstruktion eines Expertensystems *nutzlos*. Eine adäquate Wissensrepräsentation muß außerdem leicht erweiterbar und änderbar sein. Zusätzlich ist es notwendig, daß die Repräsentationsform eine einfache Generierung von Erklärungen ermöglicht. Die bisher bekannten Repräsentationsformen eignen sich nicht gleichermaßen für alle Wissensformen. Einfach strukturierte Wissenssegmente in Form von Faktenwissen, kausalem Wissen über Ursache-Wirkungsbeziehungen, typologischem Wissen über gemeinsame Merkmale einer Objektklasse (Taxonomien) sowie terminologisches Wissen über Begriffe (Definitionen) können mit den heute zur Verfügung stehenden Repräsentationssprachen weitgehend erfaßt werden, sofern der Gültigkeitsbereich der Aussagen durch eine genaue Kontextbeschreibung definiert werden kann. Heuristisches, vages, temporales, unsicheres, ungenaues, unvollständiges und inkonsistentes Wissen bereitet jedoch ebenfalls wie die Repräsentation von Metawissen und unrichtigem, aber iterativ korrigierbarem Wissen erhebliche Probleme (Specht 1989).

Repräsentationssprachen trennen üblicherweise scharf zwischen der Darstellung von deklarativem Wissen über das Problem und dem prozeduralem Wissen über das Problemlösungsverfahren. Die meisten deklarativen Repräsentationsformen, die in den letzten Jahrzehnten entwickelt wurden, basieren auf Varianten oder Kombinationen von *Regelwerken, Prädikatenlogik erster Ordnung, semantischen Netzen* und *Rahmen (frames, strukturierte Objekte)* (Cercone und McCalla 1987, Kramer und Mylopoulos 1987). Die allgemeinste Repräsentationsform ist sicherlich die Prädikatenlogik (Genesereth und Nilsson 1987, Lloyd 1987), die maschinell allerdings nur sehr schwierig ohne Einschränkungen verarbeitet werden kann.

1.4.1 Prädikatenlogik

Prädikatenlogik ist eine sehr allgemeine Notationsform zur Darstellung von Wissen, bei der Relationen und Eigenschaften zwischen Objekten durch logische Operatoren wie $\neg$, $\wedge$ und $\vee$, die in Tabelle 1.1 aufgelistet sind, repräsentiert werden (Genesereth und Nilsson 1987, Lloyd 1987).

Aussage	**Bedeutung**
$\neg A$	nicht A
$A \wedge B$	A und B
$A \vee B$	A oder B
$A \Rightarrow B$	Wenn A, dann B
$A \Leftrightarrow B$	A ist äquivalent zu B
$\forall_x A(x)$	Für alle x gilt die Aussage $A(x)$
$\exists_x A(x)$	Für mindestens ein x gilt $A(x)$

Tabelle 1.1: Logische Operatoren

Eine umgangssprachliche Formulierung wie *'alle Computer enthalten eine Stromversorgung'* kann etwa durch den Ausdruck

$$\forall_x \{(x \text{ ist ein Computer}) \Rightarrow (x \text{ enthält eine Stromversorgung})\} \quad (1.1)$$

formal dargestellt werden. Logik ist eine sehr ausdrucksstarke Repräsentationsform, da formale Regeln, von denen die wichtigsten in Tabelle 1.2 dargestellt sind, für Inferenzschlüsse verwendet werden können.

Aussage 1	**Aussage 2**	**Inferenzschluß**	**Bezeichnung**
$A \Rightarrow B$	A	B	Modus Ponens[16]
$A \Rightarrow B$	$\neg B$	$\neg A$	Modus Tolens
A	$\neg A$	$\emptyset$	Widerspruch (Kontradiktion)
$A \vee B$	$(\neg A) \vee (\neg B)$	$(\neg B) \vee B$	Tautologie
$A \Rightarrow B$	$B \Rightarrow C$	$A \Rightarrow C$	Verkettung
$A \vee B$	$(\neg A) \vee C$	$B \vee C$	Resolution[17]

Tabelle 1.2: Inferenzregeln

Logik eignet sich sehr gut zur Darstellung von deklarativem Wissen. Verwendet man etwa die Notation $x.L$ zur Verknüpfung eines Elementes x mit einer Liste L, so kann man die Relation $x \in L$ (x ist Element von L) durch folgende Axiome repräsentieren:

$$\begin{aligned} &\forall_x \forall_L \;\; x \in (x.L) \\ &\forall_x \forall_y \forall_L \;\; x \in L \Rightarrow x \in (y.L) \end{aligned} \quad (1.2)$$

Die Propositionslogik (Aussagenlogik) ist ein Spezialfall der Prädikatenlogik, bei der keine Existenz- und Allquantoren ($\exists, \forall$) verfügbar sind. Die Propositionslogik weist drei wichtige theoretische Eigenschaften auf. Theoreme (gültige Aussagen) können grundsätzlich durch Anwendung von logischen Regeln bewiesen werden, d.h. die Propositionslogik ist *vollständig (complete)*. Aussagen sind weiterhin grundsätzlich durch eine Prozedur *entscheidbar (decidable)*, so daß man jede Aussage P auf ihren Wahrheitsgehalt prüfen kann. Weiterhin ist die Propositionslogik *zuverlässig (sound)*, das heißt, es existiert keine Aussage P, für

[16] Man beachte, daß die Aussagen $(\neg A) \vee B$ und $A \Rightarrow B$ äquivalent sind.

[17] Resolution ist die allgemeinste Inferenzregel (Robinson 1965), die alle vorhergehenden Regeln in Tabelle 1.2 einschließt.

die man aus einer identischen Prämissenmenge den Widerspruch P und $\neg P$ herleiten kann. Diese Eigenschaften gelten jedoch nicht für die Prädikatenlogik. Die Entscheidbarkeit ist nicht gesichert, während Zuverlässigkeit und Vollständigkeit nur für die Prädikatenlogik erster Ordnung, bei der die Quantifizierung auf Individualobjekte eingeschränkt ist, nachgewiesen werden konnte (Genesereth und Nilsson 1987). Prolog (Sterling und Shapiro 1986, Giannesini et.al. 1986, Clocksin und Mellish 1987) ist eine Programmiersprache auf der Basis der Prädikatenlogik erster Ordnung, bei der logische Aussagen auf Klauseln der Form $A_1 \wedge A_2 \wedge \ldots \wedge A_n \Rightarrow B$ mit nichtzusammengesetzten Konklusionen B (präziser: Hornklauseln) beschränkt sind (Lloyd 1987). Daher können logische Aussagen der Form $A_1 \wedge A_2 \wedge \ldots \wedge A_n \Rightarrow B_1 \vee B_2 \vee \ldots \vee B_m$ durch Prolog nicht dargestellt werden. Eine Expertensystemarchitektur wie das Socrates-System (Corlett et.al. 1989, Davies und Khan 1989), das ebenfalls Prädikatenlogik zur Wissensrepräsentation verwendet, ist in dieser Hinsicht flexibler, da eine nicht auf dem Resolutionsverfahren basierende natürliche Deduktionsmethode verwendet wird[18].

Ein weiteres Problem besteht in der Monotonie der Logik. Bereits aufgrund einer Axiombasis abgeleitete Aussagen können durch das Hinzufügen von weiteren Axiomen nicht widerrufen werden. In der Logik führt eine Erweiterung einer Axiombasis lediglich zu einer Vermehrung, aber nie zu einer Änderung der ableitbaren Aussagen. Diese Eigenschaft entspricht aber nicht notwendigerweise menschlichen Denkweisen, so daß eine Reihe von Konzepten entwickelt wurden, die unter den Stichwörtern *Voreinstellungslogik (default logic)*, *Prädikatvervollständigung (predicate completion)*, *Zirkumskription (circumscription)* usw. diskutiert werden (Genesereth und Nilsson 1987, Shapiro 1987).

Innerhalb der APL-Literatur werden die verschiedenen logischen Repräsentationstechniken – angefangen von einfachen Schemata zur Darstellung der Propositionslogik bis zu funktionsfähigen Prolog-Interpretern – eher rudimentär behandelt. Die wichtigsten Ausnahmen sind die Arbeiten von Brown, Eusebi, Cook und Groner (1986a, 1986b; siehe auch Eusebi und Brown 1986), in denen eine Reihe von grundlegenden Implementationen von KI-Algorithmen in Anlehnung an das Prolog-Paradigma dargestellt werden. Diverse Implementationen von Unifikationsalgorithmen werden ausführlich in Brown und Guerreiro (1987a, 1987b) dargestellt, während APL2-Funktionen für grundlegende Suchverfahren durch Eusebi und Brown (1986) entwickelt wurden. Bemerkenswert ist noch der Ansatz von Alfonseca und Tobar (1986, Tobar und Alfonseca 1986), in dem eine Ergänzung des APL2-Systems durch einen experimentellen Prolog-Auxiliary-Processor dargestellt wird. Leider steht dieser Hilfsprozessor lediglich in der APL2/PC-Umgebung zur Verfügung, die aufgrund der geringen Rechenleistung und der mangelnden Portabilität für die meisten Anwendungen ausscheidet. Eine Reihe von Arbeiten beschränkt sich auf die Darstellung und Verarbeitung von booleschen Feldern durch logische APL-Funktionen, ohne daß die Algorithmen zu einem vollständigen System kombiniert werden. Zu den interessanteren Arbeiten gehören Jantzen (1989), MacKenzie (1984), McInturff (1989) und Moller (1986). Der Aufsatz von Brown und Alfonseca (1987) enthält eine interessante Anwendung von booleschen Feldern zur Lösung von Spielen. Franksen (1984) entwickelte APL-Algorithmen zur Lösung von kryptographischen Problemen.

1.4.2 Regelwerke und Produktionssysteme

Regelbasierte Expertensysteme (Hayes-Roth 1985, Jackson 1986, Nilsson 1982), die auch als Produktionssysteme bezeichnet werden, verwenden zur Wissensrepräsentation in ihrer einfachsten Version Prämissen-Aktions-Paare:

[18] Allerdings lassen sich derartige Systeme durchaus in APL2, Lisp, Prolog, Pascal, C etc. implementieren.

Wenn $P_1 \wedge P_2 \wedge \ldots \wedge P_n$
dann $A_1 \wedge A_2 \wedge \ldots \wedge A_m$

Sind die Prämissen (logische Bedingungen) P_1 bis P_n simultan erfüllt, so werden die Aktionen (Konklusionen) A_1 bis A_m sequentiell ausgeführt. Ein einfaches Beispiel aus einem Diagnosesystem für Kraftfahrzeuge (Luger und Stubblefield 1989) ist die deterministische Regel

Wenn "der Motor nicht anspringt" und
"das Licht funktioniert",
dann "überprüfe den Starter" und
"überprüfe die Kabelverbindungen zwischen Batterie und Starter".

Zur exakten Repräsentation derartiger Regeln benötigt man natürlich eine formale Computersprache, in der die o.a. Regel etwa in folgender Weise kodiert werden kann:

```
IF   ((MOTOR_SPRINGT_AN    = FALSE) AND
      (LICHT_FUNKTIONIERT = TRUE))
THEN (CALL PRUEFE(STARTER) ;
      CALL PRUEFE(KABEL_STARTER_BATTERIE))
```

Eine Aktion muß nicht notwendigerweise ein expliziter Aufruf einer Prozedur sein, sondern kann auch in der Zuweisung eines Wertes zu einer Variablen (etwa `FEHLER_IM_ELEKTRISCHEM_SYSTEM ← TRUE`) bestehen. Einfache regelbasierte Expertensysteme bestehen aus einer uniformen, d.h. gleichartig strukturierten Menge von Regeln, die durch einen Inferenzalgorithmus in Abhängigkeit von den zur Verfügung stehenden Fakten kombiniert werden. Erklärungen können in Produktionssystemen mit deterministischen Regeln sehr einfach generiert werden. Wenn die obige Regel etwa in einem Inferenzschritt benutzt wurde, kann die Frage, *'warum der Starter überprüft wird'*, sehr einfach durch die Angabe *'weil das Licht funktioniert, der Motor aber nicht anspringt'* beantwortet werden.

Deterministische Regeln können oft für Expertensysteme zur Fehlerdiagnose in technischen Geräten verwendet werden. Menschliche Experten verwenden bei der Lösung von komplexen Problemen aber oft subjektive Beurteilungen, wenn kausale Zusammenhänge nicht definitiv bekannt sind. Ein typisches Beispiel ist die Abduktionsmethode in der Medizin. In einem Diagnoseprozeß stellt man oft Symptome fest, die lediglich notwendig, aber nicht hinreichend für das Vorliegen einer Krankheit sind. Stellt ein Mediziner bei einem Patienten eine Reihe von Symptomen fest, so wird er mit einer größeren (subjektiven) Wahrscheinlichkeit das Vorliegen einer Krankheit diagnostizieren – auch wenn er eine Krankheit nicht *eindeutig* diagnostizieren kann. Kreditsachbearbeiter stehen bei der Beurteilung der Kreditwürdigkeit von Kunden vor ähnlichen Problemen. Faktoren wie das Einkommen des Kreditantragstellers und dessen bisheriges Zahlungsverhalten erlauben sicherlich eine grobe Einschätzung des vertretbaren Kreditvolumens. Dennoch sind definitive Ausagen unmöglich. In Expertensystemen versucht man daher, unsichere Regeln ad hoc durch numerische oder ordinale Konfidenzfaktoren abzubilden. Deterministische Regeln werden oft durch 'probabilistische' Regeln ersetzt. Ein Beispiel ist:

Wenn "eine Pflanzenkultur verwelkt ist" und
"die Blätterspitzen keine gelben Flecken aufweisen"
dann "besteht ein 60%-ige Konfidenz, daß der Boden unzureichend bewässert ist".

Konfidenzfaktoren stellen nicht notwendigerweise Wahrscheinlichkeiten dar, da in keiner Weise festgelegt ist, wie ein Experte den numerischen Konfidenzwert bestimmt. Außerdem besteht bei der Verwendung von Konfidenzfaktoren das Problem, daß bei einer Verkettung von Regeln unsichere Konklusionen (Aktionen mit Konfidenzfaktoren $< 100\%$) auftreten, die als Prämissen für andere Regeln verwendet werden. Daher muß ein Kalkül zur Verfügung stehen, mit dem die Konfidenz einer Konklusion berechnet werden kann, wenn die Prämissen schon mit Unsicherheit behaftet sind.

Innerhalb der APL-Literatur findet man nur wenige Arbeiten zum Thema *regelbasierte Expertensysteme und APL*. Fordyce und Sullivan beschrieben in einer Serie von Artikeln (Fordyce und Sullivan 1987, Fordyce et.al. 1989, Sullivan und Fordyce 1985, 1986a, 1986b) Struktur, Aufbau und Anwendungen eines einfachen regelbasierten Interpreters, in dem ein Vorwärtssuchverfahren implementiert wurde. Anwendungen dieses Systems auf Entscheidungsunterstützungssysteme im Rahmen des Logistikmanagements und der Kapazitätsplanung sowie im Bereich von Worksheetmodellen wurden in Fordyce et.al. (1989) und Sullivan und Fordyce (1986b) beschrieben. Bard (1988) skizzierte in einer kurzen Arbeit den Aufbau einer regelbasierten Expertensystemshell, in der klassische `IF-THEN` Regeln in ausführbare APL2-Funktionen übersetzt werden. Leider beschränken sich diese konzeptionell sehr wichtigen Arbeiten lediglich auf die wichtigsten Grundideen. Detaillierte und vollständige Algorithmenbeschreibungen sowie dazu korrespondierende APL2-Funktionen wurden hingegen nie veröffentlicht. Weiterhin beschränken sich die Beschreibungen auf den reinen Kern des Regelwerks, während die bei realwissenschaftlichen Anwendungen so wichtigen Benutzerinteraktions- und Erklärungskomponenten weitgehend fehlen. Die in diesem Buch dargestellten Algorithmen und APL2-Implementationen stellen im wesentlichen eine Erweiterung der oben angegebenen Arbeiten dar. Allerdings wurden zahlreiche Grundideen aus der Literatur über logische Programmierung mit APL2 in den Systemdesign implizit einbezogen.

1.4.3 Strukturierte Objekte und Netze

Strukturierte Objekte und Netze, die in der Literatur auch unter den Stichwörtern semantische Netze, konzeptionelle Graphen, Skripte und Rahmen (*frames*) diskutiert werden (Luger und Stubblefield 1989, Brachman 1983, 1988, Sowa 1987, Maida 1987), stellen eine Gruppe von teilweise ähnlichen Repräsentationsnotationen dar, in denen Objekte aus dem Problembereich durch Attribute beschrieben und durch Relationen verbunden werden. Als Darstellungsmethode werden üblicherweise Graphen verwendet.

Semantische Netzwerke

Semantische Netzwerke (Quillian 1967, Sowa 1987) beschreiben Konzepte und/oder real existierende Objekte (Instanzen) durch Klassen, Relationen und Eigenschaften, die durch Knoten und Pfeile dargestellt werden. Abbildung 1.1 beschreibt das Ereignis '*Firma X liefert Firma Y eine Drehbank*'. Die semantische Bedeutung von Pfeilen und Knoten ist in einem semantischen Netzwerk nicht festgelegt, so daß sich eine Reihe von erheblichen Unterschieden zwischen den verschiedenen Wissensrepräsentationssprachen auf der Basis von Netzen herausgebildet haben (Sowa 1987, Cercone und McCalla 1987, Brachman 1983, Woods 1975). Semantisch kann Abbildung 1.1 als eine Handlung eines Agenten (*Firma X*) bezüglich eines Objektes (*Drehbank*) aufgefaßt werden, die aus einer Lieferung (Prädikat *liefert*) an einen Empfänger (*Firma Y*) besteht. Somit repräsentiert *E1* die Aussage: *AGENT Firma X liefert (PRÄDIKAT) Firma Y (DEM EMPFÄNGER) das OBJEKT Drehbank.*

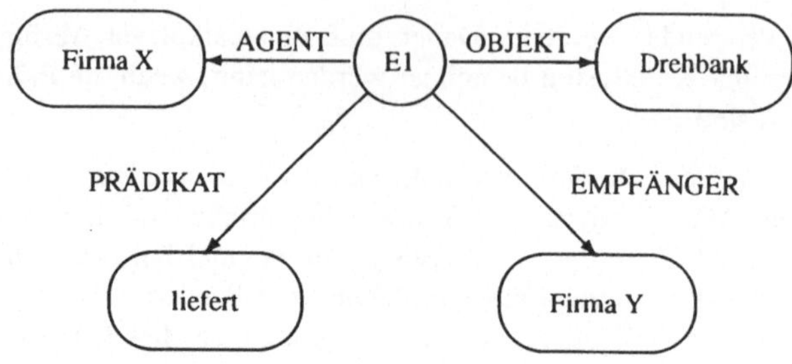

Abbildung 1.1: Semantisches Netzwerk

Taxonomische Beziehungen zwischen realen oder abstrakten Objekten wie *Stammaktien sind eine Teilmenge von Aktien* sowie gemeinsame Eigenschaften zwischen verschiedenen Objektklassen können in einem semantischen Netzwerk durch Objekthierarchien in Form von Vererbungsrelationen berücksichtigt werden. Damit besteht auch die Möglichkeit, voreingestellte Attribute in Superklassen durch explizite Eigenschaftsangaben in Subklassen zu überschreiben. Abbildung 1.2 bildet etwa die hierarchischen Beziehungen in einem Rechnernetz ab. Im Diagramm ist das real existierende Objekt *FB6-IBM9370* eine Instanz der abstrakten Klasse *Großrechner*, die ihrerseits wieder eine Subklasse der abstrakten Klasse *Computer* darstellt. Pfeile können somit Teilmengenbeziehungen zwischen Klassen (*PC* $\rightarrow$ *Computer*), Instanz-Definitionen (*FB6-IBM9370* $\rightarrow$ *Großrechner*), aber auch Kausalbeziehungen (*Computer* $\rightarrow$ *Stromversorgung* $\Leftrightarrow$ *alle Computer haben eine Stromversorgung*) repräsentieren. Damit wird die Eigenschaft, daß alle Computer eine Stromversorgung enthalten, auch auf alle Subklassen und deren Instanzen vererbt. Die Bedeutung von Knoten und Pfeilen in semantischen Netzen wird erst durch ein Interpretationsmuster festgelegt.

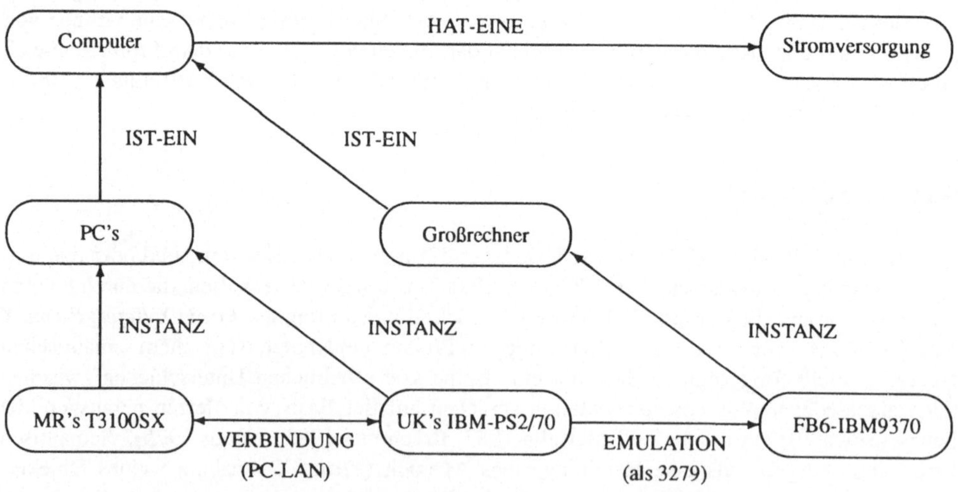

Abbildung 1.2: Semantisches Netz einer Hierarchie

Rahmen (Frames)

Rahmenbasierte Systeme (*frames*) (Minsky 1975, Maida 1987) machen von Vererbungshierarchien ebenfalls extensiv Gebrauch. Das in Abbildung 1.3 angegebene Rahmenschema repräsentiert ausgewählte Eigenschaften von Wertpapieren. Hierarchische Rahmen (Fikes und Kehler 1985) ermöglichen eine einfache Repräsentation von taxonomischem Wissen, in denen Ausnahmen durch das Überschreiben einer Klassen- oder Instanzeneigenschaft berücksichtigt werden[19]. Die Ausnahmeregel, daß das Risiko von Obligationen im allgemeinen niedriger als das allgemeine Risiko von Effekten bewertet wird, kann daher leicht durch das Überschreiben des voreingestellten Effektenattributes *Risiko := hoch* durch *Risiko := niedrig* in der Beschreibung von Obligationen berücksichtigt werden. Andere Eigenschaften wie *Sicherungsform* werden bei Aktien- und Obligationsinstanzen hingegen von der Superklasse Effekten übernommen. Rahmenbasierte Systeme weisen die interessante Eigenschaft auf, daß Prozeduren (Dämonen, prozedurale Anhängsel) mit bestimmten Eigenschaften assoziiert werden können, die bei einer Änderung (*if changed*), Entfernung (*if removed*), Eigenschaftsanforderung (*if needed*) oder bei einer Wertbelegung (*if added*) eines Attributes gestartet werden. Im Diagramm 1.3 bedeutet der Pfeil *FALLS HINZUGEFÜGT* → *Ertrag 1990*, daß bei einem Neueintrag des Ertrags 1990 die Prozedur *EXP-RET* gestartet wird, die – etwa durch ein Prognosemodul – Risiko und Ertragserwartung aufgrund geänderter Daten neu bewerten.

Semantische Netzwerke und Rahmen weisen zwei wesentliche formale Unterschiede auf:

- Knoten in semantischen Netzwerken enthalten lediglich ihre Namen, während Knoten in Rahmensystemen zusätzlich durch eine Reihe von Eigenschaften, die in Abteilen (*slots* und *facets*) eingetragen werden, charakterisiert werden. Eigenschaften werden in semantischen Netzen durch Relationspfeile zwischen Objekten dargestellt.

- Relationspfeile in Rahmensystemen repräsentieren fast ausschließlich Vererbungsrelationen durch Subklassen- und Instanzbeziehungen. Die einzige Ausnahme besteht in der Repräsentation von Dämonen (prozeduralen Anhängseln) durch Pfeile. In semantischen Netzwerken werden Pfeile hingegen durchgängig zur Repräsentation von beliebig strukturierten Relationen und damit auch zur Darstellung von Objekteigenschaften verwendet.

Bei multiplen Vererbungshierarchien kann eine Instanz oder eine Klasse die Eigenschaften von mehreren übergeordneten, aber konzeptionell disjunkten Klassen übernehmen. Ein Beispiel ist etwa die Charakterisierung eines Wertpapieres durch Branchenzugehörigkeit *und* Wertpapiertyp, so daß ausgewählte Brancheneigenschaften zusätzlich zur Risikoeinschätzung von Effekten verwendet werden können. Framerepräsentationen sind sehr übersichtlich, weisen aber den Nachteil auf, daß mehrstufige Relationen sowie logische Operationen wie $\neg$, $\wedge$ und $\vee$ nicht immer darstellbar sind. Außerdem sind Inferenzsysteme, die auf Rahmen basieren, nicht notwendigerweise konsistent und vollständig. Ein weiteres Problem besteht darin, daß der Entwurf von Erklärungskomponenten für rahmenbasierte Systeme komplizierter als für regelbasierte Systeme ist. Minsky (1975) weist in seiner Arbeit allerdings darauf hin, daß Vollständigkeit und Konsistenz nicht notwendigerweise wünschenswerte Kriterien darstellen, da Experten sich oft durch inkonsistente Vorgehensweisen an eine Problemlösung herantasten (*trial and error*). Eine APL2-Implementation eines einfachen Rahmensystems mit prozeduralen Anhängseln und einfacher Vererbung auf der Basis der objektorientierten Programmierung wird

[19]Objektorientierte Programmiersprachen wie Smalltalk (Goldberg und Robson 1989), C++ (Stroustrup 1986) und Eiffel (Meyer 1988a,b) verwenden ein ähnliches Konzept als Organisationsprinzip zur Softwareentwicklung und werden seit einigen Jahren verstärkt zur Programmierung von Expertensystemen verwendet (Tello 1989).

in Alfonseca (1989a, 1989b) beschrieben. Eine direkte Implementation findet man in Keppel und Kropp (1985). Eine Repräsentation von semantischen Netzen mit booleschen Felder wird in Hagamen (1986) und Hagamen et.al. (1985) dargestellt.

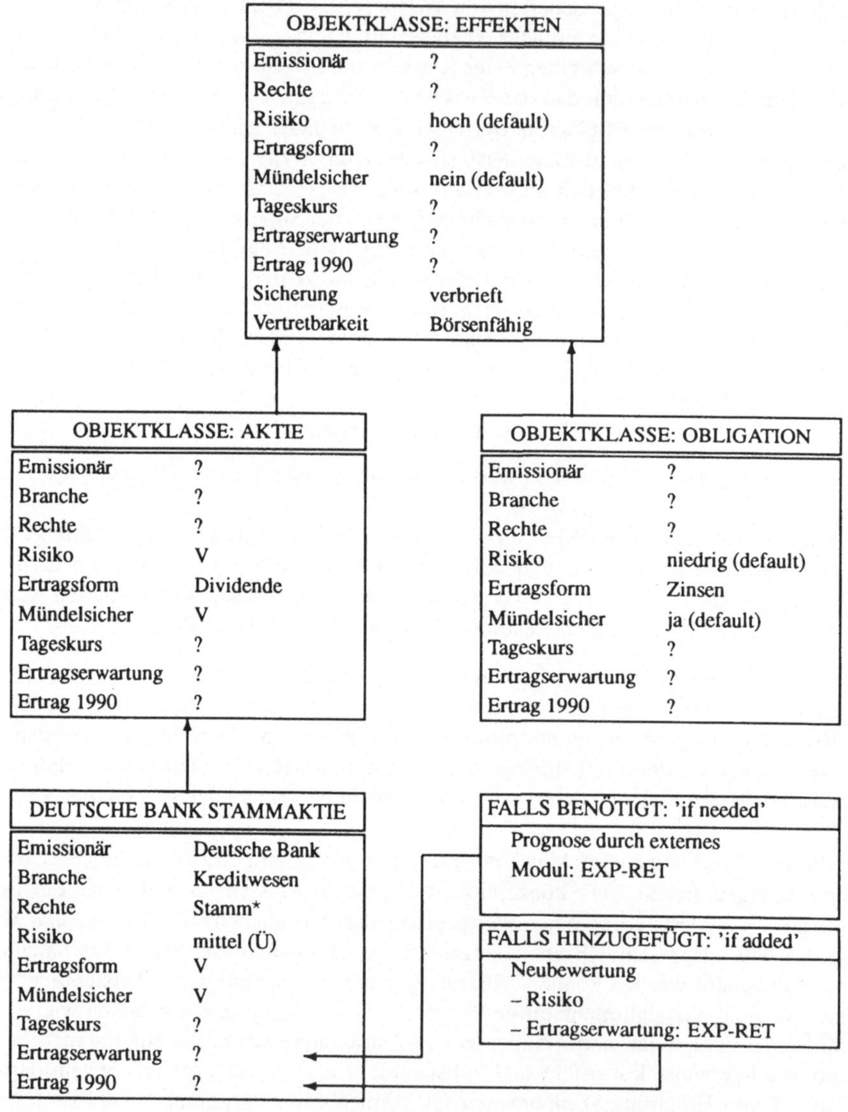

LEGENDE:
- V Eigenschaftswert wird von Oberklasse vererbt
- Ü Eigenschaftswert wird von Instanz überschrieben
- ? Eigenschaftswert muß aus anderen Quellen festgestellt werden
- ⋆ Mitgliedschaft, kein Stimmrecht in der Hauptversammlung, aber Vorzugsbehandlung bei der Dividende und beim Liquidationserlös.

Abbildung 1.3: Rahmenrepräsentation

Innerhalb der theoretischen Literatur dominiert die Prädikatenlogik als Wissensrepräsentationsform, da Syntax und Semantik scharf getrennt sind. Praktiker hingegen entwerfen beim Design eines Expertensystems meistens eine spezialisierte Wissensrepräsentationssprache auf der Basis von Regeln und/oder Rahmen, da diese Repräsentationsformen leichter verarbeitet werden können. Allerdings muß nochmals betont werden, daß man die Konzepte der Regelwerke und Netze auch als Spezialfälle der Prädikatenlogik auffassen kann (Nilsson 1982, Genesereth und Nilsson 1987, Walker et.al. 1987).

1.5 Wissensakquisition

Organisatorisch wird Wissen meistens durch einen Wissensingenieur mit Hilfe von Experteninterviews akquiriert. Aufgabe des Wissensingenieurs ist der Transfer von meist inhomogen strukturierten Informationen in eine formale Wissensrepräsentationssprache. Experten greifen bei der Lösung von Problemen auf verschiedene Wissensarten wie faktisches, kausales, typologisches, terminologisches, aber auch vages und unsicheres Wissen zurück, die für eine Implementation in drei verschiedene Informationsarten klassifiziert werden müssen:

- Allgemeingültiges Wissen über den Problembereich.
- Metawissen über die Anwendung von Wissen.
- Fallspezifisches Applikationswissen.

Allgemeingültiges Wissen über den Problembereich beinhaltet Wissenspartikel, die unabhängig von einer fallspezifischen Wissensapplikation sind. Anlageberater verfügen etwa über eine genaue Kenntnis der verschiedenen Wertpapierformen und deren Vor- und Nachteile, während Mediziner üblicherweise die Taxonomie und Symptomatik von verschiedenen Krankheitsformen kennen. Diese Kenntnisse können, müssen aber nicht notwendigerweise bei einer fallspezifischen Problemlösung verwendet werden. Metawissen besteht hingegen aus Heuristiken und Regeln, durch die festgelegt wird, in welcher Reihenfolge und unter welchen Bedingungen einzelne Wissenssegmente angewendet und kombiniert werden. Kreditsachbearbeiter erstellen etwa vor der Überprüfung der Kundenbonität ein Kundenprofil, bevor spezielle Regeln zur Festlegung des Kreditlimits angewendet werden. Anlagenberater wenden hingegen üblicherweise zuerst allgemeine Regeln zur Bestimmung der Risikobereitschaft eines Kunden an, bevor die Eignung spezieller Wertpapiere überprüft wird. Metawissen wird in erster Linie durch ein a priori festgelegtes ('fest verdrahtetes', *hard-wired*) Suchverfahren, aber auch durch eine Schichtung der Wissenbasis durch einen Arbeitsplan (*Scheduler, Agenda*) oder durch explizite Metaregeln innerhalb der Wissensbasis implementiert. Fallspezifisches Applikationswissen besteht aus Wissenssegmenten über ein spezielles Problem, auf die das abstrakte Problemlösungswissen angewandt wird. Patientenspezifische Informationen wie Geschlecht, Symptomatik, Allgemeinzustand und Ergebnisse von medizinischen Tests gehören etwa in diese Kategorie. Fallspezifisches Applikationswissen wird meistens durch Benutzerinteraktion erhoben und steuert in Verbindung mit dem Metawissen die Anwendung von allgemeingültigen Wissenssegmenten über die Problemwelt.

Expertensysteme enthalten in der Regel interaktive Komponenten, mit denen ein Wissensingenieur Wissenssegmente erweitern, modifizieren und löschen kann[20]. Diese Komponente wird

[20] Im Idealfall sollten diese Komponenten so einfach sein, daß eine direkte Wissensakquisition im System durch den Experten unter Umgehung des Wissensingenieurs möglich ist.

oft durch einen kombinierten Regeleditor und Sprachübersetzer implementiert, durch den eine abstrakte und möglichst leicht lesbare Wissensrepräsentationssprache in interne Datenstrukturen übersetzt wird[21]. Damit wird die Struktur des abspeicherbaren Wissens durch die Struktur der Wissensrepräsentationssprache eingeschränkt. Jede inkrementelle Erweiterung und Modifikation einer Wissensbasis erfordert eine Überprüfung auf logische Konsistenz und Redundanz (Bowen und Kowalski 1982), die im Idealfall automatisch durchgeführt werden sollte. Eine explizite Angabe der Mündelsicherheit in der Eigenschaftsliste von Aktien (Abbildung 1.3) ist redundant, da diese Eigenschaft bereits durch die Superklasse *'Effekten'* an ihre Unterklasse *'Aktien'* vererbt wird. Inkonsistenzen (Widersprüche) in Wissensbasen müssen durch eine Zurückweisung eines neuen Axioms oder durch eine Modifikation von kollidierenden Wissenssegmenten eliminiert werden. Die automatische Überprüfung der Konsistenz ist schwierig, da die Anzahl der Möglichkeiten in umfangreichen Wissensbasen exponentiell ansteigt.

Der manuelle Transfer von Expertenwissen in eine kodierte Wissensrepräsentationssprache durch Wissensingenieure ist aufwendig und fehleranfällig. Daher versucht man seit mehreren Jahrzehnten Verfahren für den automatischen Wissenstransfer zu entwickeln, die in der Literatur unter dem Stichwort 'Maschinelles Lernen' (Shapiro 1987) diskutiert werden. Das wichtigste Verfahren innerhalb dieser Ansätze ist das induktive Lernen durch Beispiele und Gegenbeispiele (Shapiro 1983)[22]. Im Rahmen der automatischen Programmierung versucht man etwa, die in Gleichung 1.2 angegebenen Axiome zur Deklaration der Relation $x \in L$ durch folgende Beispiele zu generieren:

$$\begin{array}{ll}
A \in \{A, B, C\} & \text{Beispiel} \\
B \in \{A, B, C\} & \text{Beispiel} \\
\neg\{A, B\} \in \{A, B, C\} & \text{Gegenbeispiel} \\
\neg\{A\} \in \{A, B, C\} & \text{Gegenbeispiel} \\
3 \in \{1, 4, 3, 2, 7\} & \text{Beispiel} \\
\neg\,(A \in \{B, C\}) & \text{Gegenbeispiel} \\
\neg\,(X \in \{B, C\}) & \text{Gegenbeispiel} \\
\text{'Apfel'} \in \{\text{'Apfel'}, \text{'Birne'}, \text{'Pfirsich'}\} & \text{Beispiel} \\
\ldots &
\end{array} \tag{1.3}$$

Lernen durch Beispiele entspricht einem induktiven Lernprozeß, der nicht notwendigerweise zu korrekten Inferenzregeln führt. Die Anwendung bayesianischer Statistik zur empirischen Bestimmung von Konfidenzfaktoren kann ebenfalls als Lernmethode aufgefaßt werden. Automatische Wissensakquisitionsverfahren konnten im Rahmen von Expertensystemen bisher nicht sehr erfolgreich eingesetzt werden, da allgemein verwendbare und formalisierbare Lernprinzipien nicht bekannt sind.

1.6 APL2 als Programmiersprache für Expertensysteme

Bei der formalen Beschreibung von wissensbasierten Systemen wird üblicherweise durch hierarchische Abstraktion zwischen der Wissensebene, der Symbolebene, der Implementationsebene und der Programmiersprachenebene unterschieden (Newell 1982, Luger und Stubblefield 1989). Die oberste Schicht, die Wissensebene, beschreibt den realen Anwendungsbereich

[21] Eine APL2-Implementation eines Regelübersetzers wird in Kapitel 3 angegeben.

[22] Die verwandte Methode des Lernens durch Beobachtung und Entdeckung wird in (Walker et.al. 1987) kurz diskutiert.

eines Systems durch Objekte, Beziehungen und Taxonomien, aber auch in Hinsicht auf den zeitlichen Wandel von Fakten, Inferenzzielen und notwendigen Erklärungskomponenten. Die reale Problemlösungsfähigkeit eines Systems ist somit weitgehend durch die Wissensebene determiniert. Direkt nachgelagert ist die Symbolebene, auf der Entscheidungen über symbolische, d.h. formale Repräsentationstechniken zur Wissensorganisation des Realwissens getroffen werden müssen. Zur symbolischen Repräsentation von Wissen kann man im wesentlichen die in Abschnitt 1.4 skizzierten Repräsentationsformen verwenden. Auf der Implementationsebene werden Entscheidungen über Datenstrukturen und Algorithmen zur Repräsentation und Verarbeitung der formalen Strukturen durch Tabellen, binäre Bäume, Suchverfahren usw. getroffen, die anschließend mit einer Programmiersprache implementiert werden. Im Idealfall sollten die Entscheidungsspielräume auf der Wissensebene und der Symbolebene in keiner Weise durch die technischen Möglichkeiten auf der Implementations- und Programmiersprachenebene eingeschränkt werden, um dem Entwickler eine Konzentration auf die Probleme der jeweiligen Ebene zu ermöglichen. Prinzipiell kann man alle Datenstrukturen und Algorithmen in beliebigen Programmiersprachen implementieren, die in der Lage sind, eine von Neumann Maschine zu emulieren. Daher kann man im Prinzip alle wissensbasierten Systeme in Assembler oder Cobol entwickeln. Einige Autoren wie Forsyth (1984) empfehlen daher grundsätzlich die Verwendung derjenigen Sprache, die man am besten kennt. Dabei wird jedoch übersehen, daß man zur Programmierung von wissensbasierten Systemen hochgradig inhomogene Datenstrukturen benötigt, die in imperativen Programmiersprachen wie Fortran und Cobol nur sehr aufwendig implementiert werden können. Weiterhin wird bei der Entwicklung von Expertensystemen eine explorative Programmiermethodologie favorisiert, da man zu Beginn eines Projektes keine festen Kriterien für die finale Form des Systems angeben kann. Konsequenterweise werden die meisten Expertensysteme mit 'high-level' Programmiersprachen wie Prolog (Clocksin und Mellish 1987, Walker et.al. 1986) und Lisp (Abelson, Sussman und Sussman 1985, Winston und Horn 1989) entwickelt, mit denen Datenstrukturen wie Listen und Bäume sehr einfach bearbeitet und modifiziert werden können.

Lisp und Prolog stellen definitiv die Hauptvertreter aus der Gruppe der KI-Sprachen dar. Fast die gesamte Literatur (> 90%) über KI-Programmiertechniken konzentriert sich auf diese beiden Sprachen. Dies trug sicherlich zur Verbreitung dieser Sprachen bei, da man bei der Softwareentwicklung weitgehend Duffs Empfehlung "*whenever possible, steal code*" (Duff 1985) folgt. Diese Tatsache impliziert jedoch nicht, daß Lisp und Prolog die einzig geeigneten Kandidaten zur Programmierung von Expertensystemen und KI-Algorithmen sind. In vielen Fällen sind Programmiersprachen wie APL2 (Brown, Pakin und Polivka 1988) oder Smalltalk (Goldberg und Robson 1989) gleichwertig oder sogar überlegen – etwa dann, wenn umfangreiche numerische Berechnungen (APL2) oder hochkomplexe Benutzerinteraktionen (Smalltalk) erforderlich sind. Die folgende Diskussion soll einen kurzen Überblick über die Eignung von APL2 im Vergleich zu Lisp und Prolog zur Entwicklung von Expertensystemen geben. Als Referenzstandard werden KI-spezifische Kriterien wie flexible Datenstrukturen zur Symbolmanipulation, flexible Kontrollstrukturen, späte Bindung, Modularität, Erweiterbarkeit, Lesbarkeit, Syntax, wohldefinierte Semantik usw. (Luger und Stubblefield 1989), aber auch Umgebungsfaktoren herangezogen. Dabei ist zu beachten, daß APL2 (Brown 1983, 1984a, 1984b, 1985, 1987) eine erhebliche Erweiterung von APL (Polivka und Pakin 1975) darstellt. Daher gilt die folgende Diskussion nicht für APL.

Datenstrukturen: Hochflexible und dynamisch modifizierbare Datenstrukturen sind für eine Entwicklungssprache von erheblicher Bedeutung, da die unterschiedlichsten Formen symbolischer Informationen in Expertensystemen manipuliert werden müssen. APL2 verwendet als grundlegende Datenstruktur genestete Felder mit beliebiger Dimensionsanzahl. Genestete

Felder sind rechteckige Datenstrukturen, die als Elemente nicht nur Skalare mit Zeichen und Zahlen, sondern auch Felder enthalten können. Damit können rekursive Datenstrukturen (More 1973, Ghandour und Mezei 1973, Gull und Jenkins 1979) in APL2 direkt implementiert werden. Listen und Strukturen werden als Vektoren dargestellt, deren Elemente wiederum Vektoren, genestete Vektoren und/oder Skalare enthalten. Damit können alle grundlegenden Datenstrukturen von Lisp (Listen) und Prolog (Strukturen und Listen) in APL2 sehr leicht implementiert werden. Lisp, Prolog und deren Dialekte verfügen jedoch in den meisten Implementationen (Rees und Clinger 1986, Sterling und Shapiro 1986) allerhöchstens über Vektoren, so daß numerische Datenstrukturen (nichtgenestete Matrizen, höherdimensionale Felder) in APL2 bedeutend einfacher repräsentiert werden können. Außerdem ist die Adressierung der Elemente bedeutend schneller. Lisp weist gegenüber APL2 den Vorteil auf, daß die Programmstruktur mit der Datenstruktur übereinstimmt. Programme zur Programmgenerierung lassen sich daher einfacher in Lisp implementieren. Allerdings lassen sich auch in APL2 dynamisch generierte Zeichenketten durch den Befehl *execute* (⍎, aktivieren) ausführen. APL2, Lisp und Prolog weisen typisierte Daten auf, die dynamisch verwaltet werden. Daher sind Variablendeklarationen nicht erforderlich. Dies ist ein wesentlicher Unterschied zu imperativen Programmiersprachen wie C, Modula-2, Pascal und Fortran, in denen der Variablentyp und teilweise auch die Dimension a priori deklariert werden muß. Daten können in diesen Sprachen lediglich durch eine explizite Programmierung eines Speicherplatzverwaltungsmoduls dynamisch verwaltet werden (Aho, Hopcroft und Ullman 1987), während Programme faktisch überhaupt nicht dynamisch generiert werden können. In APL2, Lisp und Prolog können Daten und Programme hingegen dynamisch erzeugt, modifiziert und gelöscht werden, ohne daß spezielle Speicherplatzallokations- und Deallokationsroutinen wie etwa in C aufgerufen werden müssen.

Flexible Kontrollstrukturen: Die Flußkontrollstrukturen sind in APL2 im Gegensatz zu imperativen Programmiersprachen, die eine Fülle von Algol-ähnlichen Kontrollstrukturen wie `if, then, do, while, for` usw. aufweisen, recht mager. APL2 enthält ebenso wie APL als formale Kontrollstruktur lediglich den direkten (`→label` (goto)) und den konditionalen Sprung (etwa `→condition/label`). Dies führte bei zahlreichen Kritikern zu dem Einwand, APL wäre unstrukturiert und daher für seriöse Softwareentwicklung nicht einsetzbar. Dabei wird aber übersehen, daß eine analoge Übertragung von imperativen Kontrollstrukturen auf APL-Programme eine völlig inadäquate Programmiertechnik für APL und insbesondere für APL2 darstellt. Ein zumindest aus theoretischer Sicht geeigneter Programmierstil für APL2 ist die funktional-applikative Programmierung (Henderson 1980, Stoyan 1988, MacLennan 1990), die durch Anwendung von APL- und APL2-spezifischen Funktionen und Operatoren (Iverson 1980, Metzger 1981, Brown 1982, Eusebi 1985a, Eusebi 1985b) auf Felder angewandt wird[23]. Grundbausteine dieser Programmiertechnik sind Feldfunktionen, durch Operatoren abgeleitete Funktionen und Rekursion. Verzweigungen sind hingegen fast nur für nichtdeterministische Schleifen und zur Fehlerbehandlung notwendig[24]. Imperative Programmiersprachen und Lisp-Dialekte enthalten mehr Kontrollstrukturkonstrukte, weil APL2-ähnliche Datenstrukturen, Feldfunktionen und Operatoren nicht verfügbar sind. Im übrigen sei darauf hingewiesen,

[23]Ein funktional-applikativer Programmierstil ist in APL2 allerdings nur auf der Ebene einzelner Anweisungen in Funktionen und Operatoren einfach zu realisieren. Eine funktional-applikative Strukturierung von interaktiven Programmsystemen ist hingegen sehr schwierig, da geeignete Vorlagen fehlen. Daher werden bei der Implementation der Regelwerkshell eine ganze Reihe von imperativ-prozeduralen Programmiertechniken benutzt. Stoyan (1988) stellt in seinem Buch über Programmiermethoden der künstlichen Intelligenz fest, daß die funktional-applikative Programmierung innerhalb der KI eher selten verwendet wird.

[24]Diese Grundbausteine werden in der Literatur über APL-Lernstrategien immer wieder betont (Eisenberg und Peele 1983, Polivka 1984, Peele und Eisenberg 1985, IBM 1985a, 1985b).

daß Prolog als logische Programmiersprache auch keine klassischen Flußkontrollstrukturen verwendet. Prolog-Programme sind deklarative Programme, bei denen Horn-Klauseln über Unifikation und ein Rückwärts-Tiefensuchverfahren aufgelöst werden. Durch die Einführung des Cut-Operators treten in Prolog-Programmen ebenfalls goto-ähnliche Elemente auf, die jedoch nicht notwendigerweise zu unstrukturierten Programmen führen[25].

Bindung und Gültigkeitsbereich: APL2 verwendet eine dynamische, späte Bindung, bei der nichtlokale Namen an den (zeitlich) letzten Wert gebunden werden. Somit hängt der Gültigkeitsbereich von lokalen Variablen von der Aufrufsequenz der definierten Funktionen und Operatoren ab. Bei den verschiedenen Lisp-Dialekten findet man die unterschiedlichsten Bindungs- und Gültigkeitsregeln (Gabriel 1987), was insbesondere dann zu Schwierigkeiten führen kann, wenn man Lisp-Kode aus verschiedenen Dialekten zusammenkopiert. Späte Bindung ist für Expertensysteme insbesondere aus dem Grund wichtig, weil Fakten in den unterschiedlichsten Formen erst im Laufe eines Konsultationsprozesses verfügbar werden.

Modularität: In der Startphase der Implementation eines Expertensystems ist das Programmdesign nur selten genau beschreibbar. Daher muß man permanent mit Modifikationen der Wissensbasis, aber auch mit Programm- und Designänderungen rechnen. Um die einfache Modifizierbarkeit eines Systems zu sichern, muß ein Programm in möglichst nebeneffektfreie Einheiten zerlegbar sein, die getrennt abgeändert oder ersetzt werden können. Nahezu alle modernen Programmiersprachen ermöglichen eine grundlegende Modularisierung durch definierte Routinen in Form von Funktionen, Subroutinen und Operatoren. Lisp hat in dieser Hinsicht eine Reihe von Vorteilen gegenüber APL2 und Prolog. Einerseits können namenlose Prozeduren durch λ-Prozeduren definiert werden[26]. Andererseits kann man in Lisp innerhalb von Funktionen lokale Funktionen definieren. Analoge Sprachelemente stehen in einigen imperativen Programmiersprachen wie C, Pascal und Modula-2 zur Verfügung. Eine hierarchische Modularisierung durch verschachtelte Prozeduren ist in APL2 und Prolog – falls überhaupt verfügbar – implementationsspezifisch und in der Regel weitaus aufwendiger[27].

Syntax, Semantik und Lesbarkeit: Die formale Syntax von APL2, Prolog und Lisp Dialekten wie Scheme (Texas Instruments 1987) ist im Gegensatz zu imperativen Programmiersprachen sehr einfach und schnell zu erlernen, da nur wenige Ausnahmeregeln bestehen (Brown 1983, 1985, Clocksin und Mellish 1987, Abelson, Sussman und Sussman 1985). Semantisch bereiten diese Sprachen größere Probleme. APL2-Programmierer müssen etwa das Konzept des leeren Feldes und des Füllelementes genau studieren, während Lisp-Programmierer immer wieder Schwierigkeiten mit dem Konzept der verzögerten Evaluation bei Strömen haben. Ähnliche Probleme treten bei Prolog-Programmen auf, wenn rote Cuts verwendet werden. Die Einschätzung der Lesbarkeit ist weitgehend subjektiv. Klammersetzung in Lisp und APL2-Sonderzeichen wie ⍴ und ⎕ sind gewöhnungsbedürftig, bringen aber nach Erwerb der dementsprechenden Fähigkeiten erhebliche Vorteile. Die Lesbarkeit von APL2 hängt aber zu einem nicht unwesentlichen Teil von der Fähigkeit des Lesers ab, typische Idiome (Graham 1986, Cason 1989) wie `(∨\C≠' ')/C` (Entfernen von führenden Leerzeichen in einem Zeichenvektor `C`) zu erkennen. APL2 Programme sind fast immer kürzer als analoge Programme in Lisp und Prolog, wie man etwa an den folgenden Programmen zur Bestimmung der Anzahl der führenden 1-sen in booleschen Vektoren bzw. Listen erkennen kann:

---

25 Man vergleiche die Diskussion zu roten und grünen Cut's in Sterling und Shapiro (1986) und Bratko (1987).

26 Namenlose Prozeduren können in APL bzw. APL2 lediglich indirekt und in sehr eingeschränktem Maße durch eine Erweiterung der direkten Definition (Iverson 1980, Thomson 1989) implementiert werden.

27 Release 3 der APL2/370 Version (IBM 1987a) verfügt über gepackte Arbeitsbereiche, während man in VM/Prolog (Walker et.al. 1987) Prädikat-Prefixe verwenden kann.

- APL2: B ist ein nichtgenesteter Vektor von Wahrheitswerten, die durch 0 und 1 kodiert werden.

```
[0] N←NLT B
[1] N←+/∧\B
```

- Lisp (Scheme-Dialekt; Abelson, Sussman und Sussman 1985): Im Gegensatz zu APL2 wird als Argument bliste kein Vektor, sondern eine Liste mit den Wahrheitswerten #F (false, nil) und #T (true) verwendet.

```
(define (nlt bliste)
  (if (not (car bliste))
      0
      (+ 1 (nlt (cdr bliste)))))
```

- Edinburgh-Prolog (WISDOM-Prolog; Sterling und Shapiro 1986): Hier wird als erstes Argument eine Liste mit den Wahrheitswerten 0 für falsch und 1 für wahr verwendet, während das zweite Argument das Resultat enthält.

```
nlt([],0).
nlt([0|T],0).
nlt([1|T],N) :- nlt(T,N1), N is N1 + 1 .
```

Die genaue Struktur der drei Programme NLT (NumberofLeadingTrues) ist nur für Leser verständlich, die mit allen drei Sprachen zumindest oberflächlich vertraut sind. Dennoch sei hier bemerkt, daß das Lisp- und das Prolog-Programm eine explizite Rekursionsschleife verwenden, die im APL2-Programm durch arithmetische und logische Operationen ersetzt wird. Einen Vergleich von Basic, Pascal, Lisp, Prolog, APL und APL2 anhand einer kleinen Fallstudie eines Mini-Expertensystems findet der Leser in Janko (1987).

Entwicklungsumgebung: Lisp-, Prolog-, APL- und APL2-Programme werden üblicherweise interpretiert, während imperative Programmiersprachen wie C, Modula-2 und Pascal meistens kompiliert werden. Interpretierte Programme erlauben eine einfachere Fehlersuche, während Kompilate üblicherweise schneller ausgeführt werden können. Der wesentliche Vorteil von Interpretern bei der Entwicklung besteht jedoch darin, daß Daten und Programme während der Ausführungszeit fast beliebig erzeugt und modifiziert werden können. Diese Möglichkeit besteht bei kompilierten Sprachen nur in sehr eingeschränktem Maße[28].

Hersteller- und implementationsbedingte Faktoren: Die Verfügbarkeit von Fremdsprachenschnittstellen, Graphikbibliotheken, Schnittstellen zu Datenbanksystemen, Debugger, Menüpanelmanagement usw. ist weitgehend herstellerbedingt. VM/Lisp, VM/Prolog und APL2 unter VM/CMS können etwa in einer weitgehend ähnlichen Weise auf das Datenbanksystem SQL, das Graphiksystem GDDM und auf Fortran-Module zugreifen (Crowder 1986, Crowder und Dunbar 1986, IBM 1987a, 1987b). Mikrocomputer-Implementationen dieser zuletzt genannten Sprachen sind in der Regel weitaus eingeschränkter, so daß sich oft Portabilitätsprobleme ergeben[29]. APL2 ist zur Zeit (1990) lediglich auf IBM-Großrechnern unter VM/CMS und MVS/TSO sowie auf IBM-PC kompatiblen Maschinen unter MS-DOS verfügbar,

[28] Diese Einschränkung gilt auch für kompilierte Lisp-, Prolog- und APL-Programme (Budd 1988, Ching 1986).

[29] Eine Ausnahme bei APL2 ist die Erstellung von Graphiken mit dem Arbeitsbereich GraphPak, der in nahezu identischer Form für Großrechner und PC's zur Verfügung gestellt wird.

die allerdings sehr verbreitet (Frenkel 1990) und leistungsfähig sind[30]. Lisp und Prolog stehen faktisch auf allen Maschinentypen zur Verfügung. Zumindest bei den verschiedenen Lisp-Dialekten findet man jedoch gravierende syntaktische und semantische Unterschiede. APL2-ähnliche Dialekte wie APL⋆Plus II und Dyalog-APL sind ebenfalls für viele Betriebssysteme und Maschinentypen (Macintosh, Unix-Rechner, DEC-VMS-Rechner etc.) verfügbar.

1.7 Ein einführendes APL2-Beispiel: Evaluation von Kreditanträgen

Zur Illustration von regelbasierten Expertensystemen wird in diesem Abschnitt ein einfaches Expertensystem zur Beurteilung von Investitionskrediten in APL2 implementiert. Das Beispiel lehnt sich inhaltlich eng an ein nichtdeterministisches Prolog-Programm aus Sterling und Shapiro (1986) an. Allerdings werden in der in diesem Abschnitt angegebenen Implementation ausschließlich prozedurale Programmiermethoden verwendet. Eine problemadäquate Reimplementation mit Hilfe der in dieser Monographie entwickelten Shell wird erst in Kapitel 5 angegeben. Das APL2-Programm verwendet die gleichen englischen Bezeichnungen wie das Prolog-Programm von Sterling und Shapiro.

Kreditsachbearbeiter in Banken benutzen zur Beurteilung von Investitionskreditanträgen einige grobe heuristische Regeln, mit denen Sicherheiten (*collaterals*), wirtschaftliche Faktoren (Jahresabschlußdaten, *financial factors*) etc. in Relation zum beantragten Kreditvolumen beurteilt werden. Am wichtigsten sind Sicherheiten, die jedoch aufgrund der vielfältigen Formen nicht homogen beurteilt werden können. Einlagen (*currency deposits*) in Form von inländischen (*local*) und ausländischen (*foreign*) Währungen werden üblicherweise als Sicherheiten erster Klasse (*first class*) beurteilt, während Aktien (*stocks*) aufgrund von Wertschwankungen und der nicht immer unmittelbaren Umsetzbarkeit zu Bargeld häufig nur als Sicherheiten zweiter Klasse (*second class*) bewertet werden. Hypothekenbriefe (*mortgages*) können hingegen nur mit großen Verlusten unverzüglich in Bargeld umgesetzt werden, so daß derartige Werte als illiquide Sicherheiten eingestuft werden.

Weitere nicht zu unterschätzende Faktoren sind die laufenden Erträge und Verpflichtungen des Kunden. Am wichtigsten sind Nettoumsatz in Relation zum Betriebsvermögen (*net worth per assets*) und Bruttogewinn (*current gross profits on sales*). Die kurzfristige Verschuldung (*short-term debt per annual sales*) hat im allgemeinen ein niedrigeres Gewicht. Ein Faktor, der im Gegensatz zu den beiden ersten Faktoren nur eine untergeordnete Bedeutung aufweist, ist die Umsatzsteigerung im letzten Jahr (*last year's sales growth*), da gegenwärtige Daten nur einen unzureichenden Schluß über die zukünftige Entwicklung zulassen.

Der durch eine Kreditvergabe zu erwartende Gewinn der Bank (*expected bank yield*) hängt von einer Vielzahl von Faktoren ab und wird im Beispiel als exogene Einflußgröße aufgefaßt.

Sicherheiten und wirtschaftliche Lage eines Kunden werden von Kreditsachbearbeitern meistens durch qualitative Aussagen in Form von ordinalen Bewertungen wie *ausgezeichnet, gut, mäßig* und *mangelhaft* beurteilt. Nichtmonetäre numerische Einschätzungen werden hingegen seltener verwendet. Weiterhin ziehen Sachbearbeiter in der Regel eine individuelle Beurteilung des Kunden durch eine intuitive Kombination der einzelnen Einflußfaktoren vor. Beim Aufbau eines Expertensystems ist man hingegen gezwungen, alle möglichen Kombinationen der Ein-

[30] APL2 nutzt unter anderem auch die Vektorprozessoren auf der IBM 3090/VF und kann daher auch für sehr rechenintensive Aufgaben eingesetzt werden. Für die Workstation IBM RS 6000 ist APL2 angekündigt.

flußfaktoren zu einer definitiven Bewertung (Kredit gewähren, Kredit individuell überprüfen oder Kredit ablehnen) zusammenzufassen. Daher muß ein Wissensingenieur die an der Entwicklung beteiligten Kreditsachbearbeiter dazu motivieren, ihre Bewertungen durch quasiformale Regeln der folgenden Form zu formulieren:

Wenn "die Sicherheiten ausgezeichnet beurteilt werden" und
"die wirtschaftliche Lage als gut beurteilt wird" und
"die Bank mit einem hinreichenden Ertrag rechnen kann",
dann "gewähre den beantragten Kredit".

Die folgende Implementation stellt einen Rumpf eines prozeduralen Expertensystems zur Beurteilung eines Kreditantrags dar. Das System ist sehr einfach aufgebaut und verwaltet die Datenbasis ausschließlich durch globale Variablen, die durch Kleinbuchstaben bezeichnet werden. Das System enthält keine Interaktionskomponente, so daß alle erforderlichen Applikationsdaten vor dem Systemaufruf durch globale Variablen definiert werden müssen.

Die Funktion BANKDATA definiert zulässige Sicherheitsformen, Skalen und Gewichte als globale Variablen im Arbeitsbereich.

```
BANKDATA
⍝ Datenbasis der Bank.
collateral←⊂'local_currency_deposits' 'first_class'
collateral←collateral,⊂'foreign_currency_deposits' 'first_class'
collateral←collateral,⊂'negotiate_instruments' 'second_class'
collateral←collateral,⊂'mortgage' 'illiquid'
collateral←⊃collateral                                  ⍝ 4 2 Matrix
financial_factors←⊂'net_worth_per_assets' 5
financial_factors←financial_factors,⊂'last_year_sales_growth' 1
financial_factors←financial_factors,⊂'gross_profits_on_sales' 5
financial_factors←financial_factors,
                         ⊂'short_term_debt_per_annual_sales' 2
financial_factors←⊃financial_factors                    ⍝ 4 2 Matrix
scale←⊂'collateral_rating'('excellent' 'good' 'moderate')
scale←scale,⊂'financial_rating'('excellent' 'good' 'medium' 'poor')
scale←scale,⊂'bank_yield'('excellent' 'reasonable' 'poor')
scale←⊃scale                                            ⍝ 3 2 Matrix
```

Die genestete 4 × 2 Matrix collateral enthält in der ersten Spalte alle Sicherheitsformen, die zur Beurteilung eines Kredites im Rahmen dieses Systems herangezogen werden, während die zweite Spalte die zur Sicherheitsform korrespondierende Klassifikation auf der Skala first_class, second_class, illiquid enthält. Damit werden etwa foreign_currency_deposits als first_class Sicherheiten klassifiziert. Die Matrix financial_factors enthält in der zweiten Spalte die Gewichtungsfaktoren, mit denen die in der ersten Spalte enthaltenen finanziellen Faktoren gewichtet werden. Damit wird gross_profits_on_sales bei einer Bewertung des summarischen Ertragsfaktors 5 mal so stark wie der Faktor last_year_sales_growth gewichtet. Das globale Symbol scale enthält alle Ausprägungen der Ordinalskalen, mit denen die drei Haupteinflußfaktoren bewertet werden dürfen. Damit stehen zur Beurteilung des geschätzten Bankertrags (bank_yield) lediglich die drei Ausprägungen excellent, reasonable und poor zur Verfügung.

Die Funktion CLIENT1DATA definiert alle Kundeninformationen als globale Variablen im Arbeitsbereich.

```
[0]  CLIENT1DATA
[1]  ⍝ Initialisiert Daten des Kunden1.
[2]  bank_yield←'excellent'
[3]  requested_credit←50000
[4]  amount←⊂'local_currency_deposits' 30000
[5]  amount←amount,⊂'foreign_currency_deposits' 20000
[6]  amount←amount,⊂'bank_guarantees' 3000
[7]  amount←amount,⊂'negotiate_instruments' 5000
[8]  amount←amount,⊂'stocks' 9000
[9]  amount←amount,⊂'mortgage' 12000
[10] amount←amount,⊂'documents' 14000
[11] amount←⊃amount                               ⍝ 8 2 Matrix
[12] value←⊂'net_worth_per_assets' 40
[13] value←value,⊂'last_year_sales_growth' 20
[14] value←value,⊂'short_term_debt_per_annual_sales' 9
[15] value←value,⊂'gross_profits_on_sales' 45
[16] value←⊃value                                 ⍝ 4 2 Matrix
```

Im Gegensatz zur Datendefinition durch BANKDATA, die ausschließlich allgemeingültige (d.h. kundenunabhängige) Klassifikationen und Skalen enthält, werden durch die Anweisungen in CLIENT1DATA kundenspezifische Datenkonstellationen für einen Kreditantragsteller festgelegt. Die Anweisung requested_credit←50000 legt fest, daß der Kreditantragsteller einen Kredit in Höhe von $50000 benötigt. Die Matrix amount enthält pro Zeile den Sicherheitstyp und den damit assoziierten monetären Wert, während value die für die unterschiedlichen wirtschaftlichen Faktoren angegebenen Prozentpunkte enthält.

Nach der Dateninitialisierung durch CLIENT1DATA und BANKDATA wird der Konsultationsprozeß durch den Aufruf der Funktion CREDIT gestartet.

```
[0]  CREDIT
[1]  ⍝ Beurteilung eines Kreditantrags (prozedurale 'Inferenzmaschine').
[2]  COLLATERAL_RATING ⍝ Beurteilung der Sicherheiten
[3]  FINANCIAL_RATING  ⍝ Beurteilung der Einkommensstroeme
[4]  ⍝ BANK_YIELD      ⍝ Ertragsbewertung (exogen, daher auskommentiert)
[5]  EVALUATE          ⍝ Summenbewertung der o.a. Faktoren
[6]  'Summary-Report:'
[7]  'Requested Credit  =' requested_credit
[8]  'Collateral Rating =' collateral_rating
[9]  'Financial Rating  =' financial_rating
[10] 'Bank Yield        =' bank_yield
[11] 'Answer            =' answer
```

CREDIT ruft zwei niladische APL2-Funktionen (COLLATERAL_RATING und FINANCIAL_RATING) auf, durch die Sicherheiten bzw. finanzielle Situation eines Kunden mit Hilfe der durch BANKDATA und CLIENT1DATA definierten globalen Variablen beurteilt werden. Diese Funktionen generieren die globalen Variablen collateral_rating und financial_rating, die in Verbindung mit der bereits definierten Größe bank_yield durch die APL2-Funktion

EVALUATE in ein definitives Resultat (answer) transformiert werden. Das Ergebnis wird als ordinale Bewertung auf der Skala give_credit, consult_superior, refuse_credit ermittelt.

Die Bewertung der Sicherheiten erfolgt durch die Funktion

```
[0] COLLATERAL_RATING
[1] ⍝ Erfassung und ordinale Bewertung der Sicherheiten.
[2] COLLATERAL_PROFILE   ⍝ Ermittle bewertungsrelevante Sicherheiten
[3] COLLATERAL_EVALUAT   ⍝ Bewerte Sicherheiten
```

die ihrerseits zwei Unterfunktionen zur Ermittlung und Beurteilung der Sicherheiten aufruft.

Die Sicherheiten werden durch den Aufruf der Funktion

```
[0] COLLATERAL_PROFILE
[1] ⍝ Bestimme Deckungskoeffizienten fuer alle Sicherheitsklassen.
[2] first_class←COLLATERAL_PERCENT 'first_class'
[3] second_class←COLLATERAL_PERCENT 'second_class'
[4] illiquid←COLLATERAL_PERCENT 'illiquid'
```

ermittelt, die ihrerseits alle Deckungskoeffizienten getrennt für alle Sicherheitsklassen durch den Aufruf der Funktion COLLATERAL_PERCENT berechnet:

```
[0] VALUE←COLLATERAL_PERCENT TYPE;COLLATERAL_TYPES;AMOUNTS
[1] ⍝ Summiert alle vorhandenen Sicherheiten eines TYPEs auf und
[2] ⍝ ermittelt den Deckungskoeffizienten VALUE.
[3] ⍝ Bestimme Sicherheitsklasse
[4] COLLATERAL_TYPES←((⊂TYPE)∘.≡collateral[;2])/collateral[;1]
[5] ⍝ Sicherungsbetraege der Sicherheitsklasse
[6] AMOUNTS←(∨/(amount[;1])∘.≡COLLATERAL_TYPES)/amount[;2]
[7] ⍝ Deckungskoeffizient
[8] VALUE←(100×+/AMOUNTS)÷requested_credit
```

COLLATERAL_PERCENT ermittelt in Zeile [4] alle Sicherheitsformen, die von der Bank mit der in TYPE enthaltenen Zeichenkette klassifiziert werden. Damit erhält man etwa für den Typ 'first_class' den genesteten Vektor

COLLATERAL_TYPES ←→ 'local_currency_deposits' 'foreign_currency_deposits'

In Zeile [6] werden alle beim Kreditantragsteller zur Verfügung stehenden Sicherheiten, die zu den in TYPE angegebenen Sicherheitsformen korrespondieren, zu einem Vektor zusammengefaßt. Damit erhält man für TYPE ←→ 'first_class' den Vektor AMOUNTS ←→ 30000 20000, der durch die Anweisung in Zeile [8] in einen prozentualen Deckungskoeffizienten transformiert wird.

Die Funktion COLLATERAL_EVALUAT enthält drei einfache Regeln, mit denen die numerischen Deckungskoeffizienten für die drei Sicherheitsklassen in ordinale Bewertungen überführt werden.

```
[0] COLLATERAL_EVALUAT;FS
[1] ⍝ Transformiert Deckungskoeffizienten in eine ordinale Bewertung.
[2] collateral_rating←'excellent'
[3] →(first_class≥100)/0
[4] →((first_class>70)∧(FS←first_class+second_class)≥100)/0
[5] collateral_rating←'good'
[6] →((FS>60)∧(FS<70)∧(FS+illiquid)≥100)/0
[7] collateral_rating←'moderate'    ⍝ Abdecken der nicht erfassten Faelle
```

Überschreitet der Deckungskoeffizient der Sicherheiten erster Klasse den Wert 100 (d.h. der Kredit wird vollständig durch Sicherheiten erster Klasse gedeckt), so werden die Sicherheiten als erstklassig (excellent) bewertet. Die gleiche Bewertung wird auch für Kreditantragsteller eingeräumt, bei denen die Deckung durch Sicherheiten erster Klasse mindestens 70% beträgt, die aber gleichzeitig den gesamten Kreditbetrag durch Sicherheiten erster und zweiter Klasse decken können[31]. Kunden, die den gesamten Kreditbetrag durch Sicherheiten aller Klassen decken können und deren Deckung durch Sicherheiten erster und zweiter Klasse mindestens 60%, aber weniger als 70% beträgt, werden hingegen nur mit dem Prädikat good bewertet. Man beachte übrigens, daß die in COLLATERAL_EVALUAT angegebenen Regeln in den Zeilen [2-6] nicht alle möglichen Konstellationen abdeckt. Daher wurden diese Regeln ergänzt, indem alle nicht erfaßten Fälle in Zeile [7] mit moderate bewertet werden. Diese Ergänzung führt etwa dazu, daß der Fall

```
first_class < 100
first_class >  70
first_class + second_class + illiquid > 100
first_class + second_class < 100
```

implizit als moderate bewertet wird[32].

Die finanziellen Faktoren werden durch die Funktion FINANCIAL_RATING summarisch bewertet:

```
[0] FINANCIAL_RATING;W
[1] ⍝ Ermittelt eine summarische Bewertung der finanziellen
[2] ⍝ Faktoren auf einer Ordinalskala.
[3] ⍝ Finde Gewichte der verfuegbaren Ertragsfaktoren
[4] W←financial_factors[financial_factors[;1]⍳value[;1];2]
[5] ⍝ Gewichte Ertragsfaktoren und transformiere in ordinale Form
[6] financial_rating←CALIBRATE +/value[;2]×W
```

Zunächst werden die zu den verfügbaren Klientendaten value korrespondierenden Gewichte aus den Bankdaten (financial_factors) in Zeile [4] bestimmt. Anschließend werden die finanziellen Faktoren mit den Gewichten W multipliziert, aufsummiert und durch die Funktion CALIBRATE in eine ordinale Bewertung überführt.

```
[0] VALUE←CALIBRATE SCORE
[1] ⍝ Transformiert numerische Bewertung in ordinale Bewertung
[2] VALUE←(+/1,¯500 150 1000<SCORE)⊃('bad' 'medium' 'good' 'excellent')
```

[31] Man beachte, daß die erste Regel in Zeile 3 redundant ist, da die zweite Regel in Zeile 4 den ersten Fall mit abdeckt. Die erste Regel wurde nur einbezogen, um eine möglichst hohe Übereinstimmung mit dem Programm von Sterling und Shapiro (1986) zu erzielen.

[32] Diese Regel ist inhaltlich nicht sinnvoll. Daher wird das Regelwerk bei der Reimplementation in Kapitel 5.2 modifiziert.

Damit bewertet `CALIBRATE` aufsummierte numerische Bewertungen mit einem Wert von kleiner als `-500` als schlecht (`bad`), während numerische Werte `≥1000` als ausgezeichnet (`excellent`) eingestuft werden. Zwischengrößen werden mit `medium` bzw. `good` bewertet.

Nach der Bewertung der Sicherheitsfaktoren und der Ertragslage, die in den globalen Variablen `collateral_rating` und `financial_rating` abgespeichert sind, wird eine Gesamtbewertung durch `EVALUATE` durchgeführt, die zusätzlich den exogenen Faktor `bank_yield` berücksichtigt.

```
[0]  EVALUATE
[1]  ⍝ Bewertet alle Faktoren durch Regeln zu einer summarischen
[2]  ⍝ Empfehlung (Entspricht einem Regelwerk).
[3]  R1:
[4]  →(~CONDITION 'collateral_rating' '=' 'excellent')/R2
[5]  →(~CONDITION 'financial_rating' '≥' 'good')/R2
[6]  →(~CONDITION 'bank_yield' '≥' 'reasonable')/R2
[7]  answer←'give_credit'
[8]  →0
[9]  R2:
[10] →(~CONDITION 'collateral_rating' '=' 'good')/R3
[11] →(~CONDITION 'financial_rating' '=' 'good')/R3
[12] →(~CONDITION 'bank_yield' '≥' 'reasonable')/R3
[13] answer←'consult_superior'
[14] →0
[15] R3:
[16] →(~CONDITION 'collateral_rating' '≤' 'moderate')/R4
[17] →(~CONDITION 'financial_rating' '≤' 'medium')/R4
[18] answer←'refuse_credit'
[19] →0
[20] R4:answer←'FEHLER: Ein Fall ist nicht erfasst worden!'
```

`EVALUATE` enthält vier Regeln, mit denen der Kreditantrag klassifiziert wird. Die erste Regel lautet umgangssprachlich:

Wenn "die Bewertung der Sicherheiten ausgezeichnet ist" und
"die wirtschaftlichen Faktoren mit mindestens gut beurteilt werden" und
"der Bankertrag als ausreichend oder besser beurteilt wird",
dann "gebe den Kredit".

Zeichenketten können in APL2 (wie in anderen Programmiersprachen) lediglich auf Gleichheit bzw. Ungleichheit verglichen werden. Daher wird in `EVALUATE` die Funktion `CONDITION` aufgerufen, mit der ordinale Bewertungen durch numerische Vergleichsfunktionen verglichen werden können. Die Ordnung wird durch eine Skala vorgegeben.

```
[0] B←CONDITION RA;TYPE;TEST;RATING;SCALE
[1] ⍝ Vergleicht den Wert von TYPE anhand der Skala von TYPE durch die
[2] ⍝ Relation TEST mit dem Wert RATING.
[3] (TYPE TEST RATING)←RA
[4] SCALE←⌽↑((⊂TYPE)∘.≡scale[;1])/scale[;2]   ⍝ Ermittele Skala von TYPE
[5] B←⍎(⍕SCALE⍳⊂⍎TYPE),TEST,⍕SCALE⍳⊂RATING     ⍝ Teste
```

`CONDITION` verwendet drei Rechtsargumente. Das erste Argument gibt einen Skalentyp an und kann die drei Ausprägungen `'collateral_rating'`, `'financial_rating'` und `'bank_yield'` annehmen. Diese drei Symbole treten einerseits als globale Variablen auf und enthalten die Bewertung der durch `CLIENT1DATA` initialisierten Kundendaten. Andererseits ist die Rangfolge dieser Skalen in der Matrix `scale` enthalten, die durch die Bankdaten (`BANKDATA`) initialisiert wird. Das zweite Argument ist eine numerische Vergleichsoperation aus dem APL2-Funktionssatz, die die Ausprägungen `<`, `≤`, `=`, `≥`, `>` und `≠` annehmen darf. Das dritte Argument spezifiziert die Vergleichsgröße, die einem Element der zu `TYPE` korrespondierenden Skala entsprechen muß. Zeile `[4]` ermittelt die zu `TYPE` passende Skala (`scale`) aus den Bankdaten. Zeile `[5]` ermittelt die Indexposition der in `TYPE` abgespeicherten APL2-Größe sowie die Indexposition des Vergleichsarguments `RATING` und verknüpft diese Indexpositionen durch vorheriges Formatieren (`⍕`) mit dem `TEST`-Symbol zu einer Zeichenkette, die anschließend durch die APL2-Funktion *execute* (`⍎`) aktiviert wird. Übrigens kann man anstelle der Funktion `CONDITION` auch einen Operator mit der Syntax `LA (FCT CONDITION) RA` definieren. Bei Operatoren muß die Vergleichsfunktion `FCT` nicht quotiert werden.

Ein Aufruf des Gesamtsystems für den Kunden 1 mit Initialisierung ergibt:

```
      BANKDATA
      CLIENT1DATA
      CREDIT
Summary-Report:
Requested Credit  =      50000
Collateral Rating = excellent
Financial Rating  = good
Bank Yield        = excellent
Answer            = give_credit
```

Möchte man das System für einen anderen Kunden aufrufen, so ist es empfehlenswert, alle globalen Variablen, die mit einem Kleinbuchstaben beginnen, zu löschen. Die folgende Funktion bewirkt dies:

```
[0] ERASELCV;VARS;AF;B
[1] ⍝ Loescht globale Variablen, die mit einem Kleinbuchstaben beginnen.
[2] VARS←⎕NL 2                 ⍝ Ermittelt alle Variablen
[3] AF←⎕AF VARS[;1]            ⍝ Ermittelt Kode der ersten Buchstaben
[4] B←(97≤AF)∧AF≤122           ⍝ B ←→ 1 wenn Erstbuchstabe = Kleinb.
[5] B←⎕EX¨(⊂[2]B⌿VARS)~¨' '    ⍝ Loescht
[6] →(∧/B)/0                   ⍝ Alle Variablen geloescht?
[7] 'Fehler: Nicht alle Variablen konnten geloescht werden'
```

Das Kreditevaluationssystem ist sehr primitiv aufgebaut und weist eine Reihe von Schwächen auf. Die meisten dieser Schwächen sind allerdings darauf zurückzuführen, daß die Implementation des APL2-Programms eine hohe funktionale Ähnlichkeit mit dem Prolog-Programm von Sterling und Shapiro (1986) aufweist.

Aus programmiertechnischer Perspektive ergeben sich primär folgende Probleme:

- Das Programm verwendet für den Datentransfer fast ausschließlich globale Variablen, die durch niladische Funktionen generiert werden. Damit kann kein einziges Programmsegment in einer vernünftigen Weise erweitert, wiederverwendet oder gewartet werden.

- Das Programm überprüft in keiner Weise fehlerhafte bzw. unzulässige Daten. Tippfehler bei der Kundeninitialisierung wie `bank_yield←'excelent'` (mit einem fehlenden `l`) führen dazu, daß das System einen `VALUE ERROR` meldet.

Allerdings ist es nicht sehr schwierig, alle globalen Variablen zu lokalisieren und als explizite Parameter an die Funktionen zu übergeben. Eine explizite Variablenprüfung ist ebenfalls sehr einfach zu implementieren.

Gravierender sind die mit dem prozeduralen Design verbundenen Probleme in Hinblick auf die üblicherweise an Expertensysteme gestellten Anforderungen:

- Submodule werden in einer deterministischen Reihenfolge aufgerufen. Dies ist ein erhebliches Problem. Beispielsweise weiß man bei praktischen Konsultationen, daß eine Prüfung der Ertragsfaktoren nicht mehr notwendig ist, wenn bei der Feststellung der Sicherheiten ein unzureichendes Resultat (hier *moderate*) erzielt wurde. Das Kreditevaluationssystem überprüft aber in jedem Fall auch die wirtschaftliche Lage.

- Das zweite Problem ist eng mit dem ersten Problem verbunden. Das System benötigt vor dem Start des Bewertungsmoduls `CREDIT` grundsätzlich alle Informationen. Da ein Benutzer des Systems nicht genau weiß, welche Informationen notwendig sind, muß das Startprofil des Kunden (`CLIENT1DATA`) alle potentiell notwendigen und somit auch eine Reihe von irrelevanten Informationen enthalten. Expertensysteme müssen hingegen in der Lage sein, fehlende Informationen vom Benutzer interaktiv abzufragen. Dies bedeutet etwa, daß ein System die Sicherheiten zweiter Klasse nicht mehr abfragen muß, wenn bereits feststeht, daß der Kredit vollständig durch Sicherheiten erster Klasse gedeckt ist.

- Ein weiteres Problem besteht in der Tatsache, daß das Kreditbewertungssystem nicht in der Lage ist, die durchgeführten Schlußfolgerungen durch eine Erklärungskomponente zu erläutern (*Black Box* Prinzip). Daher muß ein Benutzer darauf vertrauen, daß das System korrekte Inferenzregeln enthält.

Leser, die mit dem Prolog-Programm von Sterling und Shapiro (1986) vertraut sind, werden allerdings feststellen, daß die APL2-Implementation in keiner Weise komplizierter oder 'schlechter' ist. Numerische Vergleichsoperationen wie `CONDITION` und Klassifikationsfunktionen wie `CALIBRATE` können in APL2 eher einfacher als in Prolog implementiert werden. Andererseits können Prolog-Programme im Gegensatz zu APL2-Programmen mit Hilfe von Meta-Interpretern (Sterling und Beer 1989) bedeutend einfacher mit Interaktionskomponenten (wie *query-the-user*, siehe Sergot 1982 oder Walker et.al. 1987) und Erklärungsmodulen erweitert werden. Allerdings sind die Möglichkeiten dieser Erweiterungen auch begrenzt.

Kapitel 2

Das Design einer regelbasierten Expertensystemshell

2.1 Grundkonzept

Die in diesem Buch implementierte Expertensystemshell basiert auf dem bereits in Kapitel 1.4.2 skizziertem Paradigma von Prämissen-Aktions-Paaren. Das System ermöglicht eine besonders leichte Einbindung von numerischen Berechnungen, wie für eine Reihe von Problemlösungen in den Bereichen Bankwesen, Finanzierung, Statistik, Operations Research etc. benötigt werden.

Folgende Überlegungen, die teilweise aus der Prolog-Literatur entnommen wurden, bilden die Grundlage für das Design, das in den folgenden Abschnitten detailliert beschrieben wird:

- Applikationsabhängige Fakten, problemspezifisches Regelwerk und Inferenzalgorithmus werden explizit getrennt, damit Regelübersetzer und Inferenzalgorithmus für eine Vielzahl von völlig unterschiedlichen Wissensbasen verwendet werden können. Diese Partitionierung in weitgehend unabhängige Submodule ist ein wesentliches Charakteristikum aller regelbasierten Expertensysteme (Jackson 1986).

- Applikationsabhängige Fakten werden grundsätzlich in APL2-Variablen abgespeichert. Damit kann applikationsspezifisches Wissen durch beliebig strukturierte Daten repräsentiert werden, sofern APL2 eine Modellierung dieser Datenstrukturen zuläßt. Diese Einschränkung ist praktisch unerheblich, da man in APL2 durch das Konzept der genesteten Felder und Skalare (More 1973, Gull und Jenkins 1979, Brown 1973) faktisch alle traditionellen Datenstrukturen wie Listen, Bäume, zyklische und azyklische Graphen, Zeichenkettenvektoren, Matrizen, Tensoren, Kellerspeicher, zirkuläre Schlangen etc.[1] mit minimalem Aufwand implementieren kann. Man beachte jedoch, daß eine Reihe von komplexen regelbasierten Repräsentationssprachen wie OPS5 (Brownstone et.al. 1985, Forgy 1982) Musteranpassungsverfahren (*'pattern matching'*) wie Unifikationsalgorithmen (Nilsson 1982) verwenden, durch die Fakten mit nur teilweise gebundenen Werten als Bedingungen und Konklusionen repräsentiert werden können. Diese Musteranpassungsalgorithmen sind in Hinsicht auf die Repräsentation von partiell unbestimmten Wissensegmenten flexibler, da Bedingungen bzw. Konklusionen wie `A > 10` ohne

[1] Diese Datenstrukturen werden ausführlich in Knuth (1973), Wirth (1986) und Aho, Hopcroft und Ullman (1987) dargestellt.

eine wertmäßige Festlegung von A spezifiziert werden können. Andererseits ist die Repräsentation und Verarbeitung numerischer Daten wie in

```
Z ← ⌹ (⍉X) +.× X
```

(d.h. $Z = (X^T X)^{-1}$) weitaus aufwendiger, da numerische Felder nur in einer sehr ineffizienten und komplizierten Weise durch Musteranpassungsalgorithmen verarbeitet werden können (Küsters 1990).

- Der Prämissensatz einer Regel wird durch eine endliche Folge von booleschen Bedingungen, in denen APL2-Größen durch logische Funktionen auf Wertebereich, Teilmengenbeziehungen etc. getestet werden, repräsentiert. Variablen enthalten applikationsabhängige Fakten, die unter anderem auch während der Konsultation durch den Benutzer eingegeben werden können. Boolesche Bedingungen werden als Voreinstellung durch das logische *and* (∧) verknüpft, da man *or*-Verknüpfungen durch mehrere Regeln darstellen kann. Allerdings kann man innerhalb eines logischen Ausdrucks alle APL2-Primitiven und somit auch die Funktion *or* (∨) benutzen. Innerhalb des Prämissensatzes können primitive und definierte APL2-Funktionen und Operatoren aufgerufen werden, sofern ein boolescher Skalar oder ein einelementiges boolesches Feld (etwa `1 1 1⍴1`) zurückgegeben wird. Der Konklusionsteil (Aktionsteil) besteht aus einer endlichen Folge von APL2-Ausdrücken, die bei einer Regelinvokation sequentiell abgearbeitet werden, sofern alle Bedingungen des Prämissensatzes bei einer Testinvokation erfüllt (wahr) sind. Der Normalfall besteht darin, daß im Aktionsteil Variablenzuweisungen exekutiert werden. Die Werte dieser Variablen können innerhalb von Prämissensätzen anderer Regeln durch boolesche Bedingungen getestet werden. Allerdings kann man sowohl im Prämissensatz als auch im Aktionsteil ohne Probleme niladische Funktionen aufrufen, die Nebeneffekte wie Bildschirmausgaben etc. verursachen. Zwischenberechnungen können sowohl innerhalb des Prämissensatzes als auch im Aktionssatz durchgeführt werden. Variablen mit lokalem Gültigkeitsbereich lassen sich ebenfalls innerhalb einer Regel definieren. Der Ansatz zur Repräsentation von Wenn-Dann-Paaren durch APL-Ausdrücke geht auf Bard (1988) zurück, während die Verarbeitung von Regelwerken mit Hilfe boolescher Vektoren und Matrizen von Fordyce und Sullivan (1987, Fordyce et.al. 1989, Sullivan und Fordyce 1985, 1986a, 1986b) entwickelt wurde.

- Regeln werden in leicht editierbarer Form in Zeichenmatrizen, ASCII- oder EBCDIC-Dateien abgespeichert und können in beliebiger Reihenfolge angeordnet werden, da passende Regeln durch den Inferenzalgorithmus ausgewählt werden. Eine Regelpermutation führt lediglich zu einer Änderung des Laufzeitverhaltens, aber nie zu einer Änderung der Konklusionen, sofern die Regelexekution keine Nebeneffekte außer Variablenzuweisungen verursacht.

- Fehlende Informationen (Variablen) können während einer Konsultation interaktiv vom Benutzer abgefragt werden. Benutzereingaben können auf Typ und Wertebereich geprüft werden, um Systemzusammenbrüche durch Eingabefehler zu vermeiden. Außerdem reduziert ein Typ- und Wertebereichtest die Chance, daß eine inkorrekter Inferenzschluß durchgeführt wird.

- Während der Konsultation kann der Benutzer vom System Informationen über bisher durchgeführte Schlußfolgerungen (*Wie?*), über den Zweck der Frage (*Warum?*), über den zulässigen Wertebereich und Typ der Systemanfrage sowie über Problembegriffe (Stichworthilfe, Lexikon: *Was ist?*) anfordern. Die Möglichkeit zur Erweiterung der

Faktenbasis durch Benutzerinteraktion steht in zahlreichen Systemen zur Verfügung. Sergot (1982, siehe auch Walker et.al. 1987) beschrieb ein elegantes Modell für Prolog, das in dieser Arbeit für den APL2-Regelwerkinterpreter adaptiert wurde. Modelle zur Extraktion von Zwischenergebnissen etc. werden ebenfalls seit der Entwicklung der ersten regelbasierten Expertensysteme in Form von Ablaufverfolgungsmodellen (*tracing*) verwendet (Buchanan und Shortliffe 1984). Zusätzlich besteht die Möglichkeit, beliebige APL2-Ausdrücke (z.B. zur Berechnung von Zwischenergebnissen) während einer Konsultation zu exekutieren.

- Syntaktisch und/oder semantisch fehlerhaft definierte Fakten und Regeln verursachen APL2-Fehler, die durch die in APL2 verfügbaren Fehlerbehandlungsfunktionen (*event handling*, Graham 1983) abgefangen werden. Damit werden APL2-Fehlermeldungen durch systemeigene Fehlermeldungen ergänzt bzw. überschrieben, um die Fehlerdiagnose zu vereinfachen. Eine Debug-Option im Regelinterpreter ermöglicht eine genaue Verfolgung der Inferenzschritte.

Abbildung 2.1 stellt die Systemstruktur dar. Die Definition der Regeln und Benutzerinteraktionsspezifikationen setzt beim Expertensystementwickler, der die in diesem Buch beschriebene Shell benutzt, zumindest elementare APL2-Kenntnisse voraus. Endbenutzer einer spezifischen Expertensystemapplikation benötigen hingegen keinerlei Kenntnisse über APL2-Syntax und Semantik, sofern der ohnehin nur selten benötigte interaktive APL2-Modus nicht benutzt wird.

Das System verfügt ausschließlich über einen zeilenorientierten Interaktionsmodus. Diese Einschränkung – die in diesem Buch in erster Linie zur Vereinfachung der Migration (Portierung) auf unterschiedliche Systeme vorgenommen wurde – ist aus zwei Gründen nicht erheblich:

- Die in APL2-Umgebungen verfügbaren Sitzungsmanager (IBM 1987, 1988a, 1988b) ermöglichen ein einfaches Vor- und Zurückblättern von Bildschirmseiten, so daß man auch in einem zeilenorientierten Modus bereits eingegebene oder vom System ausgegebene Informationen modifizieren bzw. abrufen kann.

- Zusätzlich werden fast alle Ein- und Ausgabeoperationen durch definierte APL2-Funktionen eingekapselt, so daß die verschiedenen Ein- und Ausgabearten wie Abfragen, graphische Darstellungen, Fehlermeldungen etc. in einer Fensterumgebung sehr einfach auf getrennte logische Ein- und Ausgabeeinheiten umgeleitet werden können[2].

2.2 Regeln und Erklärungen

Regelwerkvariablen werden durch APL2-Variablen repräsentiert und müssen somit den syntaktischen und semantischen Regeln des verwendeten APL2-Interpreters entsprechen. Diese Restriktion führt auf dem APL2/PC System dazu, daß ein Variablenname die Länge von 18 Zeichen nicht überschreiten darf, während auf APL2-Mainframesystemen die Verwendung von Kleinbuchstaben von der APL2-Invokationsoption `CASE` abhängt. Durch die Struktur des in

[2] Auf APL2-Systemen lassen sich Fensterumgebungen u.a. mit dem AP124-Hilfsprozessor aufbauen. Die APL2-Systeme unter VM/CMS und MVS/TSO ermöglichen mit Hilfe des GDDM einen zwar nicht ganz einfachen, aber sehr flexiblen Aufbau von Fensterumgebungen, in denen Bildschirme in möglicherweise überlappende graphische und alphanumerische Teilbildschirme zerlegt werden können. Das APL⋆Plus System für PC's von STSC enthält eine Reihe von Systemfunktionen zum Ansprechen von logischen Bildschirmfenstern (Smith 1988).

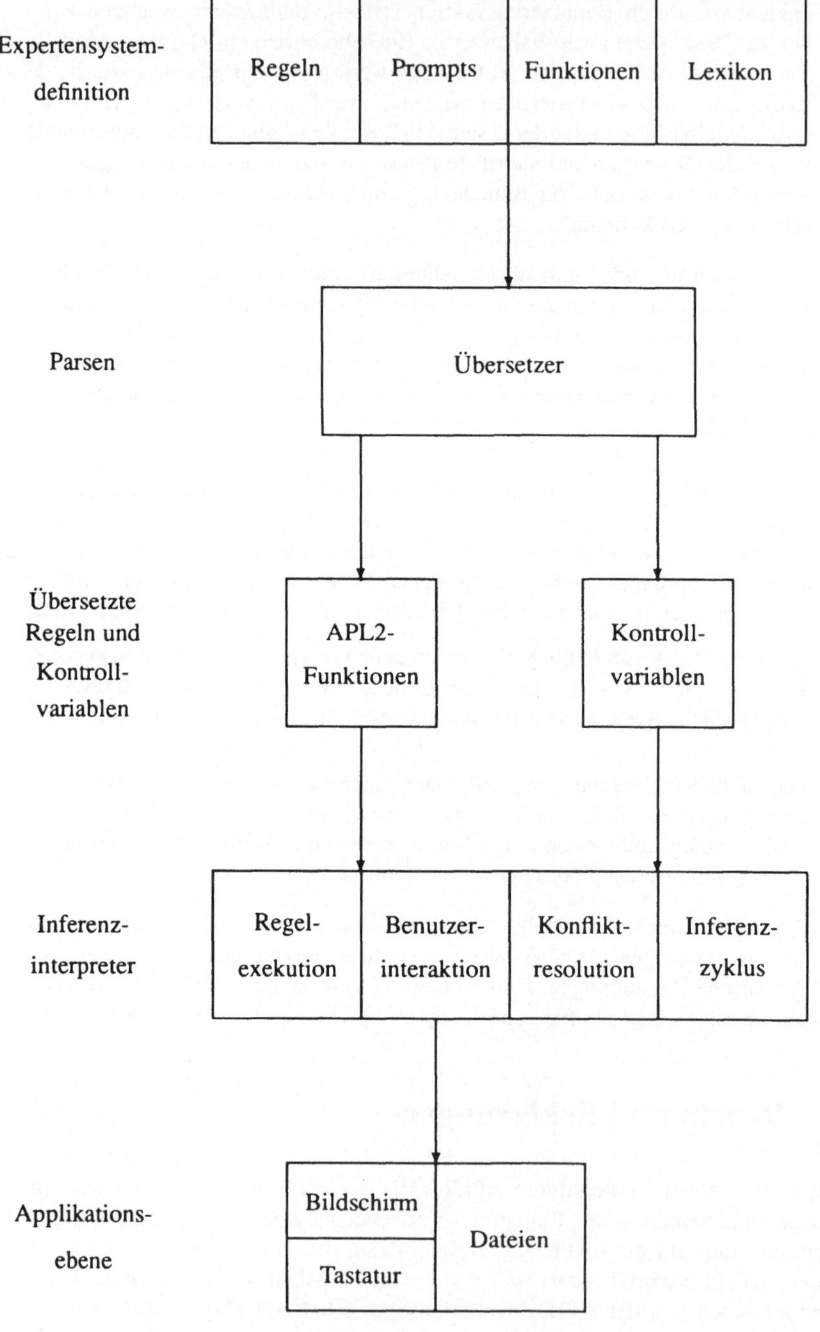

Abbildung 2.1: Struktur der APL2-Expertensystemhell

Kapitel 3 beschriebenen Übersetzers ergibt sich zusätzlich die Einschränkung, daß ein Variablenname die Zeichen ∆ oder ⍙ nicht enthalten darf. Durch diese Einschränkung werden Namenskonflikte zwischen den Variablen des Übersetzers und des Interpreters und den Variablen des Regelwerks vermieden. Außerdem dürfen die Namen `SETGLOBALS`, `COMPILE`, `INCREMENT`, `INIT`, `BROWSE`, `HALT`, `ASKUSER`, `FORWARD` und `EXPLAIN` nicht als Regelwerknamen verwendet werden, da diese Namen bereits für Hauptfunktionen bzw. Systemvariablen der Expertensystemshell reserviert sind.

Die Struktur von Regeln wird durch Beispiele und Muster beschrieben, die für Anwender relativ einfach lesbar, aber auch potentiell ambivalent sind[3]. Folgende Konventionen werden verwendet:

- Schlüsselwörter werden durch Folgen von Großbuchstaben bezeichnet und schließen grundsätzlich mit einem Doppelpunkt (`:`) als letztes Zeichen ab. `RULE:` ist z.B. das Schlüsselwort zur Deklaration einer Regel. Folgende Schlüsselwörter sind reserviert und dürfen daher auch nicht in quotierten Zeichenketten und Kommentaren[4] verwendet werden: `RULE:`, `COM:`, `INPUT:`, `OUTPUT:`, `LOCAL:`, `IF:`, `THEN:`, `EXP:`, `PROMPTABLE:`, `TYP:`, `RANGE:`, `PROMPTSTR:`, `CHECKFCT:`, `FUNCTION:`, `LEXICON:` und `ITEM:`.
- APL2-Ausdrücke in den Syntaxmustern werden durch eine Kurzangabe ihrer semantischen Bedeutung in Kleinbuchstaben angegeben. `input_variableX` bedeutet etwa, daß ein zulässiger APL2-Variablenname angegeben werden muß. Dies bedeutet jedoch nicht, daß Regelwerkvariablen durch Kleinbuchstaben bezeichnet werden müssen.

Die formale Regelstruktur kann durch das folgende Muster beschrieben werden:

```
RULE: regelname
   COM:     kommentar1
            kommentar2
            ...
            kommentarL
   INPUT:   input_variable1  input_variable2  ... input_variableN
   OUTPUT:  output_variable1 output_variable2 ... output_variableM
   LOCAL:   lokale_variable1 lokale_variable2 ... lokale_variableO
   IF:      boolesche_bedingung1
            boolesche_bedingung2
            ...
            boolesche_bedingungP
   THEN:    apl2_ausdruck1
            apl2_ausdruck2
            ...
            apl2_ausdruckQ
   EXP:     druckbare_apl2_anweisung1
            druckbare_apl2_anweisung2
            ...
            druckbare_apl2_anweisungR
```

[3] Syntaxdiagramme und formale Backus-Naur-Syntaxbeschreibungen (Wirth 1984) sind sicherlich exakter, aber für Anwender schwieriger zu verstehen.

[4] Die einzige Ausnahme sind Zeilen innerhalb der Eingabematrix, die *ausschließlich* Kommentare enthalten.

Die Angabe der Schlüsselwörter RULE:, IF: und THEN: ist zwingend. COM:, INPUT:, OUTPUT:, LOCAL: und EXP: sind hingegen optionale Schlüsselwörter. Man beachte jedoch, daß eine Regel ohne Inputvariablen niemals automatisch als Testregel durch den Konfliktresolutionsalgorithmus des vorwärtsschließenden Inferenzinterpreters selektiert werden kann. Hinter dem Schlüsselwort RULE: darf nur ein einziger APL2-Symbolname angegeben werden, mit dem der Regelname festgelegt wird. Das Schlüsselwort COM: leitet einen 'natürlichsprachlichen' Kommentar ein, der über mehrerere Zeilen fortgesetzt werden darf und der durch das nachfolgende Schlüsselwort abgeschlossen wird. Schlüsselwörter terminieren immer mit einem Doppelpunkt (:). Dieser Kommentar wird bei der Übersetzung der Regel in eine exekutierbare APL2-Funktion als Zusatzkommentar eingetragen und hat ansonsten keine weitere Funktion. Durch die Schlüsselwörter INPUT:, OUTPUT: und LOCAL: werden die Deklarationen von Eingabe-, Ausgabe- und lokalen Variablen eingeleitet. Hinter jedem dieser Schlüsselwörter darf eine endliche Folge von zulässigen APL2-Variablennamen (ohne die Zeichen ⍙,∆) angegeben werden, die entweder durch Kommata (','), Leerzeichen, einen Zeilenumbruch innerhalb der Eingabematrix oder einer Kombination dieser Begrenzer getrennt werden müssen. Die Menge der Eingabe- und Ausgabevariablen, die Menge der lokalen Variablen und die Menge der Regelnamen müssen disjunkt sein. Die Namen der Ein- und Ausgabevariablen dürfen sich hingegen überlappen, so daß iterative Regeln definiert werden können. In der IF:-Sektion wird eine endliche Folge von APL2-Ausdrücken, die boolesche Werte in Form von Skalaren oder einelementigen, nichtgenesteten Feldern zurückgeben müssen, spezifiziert. Boolesche Ausdrücke müssen entweder durch logische Konnektoren wie ∧,∨ etc. zusammengesetzt werden oder auf aufeinanderfolgenden Zeilen spezifiziert werden. Zwei aufeinanderfolgende Zeilen in der IF:-Sektion werden automatisch durch das logische *and* verknüpft. Ein einfaches Beispiel für eine boolesche Bedingung ist etwa der Ausdruck VAR1 ≡ 'excellent', mit dem überprüft wird, ob die APL2-Variable VAR1 die Zeichenkette 'excellent' enthält. Dieses einfache Konstrukt ermöglicht durchaus die Durchführung von komplexen Berechnungen innerhalb der IF:-Sektion. Durch die Anweisung

```
↑ 1 (XX ← (⍉X) +.× X)
```

wird der Matrix XX das Matrizenprodukt $X^T X$ zugewiesen. ↑ 1 XX bewirkt, daß die Anweisung lediglich den booleschen Skalar 1 zurückgibt, während der Wert von XX ignoriert wird. Durch das logische *or* verknüpfte boolesche Bedingungen können entweder in einer einzeiligen Bedingung durch die Verwendung des logischen Konnektors ∨ oder durch die verteilte Definition mit Hilfe von zwei separaten Regeln spezifiziert werden. Regeln, die keine Vorbedingungen benötigen (bedingungslose Regeln) können durch die Angabe des Skalars TRUE ←→ 1 als einzige Bedingung definiert werden. In der vorliegenden Version des Regelinterpreters kann eine Regel allerdings nur dann für eine Testexekution ausgewählt werden, wenn zumindest eine Inputvariable, die nicht notwendigerweise auch innerhalb der IF:-Sektion getestet werden muß, angegeben wird. Die zwingend vorgeschriebene THEN:-Sektion enthält eine Sequenz von APL2-Anweisungen, die nicht notwendigerweise Resultate zurückgeben müssen. Der Standardfall besteht in der Zuweisung eines Wertes an eine Variable, die in anderen Regeln durch logische Bedingungen getestet wird. Ein einfaches Beispiel ist die Zuweisung VAR1 ← 'excellent', obwohl man natürlich durchaus komplex zusammengesetzte APL2-Ausdrücke oder Funktions- und Operatorinvokationen einsetzen darf. Das Schlüsselwort EXP: leitet die wahlfreie Deklaration eines Erklärungstextes ein, der als druckbare APL2-Anweisung definiert werden muß. Dieser Text wird zur Protokollierung aller Inferenzschlußfolgerungen des Regelinterpreters benutzt und kann somit während oder nach der Konsultation bei Bedarf als 'natürlichsprachliche', wenn auch weitgehend vorformulierte Erklärung ausgegeben werden.

Zulässige Parameter des Schlüsselwortes EXP: sind alle APL2-Ausdrücke (z.B. Zeichenketten), mit denen man eine direkte Bildschirmausgabe im interaktiven Modus generieren kann. Damit führt die Spezifikation

```
EXP: 'Multivariate Modelle der Statistik koennen angewandt werden, da'
 'die Anzahl der Variablen ',(⍕VARZAHL),' betraegt und somit mindestens'
 'zwei gemeinsam zu analysierende Variablen vorliegen.'
```

dazu, daß bei einer erfolgreichen Invokation einer Regel ein natürlichsprachlicher Text auf der für Erklärungen vorgesehenen logischen Ausgabeeinheit geschrieben wird. Dabei wird der Wert einer im Arbeitsbereich abgespeicherten Variablen (hier: VARZAHL) an der dafür vorgesehenen Position als Zeichenkette (⍕VARZAHL) eingesetzt.

Ein einfaches Beispiel zur Illustration der Regelsyntax ist die folgende Regel, die u.U. in einem System zur Bestimmung eines geeigneten multivariaten statistischen Verfahrens zur Datenanalyse verwendet werden kann.

```
RULE: SEL_REG_MOD_TYP
  COM:    Regel zur Bestimmung eines adaequaten Modells zur Regressions-
          analyse mit einseitig gestutzten Variablen
  INPUT:  MODEL_CLASS INDVAR_LEVEL DEPVAR_LEVEL
  OUTPUT: REG_MOD_TYP
  IF:     MODEL_CLASS ≡ 'Regressions-Modell'
          DEPVAR_LEVEL ≡ 'metrisch einseitig gestutzt'
          INDVAR_LEVEL ≡ 'metrisch'
  THEN:   REG_MOD_TYP ← 'Tobit'
  EXP:    'Zur Analyse einer metrischen und einseitig gestutzten'
          'abhaengigen Variablen in Abhaengigkeit von metrisch'
          'skalierten unabhaengigen Variablen kann ein Tobit-Modell'
          'verwendet werden.'
```

Das Einrücken von Schlüsselwörtern dient ausschließlich zur optischen Hervorhebung. Der Übersetzer akzeptiert auch eine unübersichtliche, aber korrekte Regeldefinition wie

```
RULE:  SEL_REG_MOD_TYP COM:  Regel zur Bestimmung eines adaequaten
Modells zur Regressionsanalyse mit einseitig gestutzten Variablen
INPUT:  MODEL_CLASS INDVAR_LEVEL DEPVAR_LEVEL OUTPUT:  REG_MOD_TYP IF:
MODEL_CLASS ≡ 'Regressions-Modell'
DEPVAR_LEVEL ≡ 'metrisch einseitig gestutzt'
INDVAR_LEVEL ≡ 'metrisch'
THEN:  REG_MOD_TYP ← 'Tobit' EXP:
'Zur Analyse einer metrischen und einseitig gestutzten'
'abhaengigen Variablen in Abhaengigkeit von metrisch'
'skalierten unabhaengigen Variablen kann ein Tobit-Modell'
'verwendet werden.'
```

Ein komplexeres Beispiel, das ebenfalls aus dem statistischen Bereich stammt, ist die folgende Regel, in der neben einfachen Wertzuweisungen auch eine Reihe von numerischen Berechnungen definiert werden.

```
RULE: SELECT_REG_MODEL_DATA
   COM:     Bestimmt abhaengige und unabhaengige Variablen.
   INPUT:   MODEL_CLASS,
            DATA,
            VAR_NAMES,
            INDVAR_NAMES,
            DEPVAR_NAME
   OUTPUT:  X, Y
   LOCAL:   IX, IY
   IF:      ↑ 1 (IX ← (∨/ VAR_NAMES ∘.≡ INDVAR_NAMES)/⍳ρVAR_NAMES)
                 ⍝ Indizes der unabhaengigen Variablen
            ↑ 1 (IY ← VAR_NAMES ⍳⊂DEPVAR_NAME)
                 ⍝ Index der abhaengigen Variablen
            (IX ∧.≤ ρVAR_NAMES) ∧ (IY ≤ ρVAR_NAMES)
                 ⍝ Variablen verfuegbar?
            (ρVAR_NAMES)=↑⌽ρDATA
                 ⍝ Anzahl der Variablennamen=Anzahl der Datenvariablen?
            (↑ρDATA)≥ρIX
                 ⍝ Mindestens soviel Faelle wie unabhaengige Variablen?
            ~ IY ∊ IX
                 ⍝ Sind abhaengige und unabhaengige Variablen disjunkt?
   THEN:    X←DATA[;IX]
            Y←DATA[;IY]
   EXP:     'Eine X Matrix mit '
            '    ',(⍕↑ρX),' Beobachtungen und '
            '    ',(⍕↑⌽ρX),' unabhaengigen Beobachtungen'
            'und ein passender Y Vektor konnten definiert werden,'
            'da die Spezifikation der unabhaengigen und abhaengigen'
            'Variablen vollstaendig und fehlerfrei war.'
```

Dieses Beispiel ist sicherlich nicht sehr elegant aufgebaut, da zuviele unterschiedliche Tests und Kalkulationen in einer einzigen Regel zusammengefügt wurden. Andererseits demonstriert die Regel aber alle wesentlichen Schlüsselwörter und Einbindungsmöglichkeiten numerischer Berechnungen. Innerhalb der `IF:`- und `THEN:`-Sektionen können beliebig strukturierte APL2-Ausdrücke und Zuweisungen verwendet werden. Diese Flexibilität ist unter Umständen sehr gefährlich. Ein einfaches Beispiel ist etwa der Vergleich zweier Zeichenketten durch die logische Funktion 'Prüfen auf Gleichheit' (=). *Equal* ist eine skalare Funktion, die unter Berücksichtigung der automatischen Erweiterung durch Skalarextension grundsätzlich elementweise vergleicht. Dies kann sehr einfach zu Längenfehlern führen, wenn mehrere Regeln unterschiedliche Instanzierungen einer Regelwerkvariablen mit unterschiedlichen Längen ermöglichen. Ein einfaches Beispiel ist etwa eine Variable `REG_MOD_TYP`, die u.a. die Werte `'tobit' 'logit' 'probit' 'ols_model'` usw. annehmen kann. Ist die Variable `REG_MOD_TYP` mit der Zeichenkette `'tobit'` besetzt, so erhält man beim Vergleich `REG_MOD_TYP = 'probit'` einen Längenfehler, während der Vergleich `REG_MOD_TYP = 'logit'` nicht einen booleschen Skalar, sondern den booleschen Vektor `(0 1 1 1 1)`zurückgibt. Die *match* Funktion (≡) führt hingegen immer zu einem booleschen Skalar und ist daher für derartige Vergleichszwecke geeigneter. Allerdings können bei der *match* Funktion ebenfalls Probleme auftreten, wenn Skalare mit einelementigen Feldern verglichen werden (es gilt etwa: `0←→(1≡1 1 ρ1)`). Ein weiteres Beispiel für ein Vergleichsproblem ist die Unterscheidung von Groß- und Kleinschreibung von Zeichenketten. Ohne Verwendung von Zusatztasten wie *Shift* und *Alternate* werden im APL2-Tastaturmodus immer Großbuchstaben eingegeben, während im Standard-ASCII und EBCDIC-Modus als Voreinstellung Kleinbuchstaben eingegeben werden. Daher ist es für viele Zwecke sinnvoll, verallgemeinerte `MATCH` Funktionen zu definieren und zu verwenden. Die in Kapitel 5.1 definierte `MATCH` Funktion vergleicht zwei Felder grundsätzlich nur auf 'inhaltliche' Identität, während der *rank* (die Anzahl der Achsen des Feldes) ignoriert wird. Damit gilt etwa `1 ←→ 23 MATCH (1 1ρ23)`. Die ebenfalls in Kapitel 5 definierte Funktion `MATCHC` vergleicht zwei Zeichenketten bzw. Zeichenskalare ebenfalls auf inhaltliche Identität und ignoriert Unterschiede zwischen Groß- und Kleinschreibung. Damit gilt etwa `1 ←→ 'Tobit Modell' MATCHC 'tObIt mODelL'`. Tabelle 2.1 enthält die Namen einer Reihe von nützlichen Funktionen, die innerhalb von `IF:`- bzw. `THEN:`-Sektionen benutzt werden können. Der APL2-Kode dieser Funktionen wird in Kapitel 5 angegeben. `B` bezeichnet das boolesche Resultat der Hilfsfunktionen.

Aufruf	Bedeutung
`B ← L MATCH R`	Vergleicht zwei APL2-Größen auf inhaltliche Identität
`B ← L MATCHC R`	Vergleicht zwei APL2-Zeichenketten auf inhaltliche Identität und ignoriert Unterschiede zwischen Groß- und Kleinbuchstaben
`B ← EXEC apl2ausdruck`	Exekutiert den Ausdruck `apl2ausdruck`
`B ← RETRACT CV`	Löscht die in `CV` angegebene Regelwerkvariable
`B ← EXIST CV`	Testet, ob die in `CV` angegebene Regelwerkvariable existiert
`B ← PRINT A`	Gibt die APL2-Größe `A` auf dem Bildschirm aus
`B ← ASKUSER CV`	Fragt den Wert der in `CV` angegebenen Variablen vom Benutzer ab
`B ← TRUE`	Entspricht `B ←→ 1`
`B ← FALSE`	Entspricht `B ←→ 0`
`CV1 ← UCLC CV`	Übersetzt alle Großbuchstaben in einer Zeichenkette in Kleinbuchstaben
`NOP`	Macht nichts (Ersatz für leere `THEN:`-Spezifikation)
`NORES apl2ausdruck`	Ignoriert das Resultat eines `apl2ausdruck`

Tabelle 2.1: Hilfsfunktionen

Das Konstrukt `EXEC` hat lediglich die Funktion, Ausdrücke der Form

```
↑ 1 (XX ← (⍉X)+.×X)
```

lesbarer durch

```
EXEC XX ← (⍉X)+.×X
```

zu formulieren. Die Verwendung der oben angegebenen Hilfsfunktionen führt dazu, daß diese Funktionsnamen nicht mehr anderweitig (als Regel-, Variablen- oder Funktionsnamen) vom Expertensystementwickler verwendet werden dürfen.

Übrigens kann man die einzelnen Anweisungen in einem Regelwerk in völliger Analogie zu APL2-Kode durch explizite Kommentare erläutern. Kommentare starten in jeder Zeile mit dem

APL2-Zeichen 'ɑ' und werden durch den Übersetzer mit wenigen, bei der Implementationsbeschreibung explizit vermerkten Ausnahmen ignoriert.

Kapitel 5 enthält eine Reihe von weiteren Beispielen. Die Selektion und Abarbeitung von Regeln durch logische Schlußfolgerungen wird in Abschnitt 2.5 diskutiert.

2.3 Interaktive Ergänzung der Faktenbasis

Das Regelwerk eines Applikationssystems kann nur durch das Editieren neuer bzw. bereits bestehender Regeln erweitert bzw. geändert werden. Dazu muß ein Editor verwendet werden, mit dem APL2-Zeichen eingegeben werden können[5]. Dieser Modus wird als Definitionsmodus bezeichnet. Bei einer aktiven Konsultation eines Expertensystems wäre die Verwendung eines Editors jedoch zu aufwendig, da alle potentiell notwendigen, aber nicht notwendigerweise benötigten Informationen vor dem Konsultationsprozeß eingegeben werden müßten. Daher wurde eine einfache Benutzerschnittstelle entwickelt, mit der während eines Konsultationsprozesses noch nicht bekannte Informationen (=Variablenbelegungen) interaktiv vom Benutzer abgefragt werden können. Dieser Modus wird als Interaktions- oder Konsultationsmodus bezeichnet.

Zusätzlich besteht die Möglichkeit, Daten durch den Aufruf von APL2-Funktionen bzw. Datei-Lese-Operationen vor oder während der Konsultation durch den Endbenutzer und/oder Expertensystementwickler zu definieren.

Benutzerschnittstellen sollten im Prinzip ergonomischen und softwaretechnischen Kriterien, wie sie etwa in Sommerville (1987), Gibson, Levine und Metzger (1985) und Wade (1984) dargestellt sind, erfüllen. Dazu gehören u.a. folgende Kriterien:

- Benutzerantworten müssen robust verarbeitet werden, d.h. fehlerhafte Antworten dürfen niemals zu einem Systemzusammenbruch führen, sondern lediglich eine Neueingabe nach vorheriger Meldung der potentiellen Fehlerursache anfordern.
- Benutzer müssen während eines Konsultationsprozesses zumindest auf eine Minimalmenge von Hilfs- und Unterstützungsinformationen zugreifen können. Dazu gehören bei einem Expertensystem u.a. Erklärungen über bereits abgeleitete Schlußfolgerungen, die Ausgabe von Variablenwerten, ein Lexikon, aus dem unbekannte Begriffe abgefragt werden können, sowie Erläuterungen, warum das System eine bestimmte Information abfragt.

Dieser Abschnitt konzentriert sich auf den ersten Aspekt, während Erläuterungen und Systemkonzeption bezüglich des zweiten Aspektes erst bei der Beschreibung des Inferenzinterpreters angegeben werden.

Die Struktur von Benutzer-System-Interaktionen zur interaktiven Festlegung von Regelwerkvariablen muß in dem hier vorgestellten System durch eine Deklaration der durch Benutzerinteraktion zu erfassenden Applikationsdaten festgelegt werden. Interaktionen werden im System durch Promptdeklarationen vereinbart:

[5] Im APL2/PC-System kann EDIT2 verwendet werden. Bei APL2R3-Mainframe-Systemen kann hingegen der ISPF oder der XEDIT Editor benutzt werden.

```
PROMPTABLE: variablen_name
   TYP:        typ_deklaration
   RANGE:      spezifikation_des_zulaessigen_wertebereichs
   PROMPTSTR:  druckbare_apl2_anweisung
   CHECKFCT:   boolesche_testfunktion_fuer_benutzereingaben
```

Durch die Deklaration PROMPTABLE: wird eine APL2-Variable, die im Regelwerk innerhalb einer IF:-Sektion benötigt wird, als abfragbar klassifiziert. Alle Variablen des Systems, die nicht als abfragbar deklariert werden, müssen somit durch APL2-Variablenzuweisungen innerhalb einer IF:- oder THEN:- Sektion einer Regel oder durch den Aufruf einer APL2-Funktion oder eines APL2-Operators definiert werden. Im Gegensatz zum Schlüsselwort PROMPTABLE: sind die Deklarationen TYP:, RANGE:, PROMPTSTR: und CHECKFCT: optional.

Durch die Typdeklaration wird der Datentyp einer zulässigen Benutzereingabe festgelegt. Tabelle 2.2 beschreibt alle zulässigen Deklarationen.

Typdeklaration	Bedeutung
CHAR	Zeichen aus dem APL2-Zeichensatz ⎕AV
CV	Zeichenkettenvektor (Voreinstellung)
VCV	Vektor von Zeichenkettenvektoren
SET	Element einer durch RANGE: spezifizierten Menge
INT	Ganze Zahlen
VINT	Vektor von ganzen Zahlen
NUM	Gleitkommazahlen
VNUM	Vektor von Gleitkommazahlen

Tabelle 2.2: Typdeklarationsargumente

Eine als abfragbar klassifizierte Variable ohne Typdeklaration wird implizit durch die Voreinstellung TYP:CV als Zeichenkette erfaßt. APL2-Zeichen (CHAR) und Zeichenketten (CV) werden zur Eingabe von Menüpunkten, Ja/Nein Selektionen oder auch zur Eingabe von Namen verwendet. Vektoren von Zeichenkettenvektoren (VCV) werden zur Eingabe von Variablennamen etc. benötigt, die durch Leerzeichen und/oder Kommata getrennt werden müssen. Die Eingabeanforderungsfunktion im Interpretermodul partitioniert bei einer Spezifikation von VCV den eingegebenen Zeichenkettenvektor bei Trennzeichen. Man beachte, daß eingegebene Trennzeichen bei einer Deklaration von CV grundsätzlich Bestandteil der Eingabe sind und dementsprechend in einer geeigneten Art und Weise durch das Regelwerk verarbeitet werden müssen. Ganze Zahlen (INT) werden u.a. zur Menüauswahl benötigt, während Vektoren von ganzen Zahlen (VINT) zur Eingabe von Indexvektoren verwendet werden können. Durch die Worte NUM und VNUM werden Gleitkommazahlen bzw. Gleitkommavektoren deklariert. Damit können numerische Werte wie Signifikanzniveaus, Schwellenwerte etc. vom Benutzer angefordert werden. Das interessanteste Konstrukt ist die unten detailliert beschriebene Typdeklaration SET, mit der man eine zulässige Eingabe auf ein Element einer Menge einschränken kann. Zusätzlich kann man die Menge der zulässigen Eingaben auch durch Elemente von Synonymlisten beschreiben.

Durch den Parameter des Schlüsselwortes RANGE: wird ein zulässiger Wertebereich von Benutzereingaben festgelegt. Wertebereiche hängen natürlich vom Datentyp einer Promptvariablen ab. Unübliche Wertebereich- und Eingabetyprestriktionen können durch die Testfunktionsspezifikation (Schlüsselwort CHECKFCT:) erfaßt werden.

Wertebereiche von Variablen mit numerischen Typen wie INT, VINT, NUM und VNUM lassen sich durch die Spezifikation RANGE: MIN MAX auf ein abgeschlossenes Intervall [MIN,MAX] einschränken. Diese Angabe erzwingt, daß Eingaben von Variablenwerten außerhalb des Intervalls [MIN,MAX] als unzulässig klassifiziert werden. Einschränkungen auf positive ganze Zahlen können mit dieser Konstruktion nur indirekt durch die Angabe TYP: INT und RANGE: 1 MAXNUM mit MAXNUM←⌊/⍳0 definiert werden.

Die Wertebereiche von APL2-Zeichen, Zeichenketten und Vektoren von Zeichenketten (CHAR, CV und VCV) dürfen mit RANGE:-Direktiven nicht eingeschränkt werden. Allerdings erlaubt die Typenfestlegung SET: eine sehr einfache Einschränkung der zulässigen Eingaben auf eine Menge. Die einfachste Form einer Mengenspezifikation besteht in der einfachen Aufzählung der zulässigen Eingabealternativen. Ein Beispiel ist die Abfrage nach dem zu erwartenden Gewinn der Bank:

```
PROMPTABLE: BANK_YIELD
   TYP:     SET
   RANGE:   EXCELLENT REASONABLE POOR
```

Damit würde das System bei einer Anfrage nach dem erwarteten Bankgewinn lediglich die Zeichenketten EXCELLENT, REASONABLE und POOR vom Benutzer akzeptieren. Diese Beschränkung ist aus Benutzersicht sehr mühsam, da die Alternativen zu lang sind, so daß sich bei Eingaben sehr schnell Tippfehler einschleichen. Außerdem ermüden Benutzer durch Serien von langen Eingabezeichenketten sehr schnell. Daher ist es sinnvoll, verkürzte Benutzereingaben zuzulassen. Die erste Alternative zur Verkürzung besteht darin, daß das System lediglich soviele Buchstaben benötigt, bis eindeutig festgestellt werden kann, welche Alternative vom Benutzer ausgewählt wurde. Diese Methode wird in zahlreichen Statistiksystemen wie GLIM (NAG 1985) verwendet, hat aber den Nachteil, daß der Eingabeaufwand nicht immer hinreichend reduziert wird, da sich viele Eingabealternativen oft nur am Ende unterscheiden. Ein Beispiel sind etwa Variablenbezeichnungen wie EXOVAR1, EXOVAR2,...,EXOVAR10. Daher erfordert die erweiterte Mengenspezifikation eine explizite Angabe von Synonymen, die durch Klammern in der Mengenaufzählung gruppiert werden. Eine erweiterte Mengenangabe für die Variable BANK_YIELD kann z.B. durch den im folgenden Beispiel angegebenen RANGE:-Parameter festgelegt werden:

```
PROMPTABLE: BANK_YIELD
   TYP:     SET
   RANGE:   (E, EXC, EXCELLENT) (R, REASONABLE) (P, POOR)
```

Damit darf die Beurteilung 'EXCELLENT' auch durch die Eingabe von 'E' abgekürzt werden. Übrigens gibt die Benutzereingabefunktion bei Angabe eines Synonyms immer nur den Hauptwert, d.h. den ersten Wert in jeder Subliste zurück. Dies führt dazu, daß die Eingabe des Wortes EXCELLENT lediglich zur Weitergabe des einelementigen Vektors (,'E') an den Inferenzinterpreter führt. Daher dürfen Vergleiche in definierten Regeln lediglich diesen Hauptwert verwenden. Möchte man im Regelwerk mit langen, 'deklarativen' Zeichenketten arbeiten, so muß die Reihenfolge der Synonyme zu RANGE: (EXCELLENT,E,EXC)(REASONABLE...) permutiert werden.

Dieses Konstrukt ist auch für Ja-Nein-Abfragen sinnvoll, da eine Reihe von Benutzern mit mehrsprachigen Oberflächen arbeitet, die je nach Umgebung für eine 'Ja' bzw. 'Wahr' Antwort den Wert J, Y, S, T, 1, JA, YES, SI oder TRUE erwarten.

Mit den Parametern von PROMPTSTR: kann eine Systemanfrage festgelegt werden, mit der eine Variableneingabe vom Benutzer angefordert wird. Für ein einfaches Ja-Nein-Konstrukt kann eine Systemanfrage in folgender Form definiert werden:

```
PROMPTABLE:   EXIST_DEP_VAR
   TYP:        SET
   RANGE:      (N, NO, NEIN, 0) (J, Y, S, 1, JA, YES, SI)
   PROMPTSTR: 'Moechten Sie eine Variable mit Hilfe eines'
              'Kausalmodells durch eine oder mehrere '
              'unabhaengige Variablen erklaeren (J/N) ?'
```

Innerhalb der PROMPTSTR:-Argumente dürfen auch zu Zeichenketten formatierte Variablen eingebettet werden. Damit besteht die Möglichkeit, Zwischenergebnisse von Inferenzvariablen bei Systemanfragen auszugeben. Die Syntax der PROMPTSTR:-Argumente stimmt mit der Syntax der EXP:-Argumente überein.

Mit Hilfe der TYP:- und RANGE:-Optionen lassen sich die meisten fehlerhaften Benutzereingaben abfangen[6]. Allerdings treten immer wieder Situationen auf, bei denen ein einfacher Typ- und Wertebereichtest nicht ausreicht. Ein einfaches Beispiel aus dem numerischen Bereich ist etwa die Abfrage der Startrichtung eines Optimierungsverfahrens innerhalb des Einheitskreises, der das zulässige Argument auf einen numerischen Vektor mit zwei Komponenten V[1] V[2] beschränkt, für den die zusätzliche Restriktion 1>(+/V*2)*.5 erfüllt sein muß.

Durch die Deklaration TYP: VNUM kann lediglich berücksichtigt werden, daß ein numerischer Vektor beliebiger Länge als Argument eingegeben werden muß. Durch eine zusätzliche Angabe einer Testfunktion durch

```
PROMPTABLE:   START_DIRECT
   TYP:        VNUM
   PROMPTSTR: 'Geben Sie einen zweielementigen Vektor, dessen '
              'Komponenten innerhalb des Einheitskreis liegen,'
              'als Startrichtung an: '
   CHECKFCT:   IS_START_DIRECT
```

wird hingegen zusätzlich die durch den Systementwickler bereitgestellte Testfunktion IS_START_DIRECT aufgerufen, die bei einer korrekten Eingabe den booleschen Skalar 1 zurückgibt. Bei einer fehlerhaften Eingabe wird hingegen der boolesche Skalar 0 zurückgegeben. Die nach dem Schlüsselwort CHECKFCT: angegebene Testfunktion muß grundsätzlich monadisch sein. Somit darf an die Testfunktion lediglich die möglicherweise in eine Zahl oder einen Vektor transformierte Benutzereingabe als Rechtsargument übergeben werden. Zusätzlich für den Testalgorithmus benötigte Daten müssen durch globale Symbole übergeben werden.

[6]Übrigens bewirkt die TYP:-Direktive nicht nur einen Test des eingegebenen Variablentyps. Die Promptfunktion des Inferenzinterpreters gibt immer eine Zeichenkette zurück. Anschließend wird die eingegebene Zeichenkette nach einem Typtest in Abhängigkeit vom Typ-Schlüssel in einen Vektor, eine skalare Zahl etc. umgewandelt.

Eine Implementation der Testfunktion IS_START_DIRECT lautet:

```
[0] B←IS_START_DIRECT V
[1] ⍝ Testet, ob V ein zulaessiger Koordinatenvektor eines
[2] ⍝ Punktes innerhalb des Einheitskreises ist.
[3] B←0                 ⍝ Voreinstellung: Bedingung ist nicht erfuellt!
[4] →(2≠⍴V)/0           ⍝ kein zweielementiger Vektor?
[5] →(1≤(+/V⋆2))/0      ⍝ auf oder ausserhalb des Einheitskreises?
[6] B←1                 ⍝ Bedingung stimmt!
```

Das folgende Beispiel zur Überprüfung von Benutzereingaben mit explizit definierten Testfunktionen stammt wiederum aus dem statistischen Bereich. Bei der Abfrage nach dem Namen der abhängigen Variablen eines Regressionsmodells (DEP_VAR_NAME) kann man a priori lediglich den Typ als Zeichenkette (TYP: CV) spezifizieren, da die bei der Analyse verwendeten Variablennamen (VAR_NAMES) vor dem Start einer Konsultation nicht bekannt sind (der Datensatz und die Datenbeschreibung gehören zum Applikationswissen). Dennoch muß man überprüfen, ob der vom Benutzer eingegebene Name im Datensatz verfügbar ist. Dazu stehen in dem hier vorgestellten System zwei Möglichkeiten zur Verfügung, die beide Vor- und Nachteile aufweisen. Einerseits kann man die Mitgliedschaft eines Variablennamens durch eine explizite Testfunktion überprüfen. Andererseits besteht aber auch die Möglichkeit, eine explizite Regel zur Kontrolle der Mitgliedschaft zu erstellen.

Eine Implementation einer geeigneten Testfunktion ist die folgende APL2-Definition

```
[0] B←IS_VARNAME CV
[1] B←(⊂CV)∊VAR_NAMES
```

die in Verbindung mit der Abfrage-Spezifikation

```
PROMPTABLE:   DEP_VAR_NAME
   TYP:       CV
   PROMPTSTR: 'Name der ahaengigen Variablen? '
   CHECKFCT:  IS_VARNAME
```

verwendet werden kann. Diese sehr einfache Technik hat den Nachteil, daß die Testfunktion IS_VARNAME eine globale Variable (das Symbol VAR_NAMES) verwendet. Daher muß durch einen geeigneten Aufbau der Ein- und Ausgabevariablen im Regelwerk gesichert werden, daß die Systemanfrage nach dem Namen der abhängigen Variablen nur dann gestartet werden darf, wenn der Vektor aller Variablennamen (VAR_NAMES) bereits zur Verfügung steht. Andernfalls treten Systemfehler auf.

Die zweite Methode besteht in der prozeduralen Verwendung von zwei Abfrageregeln:

```
RULE: TEST_DEP_VAR_NAME1
    INPUT:  DEP_VAR_NAME,
            VAR_NAMES
    OUTPUT: DEP_VAR_NAME_OK
    IF:     (⊂DEP_VAR_NAME)∊VAR_NAMES
    THEN:   DEP_VAR_NAME_OK←1
```

```
RULE: TEST_DEP_VAR_NAME2
    INPUT:   DEP_VAR_NAME,
             VAR_NAMES
    IF:      ~ (⊂DEP_VAR_NAME)∊VAR_NAMES
    THEN:    'Fehler: Eingegebene abhaengige Variable'
             DEP_VAR_NAME
             'ist nicht im Datensatz enthalten.'
             'Loesche vorherige Eingabe.'
             'Zulaessige Variablenbezeichnungen sind:'
             NORES PRINT VAR_NAMES
             NORES RETRACT 'DEP_VAR_NAME'     ⍝ Loescht fehlerhaften Namen
```

Diese Methode ist aufwendiger, vermeidet aber Systemfehler. Allerdings muß durch den Aufbau der `INPUT:`-Spezifikationen und/oder einer Konfliktresolutionsmethode gesichert werden, daß die Regel `TEST_DEP_VAR_NAME1` unverzüglich nach der Abfrage gestartet wird. Andernfalls werden die Benutzeranfragen zerrissen. Dies läßt sich in dem hier vorgestellten System nur dadurch bewerkstelligen, daß man vor der Benutzung von `DEP_VAR_NAME` den booleschen Skalar `DEP_VAR_NAME_OK` als Vorbedingung (Input-Variable) von Folgeregeln benutzt[7]. Übrigens kann man die Abfrage eines Variablennamens auch mit Hilfe der in Kapitel 5.1. implementierten Funktion `ASKUSER` in einer prozeduralen Weise in ein Regelwerk einbinden.

2.4 Funktionen und Lexikon

Funktionen, die innerhalb von `IF:`- und/oder `THEN:`-Sektionen einer Regel benötigt werden, können innerhalb der Eingabematrix durch die formale Spezifikation

```
FUNCTION:
   funktions_oder_operator_kopf
   funktions_oder_operator_koerper
```

definiert werden. Die oben angegebene Funktion `IS_START_DIRECT` kann daher durch die Einbettung der Funktionsspezifikation innerhalb der Regelwerkspezifikation definiert werden.

```
FUNCTION:
    B←IS_START_DIRECT V
    ⍝ Testet, ob V ein zulaessiger Koordinatenvektor eines
    ⍝ Punktes innerhalb des Einheitskreises ist.
    B←0                ⍝ Voreinstellung: Bedingung ist nicht erfuellt!
    →(2≠⍴V)/0          ⍝ kein zweielementiger Vektor?
    →(1≤(+/V*2))/0     ⍝ auf oder ausserhalb des Einheitskreises?
    B←1                ⍝ Bedingung ist erfuellt!
```

Diese Methode der Fixierung von Funktionen hat lediglich zwei Vorteile: Erstens werden die zu einem Regelwerk gehörenden Funktionen bei einer Neuinitialisierung des Übersetzer automatisch eliminiert. Zweitens überprüft der Übersetzer, ob der Funktions- bzw. Operatorname schon anderweitig (als Regelname etc.) verwendet wird.

[7] Man beachte, daß die zweite Regel keine Werte an Regelwerkvariablen zuweist, sondern lediglich Nebeneffekte (Bildschirmausgabe, Variablenelimination) verursacht.

Das Lexikon ist sehr einfach aufgebaut und erlaubt nur die Abfrage von a priori festgelegten Informationen durch Schlüsselwörter. Die Struktur eines Lexikoneintrags ist:

```
LEXICON: schluessel_wort
   ITEM: druckbare_apl2_anweisung1
         druckbare_apl2_anweisung2
         ...
         druckbare_apl2_anweisungR
```

Das folgende Beispiel legt für das Schlüsselwort KQS einen Lexikoneintrag fest, der während des Konsultationsprozesses durch den Anwender abgefragt werden kann.

```
LEXICON: KQS
   ITEM: 'KQS ist die Abkuerzung fuer kleinste Quadrate Schaetzer. Der'
         'KQS ist ein einfaches Schaetzprinzip zur Bestimmung der'
         'Regressionsparameter im linearen Regressionsmodell (->LRM),'
         'bei dem die Summe der quadratischen Abweichungen der Residuen'
         '(->RESIDUEN) minimiert wird. Der KQS weist eine Reihe von'
         'Eigenschaften auf, die unter dem Lexikoneintrag KQSEIG'
         'abgefragt werden koennen.'
```

Dieses Lexikon ist sicherlich sehr beschränkt. Auf der anderen Seite benötigt man aber in jedem Fall eine kleine Unterstützung für Benutzer, die sich mit den Grundlagen und der Terminologie eines Anwendungssystems überhaupt nicht auskennen. Lexikoneinträge ermöglichen dem Benutzer bei einer Frage wie `'Moechten Sie den KQS berechnen (J/N)?'` einen temporären Stop und ein Nachschlagen des Begriffs KQS. Sinnvolle Erweiterungsmöglichkeiten dieses Lexikons ergeben sich durch HyperText-Konzepte etc., die in dieser Arbeit jedoch nicht weiterverfolgt werden.

2.5 Konsultation und Inferenz

Das System enthält einen einfachen, aber leistungsfähigen Inferenzalgorithmus zur Herleitung von Schlußfolgerungen aus der Fakten- und Regelbasis, der auf dem Prinzip des Vorwärtsschließens basiert (Nilsson 1982). Alternative Inferenzalgorithmen verwenden rückwärtsschließende Breiten- oder Tiefensuchverfahren[8], die jedoch in dieser Arbeit nicht verfolgt werden. Kapitel 4 beschreibt eine Implementation eines vorwärtsschließenden Inferenzinterpreters, in dem alle bisher beschriebenen Interaktionskomponenten integriert sind.

Der Inferenzinterpreter kann die in den vorhergehenden Abschnitten dargestellte Regelsprache und die Spezifikation der Interaktionskomponenten nicht direkt interpretieren. Eine direkte Interpretation wäre auch viel zu langsam, da der Interpreter alle relevanten Regeln und Promptspezifikationen in jedem Inferenzschritt finden und syntaktisch analysieren (parsen) müßte. Als Ersatz wird das Konzept von Bard (1988) benutzt, in dem alle Regeln in ausführbare APL2-Funktionen und Kontrolldaten übersetzt werden. Der Inferenzinterpreter verarbeitet daher nur die durch den Übersetzer fixierten Regeln und Kontrolldaten. Eine vollständige Implementation des Übersetzungsalgorithmus wird in Kapitel 3 angegeben. Die folgende Diskussion beschränkt sich auf die Grundprinzipien des Inferenzinterpreters.

[8] Prolog verwendet ein rückwärtsschließendes Tiefensuchverfahren.

Nach einer erfolgreichen Übersetzung und Initialisierung des Interpreters enthält der Arbeitsbereich eine Reihe von Kontrolldaten (Systemvariablen des Expertensystems), die durch eine syntaktische Analyse der Regelwerkdefinition aus der Eingabematrix ermittelt werden. Die Kontrolldaten können zur Beantwortung der folgenden Fragen herangezogen werden:

- Welche Regeln stehen unter welchen Namen zur Verfügung?
- Welche Regelwerkvariablen werden im System verwendet?
- Welche Variablen können durch eine Benutzerinteraktion erhoben werden? Welche Eingabekontrollen und Wertetransformationen müssen durchgeführt werden?
- Welche Variablen werden für eine Testexekution einer Regel benötigt?
- Welche Variablen werden bei einer erfolgreichen Invokation einer Regel generiert bzw. modifiziert?
- Welche Erklärungsinformationen werden mit jeder Regel assoziiert?

In `FUNCTION:`-Blöcken definierte APL2-Funktionen werden nach einigen Fehlertests direkt durch den Übersetzer als APL2-Funktionen im Arbeitsbereich fixiert. Regeln werden durch den Übersetzungsalgorithmus in eine Zeichenrepräsentation einer niladischen APL2-Funktionen transformiert und im Arbeitsbereich fixiert. Zusätzlich werden durch den Übersetzer und die Initialisierungsfunktion alle zur Konsultation notwendigen Kontrolldaten generiert. Die Übersetzung der oben angegeben Regel `SEL_REG_MOD_TYP` ohne Fehlerabfangoption (`∆cdeb←0`) führt somit zur Fixierung der folgenden APL2-Funktion:

```
[0] ∆R←SEL_REG_MOD_TYP
[1] ⍝ Autokode generiert durch Regel SEL_REG_MOD_TYP
[2] ⍝ Regel zur Bestimmung eines adaequaten Modells zur Regressions-
[3] ⍝ analyse mit einseitig gestutzten Variablen
[4] ∆R←0 ⍝ IF-TEIL
[5] →(~MODEL_CLASS≡'Regressions-Modell')/0
[6] →(~DEPVAR_LEVEL≡'metrisch einseitig gestutzt')/0
[7] →(~INDVAR_LEVEL≡'metrisch')/0
[8] ∆R←1 ⍝ THEN-TEIL
[9] REG_MOD_TYP←'Tobit'
```

Ein- und Ausgabevariablen (`MODEL_CLASS`, `DEPVAR_LEVEL`, `INDVAR_LEVEL` bzw. `REG_MOD_TYP`) werden bei einer Exekution der fixierten Funktion `SEL_REG_MOD_TYP` in Form von beabsichtigten Nebeneffekten als globale Variablen verarbeitet, generiert und modifiziert. Die Funktion gibt einen booleschen Skalar `∆R` zurück, der beim Start der Funktion auf `0` (falsch) initialisiert wird. Scheitert eine der Bedingungen innerhalb der `IF`-Sektion, so terminiert die Funktion mit dem Rückgabewert `0`. Sind alle booleschen Bedingungen der `IF`-Sektion erfüllt, so wird der Rückgabeparameter `∆R` auf `1` gesetzt und die Aktion(en) des `THEN`-Teils ausgeführt.

Bevor der Inferenzalgorithmus eine übersetzte Regel aktivieren kann, muß allerdings gewährleistet werden, daß alle benötigten globalen Variablen zur Verfügung stehen. Grundsätzlich können alle durch den Übersetzer fixierten Funktionen als Testkandidaten exekutiert werden. Daher muß die Reihenfolge der Testexekution durch einen Selektionsalgorithmus bestimmt werden.

Das Ziel eines Inferenzinterpreters ist die Bestimmung eines Variablenwertes aus einer Serie von Fakten (Variablenbesetzungen) und Regeln. Der in dieser Arbeit implementierte Inferenzinterpreter kann folgende Informationen aus einer Regel- und Faktenbasis ableiten:

- Welche Variablen lassen sich durch die Wissens- und Datenbasis bestimmen? Welche Werte nehmen die Variablen an?
- Ist die Regel- und Faktenbasis mit einer Aussage der Form *'Variable X hat den Wert Y'* konsistent?
- Kann man aufgrund der Fakten- und Regelbasis den Wert einer bestimmten, vor der Konsultation festgelegten Variablen bestimmen? Falls ja, welcher Wert wurde dieser Variablen zugewiesen?

Zur Terminierung der Inferenzmaschine können mehrere Kriterien verwendet werden, die partiell zu den oben angegebenen Fragestellungen korrespondieren:

- Stoppe die Inferenzmaschine, wenn keine weiteren Regeln anwendbar sind. Dieses Kriterium ist zwingend.
- Stoppe die Inferenzmaschine, wenn ein Wert an eine oder mehrere a priori festgelegte Zielvariablen zugewiesen wurde. Dieses Kriterium wird in dem in Kapitel 4 implementierten Regelinterpreter in Verbindung mit dem ersten Kriterium verwendet.
- Stoppe die Inferenzmaschine, wenn der Wert einer oder mehrerer Zielvariablen mit einer a priori festgelegten Behauptung wie `answer ≡ 'refuse_credit'` übereinstimmt. Dieses Stopkriterium kann durch die Definition einer Stopregel implementiert werden.
- Stoppe die Inferenzmaschine, wenn die Menge der bereits verfügbaren Variablen durch zusätzliche Inferenzzyklen nicht erweitert wird.
- Stoppe die Inferenzmaschine, wenn sich die Werte der Variablen durch einen zusätzlichen Inferenzzyklus nicht mehr ändern.

Am problematischsten ist das letzte Kriterium, da man bei iterativen Regeln nicht terminierende Inferenzzyklen generieren kann.

Beim Vorwärtssuchverfahren geht man von einem Faktensatz aus und wendet zunächst eine (oder alle) Regeln an, für die die Prämissen erfüllt (wahr) sind. Durch die Aktionssequenzen in den Konklusionssektionen wird die Faktenbasis erweitert, so daß man den gleichen Prozeß in einem neuen Zyklus wiederholt, bis ein möglicherweise zusammengesetztes Stopkriterium erfüllt ist. Innerhalb des APL2-basierten Regelsystems kann man im Gegensatz zu regelbasierten Expertensystemshells, die mit Musteranpassungsalgorithmen arbeiten, nicht direkt feststellen, ob die Prämissen einer Regel erfüllt sind. Es steht lediglich die Information zur Verfügung, ob die Werte der Prämissenvariablen (Inputvariablen) bereits bestimmt sind oder nicht. Daher muß eine Regel mit einer Konfliktresolutionsvorschrift aus der Menge der Regeln, deren Inputvariablen bekannt sind, ausgewählt werden. Anschließend wird die selektierte APL2-Funktion testweise aktiviert. Diese Aktivierung führt dann zu dem Ergebnis, ob die Prämissen erfüllt sind oder nicht.

Der in Kapitel 4 implementierte vorwärtsschließende Inferenzalgorithmus kann durch folgende Schritte verbal beschrieben werden:

1. Variablenbestimmung: Bestimme die Menge der bereits bekannten, d.h. mit einem Wert besetzten Variablen des Regelwerks.

2. Regelbestimmung: Selektiere eine ('feuerbare') Regel zur Testexekution durch folgende Schritte:

   (a) Bestimme alle Regeln $\mathcal{R}_1$, deren Inputvariablen entweder bekannt oder abfragbar sind.

   (b) Schränke die Regelmenge auf diejenigen Regeln $\mathcal{R}_2$ ein, die entweder noch nie aktiviert wurden oder deren letzte Exekution (zeitlich) am längsten zurückliegt.

   (c) Ermittle diejenigen Regeln aus $\mathcal{R}_2$, in denen zumindest eine Outputvariable unbekannt ist und bezeichne diese Regelmenge mit $\mathcal{R}_3$. Ist $\mathcal{R}_3$ leer, so setze die Menge der aktivierbaren Regeln $\mathcal{R}$ auf $\mathcal{R}_2$. Andernfalls restringiere die Menge der aktivierbaren Regeln $\mathcal{R}$ auf $\mathcal{R}_3$.

   (d) Ermittle diejenigen Regeln aus $\mathcal{R}$, deren Inputvariablen vollständig bekannt sind und bezeichne diese Regelmenge mit $\mathcal{R}_4$. Enthält $\mathcal{R}_4$ mindestens eine Regel, so restringiere die Menge der aktivierbaren Regeln $\mathcal{R}$ auf $\mathcal{R}_4$.

   (e) Ist keine Regel verfügbar, so terminiere das Verfahren. Andernfalls wähle die erste Regel aus der Menge der aktivierbaren Regeln $\mathcal{R}$ aus.

   Alternative Konfliktresolutionsstrategien werden unten angegeben.

3. Regelinvokation (Regeltest):

   (a) Stehen nicht alle Inputvariablen der ausgewählten Regel zur Verfügung, so fordere eine Benutzereingabe an.

   (b) Breche das Verfahren ab, wenn die Variable `HALT` durch die Eingabe eines Benutzerstops gesetzt wird.

   (c) Teste die ausgewählte Regel durch die Invokation der assoziierten APL2-Funktion.

4. Terminierungskriterium: Ist die vor dem Start des Algorithmus festgelegte Zielvariable `∆goal` oder die Terminierungsvariable `STOP` mit einem Wert belegt, so breche das Verfahren ab. Andernfalls gehe zum ersten Schritt[9].

Testet man die Terminierungsbedingungen (Schritt 4) vor dem ersten Inferenzzyklus, so erhält man den sehr ähnlichen Algorithmus mit der Schrittreihenfolge 4,1,2,3. Dieser Algorithmus hat aber keine wesentlichen Vorteile gegenüber der Schrittreihenfolge 1–4.

Der in Kapitel 4 implementierte Inferenzinterpreter protokolliert alle bereits erfolgreich (`∆R←→1`) exekutieren Regeln, ist aber nur durch zusätzliche Regeln in der Lage, Erklärungen darüber abzugeben, warum eine Variable entweder *keinen* Wert oder einen bestimmten Wert *nicht* angenommen hat.

Die im Algorithmus verwendete Konfliktresolutionsstrategie ist sehr einfach aufgebaut. Allerdings ist es ohnehin sinnvoll, die Menge der in einem Inferenzzyklus potentiell exekutierbaren

[9] In den meisten regelbasierten Inferenzalgorithmen wird die gescheiterte Regel lediglich aus der Menge der potentiell exekutierbaren Regeln (Schritt 2.a.) eliminiert und mit Schritt 2.b. fortgefahren. Eine Neubestimmung von 'feuerbaren' Regeln erfolgt daher nur nach einer erfolgreichen Regelinvokation. Da das Konzept der exekutierbaren APL2-Funktionen jedoch trotz Scheiterns Nebeneffekte in IF:-Sektionen erlaubt (etwa Variablenelimination), ist es sicherer, die Menge der bereits bestimmten Regelwerkvariablen nach jeder Regelinvokation neu zu bestimmen.

Regeln durch einen geeigneten Aufbau der Regelbasis auf ein Minimum zu reduzieren. Dennoch ist es ohne Schwierigkeiten möglich, alternative Konfliktresolutionsstrategien zu verwenden. Häufig verwendet werden vor allem die folgenden Meta-Regeln:

- Wähle bei Regeln, für deren Exekution keine zusätzlichen Benutzerinformationen abgefragt werden müssen, grundsätzlich diejenige aus, die die meisten Inputvariablen verwendet. Dahinter verbirgt sich die Überlegung, daß Regeln mit einer hohen Anzahl von Prämissen sehr präzise Schlußfolgerungen und somit kurze Suchbäume zulassen. Auf der anderen Seite ist bei dieser Meta-Regel zu beachten, daß Regeln mit einer hohen Anzahl von Prämissen eher zum Scheitern tendieren.

- Wähle hingegen bei Regeln, bei denen eine Benutzereingabe erforderlich ist, diejenige aus, die zur geringsten Eingabebelastung für den Benutzer führt. Dies ist meistens diejenige Regel, bei der nur sehr wenige Werte durch den Benutzer ergänzt werden müssen.

Bei jeder Eingabeanforderung kann der Benutzer eine Entscheidung darüber treffen, ob er die Systemanfrage direkt beantwortet oder ob er sich eine Reihe von Zwischeninformationen ausgeben läßt. Die wichtigsten dieser Zusatzinformationen sind:

- Ausgabe eines Protokolls der bereits erfolgreich exekutierten Regeln.

- Ausgabe von Zusatzinformationen über Typ, Wertebereich etc. einer abgefragten Variablen.

- Ausgabe des Regelwerks einer Regel aus der Menge der definierten und relevanten Regeln.

- Ausgabe der aktiven Regel. Diese Information kann einem Benutzer eine Vorstellung vermitteln, warum eine Variable benötigt wird.

- Ausgabe aller Regelnamen, für deren Testexekution eine vorgegebene Variable als Inputvariable benötigt wird.

- Ausgabe aller Variablennamen, die durch eine bestimmte Regel generiert bzw. modifiziert werden können.

- Ausgabe des Wertes einer beliebigen, aber bereits gesetzten Regelwerkvariablen.

- Ausgabe von Lexikoneinträgen.

Das System hat einen großen Nachteil. Bereits abgeleitete Schlußfolgerungen können nur unter größten Schwierigkeiten rückgängig gemacht werden[10], da ein Abspeichern aller Zwischenergebnisse sehr viel Speicherplatz erfordert. Nichtmonotone Inferenzfolgen können lediglich durch das Löschen oder Überschreiben von Regelwerkvariablen generiert werden.

[10]In einem statistischem Expertensystem ist es wünschenswert, zu jedem Zeitpunkt auf einen in einem früheren Inferenzschritt vorliegenden Systemzustand zurückzukehren, da man bei der Datenanalyse immer wieder zu bereits geschätzten Modellen zurückkehrt. Leider erfordert eine derartige Implementation das Abspeichern aller Zwischenergebnisse, was auf Mikrocomputern nur für sehr kleine Datensätze zu realisieren ist.

2.6 Implementationsübersicht

Die beiden folgenden Kapitel enthalten eine detailliert beschriebene Implementation einer regelbasierten Expertensystemshell, durch die die in diesem Kapitel beschriebenen Ansätze realisiert werden.

Die Modularisierungsmöglichkeiten sind in APL2 im Gegensatz zu Programmiersprachen mit statischer (lexikalischer) Bindung (etwa Algol-ähnliche Sprachen und Lisp-Dialekte wie Scheme, Dybvig 1987) sehr begrenzt, da Funktionen und Operatoren nur auf einer globalen Ebene[11] bequem definiert und modifiziert werden können. Konzeptionell kann man ein Programm dennoch in Organsisationseinheiten zerlegen, die logisch getrennten Programmodulen entsprechen.

Ein Expertensystem, das mit der in dieser Arbeit vorgestellten Shell implementiert wird, läßt sich logisch in fünf Segmente zerlegen:

1. Regelwerk, Interaktionsspezifikationen wie Eingabeanforderungen, Lexikon und Erklärungen sowie Applikationsfunktionen zur Lösung von realwissenschaftlichen Problemen. Dieser Teil wird konzeptionell durch einen Wissensingenieur zusammengestellt und daher lediglich durch ausgewählte Beispiele in Kapitel 5 illustriert.

2. Die Übersetzungskomponente, mit der die in Zeichenmatrizen abgespeicherten Regelwerke, Interaktionskomponenten etc. in ausführbare APL2-Funktionen und Kontrolldaten übersetzt werden. Diese Komponente wird in Kapitel 3 implementiert. Dazu gehört auch eine Initialisierungsroutine, mit der die durch den Übersetzer erzeugten Kontrolldaten aufbereitet und ergänzt werden.

3. Die Inferenzmaschine, die die übersetzten APL2-Funktionen und Kontrolldaten interpretiert und Erklärungen generiert. Dieses Modul enthält ebenfalls eine Initialisierungsfunktion sowie mehrere Ein- und Ausgabefunktionen. Diese Komponente wird in Kapitel 4 implementiert.

4. Das übersetzte Regelwerk in Form von APL2-Funktionen und Kontrolldaten.

5. Die für Endanwenderkonsultationen notwendigen Applikationsdaten, die durch Initialisierungsfunktionen von Dateien des Endanwenders oder durch Endanwendereingaben eingelesen werden.

Teilsegmente von Regelwerken sowie ausgewählte Konsultationsprotokolle werden in Kapitel 5 wiedergegeben. Zusätzlich enthält das System ein nicht unbedingt notwendiges Modul zur Aufbereitung der Kontrollinformationen in lesbarer Form. Dieses Modul wird ohne weitere Erläuterungen in Anhang B.3 abgedruckt.

Während der Entwicklungs- und Testphase werden alle Komponenten simultan benötigt. Endanwendern muß hingegen nur ein Arbeitsbereich zur Verfügung gestellt werden, in dem die Segmente 3 und 4 in bereits übersetzter Form vorliegen. Grundsätzlich werden alle Informationen zwischen diesen Programmodulen durch globale Variablen übergeben. Diese

[11] Im Prinzip besteht in APL2 die Möglichkeit, lokale Funktionen zu definieren. Z.B. werden in dem in Anhang B.4. implementierten Kreuzreferenzer fünf lokale Funktionen definiert. Allerdings sind Eingabe und Test von lokalen Funktionen sehr unangenehm, so daß sich diese Vorgehensweise nur dann lohnt, wenn eine Funktion vollständig eingekapselt werden muß.

Technik ermöglicht eine Loslösung von Modulen, indem die generierten Daten in einem Arbeitsbereich verfügbar gehalten werden, während Programmsegmente gruppenweise eliminiert werden können.

Eine direkte Implementation dieser Programmodule in APL2 führt zu kurzen Programmen, wenn man auf Programmsegmente zum Abfangen von Fehlern und auf Debug-Optionen verzichtet. Allerdings sind derartige Kernprogramme für Praktiker völlig unbrauchbar. Expertensysteme werden fast immer inkrementell entwickelt, da man zu Beginn eines Projekts meistens nur grobe Vorstellungen über die endgültige Struktur des Systems hat. Daher müssen Regelübersetzer und Regelinterpreter geeignete Mechanismen enthalten, mit denen Fehler diagnostiziert werden können.

Die in den beiden nächsten Kapiteln dargestellten Programme verfügen über folgende Hilfsmittel zur Fehlerdiagnose:

- Eine Reihe von syntaktischen Fehlern in `RULE:-`, `PROMPTABLE:-`, `FUNCTION:-` und `LEXICON:-`Segmenten werden bei der Übersetzung in ausführbare Funktionen und Kontrollvariablen mit einer möglichst genauen Fehlerposition lokalisiert. Dazu gehören etwa fehlende Schlüsselwörter (z.B. fehlende `IF:-`Sektion in Regeln), fehlerhafte `RANGE:-`Anweisungen, Überlappungen zwischen globalen und lokalen Variablendeklarationen und syntaktisch inkorrekte Funktions- und Operatorköpfe in `FUNCTION:-`Definitionen.

- Syntaktisch oder semantisch fehlerhafte Regelbedingungen und Aktionen sowie fehlerhafte Funktionskörper werden hingegen erst bei der Exekution durch den Regelinterpreter erkannt. Regeln können durch das Setzen einer Option so übersetzt werden, daß bei einem Exekutionsfehler die fehlerhafte Position innerhalb der Regelwerkspezifikation durch den Inferenzinterpreter ausgegeben wird.

- Initialisierungsfunktionen ermöglichen u.a. die Feststellung von redundanten Variablen, fehlenden Testfunktionen, Variablen- und Regelnamenkonflikten etc..

- Im Regelwerkinterpreter kann ein Debug-Optionsparameter gesetzt werden, so daß man alle Inferenzschritte mit einem variierenden Ausmaß von Zwischenergebnissen verfolgen kann. Weiterhin besteht durch den APL2-Submodus die Möglichkeit, die durch den Interpreter 'verdrahtete' Inferenzstrategie in der Testphase durch das Setzen und Löschen von Variablen interaktiv abzuändern.

Auf kleinen Mikro-Computern mit 8086/8088-Prozessoren ist der Regelübersetzer sehr langsam. Außerdem führen große Eingabematrizen bei der APL2/PC-16-Bit-Version zu Speicherplatzproblemen (`WS FULL`). Daher besteht die Möglichkeit, Regeln, Fragespezifikationen, Funktionen und Lexikoneinträge inkrementell zu übersetzen und die Informationen der einzelnen Segmente durch den Aufruf einer Zusatzfunktion in Kontrollvariablen zu transformieren, die durch den Inferenzinterpreter verarbeitet werden können. Allerdings besteht auch die Möglichkeit, ein Expertensystem auf einem 32-Bit-PC oder auf einem Großrechner zu entwickeln. Anschließend kann man die Programmsegmente 3 und 4 in eine 16-Bit-Transferdatei auslagern, so daß das System auch auf einem 16-Bit-Rechner funktioniert.

Die Konfliktresolutionskomponente im Inferenzinterpreter kann sehr einfach durch eine alternative, benutzerdefinierte Konfliktresolutionsfunktion ersetzt werden. Änderungen und Erweiterungen des Regelübersetzers können hingegen nur von erfahrenen APL2-Programmierern vorgenommen werden.

Die zwischen den Modulen durch globale Variablen übergebenen Informationen werden grundsätzlich durch den Prefixbuchstaben `∆` gekennzeichnet, der allerdings nur einmal im Symbolnamen auftreten darf. Der Regelwerkübersetzer benötigt eine Reihe von globalen Schaltervariablen, deren Voreinstellungswerte durch den Aufruf der in Anhang B.2 abgedruckten Funktion `SETGLOBALS` definiert werden. Schalter werden mit Ausnahme der Debugoption des Inferenzinterpreters grundsätzlich durch boolesche Skalare dargestellt. Somit kann man durch das Setzen einer `1` eine Option aktivieren. Tabelle 2.3 enthält die Namen und Bedeutungen der globalen Schaltervariablen des Übersetzers.

Name	Bedeutung
`∆cinc`	Inkrementelle Übersetzung (keine Neuinitialisierung)
`∆cdeb`	Regeln werden mit Debug-Option fixiert
`∆cove`	Regelwerksymbole dürfen überschrieben werden
`∆cscr`	Ausgabe von Übersetzermeldungen auf dem Bildschirm

Tabelle 2.3: Globale Eingabeschalter des Übersetzers

Die Funktion `COMPILE` akzeptiert ausschließlich eine Zeichenmatrix als Rechtsargument und gibt eine Erfolgsflagge `B` zurück. Wird die Schaltervariable `∆cscr` gesetzt, so erhält man zusätzlich eine Reihe von Bildschirmausgaben, mit denen Erfolg bzw. Mißerfolg der Übersetzung einzelner Programmsegmente gemeldet werden. Tabelle 2.4 beschreibt Namen und Bedeutung aller Kontrollvariablen, die durch den Aufruf der Übersetzungsfunktion (`B←COMPILE INPUTMATRIX`) generiert werden. Die interne Struktur dieser Variablen wird in Kapitel 3 angegeben.

Name	Bedeutung
`∆RINFO`	Enthält Informationen der Regelwerkspezifikation wie Regelnamen, Input- und Outputvariablen etc.
`∆PINFO`	Enthält alle Informationen der Benutzerinteraktionsspezifikationen wie Wertebereiche etc.
`∆LINFO`	Enthält alle Informationen des Lexikons
`∆USYM`	Enthält die Namen aller verwendeten Symbole des Regelwerks (Variablen, Regeln und Funktionen)
`∆CLOG`	Enthält den Fehlerreport der letzten Übersetzung, sofern ein Fehler auftritt

Tabelle 2.4: Globale Ausgabevariablen des Übersetzers

Die durch den Übersetzer generierten globalen Variablen werden durch den Aufruf der Initialisierungsfunktion der Inferenzmaschine `B←INIT` in Kontrolldaten übersetzt. Die Funktion `INIT` verwendet einen globalen Eingabeschalter, dessen Funktion in Tabelle 2.5 angegeben ist.

Name	Bedeutung
`∆iscr`	Bildschirmausgabe

Tabelle 2.5: Globaler Eingabeschalter der Initialisierungsfunktion

Die Funktion `INIT` hat die Aufgabe, alle für die Inferenzfunktion `FORWARD` benötigten Kontrolldaten aufzubereiten bzw. zu generieren. Einerseits werden in den Systemvariablen `∆RINFO`,

ΔPINFO, ΔLINFO und ΔUSYM alle Mehrfacheinträge (Einträge mit identischen Symbolnamen) eliminiert. Dabei wird immer die zeitlich zuletzt definierte Struktur beibehalten. Zusätzlich generiert die Funktion INIT eine Reihe von Steuerungsvariablen für die Inferenzfunktion FORWARD, deren Bedeutung Tabelle 2.6 entnommen werden kann.

Name	Bedeutung
ΔRULES	Eindeutige Namen aller Regeln
ΔVARS	Eindeutige Namen der Regelwerkvariablen
ΔPROVARS	Eindeutige Namen der abfragbaren Variablen
ΔBPV	Boolescher Vektor der abfragbaren Variablen (ρΔBPV)←→ρΔVARS
ΔIMAT	Boolesche Matrix: Regeln × Inputvariablen
ΔOMAT	Boolesche Matrix: Regeln × Outputvariablen

Tabelle 2.6: Globale Ausgabevariablen der Initialisierungsfunktion

Nach der Initialisierung durch INIT kann man unter anderem auch die im Anhang angegebene Funktion CM ← BROWSE aufrufen, die alle Systemstrukturen mit Hilfe einer DISPLAY Repräsentation als Zeichenmatrix CM zurückgibt. Allerdings enthält das durch INIT automatisch generierte Initialisierungsprotokoll ΔILOG bereits die wichtigsten Informationen.

Nach Übersetzung und Initialisierung kann der vorwärtschließende Inferenzinterpreter FORWARD gestartet werden, sofern die in Tabelle 2.7 angegebenen Schalter definiert sind.

Komponente	Bedeutung
Δfnew	Regelwerkvariablen werden gelöscht
Δflog	Inferenz- und Debugprotokoll in ΔFLOG
Δfscr	Bildschirmausgabe für Protokoll ΔFLOG
Δfexp	Nur durch EXP: festgelegte Erklärungen werden in ΔFELOG aufgezeichnet und durch das Shellkommando)EXPLAIN ausgegeben
Δfdeb	siehe Tabelle 2.8
Δfdep	Inferenztiefe (siehe Kapitel 4)

Tabelle 2.7: Globale Eingabeschalter des Inferenzmoduls

Das Setzen des Schalters Δfnew bewirkt eine Löschung aller Regelwerkvariablen und ist somit äquivalent zu ⎕EX¨ΔVARS. Damit wird eine Neuinitialisierung des Interpreters bewirkt. Als Voreinstellung wird das System immer neuinitialisiert. Allerdings sind Situationen denkbar, in denen man einen Konsultationsprozeß temporär durch das Shellkommand)HALT unterbrechen und zu einem späteren Zeitpunkt an der gleichen Position wieder aufnehmen möchte. In diesem Fall ist es sinnvoll, die Schalterflagge Δfnew auf 0 zu setzen.

Der Inferenzalgorithmus erzeugt grundsätzlich die genestete Liste ΔFELOG, in der alle Benutzereingaben und Erklärungen, die zu erfolgreich exekutierten Regelinvokationen korrespondieren, protokolliert werden. Steht eine Erklärungsspezifikation (EXP:) für eine erfolgreich 'gefeuerte' Regel nicht zur Verfügung, so wird der in ΔRINFO abgespeicherte Regelquelltext aus den IF:- und THEN:-Sektionen für das fehlende Erklärungssegment substituiert. Diese Substitution wird jedoch unterdrückt, wenn der Schalter Δfexp gesetzt ist. Diese Systemoption wurde eingeführt, um das Erklärungsprotokoll von 'trivialen' Regelschlüssen zu bereinigen. Der Inhalt des Erklärungsprotokolls ∆FELOG kann durch das Shellkommando)EXPLAIN während einer Konsultation schrittweise ausgegeben werden. Das Inferenzprotokoll ∆FLOG, das nur beim Setzen des Schalters ∆flog generiert wird, enthält neben den bereits in ∆FELOG protokollierten Benutzereingaben und erfolgreichen Regelinvokationen eine Reihe von Zusatzausgaben, die durch den Interpreter in Abhängigkeit vom ∆fdeb generiert werden. Die Einträge für das Protokoll ∆FLOG werden übrigens beim Setzen des Schalters ∆fscr auch auf dem Bildschirm ausgegeben. Der Informationsgehalt der Protokolleinträge wird durch den inkrementellen Debug-Schalter ∆fdeb gesteuert, der sich durch eine additive Kombination der in Tabelle 2.8 angegebenen Debugoptionskomponenten ergibt.

Komponente	Bedeutung
0	keine Debugausgaben
1	Ausgabe der selektierten Regel durch die Konfliktresolutionsroutine ∆F∆CRES
2	Ausgabe der Regelselektionsschritte durch die Konfliktresolutionsroutine ∆F∆CRES
4	Ausgabe der gefeuerten Regel mit Erfolgs- bzw. Mißerfolgsmeldung durch ∆F∆FIRERULE
8	Ausgabe der zur Regelexekution durch ∆F∆FIRERULE erforderlichen Variablen (nur Namen) und Ausgabe der Namen der Variablen, die bei einer erfolgreichen Exekution geändert werden
16	Ausgabe der zur Regelexekution durch ∆F∆FIRERULE erforderlichen Variablen, die abgefragt werden müssen
32	Ausgabe der Werte der Inputvariablen vor der Exekution einer Regel sowie Ausgabe der Werte der Outputvariablen, die bei einer erfolgreichen Exekution einer Regel geändert wurden
64	Ausgabe der Regelwerke von gefeuerten Regeln

Tabelle 2.8: Debugoptionen bei Konsultationen

Damit wird durch den Wert ∆fdeb ← 9 festgelegt, daß in jedem Inferenzzyklus die durch die Konfliktresolutionsfunktion ausgewählte Regel (1) und eine Liste der in der Regel benutzten bzw. generierten Variablen (8) ausgegeben wird. Die Zuweisung ∆fdeb←1+2+4+8+16+32+64 vor dem Start von FORWARD bewirkt hingegen die Ausgabe aller Debug-Informationen. Alle globalen Schalter der Expertensystemshell können durch die in Anhang B.2 definierte APL2-Funktion SETGLOBALS initialisiert werden. SETGLOBALS enthält eine Voreinstellungsdefinition, die durch den Expertensystementwickler angepaßt werden kann.

Tabelle 2.9 enthält eine Übersicht über die durch den Inferenzinterpreter FORWARD erstellten Protokolle.

Name	Bedeutung
∆FELOG	Erklärungsprotokoll, in dem alle System-Benutzer-Interaktionen sowie Regelwerke bzw. Erklärungen erfolgreich gefeuerter Regeln eingetragen werden
∆FLOG	Inferenz- und Debug-Protokoll (schließt die in ∆FELOG enthaltenen Informationen ein)

Tabelle 2.9: Globale Ausgabevariablen des Regelinterpreters

Bei der Implementation des Übersetzers und des Inferenzinterpreters werden die in Tabelle 2.10 angegebenen Namenskonventionen verwendet. Ein Teil dieser Namenskonventionen wird zur Vermeidung von Konflikten zwischen den Symbolen des Applikationssystems (Regel-, Funktions- und Variablennamen) und den Symbolen der Expertensystemshell benötigt. Ausnahmen werden jeweils explizit angegeben.

Konvention bzw. Prefix	Bedeutung
APL2-Symbolnamen ohne ∆⍙	Funktionen und Regelnamen des Applikationssystems. Ausnahmen sind die Symbolnamen SETGLOBALS, COMPILE, INCREMENT, INIT, BROWSE, HALT, ASKUSER, FORWARD und EXPLAIN, die durch Anwender benutzt werden dürfen
Prefix ∆C∆	Unterfunktionen des Übersetzungsmoduls COMPILE
Prefix ∆I∆	Unterfunktionen des Initialisierungsmoduls INIT
Prefix ∆B∆	Unterfunktionen des Regelwerklistermoduls BROWSE
Prefix ∆F∆	Unterfunktionen des Inferenzmoduls FORWARD
Prefix ∆ und Postfix ∆	Einfache Hilfsfunktionen wie ∆DLB∆ (DeleteLeadingBlanks), die in mehreren Programmsegmenten benötigt werden
Prefix ⍙	Kennzeichnung von lokalen Variablen der Expertensystemshell
Prefix ∆	Prefix für globale Systemvariablen der Expertensystemshell
⍙kleinbuchstaben	Lokale Variablen, die mit Hilfe der dynamischen Bindung von APL2 als 'semiglobale' Variablen an aufgerufene Funktionen übergeben werden
⍙Zahl	Marken von Fehlerbehandlungssegmenten
⍙LZahl	Marken zur Programmkontrolle (Flußkontrolle)

Tabelle 2.10: Namenskonventionen

Zum Abschluß dieses Kapitel werden die zu verschiedenen Ein- und Ausgabearten korrespondierenden Funktionsnamen festgelegt.

Funktionsname	Informationstyp
APL2-SM	Standard-IO-Einheit, Sitzungsmanager und Editor
ΔCΔOUTPUT	Ausgabe von Übersetzermeldungen
ΔCΔERROR	Ausgabe von Übersetzerfehlern (ohne Kode)
ΔCΔERRORANALYSE	Funktion zur Mischung des Fehlerprotokolls des Übersetzers mit der Regelwerkspezifikation
ΔIΔOUTPUT	Ausgabe von Fehlermeldungen der Initialisierungsfunktion
ΔFΔOUTPUT	Ausgabe von Meldungen des Inferenzinterpreter
ΔFΔERROR	Ausgabe von Fehlermeldungen des Inferenzinterpreter während der Konsultation
ΔFΔDEBUG	Ausgabe von Trace- und Debuginformationen während der Konsultation
ΔPROMPTΔ	Ein- und Ausgabefunktion für einzeilige Benutzerinteraktionen
ΔPROMPTMSGΔ	Ausgabe von alphanumerischen Systemmeldungen während einer Konsultation

Tabelle 2.11: Ein- und Ausgabefunktionen

Die in der linken Spalte angegebenen Namen stellen Systemfunktionen der Expertensystemshell dar. Mit wenigen Ausnahmen werden fast alle Ein- und Ausgabeoperationen in den Modulen des Systems durch die in Tabelle 2.11 angegebenen Funktionen ausgeführt, so daß man das System leicht abändern kann. Logische Ein- und Ausgabeoperationen werden in der hier vorliegenden Implementation auf drei Medien, nämlich Tastatur, alphanumerischen Bildschirm und Zeichenmatrizen (als Ersatz für Dateien) beschränkt. In einer Fensterumgebung kann man die zu den einzelnen Funktionen korrespondierenden Informationen auf verschiedene, möglicherweise überlappende Ein- und Ausgabefenster umleiten. Außerdem erleichtern separate Ein- und Ausgabefunktionen die Erstellung von Systemprotokollen. Diese Möglichkeit wird hier nur sehr beschränkt benutzt. ΔCΔERRORANALYSE mischt etwa alle Fehlermeldungen des Übersetzers positionsgerecht mit der Quellmatrix der Regelwerkspezifikation zu einem Fehlerprotokoll ΔCLOG.

Kapitel 3

Übersetzen der Regelwerkspezifikation

3.1 Datenstrukturen und Algorithmenaufbau

Durch die Übersetzungsfunktion COMPILE wird eine Zeichenmatrix, die RULE:-, PROMPTABLE:-, LEXICON:- und FUNCTION:-Spezifikationen enthält, in ausführbare APL2-Funktionen und Kontrolldaten übersetzt. Der Übersetzer arbeitet von oben nach unten (Top-Down-Processing, siehe Aho, Sethi und Ullman 1986, Wirth 1984, Shapiro 1987) und zerlegt den Quelltext in Einzelsegmente, die zu Regeln, Prompt-Mustern, Lexikoneinträgen und applikationsspezifischen Funktionen korrespondieren. Jedes Segment wird anschließend in Subsegmente zerlegt, die wiederum durch spezielle Funktionen übersetzt werden. Auf der untersten Ebene wird die Regelwerkdefinition durch Kodegenerierungsfunktionen in ausführbare APL2-Funktionen und Kontrolldaten übersetzt.

Der Übersetzungsalgorithmus verwendet eine Reihe von APL2-Funktionen und Operatoren für genestete Felder. Die Grundstruktur des Algorithmus besteht aus folgenden Schritten:

1. Initialisierung des Übersetzers durch ∆C∆INIT in Abhängigkeit von den Invokationsschaltern. Diese Schalter können durch die im Anhang B.2 abgedruckte Funktion SETGLOBALS initialisiert werden.

2. Umwandlung der Eingabematrix in einen (nicht genesteten) Vektor durch ∆C∆RAVEL. Zeilenumbrüche werden durch das Einfügen eines zusätzliches Steuerzeichens ⎕TC[2] markiert. Zusätzlich werden alle Kommentarzeilen der Eingabematrix durch Leerzeilen ersetzt. Kommentarzeilen sind dadurch gekennzeichnet, daß das erste Zeichen, das nicht mit dem Leerzeichen ⎕AV[33] übereinstimmt, eine APL2-Kommentarmarke '⍝' ist[1].

3. Partitionierung des Eingabefeldes bei jedem Schlüsselwort der obersten Ebene (RULE:, FUNCTION:, PROMPTABLE: und LEXICON:) in einen genesteten Vektor (Funktion ∆C∆PAK, PartitionAtKeywords).

4. Iterationsschleife über alle Blöcke des durch ∆C∆RAVEL und ∆C∆PAK zerlegten Quelltextes und blockweise Verarbeitung durch Fallunterscheidung (∆C∆LOOP):

[1]Im Prinzip können Kommentarzeilen aus der Eingabematrix eliminiert werden. Allerdings wird dadurch entweder die Berechnung der Fehlerpositionen komplizierter oder das Fehlerprotokoll enthält nur die Quellmatrixsegmente ohne Kommentare.

(a) Regelspezifikationen werden durch die Funktion `ΔCΔRULE` in eine Zeichenrepräsentation übersetzt, die mit Hilfe der Systemfunktion `⎕FX` als exekutierbare APL2-Funktionen im laufenden Arbeitsbereich fixiert wird. Zusätzlich werden Regelinformationen in die Kontrollvariable `ΔRINFO` eingetragen.

(b) Promptspezifikationen werden durch die Funktion `ΔCΔPROMPT` in die Kontrollvariable `ΔPINFO` eingetragen.

(c) Lexikonkomponenten werden durch die Funktion `ΔCΔLEXICON` in die Kontrollvariable `ΔLINFO` eingetragen.

(d) Funktionsspezifikationen werden durch die Funktion `ΔCΔFUNCTION` als exekutierbare APL2-Funktionen im laufenden Arbeitsbereich fixiert.

Zusätzlich erzeugt der Übersetzer einen Vektor aller Symbolnamen des Applikationssystems (`ΔUSYM`), in dem alle Variablen-, Funktions- und Regelnamen protokolliert werden. Ein Übersetzungsprotokoll mit dem Namen `ΔCLOG` wird nur dann generiert, wenn bei der Übersetzung Fehler auftreten. `ΔCLOG` enthält den mit den Fehlermeldungen ergänzten Quelltext.

Die Kontrollvariable `ΔRINFO` wird durch einen genesteten Vektor (eine Liste) repräsentiert, wobei jedes Vektorelement `I⊃ΔRINFO` zu einer Regel korrespondiert. Jedes Vektorelement stellt einen statischen Verbund (*Record*) mit 7 Subelementen dar, dessen Struktur aus Tabelle 3.1 ersichtlich ist.

Schlüssel	`J⊃I⊃ΔRINFO`	**Datenstruktur**	**Inhalt**
`RULE:`	1	Zeichenkette	Name der Regel
`INPUT:`	2	Vektor von Zeichenketten	Liste der Inputvariablen
`OUTPUT:`	3	Vektor von Zeichenketten	Liste der Outputvariablen
`LOCAL:`	4	Vektor von Zeichenketten	Liste der lokalen Variablen
`IF:`	5	Vektor von Zeichenketten	Liste der exekutierbaren APL2-Ausdrücke, die Prämissen repräsentieren
`THEN:`	6	Vektor von Zeichenketten	Liste der exekutierbaren APL2-Ausdrücke, die Aktionen repräsentieren
`EXP:`	7	Vektor von Zeichenketten	Liste von druckbaren APL2-Ausdrücken, die Erklärungen enthalten

Tabelle 3.1: Komponenten der Regelkontrollinformation

Der Übersetzer setzt für optionale, aber fehlende Komponenten einer Regelspezifikation den leeren Vektor (`''`) ein. Die Komponenten 5 und 6 von `ΔRINFO` korrespondieren zu `IF:`- und `THEN:`-Spezifikationen und werden im Inferenzmodul lediglich für Fehlermeldungen und zur Substitution von fehlenden Erklärungskomponenten, die normalerweise durch eine `EXP:`-Anweisung festgelegt werden, benötigt.

Eine isolierte Übersetzung der in Kapitel 2.2 angegebenen Regel `SEL_REG_MOD_TYP` führt somit zu einem einelementigen Vektor `ΔRINFO`, der als einziges Element einen genesteten Vektor mit 7 Bestandteilen enthält. Die in `ΔRINFO` enthaltene Information kann in lesbarer Form durch die im Anhang B.3 abgedruckte APL2-Funktion BROWSE ausgegeben werden, die die Hilfsfunktion DISPLAY aus der APL2/PC-Transferdatei DISPLAY verwendet[2]:

```
RULE: 1⊃REGELEINTRAG
.→--------------.
|SEL_REG_MOD_TYP|
'---------------'

INPUT: 2⊃REGELEINTRAG
.→-----------------------------------------.
| .→----------. .→-----------. .→-----------. |
| |MODEL_CLASS| |INDVAR_LEVEL| |DEPVAR_LEVEL| |
| '-----------' '------------' '------------' |
'∊-----------------------------------------'

OUTPUT: 3⊃REGELEINTRAG
.→-------------.
| .→----------. |
| |REG_MOD_TYP| |
| '-----------' |
'∊-------------'

LOCAL: 4⊃REGELEINTRAG
.⊖.
| |
'-'

IF: ,[⍳0]5⊃REGELEINTRAG
.→---------------------------------------------.
↓ .→-------------------------------.           |
| |MODEL_CLASS ≡ 'Regressions-Modell'|         |
| '--------------------------------'           |
| .→---------------------------------------.   |
| |DEPVAR_LEVEL ≡ 'metrisch einseitig gestutzt'| |
| '----------------------------------------'   |
| .→----------------------.                    |
| |INDVAR_LEVEL ≡ 'metrisch'|                  |
| '-----------------------'                    |
'∊---------------------------------------------'

THEN: ,[⍳0]6⊃REGELEINTRAG
.→-----------------------.
↓ .→-------------------. |
| |REG_MOD_TYP ← 'Tobit'| |
| '--------------------' |
'∊-----------------------'
```

[2]Diese Funktion ist auch in den APL2R3-Versionen unter VM/CMS und MVS/TSO verfügbar. Die Bedeutung der Kantensymbole der DISPLAY-Darstellung wird in Anhang A.1 beschrieben.

```
EXP: ,[⍳0]7⊃REGELEINTRAG
.→-----------------------------------------------------------.
↓ .→--------------------------------------------------.      |
| |'Zur Analyse einer metrischen und einseitig gestutzten'|  |
| '--------------------------------------------------'       |
| .→-----------------------------------------------.         |
| |'abhaengigen Variablen in Abhaengigkeit von metrisch'|    |
| '-----------------------------------------------'          |
| .→------------------------------------------------------.  |
| |'skalierten unabhaengigen Variablen kann ein Tobit-Modell'| |
| '------------------------------------------------------'   |
| .→----------------.                                        |
| |'verwendet werden.'|                                      |
| '----------------'                                         |
'∊-----------------------------------------------------------'
```

Der Regeleintrag (REGELEINTRAG) stimmt immer mit einem Subelement I⊃ΔRINFO des Regelinformationsvektors ΔRINFO überein.

Parallel zur Generierung der Kontrollvariablen ΔRINFO fixiert der Übersetzer eine exekutierbare APL2-Funktion, in der die Prämissen der IF:-Sektion als gewöhnliche konditionale APL2-Ausdrücke und die Aktionen der THEN:-Sektion als unbedingte APL2-Ausdrücke (normalerweise Zuweisungen) eingetragen werden. Eine Übersetzung ohne Debug-Option (Δcdeb←0) fixiert die Regel SEL_REG_MOD_TYP mit folgender Zeichenrepräsentation:

```
[0] ΔR←SEL_REG_MOD_TYP
[1] ⍝ Autokode generiert durch Regel SEL_REG_MOD_TYP
[2] ⍝ Regel zur Bestimmung eines adaequaten Modells zur Regressions-
[3] ⍝ analyse mit einseitig gestutzten Variablen
[4] ΔR←0 ⍝ IF-TEIL
[5] →(~MODEL_CLASS≡'Regressions-Modell')/0
[6] →(~DEPVAR_LEVEL≡'metrisch einseitig gestutzt')/0
[7] →(~INDVAR_LEVEL≡'metrisch')/0
[8] ΔR←1 ⍝ THEN-TEIL
[9] REG_MOD_TYP←'Tobit'
```

Wird der Übersetzer hingegen mit der Debug-Option (Δcdeb←1) aufgerufen, so erhält man

```
[0] ΔR←SEL_REG_MOD_TYP
[1] ⍝ Autokode generiert durch Regel SEL_REG_MOD_TYP
[2] ⍝ Regel zur Bestimmung eines adaequaten Modells zur Regressions-
[3] ⍝ analyse mit einseitig gestutzten Variablen
[4] ΔR←0 ⍝ IF-TEIL
[5] '→0 (ΔR←¯1 (↑⎕LC)1)' ⎕EA
...                    '→(~MODEL_CLASS ≡ ''Regressions-Modell'')/0'
[6] '→0 (ΔR←¯1 (↑⎕LC)2)' ⎕EA
...        '→(~DEPVAR_LEVEL ≡ ''metrisch einseitig gestutzt'')/0'
[7] '→0 (ΔR←¯1 (↑⎕LC)3)' ⎕EA '→(~INDVAR_LEVEL ≡ ''metrisch'')/0'
[8] ΔR←1 ⍝ THEN-TEIL
[9] '→0 (ΔR←¯2 (↑⎕LC)1)' ⎕EA 'REG_MOD_TYP ← ''Tobit'''
```

Fehlerhafte Bedingungen im `IF:`-Teil und/oder fehlerhafte Aktionen im `THEN:`-Teil führen bei Regeln, die ohne Debug-Option übersetzt werden, zu syntaktischen oder semantischen APL2-Interpreterfehlern. Der Inferenzinterpreter fängt Fehler bei der Exekution von ausführbaren Regeln ohne Systemzusammenbruch ab, ist aber bei einer Deaktivierung der Debug-Option nicht in der Lage, die genaue Fehlerposition zu lokalisieren. Das Konstrukt

```
'→0 (ΔR←P (↑⎕LC) L)' ⎕EA 'apl2_ausdruck'
```

ermöglicht hingegen eine genaue Lokalisierung der Fehlerquelle. Eine ohne Debug-Option kompilierte Regel gibt lediglich einen skalaren Parameter `ΔR` zurück, der auf Erfolg (`ΔR←1`) bzw. Mißerfolg (`ΔR←0`) der Regelinvokation schließen läßt. Mit Debug-Option übersetzte Funktionen geben bei einer fehlerfreien Invokation ebenfalls ein skalares boolesches Resultat (`0,1`) zurück. Tritt ein Fehler auf, so wird ein Vektor mit drei Bestandteilen (der im Linksargument von `⎕EA` festgelegt wird) zurückgegeben. Tabelle 3.2 beschreibt die Bedeutung der drei Komponenten.

Parameter	Bedeutung
P	Block der Fehlerposition: ¯1 Prämissensektion ¯2 Aktionssektion
↑⎕LC	Zeilenposition der fehlerhaft ausgeführten APL2-Anweisung in der übersetzten Funktion
L	Lte Prämisse der Bedingungen bzw. Lte Aktion wurde fehlerhaft exekutiert

Tabelle 3.2: Struktur des Rückgabeparameters nach einer Fehlersituation

Der Fehlerpositionsindex `L` läßt sich sehr einfach zur Diagnose der Fehlerursache heranziehen, da der fehlerhafte Quelltext mit der APL2-Anweisung `L⊃(5 6)[|P]⊃I⊃ΔRINFO` durch den Interpreter ausgegeben werden kann.

Die Kontrollvariable `ΔPINFO` korrespondiert ebenfalls direkt zu den einzelnen Einträgen der `PROMPTABLE:`-Spezifikation. `ΔPINFO` ist ein genesteter Vektor. Jedes Element enthält einen Vektor mit 5 Bestandteilen, dessen Komponenten durch Tabelle 3.3 aufgeschlüsselt werden.

Schlüssel	J⊃I⊃ΔPINFO	Datenstruktur	Inhalt
PROMPTABLE:	1	Zeichenkette	Name der abfragbaren Regelwerkvariablen
TYP:	2	Zeichenkette	Typangabe
RANGE:	3	variante Struktur	Wertebereichspezifikation (Struktur hängt vom Typ ab)
PROMPTSTR:	4	Vektor von Zeichenketten	Druckbare APL2-Ausdrücke, die bei der Abfrage eines Variablenwertes als Prompt ausgegeben werden
CHECKFCT:	5	Zeichenkette	Name der monadischen Eingabetestfunktion

Tabelle 3.3: Komponenten der Promptkontrollinformation

Die dritte Komponente 3⊃I⊃ΔPINFO enthält in Abhängigkeit vom Typ folgende Strukturen:

- Wird die RANGE:-Spezifikation fortgelassen, so wird ein leerer Vektor ('') eingesetzt. Ein leerer Vektor wird ebenfalls für die Variablentypen CHAR, CV und VCV eingesetzt.
- Eine RANGE:-Anweisung der Form RANGE: MIN MAX für numerische Typen (INT, VINT, NUM, VNUM) wird in einen numerischen Vektor mit zwei Bestandteilen übersetzt.
- Eine RANGE:-Anweisung für Mengenspezifikationen ohne Synonyme wird in einen genesteten Vektor übersetzt, wobei jedes Element eine Zeichenkette enthält.
- Eine Mengenspezifikation mit Synonymen wird in einen genesteten Vektor (Liste) übersetzt, wobei jedes Element wiederum eine Liste (ein genesteter Vektor) von Zeichenketten ist. Dieser Fall wird unten durch ein Beispiel illustriert.

Eine isolierte Übersetzung der Promptspezifikation PROMPTABLE: EXIST_DEP_VAR aus Kapitel 2.3 ergibt einen einelementigen Vektor ΔPINFO, dessen erstes Element durch die durch BROWSE generierte DISPLAY-Repräsentation dargestellt wird.

```
PROMPTABLE: 1⊃PROMPTEINTRAG
.→------------.
|EXIST_DEP_VAR|
'-------------'


TYP: 2⊃PROMPTEINTRAG
.→--.
|SET|
'---'

RANGE: 3⊃PROMPTEINTRAG
.→--------------------------------------------------------------.
| .→-------------------. .→--------------------------------.  |
| | .→. .→-. .→---. .→. | | .→. .→. .→. .→. .→-. .→--. .→-. | |
| | |N| |NO| |NEIN| |0| | | |J| |Y| |S| |1| |JA| |YES| |SI| | |
| | '-' '--' '----' '-' | | '-' '-' '-' '-' '--' '---' '--' | |
| '∊-------------------' '∊--------------------------------'  |
'∊--------------------------------------------------------------'

PROMPTSTR: ,[⍳0]4⊃PROMPTEINTRAG
.→------------------------------------------.
↓ .→--------------------------------------. |
| |'Moechten Sie eine Variable mit Hilfe eines'| |
| '--------------------------------------' |
| .→---------------------------------.     |
| |'Kausalmodells durch eine oder mehrere '| |
| '---------------------------------'     |
| .→-----------------------------------.   |
| |'unabhaengige Variablen erklaeren (J/N) ?'| |
| '-----------------------------------'   |
'∊------------------------------------------'
```

```
CHECKFCT: 5⊃PROMPTEINTRAG
.θ.
| |
'-'
```

Wird der Wertebereich durch `RANGE: 'NEIN' 'JA'` ohne Synonyme festgelegt, so erhält man die Repräsentation

```
RANGE: 3⊃PROMPTEINTRAG
.→-----------.
| .→---. .→-. |
| |NEIN| |JA| |
| '----' '--' |
'∊------------'
```

Man beachte, daß die Spezifikation `RANGE: N J` nicht zu einem Vektor mit zwei Bestandteilen und der Tiefe 1, sondern zum genesteten Vektor `((3⊃I⊃ΔRINFO)≡2ρ(1ρ'N')(1ρ'J'))` mit der Tiefe 2 führt, da die Analysefunktion `ΔCΔPARSESET` des Übersetzers pro Antwortalternative immer eine Zeichenkette zurückgibt.

Die Übersetzung der Lexikon- und Funktionskomponenten führt zu sehr einfachen Strukturen. Funktionskörper werden nach einer vorherigen Kontrolle des Funktionskopfes direkt als ausführbare Funktionen fixiert.

Jeder Eintrag in der Kontrollvariablen `ΔLINFO` der Lexikonkomponente besteht aus zwei Komponenten, deren Bedeutung in Tabelle 3.4 aufgeschlüsselt wird.

Schlüssel	`J⊃I⊃ΔLINFO`	**Datenstruktur**	**Inhalt**
`LEXICON:`	1	Zeichenkette	Schlüsselwort
`ITEM:`	2	Vektor von Zeichenketten	Lexikon-Eintrag

Tabelle 3.4: Komponenten der Lexikonkontrollinformation

Eine Übersetzung des Lexikon-Eintrags für den Schlüssel `KQS` ergibt daher folgende, durch `BROWSE` generierte Repräsentation:

```
LEXICON: 1⊃LEXIKONEINTRAG
.→--.
|KQS|
'---'
```

```
ITEM:  ,[⍳0]2⊃LEXIKONEINTRAG
.→--------------------------------------------------------------------.
↓ .→--------------------------------------------------------------.   |
| |'KQS ist die Abkuerzung fuer kleinste Quadrate Schaetzer. Der'|   |
| '--------------------------------------------------------------'   |
| .→-------------------------------------------------------.         |
| |'KQS ist ein einfaches Schaetzprinzip zur Bestimmung der'|         |
| '--------------------------------------------------------'         |
| .→-------------------------------------------------------------.   |
| |'Regressionsparameter im linearen Regressionsmodell (->LRM),'|   |
| '-------------------------------------------------------------'    |
| .→------------------------------------------------------------------. |
| |'bei dem die Summe der quadratischen Abweichungen der Residuen'| |
| '------------------------------------------------------------------' |
| .→----------------------------------------------------------.      |
| |'(->RESIDUEN) minimiert wird. Der KQS weist eine Reihe von'|      |
| '----------------------------------------------------------'       |
| .→-----------------------------------------------------.           |
| |'Eigenschaften auf, die unter dem Lexikoneintrag KQSEIG'|           |
| '-----------------------------------------------------'            |
| .→-------------------------.                                       |
| |'abgefragt werden koennen.'|                                       |
| '-------------------------'                                        |
'∊--------------------------------------------------------------------'
```

Die in den Kontrolldaten enthaltenen Komponenten korrespondieren nahezu exakt zu den einzelnen Komponenten der Regelwerkspezifikation. Daher wird sich mancher Leser fragen, warum ein Regelwerkübersetzer überhaupt benötigt wird.

Regelwerkübersetzer ermöglichen eine einfache Eingabe von Expertensystemdefinitionen, ohne daß Regelwerke in Form von ausführbaren Spezifikationen (etwa die bedeutend kompliziertere Funktion `SEL_REG_MOD_TYP` mit Debug-Option) direkt mit einem APL2-Editor eingegeben werden müssen. Außerdem können Fehlerquellen wie fehlende Hochkommata automatisch diagnostiziert werden. Weiterhin ermöglicht ein Regelübersetzer neben einer partiellen Überprüfung der Syntax auch eine partielle Überprüfung der logischen Konsistenz. Der in den nächsten Abschnitten implementierte Regelübersetzer überprüft eine Reihe von potentiellen Fehlerquellen. Dazu gehören unter anderem:

- Fehlende, aber zwingend vorgeschriebene Schlüsselwörter wie `IF:` und `THEN:`.
- Multiple Schlüsselwörter wie zwei `IF:`-Spezifikationen in einer Regel oder mehrfache `PROMPTSTR:`-Spezifikationen für Variablenabfragen.
- Fehlende Spezifikationskomponenten wie fehlende Regelnamen hinter `RULE:` oder leere Lexikoneinträge nach dem Schlüsselwort `ITEM:`.
- Unzulässige Regel- und Variablennamen wie `123A45` und `∆var`.
- Verwendung von bereits definierten Symbolnamen wie Doppeldefinitionen, Benutzung eines bereits für eine Variable verwendeten Namens für eine Funktion, eine Regel etc..

- Variablenkonflikte zwischen globalen und lokalen Variablen wie `INPUT: X` und `LOCAL: X`.
- Verwendung von reservierten Namen wie `COMPILE` und `INIT`.
- Fehlerhafte `RANGE:`-Spezifikationen wie `RANGE:`-Angaben für die Typen `CV` oder `VCV`, `RANGE:`-Angaben ohne `TYP:`-Schlüssel, drei- oder höherdimensionale `RANGE:`-Angaben für numerische Typen und inkorrekte Synonymlisten. Inkonsistente `RANGE:`-Angaben wie `RANGE: 9 3` (Min>Max) und nichtganzzahlige Wertebereiche wie `RANGE: 3.2 4` für die Typen `INT` und `VINT` werden ebenfalls abgefangen.
- Fehlerhafte Funktions- oder Operatorköpfe in definierten Funktionen und Operatoren (Schlüsselwort `FUNCTION:`).
- Partitionierungsfehler bei der Top-Down-Zerlegung der Eingabematrix.
- Nichtgeschlossene Anführungsstriche in APL2-Kodesegmenten.
- Unzulässige Symbole aus `'∆⍙',⎕TC[2]`.
- Vor der syntaktischen Analyse wird auch geprüft, ob das zu kompilierende Feld überhaupt eine Regelwerkspezifikation enthält. Zusätzlich wird getestet, ob alle zur Übersetzung erforderlichen globalen Schalter existieren und korrekt definiert sind.

Nach der Diagnose eines Fehlers durch den Übersetzer wird die Fehlerposition lokalisiert, die zusammen mit der Fehlermeldung in einem Fehlerprotokoll aufgezeichnet wird. Anschließend wird das nächste Eingabesegment übersetzt. Nach der Übersetzung des letzten Eingabesegmentes wird eine Fehleranalyseroutine (`∆C⍙ERRORANALYSE`) aufgerufen, die das Fehlerprotokoll mit der Eingabematrix mischt und ein neues Fehlerprotokoll (`∆CLOG`) erzeugt, in dem alle Fehlermeldungen direkt unterhalb der fehlerhaften Regelwerkspezifikation eingetragen werden. Fehlerpositionen werden in dem hier implementierten Übersetzer in folgender Weise bestimmt. Das Prinzip des *Top-Down-Processing* entspricht einer sukzessiven Zerlegung des Quellvektors durch die *find* (`⍷`) und *partition* (`⊂`) Primitiven in einen genesteten Vektor, in dem jeder Block zu einem Schlüsselwort korrespondiert. Bei der Nestung eines Vektors mit der *partition* Primitive gehen jedoch die Indexpositionen der Schlüsselwörter innerhalb der Eingabematrix bzw. des transformierten Eingabevektors verloren. Daher wird eine Partitionierungsfunktion (`∆C⍙PAK`) definiert, die nicht nur partitioniert, sondern auch die Partitionierungspositionen berechnet. Zur Berechnung der Indexpositionen jedes Schlüsselwortes muß die Startposition des ersten Zeichens einer Zeichenkette als Verschiebungswert (*offset*) an `∆C⍙PAK` übergeben werden. Diese Technik ermöglicht eine Ermittlung von potentiellen Fehlerpositionen durch einfaches Aufaddieren der Verschiebungspositionen mit potentiellen Fehlerpositionen, so daß der Übersetzer jederzeit in der Lage ist, eine genaue Fehlerposition zu bestimmen. Diese Fehlerposition innerhalb des transformierten Eingabevektors wird nach dem Übersetzungsprozeß in eine Fehlerposition innerhalb der Eingabematrix zurücktransformiert. Allerdings existiert in manchen Fällen (etwa bei fehlenden Schlüsselwörtern) keine exakte Fehlerposition. In diesem Fall wird die letzte Position innerhalb eines Regelwerkblocks als Fehlerposition benutzt.

Nach der Übersetzung einer Regelwerkspezifikation muß die Initialisierungsroutine `INIT` aufgerufen werden, die die Regelwerkkontrolldaten für den Inferenzinterpreter `FORWARD` erzeugt bzw. aufbereitet. Diese Routine wird in Abschnitt 3.7 beschrieben. `INIT` ermöglicht die Diagnose einer Reihe von Regelwerkfehlern, deren Diagnose während der Übersetzung aufgrund der Möglichkeit zur inkrementellen Übersetzung zu aufwendig ist. Dazu gehören unter anderem:

- Kollisionen zwischen Variablen- und Regelnamen.
- Ausgabe der Namen unbenutzter Regelwerkvariablen.
- Fehlende Testfunktionen, die in `CHECKFCT:-`Anweisungen angegeben wurden.

Mit Ausnahme von nichtgeschlossenen Anführungsstrichen werden fehlerhafte APL2-Kodesegmente in `IF:-`, `THEN:-`, `EXP:-` und `PROMPTSTR:-`Segmenten erst durch den Inferenzinterpreter `FORWARD` abgefangen.

3.2 Basisfunktionen des Übersetzers

Gemäß dem von den meisten Entwicklern favorisiertem Prinzip des *Top-Down*-Entwurfs (Wirth 1985, Sommerville 1987) werden in diesem Abschnitt zunächst die Initialisierungs- und Basisfunktionen des Übersetzers entworfen und implementiert. Dazu gehören insbesondere die in Tabelle 3.5 angegebenen Funktionen:

Name	Funktion
`COMPILE`	Rahmenfunktion zur Übersetzung der Regelwerkdefinition
`ΔCΔINIT`	Initialisierung des Übersetzers
`ΔCΔRAVEL`	Transformation der Eingabematrix in einen Vektor
`ΔCΔPAK`	Partitionierung eines Vektors bei Schlüsselwörtern
`ΔCΔLOOP`	Aufruf der Übersetzungsfunktionen für Regelwerksegmente

Tabelle 3.5: Basisfunktionen des Übersetzers

Die Rahmenfunktion zur Übersetzung einer Regelwerkspezifikation ist `COMPILE`, die eine Zeichenmatrix als Rechtsargument akzeptiert und ein boolesches Resulat zurückgibt. Die Funktion gibt den Wert `0` zurück, wenn ein Fehler bei der Übersetzung auftritt. Andernfalls wird der Wert `1` zurückgegeben.

```
[0]  ⍙B←COMPILE ⍙CM;⍙CV;⍙NCV
[1]  ⍝ Uebersetzt eine Zeichenmatrix ⍙CM in Kontrollvariablen und
[2]  ⍝ ausfuehrbare APL2-Funktionen.
[3]  ⍝
[4]  ⍝ Existenz der globalen Schalter testen
[5]  →(2≠⎕NC¨'Δcinc' 'Δcdeb' ' Δcove' 'Δcscr')/⍙1
[6]  →(~∧/(Δcinc Δcdeb Δcove Δcscr)∊0 1)/⍙2
[7]  ⍝ Argument testen (Typ wird nur durch Prototyp getestet!)
[8]  →(~(2=ρρ⍙CM)∧(1=≡⍙CM)∧(' '≡↑0ρ↑⍙CM))/⍙3    ⍝ Keine Zeichenmatrix?
[9]  ⍝ Argument verarbeiten
[10] ⍝ Initialisierung der globalen Outputvariable ΔCLOG etc.
[11] ⍙B←ΔCΔINIT
[12] →(~⍙B)/⍙4                                  ⍝ Initialisierung fehlerhaft?
[13] ΔCΔOUTPUT 'Bereite Eingabematrix auf, bitte warten ...'
[14] (⍙B ⍙CV)←ΔCΔRAVEL ⍙CM                      ⍝ Eingabematrix strecken
[15] →(~⍙B)/⍙ERROR                              ⍝ Streckfehler?
....
```

```
....
[16] ⍝ Partitionierung bei Top-Level-Schluesselwoertern
[17] (⍙B ⍙NCV)←'RULE:' 'PROMPTABLE:' 'FUNCTION:' 'LEXICON:' ΔCΔPAK ⍙CV 1
[18] →(~⍙B)/⍙ERROR                      ⍝ Partitionierungsfehler?
[19] ⍙B←ΔCΔLOOP ⍙NCV                    ⍝ Uebersetzen aller Bloecke
[20] →(~⍙B)/⍙ERROR                      ⍝ Uebersetzungsfehler?
[21] ⍙B←1                               ⍝ Erfolg
[22] ΔCΔOUTPUT 'Uebersetzung fehlerfrei'
[23] →0
[24] ⍙1:⎕←'FEHLER in COMPILE: Globale Schalter fehlen'
[25] →⍙B←0
[26] ⍙2:⎕←'FEHLER in COMPILE: Globale Schalter keine 0,1 Variablen'
[27] →⍙B←0
[28] ⍙3:⎕←'FEHLER in COMPILE: Argument keine Zeichenmatrix'
[29] →⍙B←0
[30] ⍙4:⎕←'FEHLER in COMPILE: Inkrementelle Uebersetzung unmoeglich'
[31] →⍙B←0
[32] ⍙ERROR:ΔCΔOUTPUT 'FEHLER bei der Uebersetzung' ⍝ Folgefehler
[33] ⍝ Formatieren des Fehlerprotokolls ΔCLOG
[34] ΔCLOG←ΔCΔERRORANALYSE ΔCLOG ⍙CM
[35] ΔCΔOUTPUT 'Uebersetzungsprotokoll ist in ΔCLOG'
[36] ΔCΔOUTPUT 'EDIT2 ''ΔCLOG''' ⍝ APL2-SM-Vorlage: Protokoll editieren
[37] →⍙B←0
```

COMPILE testet zunächst in Zeile [5], ob alle globalen Schalter, die in den Unterfunktionen des Übersetzer benötigt werden, existieren. Tritt ein Fehler auf, so wird zur Marke ⍙1 verzweigt, so daß eine Meldung auf dem Bildschirm ausgegeben wird. Diese Meldung wird auch dann ausgegeben, wenn der Schalter Δcscr existiert und Null ist, da bei fehlenden oder fehlerhaften Schaltervariablen Probleme beim Aufruf der Bildschirmausgaberoutine ΔCΔOUTPUT und ΔCΔERROR auftreten können. Ist die Existenz und Korrektheit aller Schaltervariablen gesichert, so werden Nebeneffekte wie Fehlermeldungen und Bildschirmausgaben grundsätzlich durch einen Aufruf der in Kapitel 2.6 angegebenen Ausgabe- und Protokollierungsfunktionen verursacht. Anschließend wird überprüft, ob alle Schaltervariablen auch boolesche Werte enthalten (Zeile [6]). Zeile [8] enthält einen partiellen Test der Struktur des Rechtsarguments ⍙CM von COMPILE. Dieser Test besteht aus drei Bedingungen. Erstens wird getestet, ob ⍙CM eine Matrix ist. Zweitens wird überprüft, ob das Eingabefeld nicht genestet ist. Drittens wird getestet, ob das Eingabefeld aus APL2-Zeichen besteht. Der letzte Test beschränkt sich auf den Test des Prototyps, da eine erschöpfende Prüfung aller Zeichen des Eingabefeldes zu zeitaufwendig ist. Daher werden fehlerhafte Eingabefelder wie `2 2 ⍴ 'X' 3 4 'Z'` durch diesen Test nicht erkannt[3]. Zeile [11] enthält den Aufruf der Initialisierungsfunktion ΔCΔINIT, mit der alle Kontrolldaten des Übersetzers initialisiert werden. Die bei der Initialisierung durchgeführten Aktionen hängen vom Wert der Schaltervariablen Δcinc ab. Anschließend wird durch das boolesche Resultat der Initialisierungsfunktion ΔCΔINIT getestet, ob bei der Initialisierung Fehler aufgetreten sind. Zeile [14] enthält einen Aufruf der Streckfunktion ΔCΔRAVEL. Diese Funktion hat drei Aufgaben:

[3] Anhang A.4 enthält eine kurze Darstellung der wichtigsten Fehlerbehandlungstechniken in APL2.

- Zunächst werden alle Zeichen in Kommentarzeilen der Quellmatrix durch Leerzeichen (⎕AV[33] ←→ ' ') überschrieben.

- Anschließend wird geprüft, ob die Quellmatrix unzulässige Zeichen aus 'Δ⍙',⎕TC[2] enthält. Treten unzulässige Zeichen auf, so gibt die Funktion ΔCΔRAVEL eine APL2-Größe zurück, die als erstes Element eine 0 enthält.

- Andernfalls wird die Quellmatrix durch ΔCΔRAVEL in einen Zeichenkettenvektor transformiert, in dem Zeilenumbruchpositionen durch das Einfügen des Kontrollzeichens ⎕TC[2] markiert werden. ΔCΔRAVEL gibt anschließend einen Vektor mit zwei Bestandteilen zurück, dessen erstes Element die boolesche Erfolgsflagge 1 enthält, während das zweite Element den gestreckten Vektor der Regelwerkdefinition enthält.

Nach dem Strecken der Quellmatrix wird der transformierte Quellvektor ⍙CV in Zeile [17] durch die Partitionierungsfunktion ΔCΔPAK bei jedem Schlüsselwort aus RULE:, PROMPTABLE:, FUNCTION: und LEXICON: partitioniert. Die Funktion ΔCΔPAK wird mit dem Format

```
(flag n_vek) ← schluesselliste ΔCΔPAK (zeichenkette startposition)
```

aufgerufen und benötigt drei Argumente:

- Der zu partitionierende Vektor (zeichenkette), der als erstes Element des Rechtsargumentes (mit zwei Bestandteilen) angegeben wird.

- Die Startposition des zu partitionierenden Vektors innerhalb des gestreckten Vektors der Quellmatrix startposition. Dieser Wert wird hier mit 1 festgelegt, da das erste Element in ⍙CV zum ersten Element in der Quellmatrix ⍙CM korrespondiert[4].

- Eine Liste der Schlüsselwörter, die als Linksargument von ΔCΔPAK durch einen genesteten Vektor von Zeichenketten dargestellt wird (schluesselliste).

ΔCΔPAK gibt einen Parameter Z mit zwei Bestandteilen zurück, in dem das zweite Element einen genesteten Vektor enthält. Die Komponenten des Rückgabeparameters von ΔCΔPAK werden in Tabelle 3.6 beschrieben:

Komponente	**Inhalt**
1⊃Z	Boolesche Erfolgsflagge
2⊃Z	Genesteter Vektor, dessen Komponenten Subblöcke des Regelwerks enthalten
1⊃I⊃2⊃Z	Schlüsselwort des I-ten Blocks
2⊃I⊃2⊃Z	Text hinter dem Schlüsselwort des I-ten Blocks
3⊃I⊃2⊃Z	Startposition des Textes des I-ten Blocks

Tabelle 3.6: Rückgabeparameter der Partitionierungsfunktion

Die folgende Befehlsequenz illustriert die Funktionsweise der Partitionierungsfunktion ΔCΔPAK:

[4] Diese Partitionierungsfunktion wird später auch zur Partitionierung von Blocksegmenten der Regel-, Prompt- und Lexikonspezifikationen benötigt.

```
      DISPLAY CV
.→-------------------------------------.
| S1: EINTRAG1 S1S: SUBE1 S2:EINTRAG2|
'--------------------------------------'
      DISPLAY 'S1:' 'S2:' ΔCΔPAK CV 100
.→----------------------------------------------------------------------.
|   .→---------------------------------------------------------------.  |
| 1 | .→----------------------------------.  .→----------------------. | |
|   | | .→--. .→--------------------.     |  | .→--. .→-------.       | | |
|   | | |S1:| | EINTRAG1 S1S: SUBE1 | 105 |  | |S2:| |EINTRAG2| 129 | | |
|   | | '---' '---------------------'     |  | '---' '--------'       | | |
|   | '∊----------------------------------'  '∊----------------------' | |
|   '∊---------------------------------------------------------------'  |
'∊----------------------------------------------------------------------'
```

Nach der Partitionierung werden die einzelnen, zu Schlüsselwörtern korrespondierenden Komponenten des zweiten Elements des genesteten Vektor durch den Aufruf der Funktion `ΔCΔLOOP` in Zeile `[19]` in ausführbare APL2-Funktionen und Regelwerkkontrolldaten übersetzt. Fehler beim Aufruf von `ΔCΔRAVEL`, `ΔCΔPAK` oder `ΔCΔLOOP` führen immer dazu, daß die Funktion zu dem mit der Fehlermarke `ΔERROR` markierten Fehlerbehandlungssegment verzweigt. Dieses Segment gibt zunächst eine Fehlermeldung aus und ruft anschließend die Fehleranalysefunktion `ΔCΔERRORANALYSE` auf, mit der das während der Übersetzung erstellte Fehlerprotokoll `ΔCLOG` durch Mischung mit der Quellmatrix zu einem lesbaren Fehlerprotokoll umformatiert wird.

Der Kern des Algorithmus besteht lediglich aus den Zeilen `[11]`, `[14]` `[17]` und `[19]`, in denen die Unterfunktionen zur Initialisierung, zum Strecken der Quellmatrix, zur Partitionierung des Regelwerkvektors und zur iterativen Übersetzung der einzelnen Blöcke der Regelwerkspezifikation aufgerufen werden. Alle anderen APL2-Befehle in `COMPILE` werden lediglich zum Abfangen von Fehlern und zur Ausgabe von Übersetzermeldungen benötigt. Fast alle Funktionen des Übersetzers und des Interpreters bestehen aus bis zu fünf Blöcken:

- Unter dem Funktionskopf wird ein kurzer Kommentar über die Aufgabe der Funktion angegeben.
- Im nächsten Block werden die Argumente der Funktion zerlegt, wenn genestete Felder als Argumente übergeben werden.
- Anschließend werden die Argumente gegebenenfalls auf korrekte Struktur überprüft. Dieser Schritt wird immer dann fortgelassen, wenn die Korrektheit der Eingabeparameter bereits durch die aufrufende Funktion gesichert ist.
- Der nächste Block enthält den Kern des Algorithmus, der bei den meisten Funktionen in einem Aufruf von definierten Funktionen und/oder Operatoren besteht. Fast alle Funktionen des Übersetzungsmoduls und des Inferenzmoduls geben einen genesteten Vektor zurück, in dem das erste Element einen booleschen Skalar enthält, mit dem Erfolg `(1)` bzw. Mißerfolg `(0)` der Funktionsinvokation festgestellt werden kann. Diese Erfolgsflagge `ΔB` wird immer durch ein Konstrukt der Form

  ```
  →(~ΔB)/Δfehlermarke
  ```

  getestet, wobei der Algorithmus bei einem Fehler zur Zeilenposition `Δfehlermarke` innerhalb der Fehlersektion verzweigt.

- Die abschließende Fehlersektion enthält für jede Fehlerart einen Fehlerbehandlungsblock. Innerhalb dieses Blocks wird in der Regel eine Ausgabefunktion aufgerufen, so daß ein Eintrag in ein Protokoll und eine Bildschirmmeldung verursacht wird, sofern die Protokoll- und Bildschirmausgabeschalter gesetzt sind. Nach dem Setzen des Rückgabeparameters terminiert die Funktion.

Ab hier beschränkt sich die Beschreibung der in diesem Buch angegebenen APL2-Funktionen und Operatoren auf eine Dokumentation der Kernalgorithmen, während potentielle Fehlerquellen lediglich in Ausnahmefällen kommentiert werden.

Die Initialisierungsfunktion ∆C∆INIT weist eine sehr einfache Struktur auf und wird daher ohne weitere Kommentare wiedergegeben.

```
[0]  ⍙B←∆C∆INIT
[1]  ⍝ Initialisiert die globalen Kontrollvariablen des Uebersetzers.
[2]  ⍝ Ausnahme: Protokoll ∆CLOG wird nur bei einem Fehlerereignis
[3]  ⍝ durch ∆C∆ERROR initialisiert.
[4]  ⍝
[5]  ⎕WA←⎕EX '∆CLOG'       ⍝ Altes Protokoll IMMER loeschen!!!
[6]  →(∆cinc=1 0)/⍙INCREMENTAL ⍙NEWINIT
[7]  ⍙NEWINIT:             ⍝ Neu initialisieren
[8]  '→⍳0' ⎕EA '⍙B←∧/⎕EX¨∆USYM'   ⍝ Alle Regelwerksymbole eliminieren!
[9]  ∆RINFO←''             ⍝ Regelwerkinformationen
[10] ∆PINFO←''             ⍝ Prompt-Informationen
[11] ∆LINFO←''             ⍝ Lexikon-Informationen
[12] ∆USYM←''              ⍝ Regelwerksymbole (Variablen und Funktionen)
[13] ∆C∆OUTPUT 'Uebersetzer neu initialisiert'
[14] ⍙B←1                  ⍝ Erfolg
[15] →0
[16] ⍙INCREMENTAL:         ⍝ Nicht initialisieren
[17] →(~2∧.=⎕NC¨'∆RINFO' '∆PINFO' '∆LINFO' '∆USYM')/⍙1
[18] ∆C∆OUTPUT 'Inkrementelle Uebersetzung'
[19] ⍙B←1                  ⍝ Erfolg
[20] →0
[21] ⍙1:→⍙B←0              ⍝ Misserfolg: Kontrollvariablen fehlen!!!
```

Der Kern der Streckfunktion ∆C∆RAVEL ist ebenfalls sehr einfach aufgebaut. Lediglich die Funktionsweise des Algorithmus zum Überschreiben von Kommentarzeilen ist nicht unmittelbar ersichtlich (Zeilen [7-8]) und wird daher anschließend kommentiert.

```
[0]  ⍙Z←∆C∆RAVEL ⍙CM;⍙BPC
[1]  ⍝ Erzeugt aus einer Zeichenmatrix ⍙CM einen Vektor, wobei Zeilen
[2]  ⍝ durch ein Carriage Return (⎕TC[2]) getrennt werden. Ueberprueft
[3]  ⍝ Eingabematrix auf unzulaessige Symbole, naemlich ⍙,∆ und ⎕TC[2].
[4]  ⍝
[5]  ⍝ Bitmuster der Zeilen, die vollstaendig aus Kommentaren bestehen,
[6]  ⍝ d.h. '⍝' in der 1-ten Spalte, oder nur Leerzeichen vorm 1-ten '⍝'
...
```

```
...
[7]  ⍙BPC←∧/(∨\⍙CM='⍝')∨(∧\⍙CM=' ')    ⍝ Bitmuster Kommentarzeilen
[8]  (⍙BPC⌿⍙CM)←' '                    ⍝ 'blank out' Kommentarzeilen
[9]  →(∨/('ΔⅆΔ',⎕TC[2])∊⍙CM)/⍙1         ⍝ Unzulaessige Zeichen
[10] ⍙CM←⍙CM,⎕TC[2]                    ⍝ Letzte Spalte um CR erweitern
[11] ⍙Z←1(,⍙CM)                        ⍝ Erfolg Vektor
[12] →0
[13] ⍙1:ΔCΔERROR 'ΔCΔRAVEL: Unzulaessige Symbole aus Δ,⍙,⎕TC[2]' 0
[14] ⍙Z←2⍴0
```

Zum Überschreiben von Kommentarzeilen in der Quellmatrix `⍙CM` durch Leerzeichen müssen zunächst alle Kommentarzeilen lokalisiert werden. Dazu wird durch das APL2-Idiom `∨\⍙CM='⍝'` zunächst eine boolesche Matrix mit *shape* `⍴⍙CM` erzeugt, in der zeilenweise alle Bits, die zu einem Zeichen ab oder hinter einem Kommentarzeichen `'⍝'` korrespondieren, auf `1` gesetzt werden. In einer ähnlichen Weise wird eine boolesche Matrix `(∧\⍙CM=' ')` generiert, in der alle führenden Leerzeichen mit einem `1`-ser Bit belegt werden. Eine Kommentarzeile darf vor dem ersten Kommentarzeichen nur Leerzeichen enthalten. Damit korrespondiert eine Kommentarzeile zu einer Zeile in `(∨\⍙CM='⍝')∨(∧\⍙CM=' ')`, die ausschließlich aus `1`-sen besteht. Das Bitmuster `⍙BPC` enthält somit für jede Kommentarzeile eine `1`. Durch die selektive Spezifikation `(⍙BPC⌿⍙CM)←' '` werden anschließend alle Zeichen in vollständigen Kommentarzeilen durch Leerzeichen überschrieben.

Das Prinzip der *Top-Down*-Übersetzung wird durch die Partitionierungsfunktion `ΔCΔPAK` realisiert, mit der eine Zeichenkette bei Schlüsselwörtern partitioniert wird. `ΔCΔPAK` wird während einer Übersetzung mehrfach aufgerufen und benötigt im Verhältnis zu den anderen Algorithmen des Übersetzers die höchsten Rechenzeit- und Arbeitsspeicherressourcen.

```
[0]  ⍙Z←⍙KEYS ΔCΔPAK ⍙NV;⍙CV;⍙SP;⍙BPK;⍙IPK;⍙I;⍙P;⍙S;⍙L;⍙R;⍙KL
[1]  ⍝ Partitioniert die Zeichenkette (1⊃⍙NV) bei jedem Schluesselwort
[2]  ⍝ aus ⍙KEYS in einen genesteten Vektor, in dem jede Komponente das
[3]  ⍝ Schluesselwort, den nachfolgenden Block (ohne Schluesselwort) und
[4]  ⍝ die Startposition des Blocks enthaelt (PartionAtKeyword).
[5]  ⍝
[6]  (⍙CV ⍙SP)←⍙NV                ⍝ Zeichenkette Startposition
[7]  ⍙BPK←⍙KEYS⍷¨⊂⍙CV             ⍝ Bitmuster schluesselweise
[8]  ⍙IPK←⍙BPK ΔREPΔ¨⊂⍳⍴⍙CV       ⍝ Indizes schluesselweise
[9]  ⍙I←⍙I[⍋⍙I←∊⍙IPK]            ⍝ Sortierte Startindizes (insgesamt)
[10] →(0∊⍴⍙I)/⍙1                  ⍝ Nichts zu partitionieren?
[11] ⍙P←⊃2,/⍙I,1+⍴⍙CV             ⍝ Matrix der aufeinanderfolgenden Indizes
[12] ⍙S←⍙P[;1]                    ⍝ Startposition eines Blocks
[13] ⍙L←⍙P[;2]-⍙P[;1]             ⍝ Blocklaenge
[14] ⍙R←⍙L↑¨(⍙S-1)↓¨⊂⍙CV          ⍝ Quasipartitionierung
[15] ⍙KL←+⌿⊃(⍴¨⍙KEYS)×(⊂⍙S)∊¨⍙IPK     ⍝ Laenge der Schluessel pro Block
[16] ⍝ Elementweises Zusammenfuegen pro Block:
....                               Schluessel, Inhalt, Position
[17] ⍙Z←(⊂¨⍙KL↑¨⍙R),¨(⊂¨⍙KL↓¨⍙R),¨⊂¨⍙S+⍙KL+⍙SP-1
[18] ⍙Z←1 ⍙Z                      ⍝ Erfolg
[19] →0
[20] ⍙1:ΔCΔERROR 'ΔCΔPAK: Nichts zu partitionieren' ⍙SP
[21] ⍙Z←0 ''
```

Die Aufruf- und Rückgabeparameter der Partitionierungsfunktion ΔCΔPAK wurden bereits bei der Beschreibung der Übersetzungsfunktion COMPILE dargestellt. Die interne Struktur des Partitionierungsalgorithmus ist relativ komplex, so daß alle Schritte detailliert kommentiert werden. Die Zuweisung ΔBPK←ΔKEYS⍷¨⊂ΔCV in Zeile [7] ermittelt für jedes Schlüsselwort aus ΔKEYS einen booleschen Vektor mit der Länge ⍴ΔCV, in dem das zum ersten Zeichen eines Schlüssels korrespondierende Bit durch die *find* Primitive (⍷) gesetzt wird. Damit weist ΔBPK die Struktur (⍴ΔKEYS)(⍴ΔCV)(⍳0) auf[5]. Die Zuweisung ΔIPK←ΔBPK ΔREPΔ¨⊂⍳⍴ΔCV in Zeile [8] ermittelt für jedes Schlüsselwort die Indexpositionen innerhalb der Zeichenkette ΔCV. Für diesen Zweck wurde die *replicate* Funktion in die Umhüllungs*funktion* ΔREPΔ eingebettet, da *replicate* syntaktisch einen Operator darstellt, auf den der *each* Operator (¨) nicht angewendet werden darf. Damit erhält man für ΔIPK einen genesteten, aber möglicherweise inhomogenen Vektor mit der Dimension ⍴ΔKEYS, in dem die I-te Komponente die Startindizes des Schlüsselwortes I⊃ΔKEYS innerhalb von ΔCV enthält. Durch die APL2-Anweisung ΔI←ΔI[⍋ΔI←∊ΔIPK] in Zeile [9] wird ein nichtgenesteter, ganzzahliger Vektor ΔI erzeugt, der die geordneten Startpositionen aller in ΔCV enthaltenen Schlüsselwörter aus ΔKEYS enthält. Man beachte, das ΔI lediglich die Startpositionen von Schlüsselworten enthält. Ist ΔI leer, so enthält ΔCV kein Schlüsselwort, so daß der Algorithmus mit einer Fehlermeldung (Zeilen [20-21]) terminiert. Andernfalls wird durch die APL2-Anweisung ΔP←⊃2,/ΔI,1+⍴ΔCV eine Matrix mit der Dimension (⍴ΔI),2 generiert. Diese Matrix enthält in der J-ten Zeile die Startposition des J-ten Schlüsselwortes und die Startposition des (J+1)-ten Schlüsselwortes. In der letzten Position ΔP[⍴ΔI;2] wird der Index 1+⍴ΔCV eingesetzt, da ΔCV lediglich ⍴ΔI Schlüsselwörter enthält. Damit kann man durch die Anweisungen ΔS←ΔP[;1] und ΔL←ΔP[;2]-ΔP[;1] die Startposition (die ΔI entspricht) und die Blocklänge jedes Schlüsselwortsegmentes bestimmen. Der Befehl ΔR←ΔL↑¨(ΔS-1)↓¨⊂ΔCV partitioniert den Quellvektor ΔCV bei jedem Schlüsselwort aus ΔKEYS, das in ΔCV enthalten ist. Textsegmente im Quellvektor ΔCV vor dem ersten Schlüsselwort werden durch diese 'Quasipartitionierung' jedoch eliminiert. Eine Partition kann auch durch (1+∨⌿⊃ΔBPK)⊂ΔCV berechnet werden, sofern das erste Zeichen in ΔCV zu einem Schlüsselwort gehört. Da man aber ohnehin die Startpositionen aller Schlüsselworte zur Ermittlung von potentiellen Fehlerpositionen benötigt, ist es zweckmäßiger, die Funktionen *take* (↑) und *drop* (↓) zu verwenden, deren gemeinsame Verwendung bei bereits bekannten Indexpositionen bedeutend schneller als die *partition* Primitive (⊂) ist. Mit der Zuweisung ΔKL←+⌿⊃(⍴¨ΔKEYS)×(⊂ΔS)∊¨ΔIPK wird die Länge des Schlüsselwortes in jedem Subsegment von ΔR ermittelt. ΔS enthält die bereits sortierten Startpositionen jedes Subsegmentes von ΔR, während ΔIPK schlüsselweise die noch unsortierten Startpositionen von Subsegmenten enthält. Somit erhält man durch (⊂ΔS)∊¨ΔIPK einen genesteten Vektor mit der Struktur (⍴ΔKEYS)(⍴ΔS), in dem jeder Subvektor I⊃(⊂ΔS)∊¨ΔIPK ein Bitmuster enthält. In diesem Bitmuster wird durch eine 1 angegeben, daß das J-te Schlüsselwort mit der Startposition ΔS[J] mit dem Schlüssel I⊃ΔKEYS übereinstimmt. Natürlich enthält jeder Subvektor I⊃(⊂ΔS)∊¨ΔIPK nur eine einzige 1, während alle anderen Elemente 0 sind. Durch die Vormultiplikation mit (⍴¨ΔKEYS) wird diese 1 in die Länge des Schlüsselwortes transformiert. Die Umformung des genesteten Vektors durch die *disclose* Primitive (⊃) und anschließendes Aufaddieren an der ersten Achse ergibt somit einen Vektor mit der Länge ⍴ΔS, dessen I-tes Element die Länge des I-ten Schlüsselwortes innerhalb des Quellvektors ΔCV angibt. Durch die Anweisung ΔZ←(⊂¨ΔKL↑¨ΔR),¨(⊂¨ΔKL↓¨ΔR),¨⊂¨ΔS+ΔKL+ΔSP-1 in Zeile [17] wird ein genesteter Vektor erzeugt, dessen I-te Komponente aus drei Subvektoren besteht. Das erste Element jedes Subvektors enthält das Schlüsselwort des I-ten Blocks, während das zweite Element den zum I-ten Schlüsselwort korrespondierenden Zeichenkettenvektor (ohne Schlüsselwort) enthält. In

[5] Diese von Brown (1987) entwickelte Strukturnotation ist im Anhang A.1 dargestellt.

der dritten Position wird die Startposition dieses Textsegmentes angegeben. Zeile [18] setzt das Resultat der Funktion ΔCΔPAK zusammen, indem eine boolesche Erfolgsflagge vor den partitionierten Vektor gesetzt wird.

Im Gegensatz zu ΔCΔPAK ist die Struktur der iterativen Übersetzungsfunktion ΔCΔLOOP sehr einfach:

```
[0]  ⍙B←ΔCΔLOOP ⍙NV;⍙I;⍙K;⍙C;⍙P;⍙BS
[1]  ⍝ Uebersetzt Eintraege in Abhaengigkeit vom Top-Level-Schluessel
[2]  ⍝
[3]  ⍙B←1                         ⍝ Voreinstellung: Erfolg
[4]  ⍙I←0                         ⍝ Iterationszaehler
[5]  ⍙LOOP:→((⍴⍙NV)<⍙I←⍙I+1)/⍙EXIT
[6]  (⍙K ⍙C ⍙P)←⍙I⊃⍙NV            ⍝ Schluessel Zeichenkette Position
[7]  →(⍙R1 ⍙P1 ⍙F1 ⍙L1 ⍙1)
...                ['RULE:' 'PROMPTABLE:' 'FUNCTION:' 'LEXICON:'⍳C⍙K]
[8]  ⍙R1:⍙BS←ΔCΔRULE ⍙C ⍙P        ⍝ Uebersetze Regel
[9]  →(~⍙BS)/⍙2                   ⍝ Fehler bei der Regeluebersetzung?
[10] →⍙LOOP
[11] ⍙P1:⍙BS←ΔCΔPROMPTABLE ⍙C ⍙P  ⍝ Uebersetze Prompts
[12] →(~⍙BS)/⍙2                   ⍝ Fehler bei der Promptuebersetzung?
[13] →⍙LOOP
[14] ⍙F1:⍙BS←ΔCΔFUNCTION ⍙C ⍙P    ⍝ Uebersetze Benutzerfunktionen
[15] →(~⍙BS)/⍙2                   ⍝ Fehler bei Funktionsuebersetzung?
[16] →⍙LOOP
[17] ⍙L1:⍙BS←ΔCΔLEXICON ⍙C ⍙P     ⍝ Uebersetze Lexikon
[18] →(~⍙BS)/⍙2                   ⍝ Fehler bei der Lexikonuebersetzung?
[19] →⍙LOOP
[20] ⍙EXIT:→0
[21] ⍙1:ΔSΔERROR 'ΔCΔLOOP' ⍙P     ⍝ FATALER SYSTEMFEHLER!!!
[22] →0
[23] ⍙2:ΔCΔOUTPUT 'FOLGEFEHLER in ΔCΔLOOP: Uebersetze naechsten Block'
[24] ⍙B←0                         ⍝ Erfolgsflagge auf Fehler setzen
[25] →⍙LOOP
```

ΔCΔLOOP iteriert über alle durch ΔCΔPAK generierten Blöcke und selektiert die zum Schlüsselwort korrespondierende Übersetzungsfunktion durch die Fallunterscheidung in Zeile [7]. Tritt ein Fehler bei der Übersetzung eines Teilsegmentes auf, so wird die Erfolgsflagge ⍙B durch eine Verzweigung nach ⍙2 auf Mißerfolg gesetzt. Anschließend wird der nächste Block durch ΔCΔLOOP übersetzt. Die Iteration terminiert, wenn alle Blöcke abgearbeitet sind (Zeile [5]). ΔCΔLOOP enthält lediglich ein nicht unmittelbar einsichtiges Konstrukt, nämlich die Verzweigung nach ⍙1. Wird ein genesteter Vektor an ΔCΔLOOP übergeben, der ein Subsegment enthält, das nicht an einem zulässigen Schlüsselwort aus RULE:, PROMPTABLE:, FUNCTION oder LEXICON: partitioniert wurde, so wird die Funktion ΔSΔERROR aufgerufen, mit der ein Dump aller lokalen und globalen Variablen generiert wird. Dieses Konstrukt wird in der hier vorliegenden Version (hoffentlich) nie aufgerufen. Durch einen Systemdump kann man etwaige Fehler in der Expertensystemshell leichter lokalisieren[6].

[6] Anwender, die die Schlüsselwörter des Systems auf andere Namen abändern wollen (etwa RULE: zu REGEL:), werden durch dieses Konstrukt gezwungen, alle Namen im System konsistent abzuändern.

Die Dump-Funktion ∆S∆ERROR ist sehr einfach aufgebaut:

```
[0]  ∆S∆ERROR ⍙RA⍙;⍙⍙⍙SYSTEMVARS⍙⍙⍙
[1]  ⍝ Erzeugt Dump aller Variablen (auch lokaler) auf das genestete
[2]  ⍝ Feld ∆∆∆SYSTEMDUMP∆∆∆. Nur fuer fatale Systemfehler notwendig!!!
[3]  ⍝
[4]  'S Y S T E M F E H L E R: Bitte beim Entwickler melden !!!'
[5]  'Fehlerposition:'
[6]  ⍙RA⍙
[7]  'Alle Variablen werden auf ''∆∆∆SYSTEMDUMP∆∆∆'' geschrieben'
[8]  ⍙⍙⍙SYSTEMVARS⍙⍙⍙←((⊂[2]'∆' ⎕NL 2),⊂[2]'⍙' ⎕NL 2)~¨' '
[9]  ∆∆∆SYSTEMDUMP∆∆∆←((⍴⍙⍙⍙SYSTEMVARS⍙⍙⍙),2)⍴0
[10] ∆∆∆SYSTEMDUMP∆∆∆[;1]←⊂¨⍙⍙⍙SYSTEMVARS⍙⍙⍙
[11] ∆∆∆SYSTEMDUMP∆∆∆[;2]←⊂¨⍎¨⍙⍙⍙SYSTEMVARS⍙⍙⍙
[12] 'Geben sie die drei folgenden APL2-Systemkommandos manuell ein und'
[13] 'uebersenden Sie die Datei BUG.APL an den Entwickler.'
[14] '        )WSID BUG'
[15] '        )SAVE'
[16] '        )OFF'
[17] 'S Y S T E M  -  H A L T'
[18] →0
```

Prinzipiell ist es nicht notwendig, den Benutzer mit einer manuellen Eingabe der Sicherungsbefehle zu belasten, da man eine automatische Systemsicherung auch durch den Aufruf eines Befehlsstack-Hilfsprozessors durchführen kann. Allerdings sind die APL2-Befehlsstack-Prozessoren systemspezifisch, während die hier angegebene Funktion ∆S∆ERROR auf verschiedenen Systemen benutzt werden kann. Beim Aufruf der Dump-Funktionen bzw. beim Sichern können Systemfehler auftreten, die auf unzureichende Systemressourcen (unzureichender Platten- oder Kernspeicherplatz) zurückzuführen sind. Durch mangelnde Ressourcen verursachte Fehler werden in dem hier vorgestellten System grundsätzlich nicht abgefangen, da die notwendigen Fehlerbehandlungsaktionen systemspezifisch sind.

Treten während der Übersetzung Fehler auf, so wird eine Fehlermeldung zusammen mit der Fehlerposition durch den Aufruf der Funktion ∆C∆ERROR in das globale, beim Ersteintrag durch ∆C∆ERROR initialisierte Fehlerprotokoll ∆CLOG eingetragen. Zusätzlich wird die Fehlermeldung durch ∆C∆OUTPUT auf dem Bildschirm ausgegeben, wenn die Bildschirmflagge ∆cscr gesetzt ist.

```
[0]  ∆C∆ERROR ⍙RA;⍙MSG;⍙POS
[1]  ⍝ Rechtsargument ist ein Vektor mit zwei Bestandteilen und der
[2]  ⍝ Struktur (Zeichenkette Zahl), wobei die Zeichenkette eine
[3]  ⍝ Fehlermeldung und die Zahl eine Fehlerposition innerhalb der
[4]  ⍝ gestreckten Eingabematrix darstellt.
[5]  ⍝
[6]  (⍙MSG ⍙POS)←⍙RA                      ⍝ Fehlermeldung Fehlerposition
[7]  ⍙MSG←'*∧* FEHLER in ',⍙MSG,' ',(⍕⍙POS)
[8]  ∆C∆OUTPUT ⍙MSG                       ⍝ Meldung auf dem Bildschirm?!
[9]  ⍝ Erzeuge Fehlerlog ∆CLOG bei Nichtexistenz (d.h. erster Fehler)
[10] ∆CLOG←'''''' ⎕EA '∆CLOG'
[11] ⍝ Fehlerlogergaenzung plus Leerzeileneintrag
[12] ∆CLOG←∆CLOG,(⍙MSG ⍙POS)('' ⍙POS)
```

ΔCΔOUTPUT gibt lediglich eine Meldung durch ⎕ auf dem Bildschirm aus. Eine Einbettung der Bildschirmausgabe in eine separate Funktion ermöglich eine einfache Erweiterung des Systems.

```
[0] ΔCΔOUTPUT ⍙MSG
[1] ⍝ Gibt die Nachricht ⍙MSG auf dem Bildschirm aus, sofern
[2] ⍝ Bildschirmflagge Δcscr gesetzt ist.
[3] ⍝
[4] →(~Δcscr)/0
[5] ⎕←⍙MSG
```

Nach der Übersetzung des letzten Blocksegmentes durch ΔCΔLOOP wird durch COMPILE die Fehleranalysefunktion ΔCΔERRORANALYSE aufgerufen, sofern ein Fehler aufgetreten ist. ΔCΔERRORANALYSE überschreibt den während der Übersetzung generierten Fehlerprotokollvektor ΔCLOG, indem alle Fehlermeldungen mit der Eingabematrix gemischt werden.

```
[0]  ⍙CLOG←ΔCΔERRORANALYSE ⍙RA;⍙CM;⍙N;⍙P
[1]  ⍝ Erstellung eines formatierten Fehlerprotokolls ⍙CLOG durch
[2]  ⍝ Mischen der Fehlermeldung mit der Quellmatrix.
[3]  ⍝
[4]  (⍙CLOG ⍙CM)←⍙RA                    ⍝ Fehlerprotokollvektor Quellmatrix
[5]  (⍙N ⍙P)←0 1+⍴⍙CM                   ⍝ Korrektur fuer angehaengtes ⎕TC[2]
[6]  ⍝ Mischen der Eingabematrix mit dem Fehlerprotokoll. Reihenfolge
[7]  ⍝ wird durch Fehlerpositionsindizes und Zeilennummern festgelegt.
[8]  ⍙CLOG←((⊂[2]⍙CM),(↑¨⍙CLOG))[⍋(⍳⍙N),∊(⊃⍙CLOG)[;2]÷⍙P]
[9]  ⍝ Vorsetzen des Fehlerprotokollkopfes
[10] ⍙CLOG←⊃(⊂[2]('FEHLERANALYSE:',[0.5]'-'),[1]' '),⍙CLOG
```

ΔCΔERRORANALYSE wird mit einem Rechtsargument mit zwei Bestandteilen aufgerufen. Die erste Komponente ⍙CLOG enthält den während der Übersetzung durch ΔCΔERROR initialisierten und erweiterten Fehlerprotokollvektor ΔCLOG, in dem jeder Subvektor (Fehlereintrag) aus einer Fehlermeldung und einer Fehlerposition besteht. Das zweite Argument ist die in einer Zeichenmatrix eingetragene Regelwerkspezifikation. Dabei ist zu beachten, daß die Quellmatrix durch die Streckung mit ΔCΔRAVEL in einen Vektor transformiert wurde, in dem Zeilenumbrüche durch ein zusätzliches Trennzeichen (⎕TC[2]) pro Zeile ergänzt werden. Da sich alle Fehlerpositionen auf den gestreckten Vektor beziehen, muß man diese Dimensionsänderung bei der Erzeugung des Fehlerprotokolls berücksichtigen, indem man die Anzahl der Spalten ⍙P der Quellmatrix rechnerisch um 1 erhöht. Zeile [8] enthält die Anweisung zum Mischen des Fehlerprotokolls mit der Quellmatrix. Diese Mischtechnik kann sehr einfach durch folgendes Beispiel illustriert werden:

```
      TEXT←⊃'ZEILE1' 'ZEILE2' 'ZEILE3' 'ZEILE4' 'ZEILE5'
      FEHLER←('FEHLER1' 8) ('FEHLER2' 20)
      DISPLAY (⊂[2]TEXT),↑¨FEHLER
.→-----------------------------------------------------------------------.
| .→-----. .→-----. .→-----. .→-----. .→-----. .→------. .→------. |
| |ZEILE1| |ZEILE2| |ZEILE3| |ZEILE4| |ZEILE5| |FEHLER1| |FEHLER2| |
| '------' '------' '------' '------' '------' '-------' '-------' |
'∊-----------------------------------------------------------------------'
      (⍳↑⍴TEXT),(↑¨⌽¨FEHLER)÷(↑⌽⍴TEXT)
1 2 3 4 5 1.333333333 3.333333333
      ⍋(⍳↑⍴TEXT),(↑¨⌽¨FEHLER)÷(↑⌽⍴TEXT)
1 6 2 3 7 4 5
```

Zunächst wird durch `∊(⊃∆CLOG)[;2]÷∆P` ein Vektor von Gleitkommazahlen erzeugt, in denen der ganzzahlige Teil jeder Komponente die fehlerhafte Zeilenposition innerhalb der Quellmatrix angibt. Durch die *grade* Primitive `⍋` erhält man somit einen Indexvektor `⍋(⍳∆N),∊(⊃∆CLOG)[;2]÷∆P`, mit dem die in Zeilenvektoren partitionierte und mit den Fehlermeldungen verkettete Quellmatrix `((⊂[2]∆CM),(↑¨∆CLOG))` umgeordnet werden kann. Durch die Zuweisung in Zeile `[10]` wird der so ermittelte genestete Vektor mit einem Protokollkopf versehen und durch die *disclose* Primitive in eine Zeichenmatrix umgewandelt.

3.3 Übersetzen von Regeln

Regeln werden in `∆C∆LOOP` durch den Aufruf der Funktion `∆C∆RULE` in exekutierbare APL2-Funktionen übersetzt. Zusätzlich werden die durch `∆C∆INIT` initialisierten Kontrollvariablen `∆RINFO` und `∆USYM` ergänzt. `∆C∆RULE` übernimmt einen Teil des durch `∆C∆PAK` generierten Blocks als Argument. Dieses genestete Argument enthält das zur Regel korrespondierende Textsegment und die Startposition innerhalb der durch `∆C∆RAVEL` gestreckten und durch `⎕TC[2]` erweiterten Eingabematrix. `∆C∆RULE` ruft wiederum eine Serie von Unterfunktionen auf, mit denen die einzelnen Subsegmente der Regelspezifikation verarbeitet werden.

```
[0]   ∆B←∆C∆RULE ∆NV;∆C;∆PS;∆PE;∆K;∆NCV;∆RU;∆CO;∆IN;∆OU;∆LO;∆IF;∆TH;∆EX
[1]   ⍝ Uebersetzt eine Regel in eine ausfuehrbare APL2-Funktion und
[2]   ⍝ ergaenzt die Kontrollvariablen ∆USYM und ∆RINFO
[3]   ⍝
[4]   (∆C ∆PS)←∆NV                     ⍝ Inhalt Startposition
[5]   ∆PE←∆PS+⍴∆C                      ⍝ Voreinstellung: Fehlerposition
[6]   ⍝ Schluesselwoerter vereinbaren
[7]   ∆K←'RULE:' 'COM:' 'INPUT:' 'OUTPUT:' 'LOCAL:' 'IF:' 'THEN:' 'EXP:'
[8]   ⍝ Bei Schluesselwoertern partitionieren
[9]   (∆B ∆NCV)←∆K ∆C∆PAK('RULE:',∆C)(∆PS-⍴'RULE:')
[10]  →(~∆B)/∆1                        ⍝ Partitionierungsfehler?
[11]  →(~∧/'IF:' 'THEN:'∊↑¨∆NCV)/∆2    ⍝ IF: oder THEN: fehlt?
[12]  →(∨/1<+/∆K∘.≡↑¨∆NCV)/∆3          ⍝ Mehrfache Schluessel?
```

```
....
[13] ⍝ Entnahme der Regelkomponenten
[14] ⍝ Entnahme des Regelnamens
[15] (⍙B ⍙RU)←∆C∆TAKESYM 'RULE:' ∆C∆PICKKEYPART ⍙NCV
[16] →(~⍙B)/⍙4                          ⍝ Fehler bei der Selektion?
[17] →(0=⍴⍙RU)/⍙5                       ⍝ Regelname fehlt?
[18] →(~∆APL2SYM∆ ⍙RU)/⍙6               ⍝ Unzulaessiger Regelname?
[19] →((~∆cove)∧(⊂⍙RU)∊∆USYM)/⍙7        ⍝ Regelname schon benutzt?
[20] ⍝ Entnahme der Kommentare
[21] (⍙B ⍙CO)←∆C∆TAKECOM 'COM:' ∆C∆PICKKEYPART ⍙NCV
[22] →(~⍙B)/⍙4                          ⍝ Fehler bei der Selektion?
[23] ⍝ Entnahme der Inputvariablen
[24] (⍙B ⍙IN)←∆C∆TAKEVARS 'INPUT:' ∆C∆PICKKEYPART ⍙NCV
[25] →(~⍙B)/⍙4                          ⍝ Fehler bei der Selektion?
[26] ⍝ Entnahme der Outputvariablen
[27] (⍙B ⍙OU)←∆C∆TAKEVARS 'OUTPUT:' ∆C∆PICKKEYPART ⍙NCV
[28] →(~⍙B)/⍙4                          ⍝ Fehler bei der Selektion?
[29] ⍝ Entnahme der lokalen Variablen
[30] (⍙B ⍙LO)←∆C∆TAKEVARS 'LOCAL:' ∆C∆PICKKEYPART ⍙NCV
[31] →(~⍙B)/⍙4                          ⍝ Fehler bei der Selektion?
[32] ⍝ Entnahme der IF-Bedingungen (als APL2-Kode)
[33] (⍙B ⍙IF)←∆C∆TAKECODE 'IF:' ∆C∆PICKKEYPART ⍙NCV
[34] →(~⍙B)/⍙4                          ⍝ Fehler bei der Selektion?
[35] ⍝ Entnahme der THEN-Aktionen (als APL2-Kode)
[36] (⍙B ⍙TH)←∆C∆TAKECODE 'THEN:' ∆C∆PICKKEYPART ⍙NCV
[37] →(~⍙B)/⍙4                          ⍝ Fehler bei der Selektion?
[38] ⍝ Entnahme der Erklaerungsspezifikation (druckbarer APL2-Kode)
[39] (⍙B ⍙EX)←∆C∆TAKECODE 'EXP:' ∆C∆PICKKEYPART ⍙NCV
[40] →(~⍙B)/⍙4                          ⍝ Fehler bei der Selektion?
[41] ⍝ Ueberlappen sich lokale und globale Variablen?
[42] →(~0∊⍴(⍙IN,⍙OU)~(⍙IN,⍙OU)~⍙LO)/⍙8
[43] ⍝ Wird der Regelname auch als Variablenname verwendet?
[44] →((⊂⍙RU)∊⍙IN,⍙OU,⍙LO)/⍙9
[45] ⍝ Reservierten Systemnamen benutzt?
[46] ⍝ Bemerkung: Lokale Variablen duerfen sich im Prinzip mit
[47] ⍝            reservierten Namen ueberlappen!
[48] →(∨/∨/∆rw∘.≡(⊂⍙RU),⍙IN,⍙OU,⍙LO)/⍙10
[49] ⍝ Regel ⍙RU als exekutierbare Funktion fixieren!
[50] ⍙B←∆C∆FIXRULE ⍙RU ⍙CO ⍙LO ⍙IF ⍙TH ⍙PE
[51] ⍝ Fehler bei der Fixierung der Regel als APL2-Funktion?
[52] →(~⍙B)/⍙4
[53] ⍝ Ergaenzung der globalen Kontrollvariablen
[54] ∆USYM←∆USYM,(⊂⍙RU),⍙IN,⍙OU
[55] ∆RINFO←∆RINFO,⊂⍙RU ⍙IN ⍙OU ⍙LO ⍙IF ⍙TH ⍙EX
[56] ∆C∆OUTPUT 'Regel ',⍙RU,' erfolgreich uebersetzt'
[57] ⍙B←1
[58] →0
....
```

```
....
[59] Δ1: ⍝⍝⍝ ΔCΔOUTPUT 'FOLGEFEHLER in ΔCΔRULE: Partitionierungsfehler'
[60] →ΔB←0
[61] Δ2:ΔCΔERROR 'ΔCΔRULE: Schluesselwort IF: oder THEN: fehlt' ΔPE
[62] →ΔB←0
[63] Δ3:ΔCΔERROR 'ΔCΔRULE: Multiple Schluesselwoerter' ΔPE
[64] →ΔB←0
[65] Δ4: ⍝⍝⍝ ΔCΔOUTPUT 'FOLGEFEHLER in ΔCΔRULE'
[66] →ΔB←0
[67] Δ5:ΔCΔERROR 'ΔCΔRULE: Regelname fehlt' ΔPE
[68] →ΔB←0
[69] Δ6:ΔCΔERROR 'ΔCΔRULE: Regelname ist unzulaessig' ΔPE
[70] →ΔB←0
[71] Δ7:ΔCΔERROR 'ΔCΔRULE: Regelname schon benutzt' ΔPE
[72] →ΔB←0
[73] Δ8:ΔCΔERROR 'ΔCΔRULE: Konflikte zw. lokalen und globalen Vars' ΔPE
[74] →ΔB←0
[75] Δ9:ΔCΔERROR 'ΔCΔRULE: Regelname als Variablenname verwendet' ΔPE
[76] →ΔB←0
[77] Δ10:ΔCΔERROR 'ΔCΔRULE: Verwendung eines reservierten Namens' ΔPE
[78] →ΔB←0
```

ΔCΔRULE ist eine relativ lange Funktion, obwohl der Kernalgorithmus ohne Fehlerdiagnose lediglich aus den Zeilen [7,9,15,21,24,27,30,33,36,39,50,54,55] besteht, deren Funktionsweise zunächst kommentiert wird. In Zeile [7] werden alle Schlüsselwörter, die in einer Regeldefinition zulässig sind, vereinbart. In Zeile [9] wird der Quellvektor einer Regelspezifikation bei jedem Schlüsselwort durch die Funktion ΔCΔPAK partitioniert. Man beachte, daß das erste Element des Rechtsargumentes von ΔCΔPAK durch das Schlüsselwort RULE: erweitert wird. Die Ergänzung hat folgende Funktion: Innerhalb der Eingabematrix wird der Regelname als Argument zum Schlüsselwort RULE: vereinbart. Damit hat das Schlüsselwort RULE: zwei Funktionen. Zum einen wird der Schlüssel RULE: in COMPILE als Trenner zwischen mehreren Regelwerksegmenten verwendet. Zweitens wird bei der Übersetzung einer einzelnen Regel das Schlüsselwort RULE: zur Deklaration eines Regelnamen verwendet. Natürlich könnte man diese 'Rückwärtskorrektur' einfach dadurch vermeiden, indem man das Schlüsselwort bei der Bestimmung des Textsegmentes durch ΔCΔPAK nicht eliminiert. Allerdings wird bei der Übersetzung der Subsegmente der einzelnen Regeln, Funktionen, Promptspezifikationen und Lexikoneinträge durch ΔCRULE etc. immer nur das Textsegment hinter einem Schlüsselwort benötigt. Würde man in ΔCΔPAK das Schlüsselwort nicht aus dem Textsegment eliminieren, so müßte man jedes Textsegment einer Subsegmentspezifikation nochmals in Schlüsselwort und Eintrag partitionieren. Daher ist die hier verwendete Technik effizienter. Die zu den einzelnen Schlüsselwörtern korrespondierenden Einträge werden grundsätzlich durch die Funktion ΔCΔPICKKEYPART selektiert. Anschließend wird das durch ΔCΔPICKKEYPART ermittelte Segment durch eine Reihe von Funktionen, deren Namen immer mit der Zeichenfolge ΔCΔTAKE... beginnen, in geeignete genestete Felder übersetzt. ΔCΔPICKKEYPART hat eine sehr einfache Struktur, da lediglich der zu einem Schlüssel ΔKEY korrespondierende Teil aus dem durch ΔCΔPAK generierten genesteten Vektor mit *pick* selektiert wird.

```
[0] ΔZ←ΔKEY ΔCΔPICKKEYPART ΔNCV
[1] ⍝ Selektiert den zu Schluessel ΔKEY gehoerenden Eintrag aus ΔNCV.
[2] ⍝ Steht kein Eintrag zur Verfuegung, so wird der Vektor ('' MAX)
[3] ⍝ zurueckgegeben, wobei MAX der hoechste Fehlerpositionsindex
[4] ⍝ aller genesteten Subvektoren ist.
[5] ⍝
[6] ΔZ←1↓((↑¨ΔNCV)⍳⊂ΔKEY)⊃ΔNCV,⊂0 ''(⌈/3⊃¨ΔNCV)
```

Zunächst wird durch `(↑¨ΔNCV)⍳⊂ΔKEY` der zum Schlüssel `ΔKEY` korrespondierende Index aus dem durch `ΔCΔPAK` generiertem Vektor ermittelt. Daher kann man mit diesem Index den zum Schlüsselwort passenden Block selektieren. Fehlt das in `ΔKEY` angegebene Schlüsselwort in dem durch `ΔCΔPAK` generierten Vektor (etwa bei fehlenden Kommentaren `COM:`), so wird der aus zwei Bestandteilen bestehende Vektor `''(⌈/3⊃¨ΔNCV)` zurückgegeben, in dem als potentielle Fehlerposition der höchste Startindex der im Argument enthaltenen Blöcke eingetragen wird. Andernfalls wird ein Vektor mit zwei Bestandteilen zurückgegeben, in dem das erste Element das zum Schlüsselwort korrespondierende Textsegment (eine Zeichenkette) und das zweite Element die Startposition des selektierten Textsegmentes enthält. Die durch `ΔCΔPICKKEYPART` selektierten Spezifikationssegmente werden in den Zeilen `[15,21,24,27,30,33,36,39]` von `ΔCΔRULE` durch die mit `ΔCΔTAKE...` gekennzeichneten Funktionen verarbeitet, deren Aufgaben in Tabelle 3.7 zusammengefaßt werden. Alle Funktionen geben zusätzlich zum Ergebnis eine boolesche Erfolgflagge zurück, die in Tabelle 3.6 nicht gesondert erwähnt wird.

Funktion	Aufgabe
ΔCΔTAKESYM	Entnimmt einen APL2-Symbolnamen aus einem Textsegment und gibt eine Zeichenkette zurück
ΔCΔTAKECOM	Entnimmt den durch COM: spezifizierten Regelkommentar und gibt einen Vektor von Zeichenketten zurück
ΔCΔTAKEVARS	Entnimmt eine Folge von APL2-Symbolnamen, die durch Kommata, Leerzeichen und/oder ⎕TC[2] getrennt sind und gibt einen Vektor von Zeichenketten zurück
ΔCΔTAKECODE	Entnimmt durch ⎕TC[2] begrenzte APL2-Kodesegmente und gibt einen Vektor von Zeichenketten zurück

Tabelle 3.7: Selektionsfunktionen für Regelkomponenten

Die Selektionsfunktionen für Regelkomponenten werden unten beschrieben. Man beachte, daß eine Reihe von Regelwerkschlüsseleinträgen eine sehr ähnliche Struktur aufweisen. Input-, Output- und lokale Variablen stellen immer Folgen von APL2-Symbolen dar und können somit immer durch die Funktion `ΔCΔTAKEVARS` selektiert werden. `IF:-`, `THEN:-` und `EXP:-`Einträge stellen hingegen immer APL2-Kodesegmente dar und können daher ebenfalls in einer homogenen Weise verarbeitet werden. Nach der Entnahme der einzelnen Regelkomponenten wird die Regel durch den Aufruf der Funktion `ΔCΔFIXRULE` in eine Zeichenrepräsentation übersetzt (Zeile `[50]` in `ΔCΔRULE`) und im Arbeitsbereich fixiert. Die Kontrollvariablen `ΔRINFO` und `ΔUSYM` werden hingegen durch die Funktion `ΔCΔRULE` (Zeilen `[54-55]`) ergänzt.

Eine Reihe von potentiellen Fehlerquellen werden durch die Selektionsfunktionen ΔCΔTAKE... und die Fixierfunktion ΔCΔFIXRULE diagnostiziert und durch einen Aufruf der Fehlerroutine ΔCΔERROR gemeldet bzw. protokolliert. Andere Fehlerquellen wie fehlende IF:- und THEN:-Schlüssel werden hingegen innerhalb der Funktion ΔCΔRULE abgefangen. Die Tests für potentielle Fehler innerhalb von ΔCΔRULE sind unmittelbar einsichtig und werden daher nicht weiter kommentiert. Bemerkenswert ist nur das Konstrukt zur Ermittlung einer potentiellen Fehlerposition in Zeile [5], das in nahezu allen Funktionen des Übersetzers verwendet wird. Tritt ein nicht näher lokalisierbarer Fehler (etwa ein fehlender IF:-Schlüssel) auf, so wird die Fehlerposition dieses Fehlers auf das Ende des Regelwerkblocks gesetzt. Damit werden Fehlermeldungen für nicht exakt lokalisierbare Fehler durch die Fehleranalyseroutine ΔCΔERRORANALYSE immer an das Ende der laufenden Regelspezifikation positioniert.

Die Funktionen zur Entnahme der Regelkomponenten sind größtenteils sehr ähnlich aufgebaut. Kommentare werden wie Kodesegmente zunächst bei Zeilentrennern (⎕TC[2]) partitioniert. Anschließend werden führende und endende Leerzeichen in jedem Subvektor durch die im Anhang wiedergegebene Hilfsfunktion ΔDLTBΔ eliminiert. Leerzeilen in Kommentaren sind redundant und werden daher durch das Idiom (0≠∊⍴¨⍙C)/⍙C eliminiert. Die Funktion gibt zusätzlich – wie fast alle Funktionen der Expertensystemshell – neben dem Resulat eine boolesche Flagge zurück, die in ΔCΔTAKECOM grundsätzlich auf 1 gesetzt wird, da in Kommentaren keine Fehler auftreten können.

```
[0] ⍙Z←ΔCΔTAKECOM ⍙NCV;⍙C;⍙P
[1] ⍝ Selektiert Kommentare
[2] ⍝
[3] (⍙C ⍙P)←⍙NCV                ⍝ Zeichenkette Position
[4] ⍙C←(⍙C≠⎕TC[2])⊂⍙C           ⍝ Partitioniere bei Carriage Return
[5] ⍙C←ΔDLTBΔ¨⍙C                ⍝ Loescht fuehrende und endende Leerzeichen
[6] ⍙C←(0≠∊⍴¨⍙C)/⍙C             ⍝ Loescht Leerzeilen
[7] ⍙Z←1 ⍙C                     ⍝ Erfolg Kommentar
```

Die Funktion ΔCΔTAKESYM weist eine sehr ähnliche Struktur wie ΔCΔTAKECOM auf und selektiert einen Symbolnamen aus einer Eingabespezifikation. ΔCΔTAKESYM testet *nicht*, ob das selektierte Symbol einen zulässigen APL2-Symbolnamen darstellt. Dieser Test wurde fortgelassen, da die Funktion ΔTAKESYM nicht nur zur Entnahme von Regelnamen, sondern auch zur Selektion von Lexikonschlüsseln verwendet wird, deren Namen nicht notwendigerweise zulässige APL2-Symbolnamen darstellen müssen[7]. Daher führt ein Aufruf der Funktion ΔCΔTAKESYM auch nur bei der Spezifikation von mehreren Symbolnamen zu einem Fehler, während die Spezifikation eines leeren oder nur aus Leer- und/oder Umbruchzeichen bestehenden Textsegmentes zur Zurückgabe eines leeren Vektors führt. Daher wird in der Regelübersetzungsfunktion ΔCΔCRULE durch den Aufruf der im Anhang B.1 definierten Funktion ΔAPL2SYMΔ (Zeile [18]) explizit getestet, ob ΔCΔTAKESYM einen zulässigen APL2-Symbolnamen zurückgibt.

[7] Lexikonschlüssel dürfen nationale Sonderzeichen (etwa Umlaute) enthalten, die in APL2-Symbolnamen nicht erlaubt sind.

```
[0]  ΔZ←ΔCΔTAKESYM ΔNV;ΔS;ΔP;ΔPE
[1]  ⍝ Selektiert einen Symbolnamen. Darf leer sein; es duerfen aber
[2]  ⍝ auf keinen Fall mehrere Namen angegeben werden.
[3]  ⍝
[4]  (ΔS ΔP)←ΔNV                ⍝ Zeichenkette Position
[5]  ΔPE←ΔP+ρΔS                 ⍝ Voreinstellung: Fehlerposition
[6]  →(0∊ρΔS)/ΔEXIT             ⍝ Kein Eintrag?
[7]  ΔS←ΔCΔDCT ΔS               ⍝ Kommentare bis Carriage Return eliminieren
[8]  ((ΔS=⎕TC[2])/ΔS)←' '       ⍝ Ueberschreibt Carriage Return durch Blank
[9]  ΔS←ΔDLTBΔ ΔS               ⍝ Loescht fuehrende und endende Leerzeichen
[10] ΔS←' ' ΔPACΔ ΔS            ⍝ Partitioniert bei Leerzeichen
[11] →(1<ρΔS)/Δ1                ⍝ Mehrere Namen?
[12] ΔS←↑ΔS                     ⍝ Zeichenkette aus genestetem Vektor
[13] ΔEXIT:ΔZ←1 ΔS              ⍝ Erfolg Symbolname
[14] →0
[15] Δ1:ΔCΔERROR 'ΔCΔTAKESYM: Mehrfache Symbolnamen' ΔPE
[16] →ΔZ←0 ''
```

Die Funktion ΔCΔTAKESYM enthält lediglich ein nicht unmittelbar einsichtiges Konstrukt. Alle Komponenten in der gesamten Regelwerkspezifikation können durch einen gewöhnlichen, mit dem APL2-Kommentarzeichen ('⍝') beginnenden Text kommentiert werden. Vollständige Kommentarzeilen werden bereits durch die Streckfunktion ΔCΔRAVEL mit Leerzeichen überschrieben. Da man Kommentare jedoch nicht immer auf getrennten Zeilen angeben möchte, wird die Funktion ΔCΔDCT benutzt, um Fortsetzungskommentare zwischen einem Kommentarmarker '⍝' und dem Zeilenumbruchbegrenzer ⎕TC[2] zu eliminieren. ΔCΔDCT hat eine sehr einfache Struktur und wird daher ohne Kommentar wiedergegeben.

```
[0] ΔCV1←ΔCΔDCT ΔCV
[1] ⍝ Loescht alle Kommentare (Zeichen ab einem '⍝' bis zum letzten
[2] ⍝ Zeichen vorm Terminalzeichen ⎕TC[2]) in einem durch ⎕TC[2]
[3] ⍝ 'partitionierten' Vektor. ⎕TC[2] Zeichen werden NICHT eliminiert.
[4] ⍝ (DeleteCommentstoTerminalcontrolcharacter)
[5] ⍝
[6] ΔCV1←(1+ΔCV≠⎕TC[2])⊂ΔCV         ⍝ Bei ⎕TC[2] partitionieren
[7] ΔCV1←(¯1+ΔCV1⍳¨'⍝')↑¨ΔCV1       ⍝ Vektorweise Kommentare eliminieren
[8] ΔCV1←⊃,/ΔCV1                    ⍝ Genestete Vektoren aneinanderreihen
```

Die Funktion ΔCΔTAKEVARS wird ausschließlich zur Selektion von Input-, Output- und lokalen Variablen innerhalb einer Regelspezifikation verwendet. Die Struktur dieser Funktion stimmt weitgehend mit der Struktur von ΔCΔTAKESYM überein, gibt aber grundsätzlich einen genesteten Vektor zurück, dessen Komponenten Symbolnamen enthalten. Im Gegensatz zu ΔCΔTAKESYM wird direkt getestet, ob die angegebenen Symbole zulässige APL2-Symbolnamen repräsentieren.

```
[0]  ⍙Z←ΔCΔTAKEVARS ⍙NV;⍙P;⍙C;⍙PE
[1]  ⍝ Selektiert Variablennamen
[2]  ⍝
[3]  (⍙C ⍙P)←⍙NV               ⍝ Zeichenkette Position
[4]  ⍙PE←⍙P+⍴⍙C                ⍝ Voreinstellung: Fehlerposition
[5]  →(0∊⍴⍙C)/⍙EXIT            ⍝ Keine Variablennamen angegeben?
[6]  ⍙C←ΔCΔDCT ⍙C              ⍝ Kommentare bis Carriage Return eliminieren
[7]  ⍝ Partitioniert bei Leerzeichen, Kommata und Kontrollzeichen ⎕TC[2]
[8]  ⍙C←(~⍙C∊' ,',⎕TC[2])⊂⍙C
[9]  →(0∊ΔAPL2SYMΔ¨⍙C)/⍙1 ⍝ Unzulaessiger Symbolname?
[10] ⍙EXIT:⍙Z←1 ⍙C              ⍝ Erfolg Namen(genesteter Vektor)
[11] →0
[12] ⍙1:ΔCΔERROR 'ΔCΔTAKEVAR: Ein Symbolname ist unzulaessig' ⍙PE
[13] →⍙Z←0 ''
```

Die Funktion ΔCΔTAKECODE entnimmt APL2-Kodesegmente, die etwa durch `IF:-`, `THEN:-`, `EXP:-` und `ITEM:-`Parameter spezifiziert werden. Diese Funktion testet lediglich, ob Zeichenketten balanciert sind. Daher wird nur sehr unzulänglich überprüft, ob das angegebene APL2-Kodesegment semantisch und syntaktisch fehlerfrei ist. Ein erschöpfender Test wurde aus folgenden Gründen fortgelassen:

- Eine vollständige Analyse des Textsegmentes auf syntaktische Korrektheit erfordert die Konstruktion eines vollständigen APL2-Parsers, der mindestens so umfangreich wie die in diesem Buch beschriebene Expertensystemshell ist.
- Semantische Fehler können ohnehin nur durch eine Testexekution diagnostiziert werden, da eine Datenflußanalyse von APL2-Programmen sehr komplex ist (Budd 1988). Dafür müßte man jedoch Testdaten konstruieren. Außerdem sichert eine exemplarische Testexekution nicht, daß der angegebene APL2-Kode für alle Datensätze korrekt funktioniert.

Allerdings enthält der Inferenzinterpreter eine Reihe von Programmkonstrukten, mit denen fehlerhafte Kodesegmente abgefangen werden. Zusätzlich ist der Interpreter in der Lage, die Fehlerposition eines fehlerhaften Kodesegments auszugeben. Diese Problemverschiebung führt dazu, daß fehlerhafte Kodesegmente erst beim Testen einer Expertensystemdefinition durch den Interpreter diagnostiziert werden können.

```
[0]  ⍙Z←ΔCΔTAKECODE ⍙NV;⍙P;⍙C;⍙PE
[1]  ⍝ Selektiert APL2-Kodesegmente
[2]  ⍝
[3]  (⍙C ⍙P)←⍙NV              ⍝ Zeichenkette Position
[4]  ⍙PE←⍙P+⍴⍙C               ⍝ Voreinstellung: Fehlerposition
[5]  ⍙C←(⎕TC[2]≠⍙C)⊂⍙C        ⍝ Partitioniert bei Carriage Return
[6]  ⍙C←ΔDLTBΔ¨⍙C             ⍝ Loescht fuehrende und endende Leerzeichen
[7]  ⍙C←(∊0≠⍴¨⍙C)/⍙C          ⍝ Eliminiert Leerzeilen
[8]  →(1∨.=2|''''+.=⍉⊃⍙C)/⍙1 ⍝ Ungerade Anzahl von ' in einer Zeile?
[9]  ⍙Z←1 ⍙C                  ⍝ Erfolg Kode
[10] →0
[11] ⍙1:ΔCΔERROR 'ΔCΔTAKECODE: Quotes ('') nicht balanciert' ⍙PE
[12] ⍙Z←0 ''
```

ΔCΔTAKECODE eliminiert keine Fortsetzungskommentare. Daher werden Kommentare hinter APL2-Anweisungen in IF:- und THEN:-Blöcken auch in die zu fixierende Funktion eingebettet. Nach der Entnahme der einzelnen Komponenten einer Regel durch ΔCΔRULE wird die Regelinformation durch ΔCΔFIXRULE in eine Zeichenrepräsentation übersetzt und durch die APL2-Systemfunktion ⎕FX im Arbeitsbereich fixiert.

```
[0]  ΔB←ΔCΔFIXRULE ΔNV;ΔRU;ΔCO;ΔLO;ΔIF;ΔTH;ΔPE;ΔFH;ΔIP;ΔTP;ΔIC;ΔTC;ΔFF
[1]  ⍝ Fixiert Regel im Arbeitsbereich.
[2]  ⍝
[3]  ⍝ Regelname, Kommentare, lokale Variablen, IF-Teil, THEN-Teil,
[4]  ⍝                    voreingestellte (potentielle) Fehlerposition
[5]  (ΔRU ΔCO ΔLO ΔIF ΔTH ΔPE)←ΔNV
[6]  ⍝ Funktionskopf aufbauen
[7]  ΔFH←⊂'ΔR←',ΔRU,(~0∊⍴ΔLO)/∊';',¨ΔLO
[8]  ⍝ Funktionskommentare aufbauen
[9]  ΔCO←(⊂'⍝ Autokode generiert durch Regel ',ΔRU),'⍝',¨,' ',¨ΔCO
[10] ΔIF←'⍝' ΔPA1CΔ¨ΔIF ⍝ Ab dem 1-ten '⍝' partitionieren: IF-Teil
[11] ΔTH←'⍝' ΔPA1CΔ¨ΔTH ⍝ Ab dem 1-ten '⍝' partitionieren: THEN-Teil
[12] ΔIP←↑¨ΔIF          ⍝ APL2-Ausdruecke: IF-Teil
[13] ΔTP←↑¨ΔTH          ⍝ APL2-Ausdruecke: THEN-Teil
[14] ΔIC←↑¨⌽¨ΔIF        ⍝ Kommentare:      IF-Teil
[15] ΔTC←↑¨⌽¨ΔTH        ⍝ Kommentare:      THEN-Teil
[16] ⍝ IF-Teil als Verzweigung darstellen
[17] ΔIP←(⊂'→(~'),¨ΔIP,¨(⊂')/0')
[18] →(~Δcdeb)/ΔCOMPOSE ⍝ Debug-Schalter nicht gesetzt?
[19] ΔIP←ΔDQΔ¨ΔIP       ⍝ Debug-Option: → Dupliziere Quotes im IF-Teil
[20] ΔTP←ΔDQΔ¨ΔTP       ⍝ Debug-Option: → Dupliziere Quotes im THEN-Teil
[21] ⍝ Konstrukt: Fehler im IF-Teil mit ⎕EA abfangen
[22] ΔIP←(⊂'''→0 (ΔR←¯1 (↑⎕LC)'),¨(⍕¨⍳⍴ΔIF),¨(⊂')'' ⎕EA '''),¨ΔIP,¨''''
[23] ⍝ Konstrukt: Fehler im THEN-Teil mit ⎕EA abfangen
[24] ΔTP←(⊂'''→0 (ΔR←¯2 (↑⎕LC)'),¨(⍕¨⍳⍴ΔTH),¨(⊂')'' ⎕EA '''),¨ΔTP,¨''''
[25] →ΔCOMPOSE
[26] ΔCOMPOSE:          ⍝ Kommentare anhaengen, falls vorhanden
[27] ΔIF←ΔIP,¨(0=∊⍴¨ΔIC)↓¨'⍝',¨ΔIC
[28] ΔTH←ΔTP,¨(0=∊⍴¨ΔTC)↓¨'⍝',¨ΔTC
[29] ⍝ Zeichenmatrix der zu fixierenden Funktion aufbauen
[30] ΔFF←⊃ΔFH,ΔCO,(⊂'ΔR←0 ⍝ IF-TEIL'),ΔIF,(⊂'ΔR←1 ⍝ THEN-TEIL'),ΔTH
[31] →(~ΔRU≡⎕FX ΔFF)/Δ1                   ⍝ Fixieren! Fehler beim Fixieren?
[32] ΔB←1                                 ⍝ Erfolg
[33] →0                                   ⍝ EXIT
[34] Δ1:ΔCΔERROR('ΔCΔFIXRULE: ',ΔRU,' konnte nicht fixiert werden')ΔPE
[35] →ΔB←0
```

ΔCΔFIXRULE setzt folgende Komponenten der Regelspezifikation zu einer ausführbaren APL2-Funktion zusammen:

- Der Regelname ΔRU, unter dem die exekutierbare Regel im Arbeitsbereich fixiert wird.
- Der Regelkommentar ΔCO, der als APL2-Funktionskommentar unter dem Funktionskopf eingetragen wird.
- Die als lokale Variablen deklarierten Symbole ΔLO einer Regel werden als lokale Variablen im Funktionskopf eingetragen.
- Die im ΔIF-Teil enthaltenen APL2-Kodesegmente werden in konditionale Ausdrücke übersetzt.
- Die im ΔTH-Teil enthaltenen Kodesegmente werden in gewöhnliche APL2-Ausdrücke übersetzt.

Fortsetzungskommentare werden im Gegensatz zu den durch ΔCΔTAKEVARS selektierten Variablen bei der Entnahme von Kodesegmenten (Funktion ΔCΔTAKECODE) nicht eliminiert, sondern in die Zeichenrepräsentation der zu fixierenden Regel eingetragen. Aus diesem Grund werden die einzelnen Zeilen der APL2-Kodesegmente auch erst in ΔFIXRULE durch den Aufruf der Hilfsfunktion ΔPA1CΔ in einen Kode- und einen Kommentarteil partitioniert, so daß Quelltext-Kommentare hinter jeder Zeile einer IF:- bzw. THEN:-Spezifikation innerhalb der exekutierbaren Funktion eingetragen werden. Man beachte, daß Quotierungszeichen (') in Kodesegmenten dupliziert werden müssen, wenn die Debug-Option (Δcdeb←1) aktiviert ist. Diese Duplikation ist notwendig, da alle Exekutionsfehler mit Hilfe der APL2-Systemfunktion ⎕EA abgefangen werden, die grundsätzlich nur Zeichenketten als Argumente akzeptiert. Die Funktion ΔCΔFIXRULE übersetzt die Regelspezifikation in Abhängigkeit vom globalen Übersetzungsschalter Δcinc und fügt bei einer Aktivierung der Debug-Option die bereits in Kapitel 2.2 beschriebenen Debug-Informationsparameter ein.

3.4 Übersetzen der Promptspezifikationen

Die durch PROMPTABLE:-Blöcke festgelegten Frage-Antwort-Spezifikationen werden in ΔCΔLOOP durch den Aufruf der Funktion ΔCΔPROMPTABLE in die Kontrollvariable ΔPINFO eingetragen. ΔCΔPROMPTABLE übernimmt wie ΔCΔRULE einen durch ΔCΔPAK generierten genesteten Vektor als Argument. Dieses genestete Argument enthält das zum Schlüsselwort PROMPTABLE: korrespondierende Textsegment sowie die Startposition innerhalb der durch ΔCΔRAVEL gestreckten und durch ⎕TC[2] erweiterten Eingabematrix.

```
[0]  ⍙B←ΔCΔPROMPTTABLE ⍙NV;⍙C;⍙PS;⍙PE;⍙K;⍙NCV;⍙VA;⍙TY;⍙RA;⍙PR;⍙CH
[1]  ⍝ Uebersetzt die Promptspezifikation und ergaenzt die
[2]  ⍝ Kontrollvariablen ΔUSYM und ΔPINFO.
[3]  ⍝
[4]  (⍙C ⍙PS)←⍙NV                          ⍝ Zeichenkette Startposition
[5]  ⍙PE←⍙PS+⍴⍙C                           ⍝ Voreinstellung: Fehlerposition
[6]  ⍝ Schluesselwoerter vereinbaren
[7]  ⍙K←'PROMPTABLE:' 'TYP:' 'RANGE:' 'PROMPTSTR:' 'CHECKFCT:'
[8]  ⍝ Bei Schluesselwoertern partitionieren
[9]  (⍙B ⍙NCV)←⍙K ΔCΔPAK('PROMPTABLE:',⍙C)(⍙PS-⍴'PROMPTABLE:')
[10] →(~⍙B)/⍙1                              ⍝ Partitionierungsfehler
[11] →(∨/1<+/⍙K∘.≡↑¨⍙NCV)/⍙2                ⍝ Mehrfache Schluessel?
[12] ⍝ Entnahme der Promptkomponenten
[13] ⍝ Entnehme Name der Promptvariablen
[14] (⍙B ⍙VA)←ΔCΔTAKESYM 'PROMPTABLE:' ΔCΔPICKKEYPART ⍙NCV
[15] →(~⍙B)/⍙3                              ⍝ Fehler bei der Selektion?
[16] →(0=⍴⍙VA)/⍙4                           ⍝ Kein Name angegeben?
[17] →(~ΔAPL2SYMΔ ⍙VA)/⍙5                   ⍝ Name unzulaessig?
[18] ⍝ Entnehme Typ-Spezifikation
[19] (⍙B ⍙TY)←ΔCΔTAKETYP 'TYP:' ΔCΔPICKKEYPART ⍙NCV
[20] →(~⍙B)/⍙3                              ⍝ Fehler bei der Selektion?
[21] ⍝ Entnehme Wertebereichangabe
[22] (⍙B ⍙RA)←⍙TY ΔCΔTAKERANGE 'RANGE:' ΔCΔPICKKEYPART ⍙NCV
[23] →(~⍙B)/⍙3                              ⍝ Fehler bei der Selektion?
[24] ⍝ Entnehme Benutzereingabeanforderung
[25] (⍙B ⍙PR)←ΔCΔTAKECODE 'PROMPTSTR:' ΔCΔPICKKEYPART ⍙NCV
[26] →(~⍙B)/⍙3                              ⍝ Fehler bei der Selektion?
[27] ⍝ Entnehme den Namen der Testfunktion zur Pruefung der Eingabe
[28] (⍙B ⍙CH)←ΔCΔTAKESYM 'CHECKFCT:' ΔCΔPICKKEYPART ⍙NCV
[29] →(~⍙B)/⍙3                              ⍝ Fehler bei der Selektion?
[30] ⍝ Testfunktionsname existiert, ist aber unzulaessig?
[31] →((~0∊⍴⍙CH)∧(~ΔAPL2SYMΔ ⍙CH))/⍙6
[32] ⍝ Ergaenzung der globalen Kontrollvariablen
[33] ΔUSYM←ΔUSYM,⊂⍙VA
[34] ΔPINFO←ΔPINFO,⊂⍙VA ⍙TY ⍙RA ⍙PR ⍙CH
[35] ΔCΔOUTPUT 'Promptspezifikation ',⍙VA,' erfolgreich uebersetzt'
[36] ⍙B←1
[37] →0
[38] ⍙1: ⍝⍝⍝ ΔCΔOUTPUT 'ΔCΔPROMPTABLE: Partitionierungsfehler'
[39] →⍙B←0
[40] ⍙2:ΔCΔERROR 'ΔCΔPROMPTABLE: Multiple Schluesselwoerter' ⍙PE
[41] →⍙B←0
[42] ⍙3: ⍝⍝⍝ ΔCΔOUTPUT 'FOLGEFEHLER in ΔCΔPROMPTABLE'
[43] →⍙B←0
[44] ⍙4:ΔCΔERROR 'ΔCΔPROMPTABLE: Kein Variablenname angegeben ' ⍙PE
[45] →⍙B←0
[46] ⍙5:ΔCΔERROR 'ΔCΔPROMPTABLE: Variablenname unzulaessig' ⍙PE
[47] →⍙B←0
[48] ⍙6:ΔCΔERROR 'ΔCΔPROMPTABLE: Testfunktionsname unzulaessig' ⍙PE
[49] →⍙B←0
```

Die Struktur der Funktion ΔCΔPROMPTABLE stimmt grob mit der Struktur der Regelübersetzungsfunktion ΔCΔRULE überein. Das zu einem Prompteintrag korrespondierende Textsegment wird ebenfalls durch die Funktion ΔCΔPAK in einzelne Subsegmente partitioniert, die anschließend in Abhängigkeit vom Schlüssel durch ΔCΔPICKKEYPART selektiert werden. Das hinter dem Schlüsselwort PROMPTSTR: eingetragene Textsegment muß exekutierbaren APL2-Kode enthalten und wird daher wiederum mit Hilfe der Selektionsfunktion ΔTAKECODE entnommmen. Der nach CHECKFCT: angegebene Name korrespondiert hingegen zu einer APL2-Funktion und stellt daher syntaktisch einen Symbol dar, das durch ΔCΔTAKESYM entnommen und dessen Zulässigkeit durch ΔAPL2SYMΔ getestet wird.

Die nach den Schlüsseln TYP: und RANGE: angegebenen Typ- und Wertebereichspezifikationen müssen hingegen durch spezielle Funktionen entnommen und getestet werden, die in Tabelle 3.8 kurz beschrieben werden.

Funktion	**Aufgabe**
ΔCΔTAKETYP	Entnimmt eine zulässige TYP:-Spezifikation, die als Zeichenkette zurückgegeben wird
ΔCΔTAKERANGE	Entnimmt den durch RANGE: festgelegten Wertebereich und gibt ein vom Typ abhängiges Resultat zurück

Tabelle 3.8: Selektionsfunktionen für Promptkomponenten

Hinter dem Schlüsselwort TYP: dürfen lediglich die Zeichenketten INT, VINT, NUM, VNUM, CHAR, CV, VCV und SET angegeben werden. Diese Zeichenketten stellen Symbolnamen dar, so daß diese Eigenschaft bei der Konstruktion der Funktion ΔCΔTAKERANGE ausgenutzt werden kann. Konsequenterweise wird in der Funktion ΔCΔTAKETYP nur der angegebene Symbolname durch ΔCΔTAKESYM selektiert und anschließend getestet, ob ein zulässiger Typ-Schlüssel angegeben wurde.

```
[0]  ΔZ←ΔCΔTAKETYP ⍙NV;ΔC;⍙P;⍙PE
[1]  ⍝ Selektiert den Typ
[2]  ⍝
[3]  (⍙C ⍙P)←⍙NV
[4]  ⍙PE←⍙P+⍴⍙C                      ⍝ Voreinstellung Fehlerposition
[5]  ΔZ←ΔCΔTAKESYM ⍙NV                ⍝ Entnehme Symbolnamen
[6]  →(~↑⍙Z)/⍙1                       ⍝ Fehler bei der Exekution?
[7]  →(0∊⍴2⊃⍙Z)/⍙EXIT                 ⍝ Kein Typ angegeben?
[8]  ⍝ Zulaessiger Typ-Schluessel?
[9]  →(~(⊂2⊃⍙Z)∊'INT' 'VINT' 'NUM' 'VNUM' 'CHAR' 'CV' 'VCV' 'SET')/⍙2
[10] ⍙EXIT:→0
[11] ⍙1: ⍝⍝⍝ ΔCΔOUTPUT 'FOLGEFEHLER in ΔCΔTAKETYP'
[12] →0
[13] ⍙2:ΔCΔERROR 'ΔCΔTAKETYP: Unzulaessiger TYP-Schluessel' ⍙PE
[14] ⍙Z←0 ''
[15] →0
```

Die Entnahme der Wertebereichspezifikation durch ΔCΔTAKERANGE ist aufwendiger. Dies ist darauf zurückzuführen, daß die Struktur einer zulässigen Wertebereichangabe vom Typ-Schlüssel abhängt. Diese bereits in Kapitel 2.3 angegebenen Unterschiede müssen daher beim Aufbau der Wertebereichinformationen berücksichtigt werden.

```
[0]  ⍙Z←⍙TY ΔCΔTAKERANGE ⍙NCV;⍙RA;⍙P;⍙PE;⍙B
[1]  ⍝ Selektiert Wertebereichspezifikation und testet die
[2]  ⍝ Zulaessigkeit in Abhaengigkeit vom Typ ⍙TY
[3]  ⍝
[4]  (⍙RA ⍙P)←⍙NCV                ⍝ Zeichenkette Position
[5]  ⍙PE←⍙P+ρ⍙RA                  ⍝ Voreinstellung: Fehlerposition
[6]  ⍝ Wertebereiche nur fuer numerische Variablen und SETs erlaubt!
[7]  →((~0∊ρ⍙RA)∧(⊂⍙TY)∊'CHAR' 'CV' 'VCV')/⍙1
[8]  →((~0∊ρ⍙RA)∧⍙TY≡'')/⍙2  ⍝ Typangabe leer?
[9]  →(0∊ρ⍙RA)/⍙EXIT              ⍝ Keine Wertebereichspezifikation
[10] ⍙RA←ΔCΔDCT ⍙RA               ⍝ Kommentare bis CR eliminieren
[11] ((⍙RA=⎕TC[2])/⍙RA)←' '       ⍝ Ueberschreibt CR durch Blank
[12] ⍝ Numerischer Typ bzw. Mengenspezifikation?
[13] →(((⊂⍙TY)∊'INT' 'VINT' 'NUM' 'VNUM')(⍙TY≡'SET'))/⍙NUM ⍙SET
[14] →⍙3                          ⍝ Systemfehler: Unzulaessiger Typ
[15] ⍙NUM:(⍙B ⍙RA)←⍙TY ΔCΔPARSENUM ⍙RA ⍙PE  ⍝ Parse numerische Werte
[16] →(~⍙B)/⍙4                              ⍝ Fehler beim Parsen?
[17] →⍙EXIT
[18] ⍙SET:(⍙B ⍙RA)←ΔCΔPARSESET ⍙RA ⍙PE      ⍝ Parse Mengenangaben
[19] →(~⍙B)/⍙4                              ⍝ Fehler beim Parsen?
[20] →(0∊ρ⍙RA)/⍙5                           ⍝ Keine Mengenangabe?
[21] →⍙EXIT
[22] ⍙EXIT:⍙Z←1 ⍙RA                         ⍝ Erfolg Wertebereich
[23] →0
[24] ⍙1:ΔCΔERROR
....       'ΔCΔTAKERANGE: Wertebereich trotz CHAR, CV bzw. VCV-Typ' ⍙PE
[25] →⍙Z←0 ''
[26] ⍙2:ΔCΔERROR 'ΔCΔTAKERANGE: Wertebereich trotz fehlenden TYPs' ⍙PE
[27] →⍙Z←0 ''
[28] ⍙3:ΔSΔERROR 'ΔCΔTAKERANGE:' ⍙PE       ⍝ FATALER SYSTEMFEHLER!!!
[29] →⍙Z←0 ' '
[30] ⍙4: ⍝⍝⍝ ΔCΔOUTPUT 'FOLGEFEHLER in ΔCΔTAKERANGE'
[31] →⍙Z←0 ''
[32] ⍙5:ΔCΔERROR 'ΔCΔTAKERANGE: Wertebereichangabe fehlt' ⍙PE
[33] →⍙Z←0 ''
```

Die meisten Befehle im Wertebereichselektionsalgorithmus werden zum Abfangen fehlerhafter Wertebereichangaben benötigt. Der in Zeile [7] angegebene APL2-Ausdruck verzweigt etwa zur Fehlersektion ⍙1, wenn ein Wertebereich für die Typen CHAR, CV oder VCV angegeben wird. Diese Fehlerbedingungen reflektieren exakt die in Kapitel 2.3 angegebenen Restriktionen und werden daher nicht weiter kommentiert. Interessanter sind Wertebereichangaben für den Mengentyp (SET) und für numerische Typen (INT, VINT, NUM, VNUM), die getrennt durch den Aufruf der Funktionen ΔCΔPARSESET und ΔCΔPARSENUM analysiert und selektiert werden. Beide Funktionen benötigen als Rechtsargument einen aus zwei Komponenten bestehenden Vektor, in dem das erste Element die durch ΔCΔPICKKEYPART extrahierte Wertebereichspezifikation enthält, während im zweiten Element eine potentielle Fehlerposition angegeben wird. ΔCΔPARSENUM benötigt zusätzlich ein Linksargument, in dem der numerische Typ angegeben wird. Diese Typangabe wird zum Testen der logischen Konsistenz einer Wertebereichangabe benötigt, so daß Fehler wie nichtganzzahlige Intervallgrenzen für ganzzahlige Typen abgefangen werden können. `ΔCΔPARSENUM` gibt im Normalfall einen aus zwei Komponenten bestehenden numerischen Vektor zurück, in dem die erste Komponente die Untergrenze und die zweite Komponente die Obergrenze einer zulässigen Benutzereingabe enthält[8].

```
[0]  ΔNV←ΔTY ΔCΔPARSENUM ΔNV2;ΔCV;ΔP;ΔZ
[1]  ⍝ Gibt einen Vektor (mit 2 Bestandteilen) mit zulaessigen Werte-
[2]  ⍝ bereichen fuer numerische RANGE-Spezifikationen zurueck. Testet,
[3]  ⍝ ob Werte fuer Typen (INT VINT) auch ganzzahlig sind. Testet, ob
[4]  ⍝ erster Wert kleiner als zweiter Wert ist.
[5]  ⍝
[6]  (ΔCV ΔP)←ΔNV2                     ⍝ Zeichenkette Position
[7]  '→Δ1' ⎕EA 'ΔZ←+∊⍎ΔCV'             ⍝ Erzeuge und teste Zahlen
[8]  →(2≠⍴ΔZ)/Δ2                       ⍝ Kein zweielementiger Vektor?
[9]  ⍝ Fuer ganzzahligen Typ keine ganze Zahlen angegeben?
[10] →(((⊂ΔTY)∊'INT' 'VINT')∧(~ΔZ∧.=⌊ΔZ))/Δ3
[11] →(ΔZ[1]>ΔZ[2])/Δ4                 ⍝ MIN > MAX?
[12] ΔNV←1 ΔZ                          ⍝ Erfolg Wertebereich
[13] →0
[14] Δ1:ΔCΔERROR 'ΔCΔPARSENUM: RANGE keine Zahl' ΔP
[15] →ΔNV←0 ''
[16] Δ2:ΔCΔERROR 'ΔCΔPARSENUM: RANGE kein zweidimensionaler Vektor' ΔP
[17] →ΔNV←0 ''
[18] Δ3:ΔCΔERROR 'ΔCΔPARSENUM: RANGE keine ganzen Zahlen' ΔP
[19] →ΔNV←0 ''
[20] Δ4:ΔCΔERROR 'ΔCΔPARSENUM: Minimum ist groesser als Maximum' ΔP
[21] →ΔNV←0 ''
```

`ΔCΔPARSENUM` verwendet eine beliebte Technik, mit der festgestellt werden kann, ob eine Zeichenkette einen numerischen Vektor bzw. Skalar enthält oder nicht. Durch das Konstrukt

```
'→Δ1' ⎕EA 'ΔZ←+∊⍎ΔCV'
```

wird die in `ΔCV` enthaltene Zeichenkette durch *execute* (`⍎`) aktiviert, wobei Fehler bei der Exekution durch `⎕EA` abgefangen werden. Nichtnumerische Werte führen bei einem Aufruf der monadischen Funktion +, durch die eine Gleitkommagröße nicht modifiziert wird, zu einer Fehlersituation, so daß der im Linksargument von `⎕EA` angegebene Sprung ausgeführt wird. Übrigens wird *nicht* getestet, ob `ΔCV` eine Zeichenkette ist, deren Elemente Bestandteile von Zahlen beinhalten (Ziffern, `-¯E`). Dieser Test wurde fortgelassen, damit man nach einer `RANGE:`-Direktive auch die Namen von Variablen einsetzen kann, die mit numerischen Werten belegt sind. Eine sinnvolle Anwendung ist etwa die Wertebereichspezifikation `RANGE: NULL INF`, mit der man mit Hilfe der Arbeitsbereichvariablen `NULL←0` und `INF←⌊/⍳0` einen Wertebereich auf alle nichtnegativen, auf der Maschine verfügbaren Gleitkommazahlen festlegen kann. Bei einer Variablenabfrage durch den Interpreter wird hingegen getestet, ob der Benutzer tatsächlich eine als Zeichenkette dargestellte Zahl (etwa `'¯23.4E5'`) eingegeben hat.

[8] An dieser Stelle sei nochmals darauf hingewiesen, daß bei der Beschreibung eines Rückgabeparameters die boolesche Erfolgsflagge fast immer ignoriert wird.

Die Funktion ΔPARSESET ist im Vergleich zur Funktion ΔCΔPARSENUM relativ kompliziert und wird daher ausführlich erläutert.

```
ΔNV←ΔCΔPARSESET ΔNV2;ΔCV;ΔP;ΔIP
⍝ Gibt einen genesteten Vektor von zulaessigen Mengenangaben
⍝ einer RANGE-Spezifikationen zurueck. Partitioniert Synonyme
⍝ bei Klammerpaaren '(' und ')'.
⍝
(ΔCV ΔP)←ΔNV2                   ⍝ Zeichenkette Position
ΔIP←(+\'('=ΔCV)-+\')'=ΔCV       ⍝ Finde Klammernestung durch Indizes
→(0∧.=ΔIP)/ΔSIMPLE              ⍝ Keine Klammern vorhanden?
→(∨/(0<↑⌽ΔIP),~ΔIP∈0,1)/Δ1      ⍝ Fehlerhafte Klammersetzung?
ΔIP←ΔIP∧('('≠ΔCV)               ⍝ Offene Klammern fuer Zerlegung zu 0
→(∨/(ΔIP=0)∧~ΔCV∈' ,()')/Δ2     ⍝ Worte ausserhalb von Klammern?
ΔNV←ΔIP⊂ΔCV                     ⍝ In Synonymbloecke partitionieren
ΔNV←ΔCΔPARSESET¨(⊂¨ΔNV),¨ΔP     ⍝ Jeden Synonymblock parsen
ΔNV←(∧/1⊃¨ΔNV)(2⊃¨ΔNV)          ⍝ Erfolgsflagge Resultat
→0
ΔSIMPLE:ΔNV←1((~ΔCV∈' ,')⊂ΔCV)    ⍝ Erfolg (Part. bei ',' und Blank)
→0
Δ1:ΔCΔERROR 'ΔCΔPARSESET: Unzulaessige Klammersetzung' ΔP
ΔNV←0 ''
Δ2:ΔCΔERROR 'ΔCΔPARSESET: Worte ausserhalb von Klammern' ΔP
ΔNV←0 ''
```

ΔCΔPARSET kann sowohl gewöhnliche Mengenspezifikationen als auch genestete Synonymlisten analysieren. Genestete Synonymlisten sind dadurch gekennzeichnet, daß Synonyme durch Klammern gruppiert werden. Das folgende Beispiel demonstriert das Idiom ΔIP←(+\'('=ΔCV)-+\')'=ΔCV, mit dem die Nestungsstruktur eines geklammerten Ausdrucks analysiert wird:

```
      CV←' (E EXC) (M MEDIUM)   (I,INSUFFICIENT)'
      DISPLAY CV
.→-----------------------------------.
| (E EXC) (M MEDIUM)   (I,INSUFFICIENT)|
'-------------------------------------'
      CV,[0.5]1 0 ⍕ (+\'('=CV)-+\')'=CV
 (E EXC) (M MEDIUM)   (I,INSUFFICIENT)
0111111001111111111000011111111111110
```

Man beachte, daß bei jeder geöffneten Klammer der Nestungsindex erhöht wird, während eine schließende Klammer den Nestungsindex um 1 senkt[9]. Ist eine Klammer nicht geschlossen, so enthält das letzte Element des Nestungsvektors einen Wert, der ungleich Null ist. Wurde versehentlich eine schließende Klammer zuviel angegeben, so enthält das letzte Element von ΔIP eine negative ganze Zahl. Außerdem dürfen Mengenspezifikationen lediglich einfach geklammerte Ausdrücke enthalten. Daher müssen alle Komponenten von ΔIP entweder 0 oder 1 sein. Ein Zeichenvektor ohne Klammern korrespondiert zu einem Nestungsvektor ΔIP, der ausschließlich Nullen enthält. Nichtgenestete Mengenspezifikation können daher direkt durch den in Zeile ΔSIMPLE angegebenen Partitionierungsbefehl in Einzelsymbole zerlegt werden.

[9]Diese Technik funktioniert auch bei mehrfach verschachtelten Klammern. Siehe Anhang A.4.

Liegt eine Synonymspezifikation vor, so werden 1-ser Bits, die zu offenen Klammern korrespondieren, durch ∆IP←∆IP∧('('≠∆CV) auf Null gesetzt. Nach dieser Operation korrespondieren Blöcke von 1-ser Bits zu Synonymblöcken. Damit dürfen die zu 0 korrespondierenden Zeichen in ∆CV lediglich Trenner (Kommata, Leerzeichen und/oder Klammern) enthalten, da andernfalls Worte außerhalb von Klammern angegeben wurden. Das im modifizierten Vektor ∆IP enthaltene Bitmuster wird anschließend in Zeile [11] zur Partitionierung des Quellvektors ∆CV in Synonymblöcke benutzt. Anschließend wird jeder Synonymblock getrennt durch einen rekursiven Aufruf von ∆C∆PARSESET analysiert (Zeile [12]).

3.5 Übersetzen der Lexikoneinträge

Die nach den Schlüsselwörtern LEXICON: und ITEM: eingetragenen Lexikonkomponenten werden in ∆C∆LOOP durch den Aufruf der Funktion ∆C∆LEXICON in die Kontrollvariable ∆LINFO eingetragen. ∆C∆LEXICON übernimmt wie ∆C∆RULE einen durch ∆C∆PAK generierten genesteten Vektor als Argument. Dieses Argument enthält das zum ITEM:-Eintrag korrespondierende Textsegment und die Startposition innerhalb der durch ∆C∆RAVEL gestreckten und durch ⎕TC[2] erweiterten Eingabematrix. Ein Eintrag hinter dem Schlüsselwort LEXICON: stellt syntaktisch ein Symbol dar, das mit Hilfe der Funktion ∆C∆TAKESYM selektiert werden kann[10]. Hinter dem Schlüsselwort ITEM: angegebene Segmente müssen hingegen druckbare APL2-Anweisungen enthalten und können daher durch ∆C∆TAKECODE entnommen werden. Semantische und/oder syntaktische Fehler (mit Ausnahme von fehlenden Quotes (')) werden erst durch den in Kapitel 4 implementierten Regelwerkinterpreter abgefangen. Man beachte jedoch, daß man Kodesegmente in Lexikon-Einträgen auch unverzüglich nach der Definition durch eine Probeexekution testen kann, sofern keine globalen Regelwerkvariablen durch Formatierbefehle der Form (⍒VAR) im Lexikon-Item spezifiziert werden[11]. Alle Lexikon-Einträge können mit Hilfe des Lexikon-Moduls des Inferenzinterpreters nach einer Übersetzung manuell getestet werden.

```
[0]   ∆B←∆C∆LEXICON ∆NV;∆C;∆P;∆PE;∆K;∆NCV;∆LE;∆CO
[1]   ⍝ Uebersetzt einen Lexikoneintrag in die Kontrollvariable ∆LINFO
[2]   ⍝
[3]   (∆C ∆P)←∆NV                 ⍝ Zeichenkette Startposition
[4]   ∆PE←∆P+⍴∆C                  ⍝ Voreinstellung: Fehlerposition
[5]   ∆K←'LEXICON:' 'ITEM:'       ⍝ Schluesselwoerter
[6]   ⍝ Bei Schluesselwoertern partitionieren
[7]   (∆B ∆NCV)←∆K ∆C∆PAK('LEXICON:',∆C)(∆P-⍴'LEXICON:')
[8]   →(~∆B)/∆1                   ⍝ Partitionierungsfehler?
[9]   →(~∆K∧.≡↑¨∆NCV)/∆2          ⍝ Schluessel nicht vollstaendig?
[10] ⍝ Entnahme des Lexikon-Schluessels:
[11] (∆B ∆LE)←∆C∆TAKESYM 'LEXICON:' ∆C∆PICKKEYPART ∆NCV
[12] →(~∆B)/∆3                    ⍝ Fehler bei der Selektion?
[13] →(0∊⍴∆LE)/∆4                 ⍝ Schluessel leer?
....
```

[10]Dieses Symbol muß nicht notwendigerweise einen zulässigen APL2-Namen repräsentieren.

[11]In einer älteren und umfangreicheren Vorversion des Regelübersetzers wurden Lexikon-Einträge probeweise getestet. Allerdings stellte sich heraus, daß eine Einbettung von globalen Variablenwerten gelegentlich doch sinnvoll ist, so daß dieser Test wieder eliminiert wurde.

```
....
[14] ⍝ Entnahme des Lexikon-Eintrags:
[15] (⍙B ⍙CO)←ΔCΔTAKECODE 'ITEM:' ΔCΔPICKKEYPART ⍙NCV
[16] →(~⍙B)/Δ3                  ⍝ Fehler bei der Selektion?
[17] ⍝ Ergaenzung der Kontrollvariablen ΔLINFO
[18] ΔLINFO←ΔLINFO,C⍙LE ⍙CO
[19] ΔCΔOUTPUT 'Lexikon-Eintrag ',⍙LE,' erfolgreich uebersetzt'
[20] ⍙B←1
[21] →0
[22] Δ1: ⍝⍝⍝  ΔCΔOUTPUT 'ΔCΔLEXICON: Partitionierungsfehler'
[23] →⍙B←0
[24] Δ2:ΔCΔERROR 'ΔCΔLEXICON: Schluesselwort fehlt' ⍙PE
[25] →⍙B←0
[26] Δ3: ⍝⍝⍝  ΔCΔOUTPUT 'FOLGEFEHLER in ΔCΔLEXICON:'
[27] →⍙B←0
[28] Δ4:ΔCΔERROR 'ΔCΔLEXICON: Lexikon-Schluesselname leer' ⍙PE
[29] →⍙B←0
```

Die Kodesegmente von ΔCΔLEXICON sind ähnlich wie ΔCΔRULE und ΔCΔPROMPTABLE strukturiert, so daß weitere Erläuterungen überflüssig sind.

3.6 Fixieren von definierten Funktionen des Regelwerks

Eine hinter einer FUNCTION:-Anweisung definierte Funktion oder Operator einer Expertensystemdefinition wird in ΔCΔLOOP mit Hilfe der Funktion ΔCΔFUNCTION direkt im Arbeitsbereich fixiert. Der Syntaxtest beschränkt sich auf eine Kontrolle des Funktions- bzw. Operatorkopfes. ΔCΔFUNCTION übernimmt wie ΔCΔRULE einen durch ΔCΔPAK generierten Block als Argument. Dieses Argument enthält das zum Schlüsselwort FUNCTION: korrespondierende Textsegment sowie die Startposition innerhalb der durch ΔCΔRAVEL gestreckten und durch ⎕TC[2] erweiterten Eingabematrix.

```
[0]  ⍙B←ΔCΔFUNCTION ⍙NV;⍙F;⍙P;⍙PE;⍙FN
[1]  ⍝ Fixiert Funktion bzw. Operator, dessen Name auch in die
[2]  ⍝ Kontrollvariable ΔUSYM eingetragen wird.
[3]  ⍝
[4]  (⍙F ⍙P)←⍙NV                  ⍝ Zeichenkette Startposition
[5]  ⍙PE←⍙P+⍴⍙F                   ⍝ Voreinstellung: Fehlerposition
[6]  →(∧/⍙F∊⎕TC[2],' ')/Δ1        ⍝ Nur Blanks und Carriage Return?
[7]  ⍙F←⊃⎕TC[2]ΔPACΔ ⍙F           ⍝ Matrixaufbau bei Carriage Return
...
```

```
...
[8]  ⍝ Kommentare in der ersten Zeile werden auf Leerzeichen gesetzt
[9]  ((+/∧\1↑[1]⍙F≠'⍝')↓[2]1↑[1]⍙F)←' '
[10] →(∨/⍙F[1;]≠' ')/⍙2           ⍝ Schluesselwort in Kopf?
[11] ⍙F←(~∧/⍙F=' ')⌿⍙F            ⍝ Leerzeilen entfernen
[12] ⍙FN←ΔEXTRFNΔ ⍙F[1;]          ⍝ Extrahiere Funktionsnamen
[13] →(∨/Δrw≡¨⊂⍙FN)/⍙3            ⍝ Reservierten Systemnamen benutzt?
[14] →(''≡⍙FN)/⍙4                 ⍝ Funktionsname fehlt?
[15] →((~Δcove)∧(⊂⍙FN)∊ΔUSYM)/⍙5  ⍝ Funktionsnamen schon benutzt?
[16] ⍙F←⎕FX ⍙F                    ⍝ Funktion fixieren
[17] '→⍙EXIT' ⎕EA '⎕WA←×⍙F'       ⍝ Links: Fehlerfrei, Rechts: Ziffer
[18] →⍙6
[19] ⍙EXIT:→(~⍙FN≡⍙F)/⍙7          ⍝ Systemfehler: ΔEXTRFNΔ nicht ok?
[20] ΔUSYM←ΔUSYM,⊂⍙F              ⍝ Update der Kontrollvariablen ΔUSYM
[21] ΔCΔOUTPUT 'Funktion ',⍙F,' erfolgreich fixiert'
[22] ⍙B←1
[23] →0
[24] ⍙1:ΔCΔERROR 'ΔCΔFUNCTION: Kein Eintrag' ⍙PE
[25] →⍙B←0
[26] ⍙2:ΔCΔERROR 'ΔCΔFUNCTION: Schluesselwort in Kopf' ⍙PE
[27] →⍙B←0
[28] ⍙3:ΔCΔERROR 'ΔCΔFUNCTION: Verwendung eines reservierten Namens' ⍙PE
[29] →⍙B←0
[30] ⍙4:ΔCΔERROR 'ΔCΔFUNCTION: Funktionsname nicht extrahierbar' ⍙PE
[31] →⍙B←0
[32] ⍙5:ΔCΔERROR 'ΔCΔFUNCTION: Funktionsname schon benutzt' ⍙PE
[33] →⍙B←0
[34] ⍙6:ΔCΔERROR 'ΔCΔFUNCTION: Fixierfehler' ⍙PE
[35] →⍙B←0
[36] ⍙7:ΔSΔERROR 'ΔCΔFUNCTION.' ⍙PE
[37] →⍙B←0
```

Die Partitionierungsfunktion ΔCΔPAK muß in ΔCΔFUNCTION im Gegensatz zu den Funktionen ΔCΔRULE, ΔCΔPROMPTABLE und ΔCΔLEXICON nicht noch einmal aufgerufen werden, da ein Funktionsblock lediglich ein Schlüsselwort, nämlich FUNCTION: enthält. Allerdings kann man das zwischen dem Schlüsselwort FUNCTION: und dem nachfolgenden (mit einem Doppelpunkt abgeschlossenen) Schlüsselwort eingetragene Textsegment nicht direkt fixieren. Zum einem erwartet die Systemfunktion ⎕FX eine Zeichenmatrix als Argument, bei der die erste Zeile einen einwandfreien Funktions- bzw. Operatorkopf repräsentiert. Zweites muß bei der Aktivierung der Option Δcove←0 (Überschreiben verboten) vermieden werden, daß bereits definierte Symbole durch eine unkontrollierte Fixierung einer Funktion überschrieben werden. Zur Umgehung des ersten Problems werden Kommentare hinter der Funktionsanweisung FUNCTION:, wie sie etwa in

```
FUNCTION:     ⍝ Eliminiert fuehrende Leerzeichen

      CV1←DLB CV
      ⍝ DeleteLeadingBlanks
      ⍝
      CV1←(~∧\CV=' ')/CV
```

angegeben sind, vor dem Fixieren durch Leerzeichen ersetzt (Zeile [9]). Anschließend werden Leerzeilen gestrichen und der Funktionsname der definierten Funktion *vor der Fixierung* durch die Hilfsfunktion ∆EXTRFN∆ extrahiert. Damit kann man vermeiden, daß bereits im Regelwerk definierte Symbole nicht durch die Fixierung überschrieben werden, wenn der Übersetzungschalter ∆cove auf Null gesetzt wurde.

∆EXTRFN∆ ist eine kurze Hilfsfunktion, die einige interessante algorithmische Schritte enthält.

```
[0]  ⍙FN←∆EXTRFN∆ ⍙CV;⍙BP
[1]  ⍝ Extrahiert einen APL2-Funktions- bzw. Operatornamen von einer
[2]  ⍝ Zeichenkette ⍙CV. Achtung: Diese Funktion akzeptiert fehler-
[3]  ⍝ hafte Funktions- und Operatorkoepfe (z.B. 'A (F B)'), die
[4]  ⍝ jedoch beim Fixieren abgefangen werden.
[5]  ⍝
[6]  ⍙FN←(~∨\⍙CV∊'⍝;')/⍙CV          ⍝ Eliminiert Locals und Kommentare
[7]  →(' '∧.=⍙FN)/⍙1                ⍝ Leerer Kopf?
[8]  ⍙FN←↑¯1↑(⍙FN≠'←')⊂⍙FN          ⍝ Entnimmt Teil hinter '←'
[9]  ⍙BP←(+\'('=⍙FN)-+\')'=⍙FN      ⍝ Klammerungsmuster
[10] →(0≠↑⌽⍙BP)/⍙1                  ⍝ Nicht alle Klammern geschlossen?
[11] →(2≤⌈/⍙BP)/⍙1                  ⍝ Multiple Klammern in Kopf?
[12] ⍎(1=⌈/⍙BP)/'⍙FN←1↓⍙BP/⍙FN'     ⍝ Falls geklammert, nehme inneren Teil
[13] ⍙FN←1↓¯1↓∆DMB∆ ' ',⍙FN,' '     ⍝ Loesche fuehrende, endende und
....                                  multiple Leerzeichen
[14] →(⍙FN≡'')/⍙1                   ⍝ Leerer Funktionsname
[15] ⍙FN←(' '≠⍙FN)⊂⍙FN              ⍝ Neste bei Woertern
[16] →(3<⍴⍙FN)/⍙1                   ⍝ Mehr als 3 Woerter?
[17] ⍎(1=⍴⍙FN)/'→0 (⍙FN←↑⍙FN)'      ⍝ Nehme Wort, falls niladisch
[18] ⍎(3=⍴⍙FN)/'→0 (⍙FN←2⊃⍙FN)'     ⍝ Nehme 2tes Wort, falls drei Woerter
[19] →0(⍙FN←(1+⊃⌈/⍙BP)⊃⍙FN)         ⍝ Nehme 2tes Wort fuer Operatoren
....                                  und 1tes Wort fuer Funktionen
[20] ⍙1:⍙FN←''                      ⍝ Fehler!
```

Durch das Idiom `∨\⍙CV∊'⍝;'` wird ein Bitmuster generiert, in dem alle Kommentare (ab dem ersten `'⍝'`) und lokalen Variablendeklarationen (ab dem ersten `;`) auf `1` gesetzt werden. Damit werden durch `⍙FN←(~∨\⍙CV∊'⍝;')/⍙CV` alle lokalen Variablen und Kommentare im Funktionskopf eliminiert. Durch das Idiom `(⍙FN≠'←')⊂⍙FN` wird die so reduzierte Zeichenkette in Subvektoren partitioniert, wobei der letzte Subvektor den eigentlichen Funktionskopf ohne Ergebnisparameter enthält. Daher wird dieser Subvektor durch `⍙FN←↑¯1↑(⍙FN≠'←')⊂⍙FN` entnommen. Operatorköpfe enthalten grundsätzlich Klammern, so daß man das Klammerungsmuster in völliger Analogie zu dem bereits in der Funktion ∆C∆PARSESET verwendeten Idiom `⍙BP←(+\'('=⍙FN)-+\')'=⍙FN` bestimmen kann. Enthält die Zeichenkette Klammern, so muß der innerhalb von Klammern angegebene Teil selektiert werden, da ein Operator definiert wurde

(Zeile [12]). Andernfalls kann die bereits in Zeile [8] ermittelte Zeichenkette unverändert weiter verwendet werden. Nach einer Elimination von führenden, endenden und multiplen Leerzeichen wird der so bestimmte Zeichenvektor bei Leerzeichen in Worte partitioniert. Enthält der Ausdruck mehr als drei Wörter, so ist der Funktions- bzw. Operatorkopf fehlerhaft. Enthält der in Zeile [15] ermittelte genestete Vektor lediglich ein Wort, so liegt eine niladische Funktion vor. Enthält der genestete Vektor hingegen drei Komponenten, so muß das mittlere Symbol als Funktions- bzw. Operatornamen selektiert werden. Stehen hingegen nur zwei Komponenten zur Verfügung, so muß man bei Operatorköpfen das erste Wort und bei Funktionsköpfen das zweite Wort selektieren. Operatoren sind syntaktisch dadurch gekennzeichnet, daß der Kopf geklammert ist, während Funktionsköpfe grundsätzlich keine Klammern enthalten dürfen. Damit läßt sich das passende Wort durch das Idiom (1+⊃⌈/∆BP)⊃∆FN selektieren.

∆EXTRFN∆ ist lediglich in der Lage, den Namen eines fehlerfrei definierten Funktions- oder Operatorkopfes eindeutig zu bestimmen. Fehlerhafte Operatorköpfe wie LA (FCT OPNAME) und fehlerhafte Funktionsköpfe wie Z←L FKT←A werden durch ∆EXTRFN∆ nicht erkannt. Allerdings ist eine Erkennung derartiger Fehler auch nicht erforderlich. ∆EXTRFN∆ wird ausschließlich dafür benötigt, daß bereits vorher definierte Symbole nicht irrtümlich überschrieben werden. Daher genügt es, daß fehlerhafte Köpfe mit der Systemfunktion ⎕FX durch die Funktion ∆C∆FUNCTION (Zeilen [16-17]) abgefangen werden.

3.7 Initialisierung der Regelwerkkontrollvariablen

Der im nächsten Kapitel implementierte Inferenzinterpreter FORWARD benötigt neben den durch den Übersetzer fixierten APL2-Funktionen und Kontrollvariablen ∆RINFO, ∆PINFO und ∆LINFO zusätzliche Informationen, die eine effiziente und einfache Bestimmung von 'feuerbaren' Regeln und abfragbaren Variablen ermöglichen. Diese Kontrollvariablen werden durch die Initialisierungsroutine INIT aus den durch den Übersetzer generierten Kontrollvariablen ∆RINFO und ∆PINFO erzeugt. Tabelle 3.9 enthält die Namen und Bedeutungen dieser Kontrollvariablen.

Symbolname	Dimension	Bedeutung
∆RULES	fallspezifisch	Liste der Regelnamen
∆VARS	fallspezifisch	Liste der Namen der Regelwerkvariablen
∆PROVARS	fallspezifisch	Liste der Namen der abfragbaren Variablen
∆BPV	(⍴∆VARS)	Boolescher Vektor der abfragbaren Variablen
∆IMAT	(⍴∆RULES),⍴∆VARS	Boolesche Matrix: Regeln × Inputvariablen
∆OMAT	(⍴∆RULES),⍴∆VARS	Boolesche Matrix: Regeln × Outputvariablen

Tabelle 3.9: Durch INIT generierte Kontrollvariablen

INIT ist in der Lage, eine Reihe von Konsistenzproblemen zu diagnostizieren, die in das Initialisierungsprotokoll ∆ILOG eingetragen werden. Die zentralen Kontrollvariablen zur Steuerung der Konfliktresolution im vorwärtsschließenden Inferenzinterpreter sind ∆BPV und ∆IMAT. Der boolesche Vektor ∆BPV enthält für jede Variable des Regelwerks, die durch eine PROMPTSTR:-Direktive als abfragbar klassifiziert wurde, eine 1. Damit kann während der Interpretation sehr einfach festgestellt werden, ob eine noch nicht bekannte Variable, die zur Testexekution einer Regel erforderlich ist, abgefragt werden kann. ∆IMAT stellt hingegen eine boolesche Matrix dar. Eine 1 in Position [I;J] bedeutet, daß die J-te Variable aus ∆VARS als Inputvariable zur Exekution der I-ten Regel aus ∆RULES benötigt wird. Damit lassen sich durch das 'logische

Implikationsprodukt' (`∧.≤`) in Verbindung mit *compress* (`(ΔIMAT∧.≤2=⎕NC¨ΔVARS)/ΔRULES`) alle Regelnamen bestimmen, deren Inputvariablen vollständig bekannt sind[12]. Die boolesche Matrix `ΔOMAT` hat die gleiche Struktur wie die Matrix `ΔIMAT`. Eine `1` in Position `[I;J]` symbolisiert, daß die Variable `J⊃ΔVARS` durch eine erfolgreiche Exekution der Regel `I⊃ΔRULES` überschrieben bzw. gesetzt wird. In der in diesem Buch beschriebenenen Implementation wird diese Matrix lediglich in der in Kapitel 4 dargestellten Konfliktresolutionsfunktion `ΔFΔCRES` benötigt, um die Menge der 'feuerbaren' Regeln temporär auf diejenigen Regeln einzuschränken, deren Outputvariablen noch nicht bekannt (gesetzt) sind. Diese temporäre Einschränkung ist lediglich ein Bestandteil der im Interpreter verdrahteten Metastrategie und stellt keinen essentiellen Bestandteil der algorithmischen Struktur des Inferenzinterpreters dar. Bei rückwärtsschließenden Inferenzinterpretern wird die Auswahl der 'feuerbaren' Regeln hingegen durch `ΔOMAT` gesteuert.

Die Initialisierungsfunktion `INIT` ist sehr einfach aufgebaut und ruft mit Ausnahme der Routine `ΔIΔCDCLEAN`, mit der Mehrfacheinträge aus den Kontrollvariablen `ΔRINFO`, `ΔLINFO` und `ΔPINFO` eliminiert werden, nur Funktionen zur Protokollerzeugung und zur Ausgabe von Warnungen auf.

```
[0]  ΔB←INIT;Δpnu;Δvnu;ΔT;Δcol;Δnfv;Δchf
[1]  ⍝ Eliminiert mehrfache Symbole in den durch COMPILE generierten
[2]  ⍝ Kontrollvariablen ΔRINFO, ΔLINFO, ΔPINFO und ΔUSYM. Initiali-
[3]  ⍝ siert die fuer den Interpreter benoetigten Kontrolldaten ΔRULES,
[4]  ⍝ ΔVARS, ΔPROVARS, ΔIMAT, ΔOMAT und ΔBPV. Generiert grundsaetz-
[5]  ⍝ lich das Protokoll ΔILOG.
[6]  ⍝
[7]  ⍝ Initialisierung von INIT
[8]  →(2≠⎕NC 'Δiscr')/Δ1             ⍝ Globaler Schalter fehlt?
[9]  →(~Δiscr∊0 1)/Δ2                ⍝ Globaler Schalter keine 0,1 Vars
[10] ⎕WA←⎕EX 'ΔILOG'                 ⍝ Protokoll loeschen
[11] ΔB←ΔIΔCDCLEAN                   ⍝ Kontrollvariablen bereinigen
[12] →(~ΔB)/Δ3                       ⍝ Initialisierung fehlerhaft?
[13] ⍝ Initialisierung der globalen Kontrollvariablen fuer FORWARD
[14] ΔRULES←↑¨ΔRINFO                 ⍝ Regelnamen
[15] ⍝ ΔVARS = Input- und Outputvariablen von Regeln (ohne lokale Vars)
[16] ΔVARS←ΔUNIQUEΔ⊃,/(2⊃¨ΔRINFO),(3⊃¨ΔRINFO)
[17] →(0=⍴ΔVARS)/Δ4                  ⍝ Keine Variablen verfuegbar?
[18] ΔPROVARS←↑¨ΔPINFO               ⍝ Abfragbare Variablen ermitteln
[19] ⍝ Boolesches Muster fuer abfragbare Variablen
[20] ΔBPV←ΔVARS∊ΔPROVARS
[21] Δpnu←ΔPROVARS~ΔVARS             ⍝ Unbenutzte Promptvariablen
[22] ΔIMAT←⊃∨/¨(⊂ΔVARS)∘.≡¨(2⊃¨ΔRINFO)  ⍝ Regeln × Inputvariablen
[23] ΔOMAT←⊃∨/¨(⊂ΔVARS)∘.≡¨(3⊃¨ΔRINFO)  ⍝ Regeln × Outputvariablen
[24] ⍝ Alle globalen Kontrollvariablen fuer FORWARD aufbereitet!!!
[25] ⍝
....
```

[12]Das logische Implikationsprodukt wird in Kapitel 4.1 ausführlicher erläutert.

```
....
[26] ⍝ Partielle Konsistenzueberpruefung
[27] ⍝ Variablennamen, die weder durch Regeln noch durch Benutzer-
[28] ⍝ eingaben bestimmt werden koennen. Ausnahme ist die Variable
[29] ⍝ START, die lokal durch den Interpreter gesetzt wird.
[30] ∆nfv←((~∨⌿∆OMAT)/∆VARS)~∆PROVARS,⊂'START'
[31] ∆vnu←(~∨⌿∆IMAT,[1]∆OMAT)/∆VARS  ⍝ Unbenutzte Regelwerkvariablen
[32] ∆col←∆RULES~∆RULES~∆VARS      ⍝ Schnittmenge Var- und Regelnamen
[33] ∆chf←5⊃¨∆PINFO                ⍝ Checkfunktionsnamen
[34] ∆chf←(~∆chf≡¨⊂'')/∆chf        ⍝ Leereintraege loeschen
[35] ∆chf←(~(⎕NC¨∆chf)∊3 4)/∆chf  ⍝ Nicht existierende Checkfunktionen
[36] →(~∆iscr)/∆L1                 ⍝ Warnungen unterdruecken?
[37] ⍝ Warnungssektion
[38] ∆I∆WARN                       ⍝ Aufruf der Warnungsfunktion
[39] ⍝ Protokollsektion
[40] ∆L1:∆ILOG←∆I∆PROTO            ⍝ Protokoll generieren
[41] ∆B←0∊⍴∆col                    ⍝ Nur Kollision fuehrt zu FATAL
[42] ∆I∆OUTPUT 'Initialisierungsprotokoll ist in ∆ILOG'
[43] ∆I∆OUTPUT 'EDIT2 ''∆ILOG'''  ⍝ APL2-SM-Vorlage: Protokoll editieren
[44] →0
[45] ⍝ Fehlermeldungssektion
[46] ∆1:⎕←'FEHLER in INIT: Globale Schalter fehlen'
[47] →∆B←0
[48] ∆2:⎕←'FEHLER in INIT: Globale Schalter kein 0,1 Vars'
[49] →∆B←0
[50] ∆3:∆T←'FEHLER in INIT: Kontrollvariablen oder Regeln fehlen'
[51] ⍎∆iscr/'⎕←∆T'
[52] ∆ILOG←∆T
[53] →∆B←0
[54] ∆4:⎕←'INIT: FEHLER: Keine Variablen verfuegbar'
[55] →∆B←0
```

INIT ist eine Umhüllungsfunktion, die von der APL2-Interpreterebene (Sitzungsmanager) direkt durch den Expertensystementwickler aufgerufen wird. Zunächst wird die Schaltervariable ∆iscr auf Existenz und Korrektheit getestet. Die durch den Übersetzer COMPILE generierten Kontrolldaten können Mehrfacheinträge wie doppelte Promptspezifikationen, mehrfach definierte Regeln mit identischen Namen etc. enthalten, da man durch das Setzen des Schalters ∆cinc←1 inkrementell kompilieren kann. Außerdem darf eine Regelwerkspezifikation Sybolnamen auch mehrfach verwenden, wenn die Überschreibungsoption ∆cove←1 aktiviert ist. Daher müssen vor dem Start der Inferenzroutine FORWARD alle Mehrfacheinträge durch den Aufruf der Funktion ∆I∆CDCLEAN eliminiert werden. Ein Mehrfacheintrag in einer der Kontrollvariablen ∆RINFO, ∆LINFO und ∆PINFO ist dadurch gekennzeichnet, daß ein Regel- oder Variablenname bzw. ein Lexikon-Schlüssel mehrfach definiert wurde. Die restlichen Einträge können sich jedoch durchaus unterscheiden. Da COMPILE bei einer inkrementellen Übersetzung (∆cinc←1 mit ∆cove←1) jeweils die zuletzt definierte Regel bzw. Funktion fixiert, ist es sinnvoll, jeweils auch den letzten ('späten') Eintrag aus den Kontrollvariablen für die Regelwerkdefinition zu übernehmen, da andernfalls Inkonsistenzen auftreten können.

```
[0]  ∆B←∆I∆CDCLEAN
[1]  ⍝ Eliminiert Mehrfacheintraege in den globalen Kontrollvariablen
[2]  ⍝ ∆USYM, ∆RINFO, ∆PINFO, ∆LINFO durch Ueberschreiben. Ein
[3]  ⍝ Mehrfacheintrag liegt immer dann vor, wenn mehrere Eintraege mit
[4]  ⍝ identischen Symbolnamen, aber moeglicherweise unterschiedlichen
[5]  ⍝ Eintraegen, vorliegen. Es wird jeweils der neueste, d.h. letzte
[6]  ⍝ Eintrag ausgewaehlt. Gibt booleschen Skalar ∆B zurueck, der
[7]  ⍝ Erfolg (1) bzw. Misserfolg (0) angibt.
[8]  ⍝
[9]  ⍝ Eine Kontrollvariable existiert nicht?
[10] →(~2∧.=⎕NC¨'∆USYM' '∆RINFO' '∆PINFO' '∆LINFO')/∆B←0
[11] →(0∊ρ∆RINFO)/∆B←0                ⍝ Keine Regeln?
[12] ∆USYM←∆UNIQUE∆ ∆USYM              ⍝ Eindeutige Symbolnamen
[13] ∆RINFO←∆I∆TAKELAST ∆RINFO         ⍝ Eindeutige Regeleintraege
[14] ∆PINFO←∆I∆TAKELAST ∆PINFO         ⍝ Eindeutige Prompteintraege
[15] ∆LINFO←∆I∆TAKELAST ∆LINFO         ⍝ Eindeutige Lexikoneintraege
[16] ∆B←1
```

∆I∆CDCLEAN eliminiert Mehrfacheinträge durch den Aufruf der Funktion ∆I∆TAKELAST, in der jeweils nur die führenden Einträge jedes Subvektors (↑¨∆NV) auf Eindeutigkeit getestet werden.

```
[0] ∆NV1←∆I∆TAKELAST ∆NV;∆B
[1] ⍝ Eliminiert Mehrfacheintraege in einer Kontrollvariablen und
[2] ⍝ selektiert jeweils den letzten ('spaeten') Eintrag.
[3] ⍝
[4] ∆NV1←⌽∆NV
[5] ∆B←((↑¨∆NV1)⍳↑¨∆NV1)=⍳ρ∆NV1
[6] ∆NV1←⌽∆B/∆NV1
```

Anschließend werden durch INIT (ab Zeile [13]) die einzelnen, in Tabelle 3.9 angegebenen Kontrollvariablen aus den bereinigten Kontrolldaten generiert. INIT testet zusätzlich, ob Kollisionen zwischen Regel- und Variablennamen (∆col) auftreten. Treten Überlappungen auf, so terminiert die Initialisierungsroutine mit einem fatalen Fehler[13], so daß eine 0 zurückgegeben wird. Weiterhin wird überprüft, ob durch PROMPTABLE:-Direktiven als abfragbar klassifizierte Variablen im Regelwerk nicht benutzt werden. Allerdings führt eine als abfragbar klassifizierte Variable, die im Regelwerk nicht als Input- oder Outputvariable spezifiziert wurde, lediglich zu einer Warnung und nicht zu einem fatalen Fehler. Diese Abschwächung wurde vorgenommen, da man in einer IF:-oder THEN:-Sektion durch den Aufruf der in Kapitel 5.1 implementierten ASKUSER Funktion auch die Werte von lokalen Variablen abfragen kann. Eine Variable, die mit der Funktion ASKUSER abgefragt wird, muß ebenso wie andere, als abfragbar klassifizierte Variablen durch eine PROMPTABLE:-Direktive deklariert werden. Zusätzlich testet INIT die Existenz von Testfunktionen, die durch CHECKFCT: deklariert wurden. Eine nicht verfügbare Testfunktion führt ebenfalls nur zu einer Warnung.

[13]Im Prinzip besteht schon während der Übersetzung die Möglichkeit, derartige Kollisionen zu diagnostizieren.

Warnungen werden, sofern der Schalter Δiscr gesetzt wurde, durch die Funktion ΔIΔWARN auf dem Bildschirm ausgegeben.

```
ΔIΔWARN
⍝ Warnungsfunktion fuer INIT. Variablen werden als semiglobale
⍝ Symbole von INIT uebernommen.
⍝
→(0∊⍴⍙col)/⍙L1              ⍝ Regel- und VarsNamenkollision?
ΔIΔOUTPUT 'INIT: Warnung: Die folgenden Variablen'
ΔIΔOUTPUT(⍕⍙col)
ΔIΔOUTPUT 'werden als Regel- und Variablenname benutzt'
⍙L1:→(0∊⍴⍙vnu)/⍙L2
ΔIΔOUTPUT 'INIT: Warnung: Die folgenden Variablen '
ΔIΔOUTPUT(⍕⍙vnu)
ΔIΔOUTPUT 'werden im Regelwerk nicht benutzt'
⍙L2:→(0∊⍴⍙pnu)/⍙L3          ⍝ Keine unbenutzten Promptvariablen?
ΔIΔOUTPUT 'INIT: Warnung: Die Prompt-Variablen'
ΔIΔOUTPUT(⍕⍙pnu)
ΔIΔOUTPUT 'werden nicht benutzt'
⍙L3:→(0∊⍴⍙nfv)/⍙L4          ⍝ Keine unbestimmbare Variablen?
ΔIΔOUTPUT 'INIT: Warnung: Die Variablen'
ΔIΔOUTPUT(⍕⍙nfv)
ΔIΔOUTPUT 'koennen weder durch das Regelwerk noch durch eine'
ΔIΔOUTPUT 'Benutzereingabe bestimmt werden'
⍙L4:→(0∊⍴⍙chf)/⍙L5          ⍝ Alle Prompttestfunktionen definiert?
ΔIΔOUTPUT 'INIT: Warnung: Die Prompttestfunktionen'
ΔIΔOUTPUT(⍕⍙chf)
ΔIΔOUTPUT 'sind nicht definiert.
⍙L5:
```

Bildschirmausgaben werden in der Regel durch die Funktion ΔIΔOUTPUT erzeugt. Von dieser Voreinstellung wird nur dann abgewichen, wenn die Schaltervariable Δiscr nicht existiert oder fehlerhaft belegt ist. Natürlich kann man die durch ΔIΔOUTPUT ausgegebene Meldung in einer Fensterumgebung auf ein logischen Teilbildschirm umleiten.

```
ΔIΔOUTPUT ⍙MSG
⍝ Gibt die Nachricht ⍙MSG (eine Zeichenkette) auf dem Bildschirm aus,
⍝ sofern Initialisierungsausgabeflagge Δiscr gesetzt ist.
⍝
⍎Δiscr/'⎕←⍙MSG'
```

Das globale Initialisierungsprotokoll wird durch die Funktion `ΔIΔPROTO` generiert und übernimmt (wie `ΔIΔWARN`) alle Variablen von `INIT` als globale bzw. semiglobale Daten.

```
[0]  ΔILOG←ΔIΔPROTO;⍙IMATT;⍙OMATT
[1]  ⍝ Protokollierungsfunktion fuer INIT. Variablen werden als
[2]  ⍝ semiglobale Symbole von INIT uebernommen.
[3]  ⍝
[4]  ⍙IMATT←ΔTABLEΔ ΔVARS ΔRULES(⍉ΔIMAT)      ⍝ (⍉ΔIMAT) beschriftet
[5]  ⍙OMATT←ΔTABLEΔ ΔVARS ΔRULES(⍉ΔOMAT)      ⍝ (⍉ΔOMAT) beschriftet
[6]  ΔILOG←'Protokoll der Initialisierung:' ' '
[7]  ΔILOG←⍙ILOG,'Regelnamen:' ' '
[8]  ΔILOG←⍙ILOG,ΔRULES,' '
[9]  ΔILOG←⍙ILOG,' ' 'Variablennamen:' ' '
[10] ΔILOG←⍙ILOG,ΔVARS,' '
[11] ΔILOG←⍙ILOG,' ' 'Promptvariablen:' ' '
[12] ΔILOG←⍙ILOG,ΔPROVARS,' '
[13] ΔILOG←⍙ILOG,' ' 'Unbenutzte Promptvariablen:' ' '
[14] ΔILOG←⍙ILOG,⍙pnu
[15] ΔILOG←⍙ILOG,' ' 'Unbenutzte Regelwerkvariablen:' ' '
[16] ΔILOG←⍙ILOG,⍙vnu
[17] ΔILOG←⍙ILOG,' ' 'Inputvariablen-Regeln:' ' '
[18] ΔILOG←⍙ILOG,⊂[2]79 ΔWRAPΔ ⍙IMATT
[19] ΔILOG←⍙ILOG,' ' 'Outputvariablen-Regeln:' ' '
[20] ΔILOG←⍙ILOG,⊂[2]79 ΔWRAPΔ ⍙OMATT
[21] ΔILOG←⍙ILOG,' ' 'Kollisionen zwischen Regel-und Variablennamen:' ' '
[22] ΔILOG←⍙ILOG,⍙col
[23] ΔILOG←⍙ILOG,' ' 'Durch den Inferenzinterpreter (Regeln und'
[24] ΔILOG←⍙ILOG,'Benutzereingaben) unbestimmbare Variablen:' ' '
[25] ΔILOG←⍙ILOG,⍙nfv
[26] ΔILOG←⍙ILOG,' ' 'Nichtexistierende Prompttestfunktionen:'
[27] ΔILOG←⍙ILOG,⍙chf
[28] ΔILOG←⊃⍙ILOG
```

Übrigens ist es empfehlenswert, das durch `INIT` bzw. `ΔIΔPROTO` generierte Initialisierungsprotokoll `ΔILOG` nach der Übersetzung auszudrucken und mit der Regelwerkspezifikation zu vergleichen. Dabei sollte insbesondere geprüft werden, ob alle Variablen auch durch das Regelwerk oder durch Benutzereingaben bestimmt werden können. Ein weiteres Hilfsmittel zur manuellen Überprüfung der Regelwerkspezifikation ist die im Anhang B.3 abgedruckte Funktion `BROWSE`, mit der alle Einträge in den Kontrollvariablen `ΔRINFO`, `ΔPINFO` und `ΔLINFO` in lesbarer Form aufbereitet werden.

Kapitel 4

Interpretation der Regelwerkspezifikation

4.1 Basisfunktionen des Inferenzinterpreters

Der vorwärtschließende Inferenzalgorithmus, dessen Kernstruktur bereits in Kapitel 2.5 beschrieben wurde, exekutiert die durch den Regelwerkübersetzer als ausführbare APL2-Funktionen fixierten Regeln. Zur Bestimmung der nichtdeterministischen Exekutionsreihenfolge werden die globalen Kontrollvariablen `ΔRINFO`, `ΔRULES`, `ΔVARS`, `ΔBPV`, `ΔIMAT` und `ΔOMAT` benutzt, die mit der in Kapitel 3.7 implementierten Initialisierungsroutine `INIT` aufbereitet bzw. erzeugt werden. Die ebenfalls durch die Initialisierungsfunktion `INIT` aufbereiteten bzw. erzeugten Kontrollvariablen `ΔPINFO`, `ΔLINFO` und `ΔPROVARS` werden in der hier vorliegenden Implementation lediglich in den Benutzerinteraktionskomponenten des Regelwerkinterpreters verwendet. Man beachte, daß die Exekutionsreihenfolge in einem vorwärtsschließenden Inferenzinterpreter primär durch `ΔIMAT` gesteuert wird, während `ΔOMAT` nur zur weiteren Einschränkung der potentiell 'feuerbaren' Regeln benötigt wird. In einem rückwärtsschließenden Inferenzinterpreter wird die Exekutionsreihenfolge hingegen primär durch `ΔOMAT` determiniert.

Der vorwärtschließende Inferenzinterpreter `FORWARD` benötigt zusätzlich zu den Kontrollvariablen die in Kapitel 2.6 beschriebenen Schaltervariablen `Δfnew`, `Δfscr`, `Δflog`, `Δfexp`, `Δfdeb` und `Δfdep` und wird mit dem Format

```
ΔB ← Δrules FORWARD Δgoal
```

aufgerufen. Tabelle 4.1 enthält eine Beschreibung der Parameter von `FORWARD`.

Parameter	Datenstruktur	Bedeutung
`Δgoal`	Zeichenkette	Enthält den Namen der durch `FORWARD` zu bestimmenden Regelwerkvariablen
`Δrules`	Vektor von Zeichenketten	Enthält alle Namen von Regeln, die zur Bestimmung der Zielvariablen `Δgoal` testweise exekutiert werden dürfen (Liste der relevanten Regeln)
`ΔB`	ganzzahliger Skalar	Variable, mit der festgestellt werden kann, warum `FORWARD` terminiert (siehe Tabelle 4.2)

Tabelle 4.1: Formale Parameter des Inferenzinterpreters

FORWARD kann 7 verschiedene Werte zurückgegeben, deren Bedeutung in Tabelle 4.2 erläutert wird.

Wert	Bedeutung
1	Zielvariable ∆goal erfolgreich bestimmt
0	Mißerfolg (keine weiteren Regeln verfügbar)
¯1	Interpreter terminiert durch Setzen der Variablen STOP
¯2	Interpreter terminiert durch Benutzerhalt
¯3	Fehler bei der Testexekution einer Regel
¯4	Initialisierungsfehler (globale Schalter oder Kontrollvariablen fehlen)
¯5	Zielvariable ∆goal existiert nicht im Regelwerk

Tabelle 4.2: Werte des Rückgabeparameters des Inferenzinterpreters

Die Liste der relevanten Regeln ∆rules enthält die Namen aller Regeln der Regelwerkspezifikation, die zur Bestimmung der Zielvariablen ∆goal testweise exekutiert werden dürfen. Sind alle im Arbeitsbereich durch COMPILE als APL2-Funktionen fixierten Regeln zur Ermittlung der Zielvariablen ∆goal zulässig, so wird die Systemvariable ∆RULES angegeben. Die Zielvariable ∆goal muß mit einem Element der globalen Variablen ∆VARS übereinstimmen. Durch die Möglichkeit zur Einschränkung der relevanten Regeln auf eine Teilmenge der in ∆RULES enthaltenen Regelnamen besteht die Möglichkeit, eine Regelbasis hierarchisch durch einen Arbeitsplan (Agenda, Scheduler) zu schichten. Diese Technik, die in Kapitel 5.3 durch ein Beispiel illustriert wird, basiert auf der Idee, daß in vielen Anwendungen der Wert der Zielvariablen erst dann bestimmbar ist, wenn die Werte einer Reihe von Hilfsvariablen (Unterzielen) bereits determiniert werden konnten. In einem Kreditevaluationssystem müssen die Sicherheiten grundsätzlich vor der Bestimmung der Kreditwürdigkeit bewertet werden. Die Ertragsfaktoren müssen hingegen nur dann bewertet werden, wenn bereits feststeht, daß die vorgelegten Sicherheiten den beantragten Kreditbetrag vollständig decken. Daher ist eine Zerlegung des Regelwerks eines Kreditevaluationssystems in drei Segmente sinnvoll, indem zwei disjunkte Regelteilmengen zur Bestimmung der Sicherheiten und der Ertragslage verwendet werden, während die Kreditwürdigkeit auf einer übergeordneten Ebene erst nach der Bestimmung der Sicherheiten ermittelt wird. Decken die zur Verfügung stehenden Sicherheiten den beantragten Kreditbetrag, so wird die Ertragslage mit Hilfe des korrespondierenden Regelwerkteilsegmentes bewertet. Man beachte, daß die zur Bestimmung einer Zielvariablen erforderliche Inferenzfunktion FORWARD eine gewöhnliche APL2-Funktion darstellt. Daher läßt sich FORWARD innerhalb einer IF:- bzw. THEN:-Sektion einer Regel aufrufen. Konsequenterweise ermittelt man die Sicherheiten (bzw. die Ertragslage), indem man den Inferenzinterpreter FORWARD nach Bereitstellung der erforderlichen Inputvariablen in einer IF:- bzw. THEN:-Anweisung aufruft und die Menge der zulässigen Regeln auf ein Subsegment (eine Teilmenge von ∆RULES) beschränkt.

Die Möglichkeit zur Schichtung einer Regelbasis führt zu einigen Problemen, die in der hier vorgelegten Implementation in folgender Weise gelöst werden: Als Voreinstellung (∆fnew←1) führt der Regelwerkinterpreter beim Start eine Neuinitialisierung durch, indem alle Variablen des Regelwerks durch ⎕EX¨∆VARS gelöscht werden. Außerdem verzweigt der Inferenzinterpreter beim Setzen des Schalters ∆fscr←1 nach der Bestimmung der Zielvariablen in das Erklärungsmodul, um das Ergebnis des Inferenzprozesses auszugeben. Beide Aktionen sind bei der Verwendung eines hierarchisch geschichteten Regelwerks nur auf der obersten Inferenzebene sinnvoll. Zum einen kommunizieren die Subsegmente eines hierarchisch geschichteten

Regelwerks ausschließlich über globale Regelwerkvariablen[1]. Daher muß vermieden werden, daß die bereits durch das aufrufende Segment ermittelten Regelwerkvariablen durch einen rekursiven Aufruf von FORWARD mit ⎕EX¨ΔVARS eliminiert werden. Zum anderen ist ein automatischer Aufruf des Erklärungsmoduls durch den Inferenzinterpreter in der Regel nur nach Abschluß einer Konsultation erwünscht.

Zur Unterdrückung beider Aktionen benutzt der Inferenzinterpreter eine globale, ganzzahlige Kontrollvariable Δfdep, mit der die Rekursionstiefe festgehalten wird. Δfdep wird durch SETGLOBALS als Voreinstellung auf den Wert 0 initialisiert und bei jedem Aufruf von FORWARD um 1 erhöht. Terminiert FORWARD, so wird Δfdep wieder um 1 gesenkt. Konsequenterweise ist eine Neuinitialisierung der Regelwerkvariablen und eine automatische Verzweigung in das Erklärungsmodul nach der Bestimmung der Zielvariablen nur dann zulässig, wenn die Inferenztiefe 0 beträgt (Δfdep←→0).

Im Inferenzinterpreter wird die Einschränkung der Regelmenge ΔRULES auf die Menge der im Linksargument von FORWARD spezifizierten Menge der relevanten Regeln lediglich innerhalb der Konfliktresolutionsfunktion ΔFΔCRES berücksichtigt. Die ebenfalls in der Konfliktresolutionsfunktion verwendeten booleschen Vektoren und Matrizen ΔVARS, ΔBPV, ΔIMAT und ΔOMAT werden hingegen nicht auf die relevante Regelmenge und die dazu korrespondierenden Variablen eingeschränkt, um eine Neuberechnung zu vermeiden. Die in der Konfliktresolutionsfunktion verwendeten booleschen Operationen wie das 'logische Implikationsprodukt'[2] sind auf einem 80386/80387-PC für Matrizen und Vektoren mittlerer Größe (bis 500 Variablen und Regeln) sehr schnell. Bei umfangreicheren Regelwerken ist eine Reduktion der Kontrolldaten auf die relevante Regelmenge hingegen sinnvoll[3].

Die Inferenzfunktion FORWARD ist mit 67 Zeilen relativ lang und wird ausführlich mit einer Angabe von Zeilennummern kommentiert.

```
[0]  ⍙B←⍙rules FORWARD ⍙goal;⍙fcr;⍙fi;⍙AR;⍙brr;START;STOP
[1]  ⍝ Sucht mit Hilfe des Vorwaertssuchverfahrens eine Instanzierung
[2]  ⍝ der Variablen ⍙goal auf der Basis der Regelmenge ⍙rules, die
[3]  ⍝ alle Namen der zulaessigen Regeln enthalten muss. Verwendet
[4]  ⍝ die globalen Kontrollvariablen ΔRULES, ΔVARS, ΔPROVARS, ΔIMAT,
[5]  ⍝ ΔOMAT, ΔRINFO, ΔPINFO, ΔLINFO, ΔBPV, alle durch das Prefix
[6]  ⍝ Δf markierten Schaltervariablen sowie die durch die FUNCTION:-
[7]  ⍝ und RULE:-Anweisungen mit COMPILE fixierten Funktionen.
[8]  ⍝
[9]  ⎕WA←⎕EX 'HALT'    ⍝ Benutzerhaltvariable loeschen
[10] ⍙B←ΔFΔCHECKCD     ⍝ Test auf Existenz von globalen Kontrolldaten
[11] →(~⍙B)/⍙1         ⍝ Kontrolldaten fehlen?
[12] ⍝ Fehler, falls Zielvariable nicht im Regelwerk enthalten ist
[13] →(~(⊂⍙goal)∊ΔVARS)/⍙2
...
```

[1]Eine Alternative ist eine Kommunikation über explizit deklarierte Import- und Exportvariablen oder die Erweiterung des Inferenzinterpreters durch eine explizite Variablenübergabe mit Hilfe von Parameterlisten. Diese sehr ähnlichen Konzepte lassen sich im Gegensatz zu der unten angegebenen Lösung nur mit einem erheblichen Zusatzaufwand implementieren.

[2]Siehe Kapitel 4.2.

[3]Dazu sind lediglich zwei Änderungen notwendig. Zum einen müssen die globalen Kontrollvariablen, die innerhalb des Inferenzinterpreters verwendet werden, in lokale Kontrollvariablen umgewandelt werden. Zweitens muß innerhalb der Hauptfunktion FORWARD eine Initialisierungsroutine aufgerufen werden, mit denen die lokalen Kontrollvariablen aus den globalen Kontrollvariablen extrahiert werden.

```
...
[14] ⍝ Inferenztiefe. Default vorm ersten Aufruf von FORWARD: Δfdep←0
[15] Δfdep←Δfdep+1
[16] ⍝ Initialisierung zusaetzlicher Kontrolldaten
[17] Δbrr←ΔRULES∊⍙rules        ⍝ Bitmuster der relevanten Regeln
[18] ⍝ Initialisierung nur dann, wenn der Interpreter auf der obersten
[19] ⍝ Ebene (Δfdep≡1) arbeitet. Neuinitialisierung umfasst auch das
[20] ⍝ Loeschen aller Regelwerkvariablen, wenn der Schalter Δfnew
[21] ⍝ gesetzt wurde.
[22] ΔFΔINIT
[23] ⍝ Setzen der LOKALEN Variablen START, so dass Initialisierungs-
[24] START←1                   ⍝      regeln aktiviert werden koennen.
[25] Δfcr←(⍴ΔRULES)⍴0          ⍝ Aktivierungszaehler pro Regel
[26] Δfi←1                     ⍝ Aktivierungszaehler
[27] ΔLOOP:                    ⍝ Schleife: Vorwaertssuche
[28] ΔAR←ΔFΔCRES               ⍝ Selektiere aktivierbare Regel
[29] →(0∊⍴⍙AR)/⍙FAIL           ⍝ Keine Regel verfuegbar?
[30] ⍙B←ΔFΔFIRERULE ⍙AR        ⍝ Exekutiere aktive Regel
[31] →(⍙B=0 ¯1)/⍙FERR ⍙HLT     ⍝ Fehler bei der Exekution? Benutzerstop?
[32] →(2=⎕NC 'HALT')/⍙HLT      ⍝ Benutzerstop bei rekursivem Aufruf?
[33] →(2=⎕NC ⍙goal)/⍙SUC       ⍝ Zielvariable gefunden?
[34] →(2=⎕NC 'STOP')/⍙QSUC     ⍝ Termination ohne Wertbestimmung von ⍙goal
[35] Δfi←⍙fi+1                 ⍝ Inkrementiere Aktivierungszaehler
[36] →⍙LOOP                    ⍝ Naechste Regel
[37] ⍝ Terminationssektion
[38] ⍙SUC:ΔFΔOUTPUT 'Zielvariable ',⍙goal,' erfolgreich bestimmt'
[39] ⍙B←1                      ⍝ Erfolg
[40] →⍙EXIT
[41] ⍙FAIL:ΔFΔOUTPUT 'Keine weiteren Regeln aktivierbar'
[42] ⍙B←0                      ⍝ Misserfolg: ⍙goal nicht gefunden
[43] →⍙EXIT
[44] ⍙QSUC:ΔFΔOUTPUT 'Interpreter terminiert durch Setzen von STOP'
[45] ⍙B←¯1                     ⍝ Misserfolg: ⍙goal nicht gefunden
[46] →⍙EXIT
[47] ⍙HLT:⍙B←¯2                ⍝ Benutzerstop
[48] →⍙EXIT
[49] ⍙FERR:ΔFΔERROR 'FORWARD: APL2-Fehler bei der Ausfuehrung von ',⍙AR
[50] Δfdep←Δfdep-1             ⍝ Inferenztiefe wieder senken
[51] ⍙B←¯3
[52] →0
[53] ⍙1:⎕←'FORWARD: Initialisierungsfehler'
[54] ⍙B←¯4
[55] →0
[56] ⍙2:⎕←'FORWARD: Zielvariable ',⍙goal,' existiert nicht'
[57] ⍙B←¯5
[58] →0
...
```

```
...
[59] ∆EXIT:∆fdep←∆fdep-1         ⍝ Inferenztiefe wieder senken
[60] ⍝ Der Erklaerungsbrowser darf nur dann aufgerufen werden, wenn
[61] ⍝ der Interpreter auf der obersten Inferenzebene arbeitet, wenn
[62] ⍝ eine Bildschirmausgabe erwuenscht ist und wenn die Variable
[63] ⍝ HALT nicht existiert.
[64] →((2=⎕NC 'HALT')∨(~∆fscr)∨∆fdep>0)/0
[65] ∆PROMPTMSG∆ 'Verzweige in den Erklaerungsbrowser'
[66] ∆F∆CALLEXP ''
[67] →0
```

Die Struktur der vorwärtschließenden Inferenzroutine FORWARD besteht aus folgenden Blöcken:

- Zunächst wird die Existenz und Korrektheit von globalen Kontrolldaten, Schaltern und Zielvariablen getestet (Zeilen [10] und [13]). In diesem Block wird auch die Inferenztiefe erhöht (Zeile [15]) und die möglicherweise in einer vorhergehenden Konsultation gesetzte globale Variable HALT gelöscht (Zeile [9]). Damit kann der Inferenzinterpreter bei einem rekursiven Aufruf testen, ob der Algorithmus durch den Benutzer durch die Eingabe des Shellkommandos)HALT gestoppt wurde, da durch dieses Kommando die interne Variable HALT gesetzt wird. Weiterhin wird ein boolescher Vektor ∆brr mit der Länge ⍴∆RULES erzeugt (Zeile [17]), in dem alle relevanten, in ∆rules angegebenen Regeln durch eine 1 markiert sind. Inferenz- und Debugprotokolle werden durch den Aufruf der Funktion ∆F∆INIT intialisiert (Zeile [22]), sofern die in Kapitel 2.6 beschriebenen Schalter ∆fnew und ∆flog gesetzt sind. Allerdings wird die Neuinitialisierung der Protokolle ∆FLOG und ∆FELOG durch ∆F∆INIT grundsätzlich unterdrückt, wenn der Inferenzinterpreter rekursiv (∆fdep>1) aufgerufen wird.

- Der zweite Block enthält den Kern des Inferenzinterpreters, zu dem ebenfalls ein kurzer Initialisierungsteil gehört. Das Setzen der Variablen START in Zeile [24] bewirkt, daß eine Regel, in der nur die Bedingung IF: START angegeben wird, sehr 'früh' exekutiert wird. Dies bedeutet, daß diese Startregel(n) vor Regeln mit noch nicht vollständig bekannten Inputvariablen exekutiert wird (werden). Startregeln sind in erster Linie zur Initialisierung von Regelwerken erforderlich. Zum Beispiel ist es in einem Kreditevaluationssystem sinnvoll, alle Bankdaten wie Bewertungsskalen etc. durch den Aufruf einer Initialisierungsregel vor der ersten Anforderung von kundenspezifischen Daten zu initialisieren. Anschließend wird ein Nullvektor ∆fcr mit der Länge ⍴∆RULES und ein skalarer Aktivierungszähler ∆fi initialisiert (Zeilen [25-26]). Der Aktivierungszähler wird nach jedem Inferenzzyklus (Testexekution einer Regel) um 1 erhöht (Zeile [35]) und durch ∆F∆FIRERULE in die zur gefeuerten Regel korrespondierende Position von ∆fcr eingetragen. Damit kann durch die Konfliktresolutionsfunktion ∆F∆CRES festgestellt werden, ob bzw. in welchem Zyklus eine potentiell aktivierbare Regel zum letzten Mal testweise exekutiert wurde. Der zweite Block enthält als Subsegment die Inferenzschleife (Zeilen [27-36]), in der zunächst eine aktivierbare Regel ∆AR durch ∆F∆CRES bestimmt wird (Zeile [28]) . Steht keine aktivierbare Regel zur Verfügung, so terminiert FORWARD durch eine Verzweigung in das Terminationssegment ∆FAIL (Zeile [29]). Andernfalls wird die selektierte Regel durch die Funktion ∆F∆FIRERULE testweise exekutiert (Zeile [30]). ∆F∆FIRERULE ermittelt vor einer Exekution alle notwendigen, aber noch nicht determinierten Variablen durch eine Benutzerabfrage. Die durch ∆F∆CRES selektierte Regel wird allerdings nur dann durch ∆F∆FIRERULE testweise aktiviert, wenn der Benutzer *alle* benötigten Variablen zur Verfügung stellt. Bei der Eingabe des Shellkommandos)HALT terminiert ΔFΔFIRERULE ohne eine Testexekution. Anschließend werden Rückgabeparameter und eine Reihe von Nebeneffekten, die durch die Exekution der selektierten Regel verursacht werden *können*, getestet (Zeilen [31-34]). Zunächst wird überprüft, ob ein Fehler bei der Probeexekution aufgetreten ist (ΔB←→0 in Zeile [31]). Derartige Fehler können aufgrund syntaktisch oder semantisch fehlerhafter IF:- oder THEN:-Segmente innerhalb der Regeldefinition verursacht werden. Die Eingabe eines Benutzerstops wird durch zwei Tests diagnostiziert. Zum einen wird direkt überprüft, ob der Benutzer bei der Systemanfrage von fehlenden Variablenwerten *vor* einer Testexekution)HALT eingegeben hat (ΔB←→¯1 in Zeile [31]). Dieser Fall kann direkt durch ΔFΔFIRERULE festgestellt werden. Zusätzlich besteht aber auch die Möglichkeit, daß der Inferenzalgorithmus FORWARD rekursiv innerhalb einer Regel aufgerufen wird. In diesem Fall wird die reservierte Systemvariable HALT *während* der Exekution der selektierten Regel gesetzt. Das Ergebnis der Testexekution durch ΔFΔFIREULE ist hingegen 1 oder 0, je nachdem ob die Regel mit Erfolg oder Mißerfolg ausgeführt werden konnte. Daher wird eine Termination der Inferenzmaschine in einem rekursiven Aufruf durch Benutzerstop explizit getestet (Zeile [32]). Im Prinzip muß der Rückgabewert ¯1 der Funktion ΔFΔFIRERULE nicht explizit in Zeile [31] getestet werden, da ein Benutzerstop immer durch das Setzen der Variablen HALT markiert wird. Allerdings kann man das System durch eine Unterscheidung beider Fälle leichter auf einen Kerninterpreter, in dem rekursive Aufrufe unzulässig sind, reduzieren. Außerdem wird getestet, ob die Variable STOP durch eine Regel gesetzt wurde (Zeile [34]). Dieser Test kann insbesondere zum Abfangen von Sonderfällen in Regelwerken ohne Benutzereingaben verwendet werden. Ansonsten hat die Variable STOP die gleiche Funktion wie die Variable HALT. Nach einer erfolgreichen Bestimmung der Zielvariablen Δgoal durch den Inferenzalgorithmus terminiert FORWARD mit einer Verzweigung nach ΔSUC. Ist keine der in den Zeilen [31-34] angegebenen Abbruchbedingungen erfüllt, so wird der Aktivierungszähler erhöht und ein neuer Inferenzzyklus gestartet.

- Der letzte Block enthält alle Terminationssegmente in Abhängigkeit von den Terminationsursachen. Bemerkenswert ist lediglich, daß der Interpreter auf der obersten Inferenzebene (Δfdep←→0) mit Ausnahme von Initialisierungs- oder Exekutionsfehlern in das Erklärungsmodul verzweigt, sofern der Bildschirmausgabeschalter Δfscr gesetzt ist und kein Benutzerstop vorliegt. Alle Terminationsursachen senken die Inferenztiefe um 1, wenn die Inferenztiefe in der laufenden Funktion erhöht wurde. Daher wird nur bei den mit Δ1 und Δ2 markierten Terminationsblöcken auf eine Senkung der Inferenztiefe verzichtet, da die dazu korrespondierenden Fehlerursachen (in Zeile [11] bzw. [13]) vor der Erhöhung der Inferenztiefe (in Zeile [15]) auftreten.

Die Funktion ΔFΔCHECKCD testet die Existenz von globalen Schaltern und Kontrollvariablen. Die Konsistenz der im Inferenzinterpreter verwendeten Kontrolldaten kann durch die Initialisierungsfunktion INIT nur partiell geprüft werden. Alle anderen potentiellen Fehlerquellen müssen hingegen durch eine visuelle Inspektion der durch BROWSE generierten DISPLAY-Darstellung und/oder durch einen manuellen Test der Expertensystemdefinition aufgedeckt werden.

```
[0]  ΔB←ΔFΔCHECKCD;ΔCVN
[1]  ⍝ Testet, ob alle benoetigten globalen Schalter und
[2]  ⍝ Kontrolldaten fuer FORWARD zur Verfuegung stehen.
[3]  ⍝ Achtung: Konsistenz der Daten wird nicht geprueft!!!
[4]  ⍝
[5]  ⍝ Namen der notwendigen globalen Kontrollvariablen
[6]  ΔCVN←'ΔVARS' 'ΔPROVARS' 'ΔRINFO' 'ΔPINFO' 'ΔLINFO' 'ΔUSYM '
[7]  ΔCVN←ΔCVN,'ΔIMAT' 'ΔOMAT'
[8]  ΔCVN←ΔCVN,'Δfnew' 'Δfdeb' 'Δflog' 'Δfscr' 'Δfexp' 'Δrw' 'Δfdep'
[9]  ⍝ Alle globalen Kontrollvariablen existieren?
[10] ΔB←2∧.=⎕NC¨ΔCVN
```

Die Initialisierungsroutine ΔFΔINIT kommuniziert mit FORWARD ausschließlich über globale Variablen.

```
[0]  ΔFΔINIT
[1]  ⍝ Initialisiert die globalen Protokolle der Inferenzmaschine,
[2]  ⍝ sofern der Inferenzinterpreter auf der obersten Ebene aufgerufen
[3]  ⍝ wird. Andernfalls werden die Protokolle inkrementell ergaenzt.
[4]  ⍝
[5]  ⍝ Initialisiere Protokoll, falls gewuenscht und nicht verfuegbar
[6]  ⍎(Δflog∧2≠⎕NC 'ΔFLOG')/'ΔFLOG←1 1⍴'' '''
[7]  ⍝ Initialisiere Inferenzprotokoll, falls nicht verfuegbar
[8]  ⍎(2≠⎕NC 'ΔFELOG')/'ΔFELOG←'''''
[9]  ⍝ Ende, wenn kein Interpreter-Call auf der obersten Ebene
[10] →(Δfdep>1)/0
[11] ⍝ Ende, wenn kein NEUSTART
[12] →(~Δfnew)/0
[13] ⍝ Initialisierungschritte, falls NEUSTART
[14] ΔFLOG←'INFERENZ- UND DEBUGPROTOKOLL',[0.5]'-'
[15] ⍝ Initialisiere Erklaerungsprotokoll
[16] ΔFELOG←''
[17] ⍝ Loesche alle Variablen des Regelwerks
[18] ⎕WA←⎕EX¨ΔVARS
[19] ΔFΔOUTPUT 'Alle Variablen des Regelwerks geloescht'
```

Bildschirmein- und ausgabeoperationen des Regelwerkinterpreters sind mit Ausnahme der Fehlersektionen Δ1 und Δ2 in FORWARD grundsätzlich durch Funktionen eingekapselt und können somit leicht auf andere Medien wie Dateien und APL2-Felder umgeleitet werden. Benutzerinteraktionen sind grundsätzlich auf die Konsole beschränkt und werden durch das Setzen der Schaltervariablen Δfscr auf 0 *nicht* unterdrückt. Interpretermeldungen, mit denen etwa Debug-Schritte und Initialisierungs- und Fehlermeldungen ausgegeben werden, können hingegen durch das Setzen von Δfscr←0 unterdrückt werden.

Daher gibt die Funktion ΔFΔOUTPUT Interpretermeldungen nur dann auf dem Bildschirm aus, wenn die Flagge Δfscr gesetzt ist. Zusätzlich wird das durch ΔFΔINIT initialisierte Debug- und Inferenzprotokoll ΔFLOG erweitert, sofern die Protokollierungsflagge Δflog gesetzt wird. ΔFLOG enthält nach beendigter Konsultation neben den Initialisierungsmeldungen und den durch die Debug-Funktionen ΔFΔDEBUG und ΔFΔDEBUGVALUES erzeugten Texten auch die normalerweise nur für Erklärungszwecke benötigten Einträge des Inferenzprotokolls ΔFELOG.

```
[0] ΔFΔOUTPUT ⍙MSG
[1] ⍝ Generiert Bildschirmausgaben und ergaenzt das Inferenz- und
[2] ⍝ Debugprotokoll, wenn die korrespondierenden Schalter gesetzt sind.
[3] ⍝
[4] ⍝ Bildschirmausgabe, falls Δfscr gesetzt
[5] ⍎Δfscr/'⎕←⍙MSG'
[6] ⍝ Erweitere Protokoll, falls Protokollflagge gesetzt
[7] ⍎Δflog/'ΔFLOG←ΔFLOG ΔOVERΔ ⍕⍙MSG'
```

Fehlermeldungen des Interpreters unterscheiden sich gegenüber 'gewöhnlichen' Interpretermeldungen lediglich durch einen Fehlermeldekopf, der durch `ΔFΔERROR` hinzugefügt wird. Dadurch besteht die Möglichkeit, Fehlermeldungen innerhalb des Protokolls `ΔFLOG` mit einem Editor (etwa `EDIT2` in APL2/PC) durch das Suchen der Zeichenkette `'*** FEHLER:'` schneller zu finden.

```
[0] ΔFΔERROR ⍙MSG
[1] ⍝ Erweitert ⍙MSG um Fehlermeldung und ruft ΔFΔOUTPUT auf.
[2] ⍝
[3] ⍙MSG←'*** FEHLER: ',⍙MSG
[4] ΔFΔOUTPUT ⍙MSG
```

Die Debug-Funktionen `ΔFΔDEBUG` und `ΔFΔDEBUGVALUES` werden ausschließlich in der Konfliktresolutionsfunktion `ΔFΔCRES` und in der Exekutionsfunktion `ΔFΔFIRERULE` aufgerufen und dienen zur Ablaufverfolgung der Regelselektions- und Exekutionsschritte. Beide Funktionen sind dyadisch aufgebaut und verwenden als Linksargument eine Zahl, die zu einer oder mehreren der in Tabelle 2.8 angegebenen Informationsarten korrespondiert.

```
[0] ⍙FDEBLEVEL ΔFΔDEBUG ⍙MSG
[1] ⍝ Funktion zur Ausgabe von Debug-Informationen. Terminiert,
[2] ⍝ falls die Debug-Information nicht ausgegeben werden soll.
[3] ⍝
[4] →(~((8⍴2)⊤Δfdeb)∨.∧(8⍴2)⊤⍙FDEBLEVEL)/0
[5] ⍝ Gibt die Nachricht ⍙MSG (eine Zeichenkette) auf dem Bildschirm
[6] ⍝ aus und ergaenzt das Protokoll, falls Δfscr bzw. Δflog gesetzt.
[7] ΔFΔOUTPUT ⍙MSG
```

Das APL2-Idiom `((8⍴2)⊤Δfdeb)∨.∧(8⍴2)⊤⍙FDEBLEVEL` vergleicht die bei einem Aufruf von `ΔFΔDEBUG` im Linksargument angegebene Informationsart `⍙FDEBLEVEL` mit dem durch den Entwickler gesetzten Debug-Wert `Δfdeb` durch einen Bitmustervergleich. Das folgende Beispiel illustriert diesen Befehl:

```
      ⍙FDEBLEVEL←4
      Δfdeb←8+1
      (8⍴2)⊤⍙FDEBLEVEL
0 0 0 0 0 1 0 0
      (8⍴2)⊤Δfdeb
0 0 0 0 1 0 0 1
      ((8⍴2)⊤Δfdeb) ∧ (8⍴2)⊤⍙FDEBLEVEL
0 0 0 0 0 0 0 0
      ⍙FDEBLEVEL←24
      (8⍴2)⊤⍙FDEBLEVEL
0 0 0 1 1 0 0 0
      ((8⍴2)⊤Δfdeb) ∧ (8⍴2)⊤⍙FDEBLEVEL
0 0 0 0 1 0 0 0
```

Damit wird durch `(8⍴2)⊤Zahl` ein Bitmuster erzeugt, daß mit einem anderen Bitmuster verglichen werden kann. Stimmt zumindest ein gesetztes Bit in den beiden Ausdrücken `(8⍴2)⊤Δfdeb` und `(8⍴2)⊤⍙FDEBLEVEL` überein, so ist die zu `⍙FDEBLEVEL` korrespondierende Debug-Option Option aktiviert. Andernfalls terminiert die Funktion `ΔFΔDEBUG` ohne den Aufruf der Funktion `ΔFΔOUTPUT`. Einige Debug-Optionen erfordern die Ausgabe von Variablenwerten und werden daher nur indirekt durch `ΔFΔDEBUG` mit Hilfe der Funktion `ΔFΔDEBUGVALUES` ausgegeben. Diese Funktion fängt nichtdefinierte Variablen ab und gibt zusätzlich zum Variablenwert auch den Variablennamen aus.

```
[0] ⍙FDEBLEVEL ΔFΔDEBUGVALUE ⍙VARNAME;⍙VALUE
[1] ⍝ Exekutiert den Inhalt der Variablen ⍙VARNAME und reicht
[2] ⍝ das Resultat an ΔFΔDEBUG weiter.
[3] ⍝
[4] '→Δ1' ⎕EA '⍙VALUE←⍎⍙VARNAME'
[5] ⍙FDEBLEVEL ΔFΔDEBUG ⍙VARNAME,' = '
[6] ⍙FDEBLEVEL ΔFΔDEBUG ⍙VALUE
[7] →0
[8] Δ1:⍙FDEBLEVEL ΔFΔDEBUG '*** FEHLER: ',⍙VARNAME,' existiert nicht'
```

Die Protokollierungsfunktion `ΔFΔFELOG` wird lediglich zur Ergänzung des Inferenz- und Debugprotokolls benötigt und wird in der hier vorliegenden Implementation des Inferenzinterpreters lediglich durch zwei Funktionen, nämlich `ΔFΔFIRERULE` und `ΔFΔCHECKFIXANS`, aufgerufen.

```
[0]  ⍙EX_OR_USRI ΔFΔFELOG ⍙MSG
[1]  ⍝ Ergaenzt das Inferenzerklaerungsprotokoll ΔFELOG, sofern ⍙MSG
[2]  ⍝ nicht leer ist. ⍙EX_OR_USRI ist ein Schalter, mit dem
[3]  ⍝ festgelegt wird, ob eine Regelerklaerung (⍙EX_OR_USRI≡1) oder
[4]  ⍝ eine Benutzerinteraktion (⍙EX_OR_USRI≡2) protokolliert wird.
[5]  ⍝
[6]  →(⍙MSG≡'')/0                    ⍝ Leere Erklaerung?
[7]  ΔFELOG←ΔFELOG,⊂⍙EX_OR_USRI ⍙MSG
[8]  ⍝ Erweitere Protokoll, falls Protokollflagge gesetzt
[9]  ⍎Δflog/'ΔFLOG←ΔFLOG ΔOVERΔ ⍕⍙MSG'
```

Die durch `FORWARD` aufgerufenen Funktionen `ΔFΔCRES` und `ΔFΔFIRERULE` werden in den nächsten Abschnitten beschrieben, während die Promptfunktionen erst bei der Beschreibung der Benutzeroberfläche angegeben werden.

4.2 Konfliktresolution (Regelselektion)

Die durch die Funktion ΔFΔCRES implementierte Konfliktresolutionsmethode entspricht weitgehend der in Kapitel 2.5 beschriebenen Strategie. Allerdings wird die Menge aller übersetzten Regeln auf die im Linksargument von FORWARD angegebene Regelmenge Δrules eingeschränkt. Die zur Implementation der Konfliktresolutionsstrategie verwendete Technik basiert auf dem 'logischen Implikationsprodukt' (∧.≤), das zunächst durch ein Beispiel mit drei Regeln und vier Variablen illustriert wird.

```
      ΔIMAT
1 1 1 0
0 1 0 0
1 0 0 1
      ⎕NC¨ΔVARS
1 0 1 1
      ΔIMAT[1;] ≤ ⎕NC¨ΔVARS
1 0 1 1
      ΔIMAT[2;] ≤ ⎕NC¨ΔVARS
1 0 1 1
      ΔIMAT[3;] ≤ ⎕NC¨ΔVARS
1 1 1 1
      ΔIMAT ∧.≤ ⎕NC¨ΔVARS
0 0 1
```

Die I-te Zeile der Matrix ΔIMAT, deren Länge mit der Anzahl der Variablen im Regelwerk übereinstimmt ((ρΔVARS)←→ρΔIMAT[I;]), enthält für jede in der INPUT:-Spezifikation der I-ten Regel deklarierten Variablen eine 1, während alle anderen Werte 0 sind[4]. Durch den Vergleich ΔIMAT[I;]≤⎕NC¨ΔVARS wird ein boolescher Vektor mit der Dimension (ρΔVARS) erzeugt. Die J-te Komponente J⊃ΔIMAT[I;]≤⎕NC¨ΔVARS nimmt genau dann den Wert 1 an, wenn eine der folgenden Bedingungen erfüllt ist.

- Die J-te Variable wird in der I-ten Regel nicht benötigt, d.h. (ΔIMAT[I;J]←→0). Dieser Wert ist unabhängig von der Existenz der I-ten Variablen, da gilt: 0 ≤ 0 und 0 ≤ 1.
- Die J-te Variable wird in der I-ten Regel benötigt (ΔIMAT[I;J]←→1) und der Wert der J-ten Variablen ist bereits bestimmt (1←→J⊃⎕NC¨ΔVARS). Diese Aussage gilt wegen 1 ≤ 1.

Andernfalls erhält man wegen ~1≤0 den Wert 0. Dieser Fall korrespondiert zu einer noch nicht bestimmten Regelwerkvariablen (0←→J⊃⎕NC¨ΔVARS), die in der I-ten Regel benötigt wird (ΔIMAT[I;J]←→1). Damit erhält man durch das innere 'logische Implikationsprodukt' (ΔIMAT∧.≤⎕NC¨ΔVARS) ein Bitmuster mit der Länge (ρΔRULES), in dem eine 1 an der I-ten

[4]Man beachte, daß der Regelübersetzer nicht analysiert, welche Variablen tatsächlich für eine fehlerfreie Testexekution einer Regel benötigt werden. Daher kann der Fall auftreten, daß eine zur Testexekution erforderliche Variable irrtümlich nicht als Inputvariable spezifiziert wird. Somit kann eine Regel durch die Konfliktresolutionsfunktion selektiert werden, die aufgrund fehlender Variablen nicht exekutierbar ist. Dieser Fehler wird jedoch durch die Funktion ΔFΔFIRERULE mit einer Meldung abgefangen. Die erste Version des Übersetzer enthielt ein Modul zur Analyse der in einer Regel verwendeten Variablen. Leider funktionierte dieses Modul nur für APL2-Ausdrücke ohne multiple Zuweisungen und ohne selektive Spezifikationsausdrücke. Daher wurde dieses Programmsegment wieder entfernt. Allerdings kann man mit dem im Anhang B.4 angegebenen Kreuzreferenzer alle Symbolnamen einer übersetzten Regel manuell extrahieren.

Position angibt, daß alle Inputvariablen der I-ten Regel bekannt sind. Enthält der durch das 'logische Implikationsprodukt' ermittelte Vektor mindestens eine 1, so kann man durch die APL2-Funktion *compress* mit ((ΔIMAT∧.≤⎕NC¨ΔVARS)/ΔRULES) die Namen aller feuerbaren Regeln ermitteln. Andernfalls ist keine Regel feuerbar, da für alle verfügbaren Regeln zumindest eine Inputvariable fehlt. In diesem Fall kann man den booleschen Vektor ⎕NC¨ΔVARS durch das logische *or* (∨) mit dem Bitmuster ΔBPV der abfragbaren Variablen aus ΔVARS verknüpfen. Damit erhält man durch ΔIMAT∧.≤ΔBPV∨⎕NC¨ΔVARS ein Bitmuster aller Regeln, deren Inputvariablen durch eine Benutzereingabe soweit ergänzt werden können, bis die Regel exekutierbar ist. Die Konfliktresolutionsfunktion verwendet das 'logische Implikationsprodukt' in mehreren Schritten (Zeilen [8,22,31]), durch die die Menge der feuerbaren Regeln schrittweise reduziert wird.

```
[0]  ΔAR←ΔFΔCRES;⍙BKV;⍙BRR;⍙BRR1
[1]  ⍝ Selektiert eine anwendbare Regel aus der relevanten, in FORWARD
[2]  ⍝ spezifizierten Regelmenge ⍙rules (Bitmuster der relevanten
[3]  ⍝ Regeln ist in 'semiglobalen' Variablen ⍙brr)
[4]  ⍝
[5]  ΔBKV←2=⎕NC¨ΔVARS      ⍝ Boolesches Muster der bekannten Variablen
[6]  1 ΔFΔDEBUG 'ΔFΔCRES: Bestimmung einer aktivierbaren Regel'
[7]  ⍝ Regeln, fuer die Inputs bekannt oder abfragbar sind
[8]  ⍙BRR←ΔIMAT∧.≤⍙BKV∨ΔBPV
[9]  2 ΔFΔDEBUG 'ΔFΔCRES: Regeln mit bekannten oder abfragbar Inputs:'
[10] 2 ΔFΔDEBUG(⍕⍙BRR/ΔRULES)
[11] ⍝ Boolesche Schnittmengenbildungen mit relevanten Regeln (⍙rules)
[12] ⍙BRR←⍙brr∧⍙BRR
[13] 2 ΔFΔDEBUG 'ΔFΔCRES: Regeln mit bekannten oder abfragbar Inputs,'
[14] 2 ΔFΔDEBUG '         die zur relevanten Regelmenge gehoeren:'
[15] 2 ΔFΔDEBUG(⍕⍙BRR/ΔRULES)
[16] ⍝ Bestimmung der noch nie oder seit langem nicht gefeuerten Regel
[17] ⍙BRR←⍙BRR∧⍙fcr=(⌊/⍙BRR/⍙fcr)
[18] 2 ΔFΔDEBUG 'ΔFΔCRES: Regeln, deren letzte Aktivierung '
[19] 2 ΔFΔDEBUG '         am laengsten zurueckliegt'
[20] 2 ΔFΔDEBUG(⍕⍙BRR/ΔRULES)
[21] ⍝ Temp. Restriktion auf Regeln, deren Outputs unbekannt sind
[22] ⍙BRR1←⍙BRR∧~ΔOMAT∧.≤⍙BKV
[23] ⍝ Ueberspringe Restriktion, wenn alle Outputs bestimmt sind
[24] →(∧/0=⍙BRR1)/⍙L1
[25] ⍝ Beschraenke auf Regeln, deren Output unbekannt ist
[26] ⍙BRR←⍙BRR1
[27] 2 ΔFΔDEBUG 'ΔFΔCRES: Feuerbare Regeln mit unbekanntem Output'
[28] 2 ΔFΔDEBUG(⍕⍙BRR/ΔRULES)
...
```

```
...
ΔL1: ⍝ Temporaere Restriktion auf Regel, deren Inputvariablen
⍝ vollstaendig bekannt sind (ohne Prompten)
ΔBRR1←ΔBRR∧ΔIMAT∧.≤ΔBKV
⍝ Ueberspringe Restriktion, wenn Regelmenge ohne Prompten leer
→(∧/0=ΔBRR1)/ΔL2
⍝ Beschraenke Regelmenge auf Regeln mit verfuegbarem Input
ΔBRR←ΔBRR1
2 ΔFΔDEBUG 'ΔFΔCRES: Ohne Abfragen aktivierbare Regeln:'
2 ΔFΔDEBUG(⍕ΔBRR/ΔRULES)
ΔL2:→(∧/0=ΔBRR)/ΔFAIL          ⍝ Keine Regel verfuegbar?
⍝ Selektiere erste Regel
ΔAR←↑ΔBRR/ΔRULES
1 ΔFΔDEBUG 'ΔFΔCRES: Ausgewaehlte Regel = ',ΔAR
→0
ΔFAIL:
1 ΔFΔDEBUG 'ΔFΔCRES: Keine aktivierbaren Regeln mehr'
ΔAR←''
```

Die Exekution der ΔFΔDEBUG-Funktion ist zeitaufwendig. Daher ist die Elimination aller Debug-Anweisungen nach der Fertigstellung eines ausgetesteten Expertensystems empfehlenswert.

4.3 Regelexekution

Der durch ΔFΔCRES bestimmte Regelname wird durch die Funktion FORWARD an die Exekutionsfunktion ΔFΔFIRERULE übergeben. ΔFΔFIRERULE hat zwei Aufgaben:

- Zuerst bestimmt ΔFΔFIRERULE die Menge aller notwendigen, aber noch nicht bestimmten Variablen. Diese Variablen werden durch einen Aufruf der Benutzerinteraktionsfunktion ΔFΔASKUSER mit Hilfe des definierten Operators ΔEACHWHILE1Δ sequentiell abgefragt. Die Funktion ΔFΔASKUSER wird nicht nur zur Eingabe von Variablenwerten, sondern auch zur Ausgabe von Lexikoneinträgen, Erklärungstexten etc. verwendet, die durch Aufrufe von Unterfunktionen ausgegeben werden.
- Anschließend exekutiert ΔFΔFIRERULE die durch ΔFΔCRES determinierte Regel und protokolliert Erfolg bzw. Mißerfolg. Exekutionsfehler von Regeln, die ohne Debug-Option (Δcdeb←0) übersetzt wurden, werden durch ⎕EA abgefangen. Mit Debug-Option (Δcdeb←1) übersetzte Regeln fangen fehlerhafte Kodesegmente durch das in Kapitel 3.1 beschriebene Konstrukt ab, so daß der fehlerhafte Regelquelltext durch ΔFΔERROR ausgegeben werden kann.

```
[0]  ΔB←ΔFΔFIRERULE Δar;ΔRI;ΔBNV;ΔNVARS;ΔT;ΔP;ΔLC;ΔL
[1]  ⍝ Feuert die aktive Regel Δar und fordert vor der Ausfuehrung
[2]  ⍝ Eingaben an, wenn nicht alle Inputvariablen verfuegbar sind.
[3]  ⍝
[4]  4 ΔFΔDEBUG 'ΔFΔFIRERULE: Exekutiere Regel ',Δar,' in Zyklus ',(⍕Δfi)
[5]  ΔRI←ΔRULES⍳⊂Δar         ⍝ Index der aktiven Regel
[6]  ΔBNV←ΔIMAT[ΔRI;]        ⍝ Boolesches Muster der notwendigen Variablen
[7]  8 ΔFΔDEBUG 'ΔFΔFIRERULE: Zur Exekution notwendige Variablen:'
[8]  8 ΔFΔDEBUG(⍕ΔBNV/ΔVARS)
[9]  ⍝ Welche Variablen muessen beim Benutzer abgefragt werden?
[10] ΔNVARS←(ΔBNV∧ΔBPV∧(2≠⎕NC¨ΔVARS))/ΔVARS
[11] →(0∊⍴ΔNVARS)/ΔDOIT            ⍝ Alle Variablen bekannt?
[12] 16 ΔFΔDEBUG 'ΔFΔFIRERULE: Abzufragende Variablen:'
[13] 16 ΔFΔDEBUG ΔNVARS
[14] ⍝ Frage alle noch unbekannten, aber zur Aktivierung notwendigen
[15] ⍝ Variablen vom Benutzer ab. ΔEACHWHILE1Δ hat fast die gleiche
[16] ⍝ Funktion wie der Each-Operator (¨). Unterschied: ΔEACHWHILE1Δ
[17] ⍝ terminiert, wenn das Linksargument (die Funktion) keine
[18] ⍝ 1 (bzw. ,1) zurueckgibt.
[19] ΔB←⌊/ΔFΔASKUSER ΔEACHWHILE1Δ ΔNVARS     ⍝ Frage sequentiell ab!
[20] →(ΔB=0 ¯1)/Δ1 Δ2               ⍝ Fehler beim Abfragen? Benutzerstop?
[21] ΔDOIT:
[22] ⍝ Exekutiere Regel:
[23] 32 ΔFΔDEBUG 'ΔFΔFIRERULE: Werte der Inputvariablen:'
[24] 32 ΔFΔDEBUGVALUE¨ΔBNV/ΔVARS
[25] 64 ΔFΔDEBUG 'Regelwerk der gefeuerten Regel:'
[26] 64 ΔFΔDEBUG 1 ΔFΔRULEEXPLAIN Δar
[27] ⍝ Exekutiere aktive Regel. ⎕EA kann nur dann scheitern, wenn
[28] ⍝ die Regel ohne Debug-Option (Δcdeb≡0) uebersetzt wurde.
[29] '→Δ3' ⎕EA 'ΔB←',Δar             ⍝ 'Execute Alternate'
[30] Δfcr[ΔRI]←Δfi                    ⍝ Aendere Aktivierungszaehler
[31] →(¯2 ¯1 0 1=↑ΔB)/Δ4 Δ4 ΔFAIL ΔSUC
[32] ΔSUC:ΔB←1
[33] 1 ΔFΔFELOG 0 ΔFΔRULEEXPLAIN Δar             ⍝ Aufzeichnen der Regel
[34] 4 ΔFΔDEBUG 'Regel ',Δar,' in Zyklus ',(⍕Δfi),' erfolgreich gefeuert'
[35] 8 ΔFΔDEBUG 'Folgende Variablen wurden geaendert:'
[36] 8 ΔFΔDEBUG ΔT←ΔOMAT[ΔRI;]/ΔVARS
[37] 32 ΔFΔDEBUG 'Werte der Outputvariablen:'
[38] 32 ΔFΔDEBUGVALUE¨ΔT
[39] ΔB←1
[40] →0
[41] ΔFAIL:ΔB←1
[42] 4 ΔFΔDEBUG 'ΔFΔFIRERULE: Regel ',Δar,' gescheitert'
[43] →0
...
```

```
...
[44] ⍙1:ΔFΔERROR 'Fehler beim Abfragen'
[45] →⍙B←0
[46] ⍙2:⍙B←¯1          ⍝ Benutzerstop
[47] →0
[48] ⍙3:ΔFΔERROR 'Fehler bei unkontrollierter Exekution: Regel ',⍙ar
[49] →⍙B←0
[50] ⍙4:ΔFΔERROR 'Fehler bei kontrollierter Exekution: Regel ',⍙ar
[51] (⍙P ⍙LC ⍙L)←⍙B
[52] ΔFΔERROR 'Fehler in der ',((|⍙P)⊃'IF:' 'THEN:'),' Sektion:'
[53] ΔFΔERROR 'Zeilennummer (LineCounter) = ',(⍕↑⍙LC)
[54] ΔFΔERROR 'Zeileninhalt = '
[55] ΔFΔERROR⍕⍙L⊃(5 6)[|⍙P]⊃(ΔRULES⍳⊂⍙ar)⊃ΔRINFO
[56] →⍙B←0
```

ΔFΔFIRERULE enthält nur ein nicht unmittelbar einsichtiges Konstrukt, das aufgrund der Möglichkeit eines Benutzerstops implementiert werden mußte. Durch die APL2-Anweisung in Zeile [10] werden zunächst die Namen aller notwendigen, aber noch nicht verfügbaren Variablen bestimmt. Ist der genestete Vektor ⍙NVARS nicht leer, so müssen die Werte aller in ⍙NVARS angegebenen Variablen durch den Benutzer eingegeben werden. Durch einen Aufruf der Form ΔFΔASKUSER VARNAME wird automatisch die zu VARNAME korrespondierende und durch eine PROMPTSTR:-Direktive festgelegte Benutzeranforderung ausgegeben. ΔFΔASKUSER gibt einen Skalar zurück, dessen Ausprägungen in Tabelle 4.3 angegeben werden.

Wert	Bedeutung
1	Variable erfolgreich abgefragt, Wert fixiert
0	Fehlerhafte Abfrage
¯1	Benutzerstop durch das Shellkommando)HALT

Tabelle 4.3: Werte des Rückgabeparameters der Benutzerinteraktionsfunktion

Der Benutzer kann bei einer Variablenabfrage entweder direkt eine Antwort eingeben oder durch die Eingabe eines Shellkommandos das Erklärungsmodul, das Lexikon usw. aufrufen. Antworten werden mit den durch TYP:-, RANGE:- und CHECKFCT:-Anweisungen festgelegten Tests geprüft. Bei einer fehlerhaften Eingabe wird eine Neueingabe angefordert. Ist die Eingabe fehlerfrei, so wird die eingegebene Zeichenkette in Abhängigkeit vom Typ transformiert (z.B. bei TYP: NUM zu numerischem Skalar) und im Arbeitsbereich an die laufende Variable zugewiesen. Damit kann man im Prinzip alle fehlenden Variablenwerte durch den APL2-Ausdruck ΔFΔASKUSER¨⍙NVARS ermitteln. Leider besteht bei der Verwendung des *each*-Operators das Problem, daß die Eingabe des Shellkommandos)HALT nicht unmittelbar zu einer Terminierung des Inferenzinterpreters führt. Angenommen, der Vektor der abzufragenden Variablen ⍙NVARS enthält die drei Variablennamen 'VAR1', 'VAR2' und 'VAR3'. Gibt der Benutzer bei der Abfrage der zweiten Variablen VAR2 das Benutzerkommando)HALT ein, so gibt ΔFΔASKUSER den Wert ¯1 zurück. Dieser Wert kann aber erst nach der *vollständigen* Beendigung der *each*-Operation getestet werden, so daß der Wert der Variablen VAR3 trotz Benutzerhalt abgefragt wird. Daher wird die *each*-Primitive durch den definierten Operator ΔEACHWHILE1Δ ersetzt, der in Anlehnung an die in Eusebi (1985a) angegebenen funktional-applikativen Kontrolloperatoren definiert wurde. ΔEACHWHILE1Δ terminiert die *each*-Operation, sobald die als Operatorargument übergebene Funktion einen Wert zurückgibt, der ungleich 1 ist. Damit sind die APL2-Ausdrücke `ΔFΔASKUSER¨ΔNVARS` und `ΔFΔASKUSER ΔEACHWHILE1Δ ΔNVARS` nur dann äquivalent, wenn die Exekution der ersten `(ρΔVARS)-1` Funktionsaufrufe von `ΔFΔASKUSER` fehlerfrei und ohne Benutzerhalt (d.h. mit dem Rückgabewert 1) ausgeführt werden. Man beachte, daß der durch `ΔFΔASKUSER ΔEACHWHILE1Δ ΔNVARS` zurückgegebene Vektor grundsätzlich auch das erste von 1 verschiedene Ergebnis enthält, damit das Resultat der Abfrageoperation getestet werden kann. `ΔEACHWHILE1` kann sehr einfach durch eine Schleife implementiert werden.

```
[0]  ΔB←(ΔFUNCTION ΔEACHWHILE1Δ)ΔVECTOR;ΔI;ΔBS
[1]  ⍝ Each-Operator (¨), der jedoch terminiert, wenn eine
[2]  ⍝ Anwendung ΔFUNCTION ΔI⊃ΔVECTOR ungleich 1 bzw. (,1) ist.
[3]  ⍝ Das letzte Ergebnis, das ungleich 1 sein kann, wird immer mit
[4]  ⍝ zurueckgegeben. ΔFUNCTIONΔ kann, muss aber kein boolesches
[5]  ⍝ Resultat zurueckgeben!!!
[6]  ⍝
[7]  ΔB←⍳0                              ⍝ Initialisierung
[8]  ΔI←0                               ⍝ Schleifenzaehler
[9]  ΔLOOP:→((ρΔVECTOR)<ΔI←ΔI+1)/0      ⍝ Terminieren, falls Vektorende
[10] ΔB←ΔB,ΔBS←ΔFUNCTION ΔI⊃ΔVECTOR     ⍝ Erweiterung des Resultates
[11] →(~(,ΔBS)≡,1)/0                    ⍝ Terminieren, falls ungleich 1
[12] →ΔLOOP
```

`ΔFΔFIRERULE` enthält neben den Debug-Funktionsaufrufen auch einen Aufruf der Funktion `ΔFΔRULEXPLAIN`, mit der der mit einer Regel assoziierte Erklärungstext erzeugt und durch den Aufruf von `ΔFΔFELOG` in Zeile `[33]` protokolliert wird.

```
[0]  ΔZ←ΔIT ΔFΔRULEEXPLAIN ΔAR;ΔI;ΔB;ΔT;ΔIND
[1]  ⍝ Ermittelt die zur aktiven Regel ΔAR gehoerenden Eintraege, die
[2]  ⍝ entweder aus der Erklaerung EXPLAIN: ... oder, falls fehlend,
[3]  ⍝ aus ΔRINFO entnommen werden. Ist die Flagge ΔIT gesetzt, so
[4]  ⍝ wird immer die Erklaerung aus den IF-THEN-Sektionen selektiert.
[5]  ⍝
[6]  ΔI←(↑¨ΔRINFO)⍳⊂ΔAR                ⍝ Index der Regel ΔAR
[7]  →(ΔI>ρ↑¨ΔRINFO)/Δ1                 ⍝ Systemfehler?
[8]  ⍝ Zu ΔAR korrespondierender Erklaerungseintrag
[9]  ΔZ←7⊃ΔI⊃ΔRINFO
[10] ⍝ Nehme IF-THEN-Eintraege, falls ΔZ leer oder ΔIT Flagge gesetzt
[11] →(ΔIT∨0∊ρΔZ)/ΔTAKEIFTHEN
[12] ΔB←2∧.=⎕NC¨(2⊃ΔI⊃ΔRINFO),3⊃ΔI⊃ΔRINFO  ⍝ Alle Regelwerkvars bekannt?
[13] ⍝ Exekutiere und teste. Fehlerverzweigung zu Δ2 nur dann, wenn
[14] ⍝ alle Variablen bekannt sein muessten!!!
[15] '→ΔB/Δ2' ⎕EA 'ΔZ←,ΔOVERΔ/⍎¨ΔZ'
[16] ΔZ←⊃ΔZ                              ⍝ Erklaerungsteil als Matrix
[17] →0
...
```

```
...
[18] ⍙TAKEIFTHEN:
[19] ⍝ Uebergehe IF-THEN-TEIL und terminiere, falls nur
[20] ⍝ EXP-Spezifikation ausgegeben werden soll.
[21] ⍎Δfexp/'→0 (⍙Z←'''')'
[22] ⍙IND←⊂5⍴' '                  ⍝ IF und THEN Teil 5 Zeichen einruecken
[23] ⍙Z←('Regel ',⍙AR,' lautet')('WENN')
[24] ⍙Z←⍙Z,⍙IND,¨5⊃⍙I⊃ΔRINFO    ⍝ IF-Teil
[25] ⍙Z←⍙Z,⊂'DANN'
[26] ⍙Z←⊃⍙Z,⍙IND,¨6⊃⍙I⊃ΔRINFO   ⍝ THEN-Teil
[27] →0
[28] ⍙1:ΔSΔERROR 'ΔFΔRULEEXPLAIN'                ⍝ FATALER SYSTEMFEHLER
[29] →0
[30] ⍙2:⍙T←'ΔFΔRULEEXPLAIN: Erklaerungsspezifikation der Regel ',⍙AR
[31] ΔFΔERROR ⍙T,' konnte nicht exekutiert werden'
[32] ⍝ Beachte: ⍙Z enthaelt nicht exekutierte Erklaerung!!!
[33] ⍙Z←⊃⍙Z                       ⍝ Erklaerungsteil als Matrix
[34] →0
```

Die Bedeutung des im Rechtsargument ⍙AR von ΔFΔRULEEXPLAIN angegebenen Regelnamen kann durch zwei Informationsarten repräsentiert werden:

- Die formale Bedeutung wird durch die in IF:- und THEN:-Sektionen spezifizierten APL2-Anweisungen repräsentiert. Diese Information steht immer zu Verfügung.
- Die inhaltliche Bedeutung einer Regel in 'natürlicher Sprache' kann hingegen explizit durch eine optionale EXP:-Direktive in einer Expertensystemdefinition festgelegt werden. Diese Informationsart steht somit lediglich zur Verfügung, wenn ein expliziter Erklärungstext mit einer Regel assoziiert wird.

Inferenzprotokolle, die durch das Erklärungsmodul vom Endbenutzer gelesen werden, sind normalerweise nur durch natürlichsprachliche Erklärungstexte verständlich. Entwickler einer Expertensystemdefinition benötigen zur Fehlerbereinigung hingegen die formalen, innerhalb von IF:- und THEN:-Sektionen spezifizierten Bedingungen und Regeln. Daher wird die gewünschte Informationsart beim Aufruf von ΔFΔRULEEXPLAIN durch das Linkargument (⍙IT) festgelegt. Die durch ΔRULEEXPLAIN formatierte Regeldefinition wird durch folgende Kontrollstruktur ermittelt:

- Ist der Schalter ⍙IT auf 1 gesetzt, so wird die in IF:-THEN:-Sektionen festgelegte formale Regelspezifikation durch ΔFΔRULEXPLAIN als formatierte Zeichenmatrix zurückgegeben, sofern die Ausgabe von formalen Regelwerken nicht durch das Setzen der Flagge Δfexp unterdrückt wird.
- Andernfalls (⍙IT←→0) exekutiert ΔFΔRULEEXPLAIN die nach einer EXP:-Direktive spezifizierten druckbaren APL2-Anweisungen und gibt die daraus erzeugte 'natürlichsprachliche' Erklärung zurück. Enthält die Regeldefinition kein Erklärungssegment, so wird die durch IF:- und THEN:-Blöcke festgelegte formale Spezifikation als Erklärung substituiert, sofern die Ausgabe von formalen Regelwerken nicht durch das Setzen der Flagge Δfexp unterdrückt wird.

4.4 Benutzeroberfläche

4.4.1 Basisfunktionen der Benutzeroberfläche

Durch den Aufruf der Funktion ΔFΔASKUSER verzweigt der Inferenzinterpreter in das Interaktionsmodul. Die Aufgabe dieses Moduls besteht primär in der Abfrage von fehlenden Variablenwerten. Allerdings kann der Benutzer bei jeder Variablenabfrage auch ein Shellkommando eingeben, mit dem zusätzliche Informationen abgefragt oder berechnet werden können. Außerdem besteht die Möglichkeit, eine laufende Konsultation durch die Eingabe des Shellkommandos)HALT abzubrechen.

Die Rahmenfunktion ΔFΔASKUSER extrahiert lediglich die in der Systemvariablen ΔPINFO abgespeicherten und durch die Schlüsselwörter TYP:, RANGE:, PROMPTSTR: und CHECKFCT: im Regelwerk festgelegten Informationen und delegiert die Variablenabfrage an die Funktion ΔFΔASKUSER1.

```
⍙B←ΔFΔASKUSER ⍙VN;⍙PI;⍙TY;⍙RA;⍙PS;⍙CH;⍙EMSG
⍝ Fragt den Wert der Variablen ⍙VN beim Benutzer ab und fixiert
⍝ ueber die Aufrufkette ΔFΔASKUSER1 und ΔFΔCHECKFIXANS den
⍝ korrekten, moeglicherweise durch ΔFΔCHECKFIXANS modifizierten
⍝ Eingabewert (z.B. Modifikation zu Hauptwert bei SET).
⍝
⍝ Bestimme Variablenindex innerhalb der Promptinformation
⍙PI←(↑¨ΔPINFO)⍳⊂⍙VN
→(⍙PI>⍴ΔPINFO)/⍙1              ⍝ Information nicht verfuegbar
(⍙TY ⍙RA ⍙PS ⍙CH)←1↓⍙PI⊃ΔPINFO   ⍝ TYP: RANGE: PROMPTSTR: CHECKFCT:
→(⍙PEXE ⍙PFIL)[1+0=⍴⍙PS]   ⍝ Promptstr: Verfuegbar, ~verfuegbar
⍝ Exekutiere Promptzeichenkette(n)
⍙PEXE:⍙EMSG←'Promptstring der Variablen ',⍙VN,' fehlerhaft '
'ΔFΔERROR ⍙EMSG' ⎕EA '⍙PS←⍎¨⍙PS'
→⍙ASK
⍝ Variablenname als Prompt, wenn kein PromptString
⍙PFIL:⍙PS←1⍴⊂⍙VN
→⍙ASK
⍝ Frage mit allen Tests ab!!
⍙ASK:⍙B←ΔFΔASKUSER1(⍙VN ⍙TY ⍙RA ⍙PS ⍙CH)
→(~⍙B)/⍙2                          ⍝ HALT durch Benutzer?
⍙B←1
→0
⍙1:ΔFΔERROR 'Variable ',⍙VN,' ist nicht abfragbar'
⍝ Bemerkung: Diese Fehlermeldung ist nur erforderlich, weil die
⍝ Funktion mit Hilfe der in Kap. 5 definierten Funktion ASKUSER
⍝ unter Umgehung des Interpreters aufgerufen werden kann.
→⍙B←0
⍙2:ΔFΔOUTPUT 'Benutzerhalt bei der Abfrage der Variablen ',⍙VN
→⍙B←¯1
```

Die Funktion ΔFΔASKUSER ist ausführlich kommentiert. Daher wird lediglich die Konstruktion der Benutzeranfrage (des Prompts) beschrieben. Benutzeranfragen werden innerhalb des Regelwerks durch ausführbare und druckbare Folgen von APL2-Anweisungen nach dem Schlüsselwort PROMPTSTR: festgelegt und durch den Übersetzer als genesteter Vektor von Zeichenketten in 4⊃ΔPINFO abgespeichert. Der Übersetzer COMPILE führt bei der Extraktion dieses Regelwerksegmentes mit Ausnahme der Überprüfung von unbalancierten Anführungsstrichen keine syntaktische und semantische Fehlerdiagnose durch (siehe ΔCΔTAKECODE). Daher besteht die Möglichkeit, daß eine übersetzte Regelwerkspezifikation eine syntaktisch oder semantisch fehlerhaft definierte Benutzeranfrage enthält. Allerdings stellen fehlerhaft definierte Prompts kein erhebliches Problem dar, da der hinter einer PROMPTSTR:-Direktive angegebene Block in der Regel hinreichende Informationen über die abzufragende Variable enthält. Fehlerhafte PROMPTSTR:-Anweisungen sind oft darauf zurückzuführen, daß formatierte Variablennamen durch den Wechsel zwischen der ASCII- und der APL2-Tastatur durch den Systementwickler falsch eingegeben wurden. Ein Beispiel ist die Vertauschung der Zeichen _ und F, die auf der APL2- bzw. ASCII-Tastatur auf der gleichen Taste (*shift f*) liegen.

```
PROMPTSTR:
   'Das beantragte Kreditvolumen ist ',(BEANTRAGTERFKREDIT)
   'Wie beurteilt die Bank ihren Ertrag bei einer Kreditvergabe?'
   '    A ausgezeichnet'
   '    H hinreichend'
   '    U unzulaenglich'
```

Die Exekution des oben angegebenen Prompts scheitert, da die Variable BEANTRAGTERFKREDIT im Gegensatz zur Regelwerkvariablen BEANTRAGTER_KREDIT nicht definiert ist. Ähnliche Probleme treten gelegentlich bei der Eingabe von vorformulierten Erklärungen hinter dem Schlüsselwort EXP: auf. Daher werden alle in einer Expertensystemdefinition eingebetteten APL2-Ausdrücke und somit auch die in ΔPINFO abgespeicherten Benutzeranfragen grundsätzlich kontrolliert durch ⎕EA exekutiert (Zeilen [12,13]). Tritt bei der Exekution ein Fehler auf, so wird eine Fehlermeldung ausgegeben. Anschließend gibt der Interpreter die in ΔPINFO abgespeicherten und nichtexekutierte Promptzeichenketten direkt an ΔFΔASKUSER1 weiter. Enthält die Regelwerkspezifikation eine durch PROMPTABLE: als abfragbar klassifizierte Variable, für die keine Benutzeranfrage durch eine PROMPTSTR:-Anweisung festgelegt wurde, so wird der Variablenname als Benutzeranfrage verwendet (Zeile [16]).

ΔFΔASKUSER1 ist die Kernfunktion der Benutzeroberfläche. ΔFΔASKUSER1 dient in erster Linie zur Abfrage eines Variablenwertes, der durch ΔFΔCHECKFIXANS getestet, gegebenfalls transformiert und bei korrekter Eingabe im Arbeitsbereich fixiert wird. Es besteht jedoch auch die Möglichkeit, ein Shellkommando einzugeben. In diesem Fall ruft ΔFΔASKUSER1 (mit Ausnahme eines Benutzerstops) eine Unterfunktion auf, mit der die angeforderten Informationen ausgegeben werden. Tabelle 4.4 beschreibt die in der Expertensystemshell zulässigen Shellkommandos und assoziierten Systemfunktionen.

Shellkommando	Funktionsname	Funktion
)HALT	entfällt	Terminieren der Konsultation (Setzen von HALT)
)APL2 [APL2-Ausdruck]	ΔFΔCALLAPL2	Aufruf des APL2-Interpreter-Moduls
)EXPLAIN [Tiefe]	ΔFΔCALLEXP	Aufruf des Erklärungs-Moduls
)LEXICON [Schluessel]	ΔFΔCALLLEX	Aufruf des Lexikon-Moduls
)HELP	ΔFΔCALLHLP	Ausgabe des Hilfemenü
)RULE [Regelname]	ΔFΔCALLRUL	Aufruf des Regelausgabe-Moduls
)VAR [Variablenname]	ΔFΔCALLVAR	Aufruf des Variablenausgabe-Moduls
)VARINFO	ΔFΔCALLVINF	Ausgabe von Typ-, Wertebereich- und Promptinformation der laufenden Variablen
)WHY [Regelwerkname]	ΔFΔCALLWHY	Ausgabe von Informationen, warum eine Regel oder Variable benötigt wird

Tabelle 4.4: Shellkommandos der Benutzeroberfläche

Die in Tabelle 4.4 hinter den Shellkommandos in eckigen Klammern angegebenen Zeichenketten repräsentieren optionale Parameter. Beispielsweise wird durch die Eingabe des Shellkommandos)APL2 der APL2-Subsetinterpreter aufgerufen, mit dem man eine Serie von APL2-Ausdrücken exekutieren kann. Durch die Eingabe des Kommandos)RETURN wird der APL2-Subsetmodus terminiert. Möchte man hingegen nur einen einzigen APL2-Ausdruck exekutieren, so darf dieser Ausdruck direkt hinter dem Shellkommando)APL2 als optionaler Ausdruck angegeben werden. Somit wird durch das Kommando)APL2 +/⍳4 direkt die Summe der Zahlen (1 2 3 4) berechnet und ausgegeben, ohne daß nach Abschluß dieser Kalkulation das Kommando)RETURN eingegeben werden muß. Eine detaillierte Beschreibung der optionalen Parameter wird bei der Implementation der einzelnen Submodulfunktionen angegeben.

```
[0]  ΔB←ΔFΔASKUSER1 ΔR;Δvn;ΔTY;ΔRA;ΔPS;ΔCH;ΔSC;ΔPR;ΔANS;ΔCMD
[1]  ⍝ Interaktionsschleife mit Aufruf von Systemfunktionen der Shell
[2]  ⍝
[3]  ⍝ PROMPTABLE: TYP: RANGE: (PROMPTSTR: oder Ersatz) CHECKFCT:
[4]  (Δvn ΔTY ΔRA ΔPS ΔCH)←ΔR
[5]  ⍝ Ausgabe der Promptnachricht, falls mehrzeilig
[6]  '→Δ1' ⎕EA '⍎(2≤⍴ΔPS)/''ΔPROMPTMSGΔ ⊃ΔPS'''
[7]  ⍝ Festlegung des Prompts. Fuer eine mehrzeilige
[8]  ⍝ Promptspezifikation besteht der Prompt nur aus '> '
[9]  ΔPR←(∊(1=⍴ΔPS)⍴ΔPS),'> '
...
```

```
...
[10] ⍝ Abfrageschleife (Wiederholung nur bei Fehler oder Shellkommando)
[11] ΔREPEAT:
[12] ΔANS←ΔPROMPTΔ ΔPR
[13] ⍝ Loeschen fuehrender, endender und multipler Leerzeichen
[14] ΔANS←1↓¯1↓ΔDMBΔ ' ',ΔANS,' '
[15] ⍝ Block: Test fuer Shellkommando
[16] ΔCMD←' ' ΔPA1CΔ ΔANS                       ⍝ Kommando bestimmen
[17] ⍝ Vereinbarung der Shellkommandos
[18] ΔSC←')HALT' ')APL2' ')EXPLAIN' ')LEXICON' ')HELP' ')RULE'
[19] ΔSC←ΔSC,')VAR' ')VARINFO' ')WHY'
[20] ⍝ Erstes Wort (in Grossbuchstaben) ein Shellkommando?
[21] →((⊂ΔLCUCΔ ↑ΔCMD)≡¨ΔSC)/
....                     ΔHLT ΔAPL2 ΔEXP ΔLEX ΔHLP ΔRUL ΔVAR ΔVINF ΔWHY
[22] ⍝ Block: 'Normale' Eingabe
[23] ΔB←ΔFΔCHECKFIXANS(ΔANS Δvn ΔTY ΔRA ΔCH)   ⍝ Antwort ueberpruefen!
[24] →ΔB/ΔEXIT                                 ⍝ Eingabe OK?
[25] ΔPROMPTMSGΔ '*** UNZULAESSIGE EINGABE ***' ⍝ Eingabefehler!
[26] →ΔREPEAT
[27] ΔEXIT:ΔB←1      ⍝ Erfolgreiche Abfrage und Ende
[28] →0
[29] ΔHLT:ΔB←0
[30] HALT←1          ⍝ Setzen der Benutzerhaltvariablen (siehe FORWARD)
[31] →0
[32] ΔAPL2:ΔFΔCALLAPL2(2⊃ΔCMD)                ⍝ APL2-Kommando
[33] →ΔREPEAT
[34] ΔEXP:ΔFΔCALLEXP(2⊃ΔCMD)                  ⍝ Erklaerungsmodul
[35] →ΔREPEAT
[36] ΔLEX:ΔFΔCALLLEX(2⊃ΔCMD)                  ⍝ Lexikonauskunft
[37] →ΔREPEAT
[38] ΔHLP:ΔFΔCALLHLP                          ⍝ Hilfemenu
[39] →ΔREPEAT
[40] ΔRUL:ΔFΔCALLRUL(2⊃ΔCMD)                  ⍝ Regelinformation ausgeben
[41] →ΔREPEAT
[42] ΔVAR:ΔFΔCALLVAR(2⊃ΔCMD)                  ⍝ Variablenwerte ausgeben
[43] →ΔREPEAT
[44] ΔVINF:ΔFΔCALLVINF(Δvn ΔTY ΔRA ΔPS ΔCH) ⍝ Info ueber lfd. Variable
[45] →ΔREPEAT
[46] ⍝ Die WHY-Komponente testet drei Faelle:
[47] ⍝  2⊃ΔCMD ist leer:             Information ueber aktive Regel Δar
[48] ⍝  2⊃ΔCMD ist Variablenname:    Angabe, fuer welche Regel Variable
[49] ⍝                               benoetigt wird
[50] ⍝  2⊃ΔCMD ist Regelname:        Angabe, welche Variablen durch diese
[51] ⍝                               Regel modifiziert + generiert werden
[52] ΔWHY:ΔFΔCALLWHY(2⊃ΔCMD)
[53] →ΔREPEAT
[54] Δ1:ΔFΔERROR 'ΔFΔASKUSER1: PROMPTSTR: von Var ',Δvn,' fehlerhaft'
[55] →ΔB←0
```

Hinter PROMPTSTR:-Direktiven angegebene Benutzeranfragemuster dürfen ein- oder mehrzeilig aufgebaut werden. Einzeilige Promptmuster wie

```
PROMPTSTR: 'Beantragtes Kreditvolumen '
```

werden durch ΔFΔASAKUSER1 grundsätzlich mit der Zeichenkette '> ' zu einer einzeiligen Benutzeranfrage der Form

```
Beantragtes Kreditvolumen >
```

kombiniert. Mehrzeilige Benutzeranfragemuster wie das Menü

```
PROMPTSTR: 'Welche Statistiken moechten Sie berechnen?'
           '   M Mittelwert'
           '   S Standardabweichung'
           '   V Varianz'
```

werden hingegen bei der ersten Variablenanfrage durch

```
Welche Statistiken moechten Sie berechnen?
   M Mittelwert
   S Standardabweichung
   V Varianz
>
```

ausgegeben. Daher enthält ΔFΔASKUSER1 eine Fallunterscheidung zwischen ein- und mehrzeiligen Anfragemustern (Zeilen [5-9]). Der nächste Block (Zeilen [11-26]) enthält eine Interaktionsschleife, die nach der ersten korrekten Variableneingabe terminiert. Zunächst wird eine Benutzereingabe durch den Aufruf der Funktion ΔPROMPTΔ (Zeile [12]) angefordert. ΔPROMPTΔ druckt die im Rechtsargument ΔPR enthaltene Zeichenkette auf dem Bildschirm aus und gibt die durch den Benutzer eingegebene Zeichenkette zurück. Man beachte, daß die Promptfunktion bei mehrzeiligen Anfragemuster lediglich die Zeichenkette '> ' ausgibt, da der Benutzer mit Hilfe des Sitzungsmanagers jederzeit zur ersten Benutzeranforderung zurückblättern kann. Außerdem kann eine mehrzeilige Benutzeranforderung durch das Shellkommando)VARINFO nochmals ausgegeben werden. Anschließend werden führende, endende und multiple Leerzeichen aus der eingegebenen Zeichenkette eliminiert (Zeile [14]), da andernfalls Vergleichsprobleme auftreten können. Shellkommandos zeichnen sich dadurch aus, daß das erste Wort der eingegebenen Zeichenkette mit einem der in Tabelle 4.4 angegebenen Schlüsselwörter übereinstimmt. Alle nachfolgenden Wörter stellen bei Shellkommandos hingegen optionale Parameter dar, die erst durch den Aufruf des zum Schlüsselwort korrespondierenden Submoduls verarbeitet werden. Daher wird die eingegebene Zeichenkette durch den Aufruf der Funktion ΔPA1C beim ersten Leerzeichen in maximal zwei Subvektoren partitioniert (Zeile [16]). Dadurch kann das erste Wort mit einem der in den Zeilen [18] und [19] festgelegten Shellkommandos auf Identität mit *match* verglichen werden (Zeile [21]). Liegt ein Shellkommando vor, so verzweigt ΔFΔASKUSER1 in die durch die Label ΔHLT, ΔAPL2, ΔEXP, ΔLEX, ΔHLP, ΔRUL, ΔVAR, ΔVINF und ΔWHY markierten Subsegmente, in denen mit Ausnahme eines Benutzerstops die mit einem Shellkommando assoziierte Funktion aufgerufen wird. Anschließend wird zur Zeile ΔREPEAT verzweigt und eine neue Benutzereingabe angefordert. Durch Benutzer eingegebene Zeichenketten, die nicht als Shellkommando interpretiert werden können, werden durch den Aufruf der Funktion ΔFΔCHECKFIXANS mit Hilfe der in der Regelwerkspezifikation angegebenen TYP:-, RANGE:- und CHECKFCT:-Tests auf Korrektheit geprüft. Ist die Eingabe korrekt, so wird die Variable mit einem Wert belegt bzw. überschrieben. Die durch den Benutzer eingegebene Zeichenkette wird gegebenenfalls in Abhängigkeit von dem nach einer TYP:-Direktive angegebenen Datentyp umgewandelt. Dies führt etwa dazu, daß durch VCV typisierte Eingabezeichenketten in genestete Vektoren transformiert werden, in denen jedes Element ein Wort darstellt (siehe ∆F∆CHECKFIXANS). Ist die eingegebene Zeichenkette fehlerhaft, so wird eine Warnung durch ∆PROMPTMSG∆ ausgegeben (Zeile [25]) und durch einen Sprung zu ⍙REPEAT eine Neueingabe angefordert.

Die Grundideen zum Aufbau der Promptfunktionen und Eingabetestfunktion wurden weitgehend von Lattermann (1986) und Bergquist (1987) übernommen. Beide Arbeiten enthalten eine ganze Serie von flexiblen Ein- und Ausgabefunktionen.

```
[0] ∆PROMPTMSG∆ ⍙MSG
[1] ⍝ Gibt die in ⍙MSG enthaltene Nachricht auf dem Bildschirm aus
[2] ⍝
[3] ⎕←⍙MSG
```

```
[0] ⍙ANS←∆PROMPT∆ ⍙PROMPTSTR
[1] ⍝ Gibt die in ⍙PROMTSTR enthaltene Nachricht auf dem Bildschirm aus
[2] ⍝ und gibt die vom Benutzer eingegebene Zeichenkette als Antwort
[3] ⍝ ⍙ANS zurueck. ACHTUNG: Diese Funktion ist in dieser Form nur fuer
[4] ⍝ die APL2/PC Version sinnvoll, da die Funktion ⎕PR fehlt!!!
[5] ⍝
[6] ⍙PROMPTSTR←,⍙PROMPTSTR
[7] ⍞←⍙PROMPTSTR
[8] ⍙ANS←⍞
[9] ⍙ANS←(+/∧\⍙PROMPTSTR=(⍴⍙PROMPTSTR)↑⍙ANS)↓⍙ANS
```

Bei der Implementation der Benutzeranfrage- und Eingabefunktion ∆PROMPT∆ mußte die Möglichkeit berücksichtigt werden, daß ein Benutzer eine fehlerhaft eingegebene Zeichenkette vor der Betätigung der ENTER-Taste korrigieren kann. Fehlerhafte Zeichenketten lassen sich im zeilenorientierten Modus korrigieren, indem der Bildschirmzeiger durch BACKSPACE und/oder Cursortasten zurückbewegt wird, so daß Zeichen überschrieben bzw. eingesetzt werden können. Dabei besteht die Möglichkeit, daß der Bildschirmzeiger zu weit zurückpositioniert wird, so daß ein Teil der Promptzeichenkette überschrieben wird. Daher enthält ∆PROMPT∆ ein Konstrukt, mit dem die zur Promptzeichenkette gehörenden Zeichen durch einen Zeichenvergleich von der Benutzereingabe getrennt werden. Das folgende Beispiel illustriert diesen Zeichenvergleich.

```
      CV←∆PROMPT∆ 'NAME DES KUNDEN> '
NAME DES KUNDEN> KUESTERS
      CV
KUESTERS
      CV←∆PROMPT∆ 'NAME DES KUNDEN> '
NAME DES KKUESTERS (Eingabe mit 7 Backspace)
      CV
KUESTERS (Eingabe mit 7 Backspace)
```

Im zweiten Fall stellt die Funktion ∆PROMPT∆ fest, daß die ersten 10 Zeichen der Eingabezeile und Promptzeichenkette gleich sind, so daß als Benutzereingabe die ab dem 11-ten Zeichen startende Teilzeichenkette aus der Eingabezeile selektiert wird. Diese Technik ist aber nicht völlig robust, wie folgendes Beispiel illustriert:

```
     CV←ΔPROMPTΔ 'NAME DES KUNDEN> '
NAME DES KUESTERS (Eingabe mit 8 Backspace)
     CV
ESTERS (Eingabe mit 8 Backspace)
```

Die unter VM/CMS und MVS/TSO implementierten APL2R3-Interpreter enthalten allerdings die Systemfunktion ⎕PR (*Prompt Replacement*), so daß dieses Problem durch eine Redefinition der ΔPROMPTΔ Funktion sehr einfach vermieden werden kann.

4.4.2 Testen und Fixieren von Benutzereingaben

Die Funktion ΔFΔCHECKFIXANS ruft in Abhängigkeit vom Variablentyp eine mit dem Prefix ΔFΔCTA_ benannte Hilfsfunktion auf, mit der die durch den Benutzer eingegebene Zeichenkette auf Korrektheit geprüft und gegebenenfalls umgewandelt wird. Anschließend wird die durch die CHECKFCT:-Direktive spezifizierte Eingabetestfunktion aufgerufen. Ist die Benutzereingabe korrekt, so wird die abgefragte Variable mit dem möglicherweise transformierten Eingabewert fixiert bzw. überschrieben.

```
[0]  ΔB←ΔFΔCHECKFIXANS ΔR;ΔANS;ΔVN;ΔTY;ΔRA;ΔCH;ΔK;ΔCMD;ΔTANS
[1]  ⍝ Ueberprueft, ob die Benutzereingabe mit Datentyp und Werte-
[2]  ⍝ bereichspezifikation konsistent ist. Ruft prompt- und
[3]  ⍝ typspezifische Test- und Transformationsfunktion auf. Fixiert
[4]  ⍝ Wert, wenn fehlerfreie Antwort.
[5]  (ΔANS ΔVN ΔTY ΔRA ΔCH)←ΔR
[6]  ⍝ Zulaessige Typ-Schluessel
[7]  ΔK←'INT' 'VINT' 'NUM' 'VNUM' 'CHAR' 'CV' 'VCV' 'SET'
[8]  →(∼(⊂ΔTY)∊ΔK)/Δ1              ⍝ Unzulaessiges Schluesselwort
[9]  ⍝ Kommandoaufbau, Bsp.: fuer ΔTY≡'CHAR' erhaelt man:
[10] ⍝                             ΔCMD←'(ΔB ΔTANS)←ΔFΔCTA CHAR (ΔANS ΔRA)'
[11] ⍝ Achtung: Funktionen wie ΔFΔCTA_SET modifizieren die Antwort
[12] ΔCMD←'(ΔB ΔTANS)←ΔFΔCTA_',ΔTY,' (ΔANS  ΔRA)'
[13] ⍝ Ausfuehrung des Kommandos
[14] '→Δ1' ⎕EA ΔCMD
[15] ⍝ Auf Zulaessigkeit testen
[16] →(∼ΔB)/ΔFAIL
[17] →(ΔCH≡'')/ΔFIX
[18] ⍝ Zusaetzlich die nach CHECKFCT: angegebene Funktion ausfuehren
[19] '→ΔFAIL' ⎕EA 'ΔB←',ΔCH,' ΔTANS'
[20] →(∼ΔB)/ΔFAIL
[21] ⍝ Sonst (transformierte) Antwort im Arbeitsbereich fixieren
[22] ⍝ und ins Inferenzprotokoll eintragen.
[23] ΔFIX:'→Δ1' ⎕EA ΔVN,'←ΔTANS'
[24] 2 ΔFΔFELOG 'Benutzerinteraktion: ',ΔVN,' = ',⍕ΔTANS
[25] ΔB←1
[26] →0
[27] ΔFAIL:→ΔB←0
[28] Δ1:ΔSΔERROR 'ΔFΔCHECKFIXANS:'          ⍝ FATALER SYSTEMFEHLER
[29] →ΔB←0
```

Die Funktion ΔFΔCHECKFIXANS enthält eine für numerisch orientierte APL2-Programmierer etwas unübliche Konstruktion, mit der man im Prinzip sehr leicht tabellengesteuerte Parser implementieren kann. Die in Zeile [7] angegebene Zuweisung enthält alle zulässigen TYP:-Schlüssel der Expertensystemshell, während der aktuelle Typ ΔTY der laufenden Variablen durch die aufrufende Funktion ΔFΔASKUSER1 als drittes Element des Rechtsargumentes an ΔFΔCHECKFIXANS übergeben wird (Zeile [5]). Damit kann man zum einen sehr einfach testen, ob ein zulässiger Typschlüssel angegeben wurde. Andererseits enthält die Expertensystemshell für jeden Variablentyp separate Test- und Transformationsfunktionen, die in Tabelle 4.5 beschrieben werden.

TYP:	Funktionsname	Funktion
INT	ΔFΔCTA_INT	Testet, ob eine ganze Zahl eingegeben wurde. Transformiert Zeichenkette in einen ganzzahligen Skalar.
VINT	ΔFΔCTA_VINT	Testet, ob eine Folge von ganzen Zahlen eingegeben wurde. Transformiert Zeichenkette in einen ganzzahligen Vektor.
NUM	ΔFΔCTA_NUM	Testet, ob Gleitkommazahl eingegeben wurde. Transformiert Zeichenkette in einen numerischen Skalar.
VNUM	ΔFΔCTA_VNUM	Testet, ob eine Folge von Gleitkommanzahlen eingegeben wurde. Transformiert Zeichenkette in einen numerischen Vektor.
CHAR	ΔFΔCTA_CHAR	Testet, ob eine Zeichenkette mit nur einem APL2-Zeichen eingegeben wurde. Transformiert Zeichenkette in ein APL2-Zeichen (Skalar).
CV	ΔFΔCTA_CV	Gibt die eingegebene Zeichenkette ohne Test direkt zurück.
VCV	ΔFΔCTA_VCV	Partitioniert die eingegebene Zeichenkette in Worte und gibt einen genesteten Vektor von Zeichenketten zurück.
SET	ΔFΔCTA_SET	Testet, ob die eingegebene Zeichenkette ein Wort repräsentiert, das mit einem Element der Mengenspezifikation übereinstimmt. Gibt das eingegebene Wort bzw. (bei Synonymspezifikation) den Hauptwert des eingegebenen Wortes zurück.

Tabelle 4.5: Datentypabhängige Test- und Transformationsfunktionen

Damit kann durch eine einfache Verkettung die datentypabhängige Test- und Transformationsfunktion durch die in ΔTY enthaltene Typspezifikation bestimmt und zu einer APL2-Anweisung zusammengesetzt werden (Zeile [12]). Diese konstruierte Anweisung wird in Zeile [14] kontrolliert exekutiert. Bei dieser Methode besteht das Problem, daß bei einer nachträglichen Namensänderung der in einer TYP:-Direktive zulässigen Schlüsselwörter vergessen wird, die in der zweiten Spalte von Tabelle 4.5 angegebenen Funktionen umzubenennen. Dieser Fehler läßt sich jedoch durch die in den Zeilen [8,14] und [23] angegebenen Tests sehr schnell diagnostizieren, da das System mit einem fatalen Systemfehler terminiert (Aufruf der Systemdumpfunktion ΔSΔERROR in Zeile [28]). Alternativ kann man die mit einem Datentyp assoziierte Test- und Tranformationsfunktion auch nach einer gewöhnlichen Fallabfrage, wie sie etwa in der Iterationsschleife der Funktion ΔCΔLOOP implementiert wurde, aufrufen.

Man kann sich darüber streiten, welche Technik vorzuziehen ist. Die Konstruktion von durch Zeichenketten repräsentierten APL2-Ausdrücken mit anschließender Exekution führt sicherlich zu kürzeren Programmen und eignet sich daher insbesondere für Fälle, bei denen eine

Vielzahl von Schlüsselwörtern auftritt. Andererseits ist die Programmstruktur ohne zusätzliche Kommentare nicht transparent[5]. Zusätzlich wird die Fehlersuche geringfügig komplizierter.

Die mit dem Prefix ∆F∆CTA_ benannten Test- und Transformationsfunktionen reflektieren exakt die durch TYP:- und RANGE:-Direktiven spezifizierten Variableneigenschaften. Alle Funktionen geben einen Vektor mit zwei Bestandteilen zurück, in dem das erste Element eine boolesche Flagge repräsentiert, mit der Erfolg (1) bzw. Mißerfolg (0) festgestellt werden kann. Am einfachsten ist die Funktion ∆F∆CTA_CV, die nur einen potentiell möglichen Übersetzerfehler als fatalen Systemfehler abfängt und ansonsten die durch den Benutzer eingegebene Zeichenkette direkt zurückgibt.

```
[0] ∆Z←∆F∆CTA_CV ∆R;∆ANS;∆RA
[1] ⍝ Ueberprueft, ob der Wertebereich leer ist.
[2] ⍝ Gibt bei Erfolg grundsaetzlich die Zeichenkette zurueck.
[3] ⍝
[4] (∆ANS ∆RA)←∆R               ⍝ Antwort Wertebereich
[5] →(~∆RA≡'')/∆1               ⍝ Wertebereich muss fuer CV leer sein
[6] ∆Z←1 ∆ANS                   ⍝ Erfolg Zeichenkette
[7] →0
[8] ∆1:∆S∆ERROR '∆F∆CTA_CV'     ⍝ FATALER SYSTEMFEHLER
```

Eine Wertebereichspezifikation durch die RANGE:-Direktive ist für Regelwerkvariablen, deren Typ als Zeichenkette deklariert wird (TYP: CV), unzulässig. Diese Fehlerquelle wird ohnehin durch die Funktion ∆C∆TAKERANGE des Übersetzers abgefangen. Damit kann ein fataler Systemfehler faktisch nur bei einer manuellen Ergänzung der Systemvariablen ∆PINFO auftreten.

Die Funktion ∆F∆CTA_CHAR weist nahezu die gleiche Struktur wie die Funktion ∆F∆CTA_CV auf. Allerdings enthält das erste Element des Rückgabeparameters der ∆F∆CTA_CHAR eine 0, wenn die eingegebene Zeichenkette keinen Zeichenskalar repräsentiert.

```
[0]  ∆Z←∆F∆CTA_CHAR ∆R;∆ANS;∆RA
[1]  ⍝ Ueberprueft, ob ∆ANS eine Zeichenkette mit nur einem Zeichen
[2]  ⍝ ist. Gibt bei Erfolg grundsaetzlich ein APL2-Zeichen
[3]  ⍝ (keinen einelementigen Vektor) zurueck.
[4]  ⍝
[5]  (∆ANS ∆RA)←∆R               ⍝ Antwort Wertebereich
[6]  →(~∆RA≡'')/∆1               ⍝ Wertebereich muss fuer CHAR leer sein!
[7]  →(~(,1)≡⍴∆ANS)/∆FAIL        ⍝ Antwort enthaelt mehr als ein Zeichen?
[8]  ∆Z←1(↑∆ANS)                 ⍝ Erfolg (Erste Zeichen)
[9]  →0
[10] ∆FAIL:∆Z←0 ''               ⍝ Misserfolg (leer)
[11] →0
[12] ∆1:∆S∆ERROR '∆F∆CTA_CHAR'   ⍝ FATALER SYSTEMFEHLER
```

Die Funktion ∆F∆CTA_VCV partitioniert eine Zeichenkette bei Kommata und Leerzeichen und gibt einen genesteten Vektor zurück, dessen Elemente Zeichenketten repräsentieren. Man

[5] Manche Autoren empfehlen die grundsätzliche Vermeidung von Funktionen wie *execute* und *execute alternate*. Einerseits können Programme, die *execute*-Aufrufe enthalten, nicht in ausführbare Dateien kompiliert werden (Budd 1988, Ching 1986). Außerdem sind Programme mit *execute* Aufrufen gegenüber Programmen mit Verzweigungen meistens langsamer (Mansour 1989). Andererseits gehört die Verwendung von *execute*-ähnlichen Konstrukten wie Lambda-Ausdrücke in Lisp und Funktor-Konstrukte in Prolog zumindest für Programmieraufgaben aus dem Bereich der künstlichen Intelligenz zum Standardrepertoire der Programmiermethodologie.

beachte, daß Zeichenketten, die nur ein Wort enthalten, ebenfalls in einen genesteten Vektor transformiert werden, der nur ein Element enthält. Damit transformiert `ΔFΔCTA_VCV` die eingegebene Zeichenkette immer in einen Vektor der Tiefe 2.

```
[0]  ΔZ←ΔFΔCTA_VCV ⍙R;⍙ANS;⍙RA
[1]  ⍝ Ueberprueft,ob ⍙ANS eine Zeichenkette ist, die im Wertebereich
[2]  ⍝ ⍙RA liegt. Gibt bei Erfolg grundsaetzlich einen genesteten Vektor
[3]  ⍝ von Zeichenketten zurueck.
[4]  ⍝
[5]  (⍙ANS ⍙RA)←⍙R                    ⍝ Zeichenkette Wertebereich
[6]  →(~⍙RA≡'')/⍙1                    ⍝ Wertebereich muss leer sein!
[7]  ⍙ANS←(~⍙ANS∊' ,')⊂⍙ANS           ⍝ Partitioniere bei ' ' und ','
[8]  ΔZ←1 ⍙ANS                        ⍝ Erfolg (genesteter Vektor)
[9]  →0
[10] ⍙1:ΔSΔERROR 'ΔFΔCTA_VCV'         ⍝ FATALER SYSTEMFEHLER
```

Die Struktur der Funktion `ΔFΔCTA_SET` ist bereits komplizierter, da Mengenspezifikationen mit Synonymen berücksichtigt werden müssen. Synonymspezifikationen sind dadurch erkennbar, daß der zur `RANGE:`-Direktive korrespondierende Eintrag `3⊃I⊃ΔPINFO`, der als lokale Variable `⍙RA` übergeben wird, eine Tiefe von 3 besitzt. Glatte Mengenspezifikationen weisen hingegen eine Tiefe von 2 auf. Konsequenterweise enthält die Funktion eine Fallunterscheidung zwischen glatten und genesteten Mengenspezifikationen.

```
[0]  ΔZ←ΔFΔCTA_SET ⍙R;⍙ANS;⍙RA;⍙BP
[1]  ⍝ Ueberprueft, ob ⍙ANS ein zulaessiges Element einer Mengen-
[2]  ⍝ spezifikation ist. Gibt bei Erfolg grundsaetzlich den Hauptwert
[3]  ⍝ (d.h. das 1-te Element einer Synonymliste) zurueck.
[4]  ⍝
[5]  (⍙ANS ⍙RA)←⍙R                ⍝ Zeichenkette Wertebereich(Menge)
[6]  →(⍙RA≡'')/⍙1                 ⍝ Mengenspezifikation muss vorliegen
[7]  →(⍙SMP ⍙NST ⍙1)[2 3⍳≡⍙RA]    ⍝ Menge: einfach genestet Systemfehler
[8]  ⍙SMP:→((⊂⍙ANS)∊⍙RA)/⍙SUC     ⍝ Antwort in Menge?
[9]  →⍙FAIL
[10] ⍙NST:→(~∨/⍙BP←((⊂⊂⍙ANS)∨.∊¨⍙RA))/⍙FAIL
....                              ⍝ Antwort in Subvektor (Synonym)
[11] ⍙ANS←↑↑⍙BP/⍙RA               ⍝ Nehme Hauptwert!
[12] ⍙SUC:ΔZ←1 ⍙ANS               ⍝ Erfolg Antwort(Zeichenkette)
[13] →0
[14] ⍙FAIL:ΔZ←0 ''                ⍝ Misserfolg leer
[15] →0
[16] ⍙1:ΔSΔERROR 'ΔFΔCTA_SET'     ⍝ FATALER SYSTEMFEHLER
```

`ΔFΔCTA_SET` verwendet das APL2-Idiom `⍙BP←((⊂⊂⍙ANS)∨.∊¨⍙RA)`, mit dem ein boolescher Vektor der Länge `⍴⍙RA` erzeugt wird. `⍙BP` enthält maximal eine `1`. Stimmt die als Argument übergebene Zeichenkette `⍙ANS` mit einem Element des `I`-ten Synonymblocks `I⊃⍙RA` überein, so wird das Bit `⍙BP[i]` auf `1` gesetzt. Damit kann der zur Antwort korrespondierende Hauptwert des `I`-ten Synonymblock (das erste Element) direkt durch `↑↑ ⍙BP/⍙RA` bestimmt werden. Dieser Hauptwert wird bei fehlerfreier Selektion zusammen mit der booleschen Erfolgsflagge `1` an die aufrufende Funktion `ΔFΔCHECKFIXANS` zurückgegeben.

Die für numerische Typen (INT, VINT, NUM und VNUM) verwendeten Test- und Transformationsfunktionen bauen teilweise aufeinander auf, um redundante Kodesegmente zu vermeiden. Am einfachsten ist ∆F∆CTA_NUM:

```
[0]  ∆Z←∆F∆CTA_NUM ∆R;∆ANS;∆RA
[1]  ⍝ Ueberprueft, ob ∆ANS eine Zahl ist, die im Wertebereich ∆RA
[2]  ⍝ liegt. Gibt bei Erfolg grundsaetzlich einen numerischen Skalar
[3]  ⍝ zurueck.
[4]  (∆ANS ∆RA)←∆R              ⍝ Zeichenkette Wertebereich
[5]  →(~∆NUMSTR∆ ∆ANS)/∆FAIL    ⍝ Zeichenkette repraesentiert keine Zahl?
[6]  '→∆FAIL' ⎕EA '∆ANS←',∆ANS ⍝ Zeichenkette zu Zahl, sonst Fehler
[7]  →(∆RA≡'')/∆SUC             ⍝ OK, falls kein Wertebereich
[8]  →((∆ANS<∆RA[1])∨∆RA[2]<∆ANS)/∆FAIL  ⍝ Antwort ausserhalb [MIN,MAX]?
[9]  ∆SUC:∆Z←1 ∆ANS             ⍝ Erfolg Zahl
[10] →0
[11] ∆FAIL:∆Z←0 ''              ⍝ Misserfolg leer
[12] →0
```

Mit der Funktion ∆F∆CTA_NUM wird getestet, ob die durch den Benutzer eingegebene Zeichenkette eine als Zeichenkette repräsentierte Zahl (etwa '¯0.023') darstellt. Dieser Test wird mit Hilfe der im Anhang definierten Hilfsfunktion ∆NUMSTR∆ durchgeführt. Man beachte, daß die Funktion ∆NUMSTR∆ einen APL2-Symbolnamen, der einen im Arbeitsbereich abgespeicherten numerischen Skalar repräsentiert, nicht als numerische Eingabe klassifiziert. Damit führt eine Eingabe der Zeichenkette 'INF' auch dann zu einer Fehlermeldung, wenn die Variable INF im Arbeitsbereich existiert und mit einem numerischen Skalar belegt ist[6]. Repräsentiert ∆ANS eine Zahl, so wird die Zeichenkette kontrolliert durch ⎕EA in einen Gleitkommaskalar umgewandelt (Zeile [6]). Zusätzlich wird ein Wertebereichtest (Zeile [8]) durchgeführt, sofern die Variablenspezifikation eine durch RANGE: festgelegte Wertebereichrestriktion (~∆RA≡'') enthält.

Die Test- und Selektionsfunktion ∆F∆CTA_INT für ganzzahlige Skalare (TYP:INT) ruft die Funktion ∆F∆CTA_NUM auf und testet zusätzlich, ob die eingegebene Zahl auch ganzzahlig ist.

```
[0] ∆Z←∆F∆CTA_INT ∆R;∆B;∆ANS
[1] ⍝ Ueberprueft, ob ∆ANS eine ganze Zahl ist, die im Wertebereich
[2] ⍝ ∆RA liegt. Gibt bei Erfolg grundsaetzlich einen ganzzahligen
[3] ⍝ Skalar zurueck.
[4] (∆B ∆ANS)←∆Z←∆F∆CTA_NUM ∆R  ⍝ Teste auf zulaessige Gleitkommazahl!
[5] →(~∆B)/0                     ⍝ Keine Zahl?
[6] ⍎(∆ANS≠⌈∆ANS)/'∆Z←0 '''''    ⍝ Teste auf Ganzzahligkeit!
```

[6] Der Übersetzer akzeptiert hingegen eine RANGE:-Direktive mit einem Symbolnamen. Die Möglichkeit zur Eingabe von Symbolnamen in der Benutzerinteraktionskomponente wird aus folgendem Grund unterdrückt: Endbenutzer eines Expertensystems sind im Gegensatz zu Expertensystementwickler, die die in diesem Buch beschriebene Shell benutzen, nicht mit APL2 vertraut. Außerdem kennen Endbenutzer nicht alle im System verwendeten Symbolnamen. Diese Einschränkung bedeutet natürlich nicht, daß Endbenutzer keine Symbolnamen anstelle von Zahlen eingeben dürfen. Allerdings muß eine derartige Substitution explizit durch den Entwickler einer Expertensystemdefinition programmiert werden, indem durch CV oder VCV typisierte Variablen durch eine eingebettete Regelwerkfunktion in ein numerisches Feld umgewandelt werden.

`ΔFΔCTA_VNUM` wird zum Testen und zur Entnahme von numerischen Vektoren verwendet und gibt bei Erfolg immer einen numerischen, möglicherweise einelementigen Vektor zurück.

```
[0]  ⍙Z←ΔFΔCTA_VNUM ⍙R;⍙ANS;⍙RA
[1]  ⍝ Ueberprueft, ob ⍙ANS eine Zeichenkette ist, die einen Vektor
[2]  ⍝ von Zahlen repraesentiert. Gibt bei Erfolg grundsaetzlich einen
[3]  ⍝ Vektor von Gleitkommazahlen zurueck.
[4]  ⍝
[5]  (⍙ANS ⍙RA)←⍙R                    ⍝ Antwort Wertebereich
[6]  ⍝ Partitioniere bei Kommata und Leerzeichen. Ergibt genesteten
[7]  ⍙ANS←(~⍙ANS∊' ,')⊂⍙ANS           ⍝          Vektor von Zeichenketten
[8]  →(~∧/ΔNUMSTRΔ¨⍙ANS)/⍙FAIL        ⍝ Nichtnumerischer Vektor?
[9]  '→⍙FAIL' ⎕EA '⍙ANS←⍎¨⍙ANS'      ⍝ Jeden Subvektor zu Zahl
[10] →(⍙RA≡'')/⍙SUC                   ⍝ OK, falls kein Wertebereich
[11] →((⍙RA[1]>⌊/⍙ANS)∨⍙RA[2]<⌈/⍙ANS)/⍙FAIL   ⍝ Teste auf Wertebereich
[12] ⍙SUC:⍙Z←1 ⍙ANS                   ⍝ Erfolg (numerischer Vektor)
[13] →0
[14] ⍙FAIL:→⍙Z←0 ''                   ⍝ Misserfolg leer
```

`ΔFΔCTA_VNUM` stimmt weitgehend mit der Funktion `ΔFΔCTA_NUM` überein. Allerdings wird die als Zeichenkette repräsentierte Antwort `⍙ANS` zuerst bei Kommata und Leerzeichen in einen genesteten Vektor von Zeichenketten partitioniert (Zeile `[7]`). Anschließend werden die einzelnen Komponenten elementweise durch die Verwendung von *each* mit `ΔNUMSTRΔ` getestet (Zeile `[8]`) und durch *execute* kontrolliert in Zahlen transformiert (Zeile `[9]`). Beim Wertebereichtest muß allerdings berücksichtigt werden, daß alle Komponenten eines numerischen Vektors getestet werden müssen (Zeile `[11]`).

Die Aufgabe der Funktion `ΔFΔCTA_VINT` unterscheidet sich gegenüber der Funktion `ΔFΔCTA_NUM` lediglich durch einen zusätzlichen Test, mit dem geprüft wird, ob alle Komponenten ganze Zahlen enthalten.

```
[0] ⍙Z←ΔFΔCTA_VINT ⍙R;⍙B;⍙ANS
[1] ⍝ Ueberprueft, ob ⍙ANS eine Zeichenkette ist, die einen Vektor von
[2] ⍝ ganzen Zahlen repraesentiert. Gibt bei Erfolg grundsaetzlich
[3] ⍝ einen Vektor von ganzen Zahlen zurueck.
[4] ⍝
[5] (⍙B ⍙ANS)←⍙Z←ΔFΔCTA_VNUM ⍙R          ⍝ Teste auf numerischen Vektor
[6] →(~⍙B)/0                             ⍝ Kein numerischer Vektor?
[7] ⍎(⍙ANS∨.≠⌈⍙ANS)/'⍙Z←0 '''''          ⍝ Teste auf Ganzzahligkeit
```

4.4.3 Informationskomponenten der Benutzeroberfläche

Dieser Abschnitt enthält eine Implementation der bereits in Abschnitt 4.4.1 angegebenen Informationskomponenten des Inferenzinterpreters. Die zum Shellkommando `)HELP` assoziierte Funktion `ΔFΔCALLHLP`, die durch `ΔFΔASKUSER1` aufgerufen wird, gibt lediglich einen Hilfstext auf dem Bildschirm aus.

```
[0]  ΔFΔCALLHLP;ΔH
[1]  ⍝ Hilfstext fuer Interaktionsmodus
[2]  ⍝
[3]  ΔH←'Geben Sie eine Antwort oder ein mit '')'' beginnendes'
[4]  ΔH←⊂ΔH,' Shellkommando ein:'
[5]  ΔH←ΔH,⊂'    )HALT'
[6]  ΔH←ΔH,⊂'       Beendigt die Konsultation.'
[7]  ΔH←ΔH,⊂'    )APL2 [optionaler APL2-Ausdruck]'
[8]  ΔH←ΔH,⊂'       Ruft den APL2-Interpreter auf.'
[9]  ΔH←ΔH,⊂'    )LEXICON [optionaler Schluessel]'
[10] ΔH←ΔH,⊂'       Ruft das interaktive Lexikon auf.'
[11] ΔH←ΔH,⊂'    )RULE [optionaler Regelname]'
[12] ΔH←ΔH,⊂'       Ruft den Regelbrowser auf.'
[13] ΔH←ΔH,⊂'    )EXPLAIN [optionale Erklaerungstiefe=ganze Zahl]'
[14] ΔH←ΔH,⊂'       Ruft den Erklaerungsbrowser auf.'
[15] ΔH←ΔH,⊂'    )WHY [optionaler Regel- bzw. Variablenname]'
[16] ΔH←ΔH,⊂'       Gibt Informationen zur aktiven Regel bzw. ueber die'
[17] ΔH←ΔH,⊂'       Verwendung einer Variablen bzw. Regel aus.'
[18] ΔH←ΔH,⊂'    )VAR [optionaler Variablenname]'
[19] ΔH←ΔH,⊂'       Ruft den Variablenbrowser auf.'
[20] ΔH←ΔH,⊂'    )VARINFO'
[21] ΔH←ΔH,⊂'       Informationen zur laufenden Variablen.'
[22] ΔH←ΔH,⊂'    )HELP'
[23] ΔH←ΔH,⊂'       Diese Information.'
[24] ΔPROMPTMSGΔ⊃ΔH  ⍝ Ausgabe des Hilfsmenus
```

Gibt der Endbenutzer eine fehlerhafte Zeichenkette ein, so wird die Systemmeldung `*** UNZULAESSIGE EINGABE ***` ohne weitere Erläuterungen durch `ΔFΔASKUSER1` ausgegeben und eine neue Eingabe angefordert. Die Fehlermeldung ist aufgrund der fehlenden Diagnose der Fehlerursache recht knapp. In der Regel werden Eingabefehler aber ohnehin durch Tippfehler verursacht, so daß der Fehler unmittelbar korrigiert werden kann. Gelegentlich wird eine durch eine `PROMPTSTR:`-Direktive spezifizierte Benutzeranforderung mißverstanden. Dieser Fall tritt insbesondere bei unzureichend spezifizierten Benutzeranforderungen wie

```
PROMPTSTR: 'Erstklassige Sicherheiten '
```

auf, bei denen ohne eine weitere Beschreibung nicht klar ist, ob ein numerischer Wert oder eine ordinale Bewertung auf einer Notenskala wie `sehr gut`, `gut` etc. eingegeben werden muß.

Ein zweites Problem bei der Variablenabfrage besteht darin, daß ein Benutzer durch die Eingabe eines Shellkommandos ein Submodul wie den APL2-Subsetinterpreter aufrufen kann. Nach der Beendigung eines Subset-Modus hat der Endbenutzer die ursprünglich abgefragte Variable meistens wieder vergesssen. Dies spielt überhaupt keine Rolle, wenn ein einzeiliges Anfragemuster festgelegt wurde, da in diesem Fall die Anfragezeichenkette wiederholt ausgegeben wird. Mehrzeilige Prompttexte werden hingegen nur bei der Erstabfrage ausgegeben. In APL2-Umgebungen ohne Sitzungsmanager besteht aber keine Möglichkeit zum Zurückblättern.

Daher wurde das Shellkommando `)VARINFO` implementiert, mit dem eine Kurzbeschreibung mit Hilfe der in `ΔPINFO` abgespeicherten Information (Name, Typ, Wertebereich und Testfunktion) ausgegeben wird.

```
[0]  ∆F∆CALLVINF ⍙R;⍙VN;⍙TY;⍙RA;⍙PS;⍙CH
[1]  ⍝ Gibt Informationen ueber die laufende Variable aus
[2]  ⍝
[3]  (⍙VN ⍙TY ⍙RA ∆PS ⍙CH)←⍙R
[4]  ∆PROMPTMSG∆ '  Variable                = ',⍙VN
[5]  ⍎(~0∊ρ⍙TY)/'∆PROMPTMSG∆ ''  Typ               = '',∆TY'
[6]  ⍎(~0∊ρ⍙RA)/'∆PROMPTMSG∆ '' Wertebereich       = '',⊂⍕⊃⍙RA'
[7]  ⍎(~0∊ρ⍙CH)/'∆PROMPTMSG∆ ''  Testfunktion      = '',∆CH'
[8]  →(0∊ρ⍙PS)/0
[9]  ∆PROMPTMSG∆ '  Eingabeanforderung = ',⍕↑(1=ρ⍙PS)/⍙PS
[10] ⍎(1≠ρ⍙PS)/'∆PROMPTMSG∆¨⍙PS'
```

Die durch ∆F∆CALLVINF generierte Bildschirmausgabe gibt lediglich die in den einzelnen Komponenten von ∆PINFO abgespeicherten Informationen aus. Daher muß der Endbenutzer mit der Bedeutung der durch INT, VINT etc. charakterisierten Datentypen vertraut sein. Allerdings kann die Informationsqualität sehr einfach erhöht werden, indem die einzelnen, hier im Rohformat ausgegebenen Informationssegmente durch Fallunterscheidungen mit natürlichsprachlichen Erklärungstexten ergänzt bzw. überschrieben werden.

Gelegentlich benötigt der Endbenutzer die während einer Konsultation bereits durch den Inferenzinterpreter abgeleiteten Schlußfolgerungen. Daher besteht die Möglichkeit, daß in jedem Inferenzschritt der Konsultation erweiterte Inferenzprotokoll ∆FELOG mit Hilfe des Shellkommando)EXPLAIN partiell oder vollständig auszugeben. ∆FELOG enthält neben den durch ∆F∆RULEEXPLAIN erzeugten Texten auch alle Benutzereingaben. Die Ausgabe des Inferenzprotokolls startet immer mit dem letzten Eintrag, da der Benutzer üblicherweise eher an den zuletzt abgeleiteten Informationen interessiert ist. Bei der Eingabe des Shellkommandos)EXPLAIN kann eine optionale Erklärungstiefe angegeben werden. Damit verursacht die Eingabe von)EXPLAIN 4 die automatische Ausgabe der vier letzten Einträge aus dem Inferenzprotokoll. Wird keine Erklärungstiefe angegeben, so fragt der Interpreter nach der Ausgabe eines Eintrags ab, ob weitere Erklärungen gewünscht werden. Damit kann mit der EXPLAIN-Erklärungskomponente verfolgt werden, welche Schritte der Interpreter zur Ableitung von Zwischen- bzw. Endresultaten benötigte.

```
[0]  ∆F∆CALLEXP ⍙CMD;⍙B;⍙I;⍙T;⍙ITEM
[1]  ⍝ Interaktive Erklaerungskomponente. Gibt (⍎⍙CMD) Erklaerungs-
[2]  ⍝ schritte aus, wenn ⍙CMD nicht leer ist. Andernfalls wird
[3]  ⍝ temporaer in den Erklaerungsmodus verzweigt.
[4]  ⍝
[5]  →(0∊ρ∆FELOG)/⍙1                  ⍝ Noch keine Erklaerung verfuegbar?
[6]  →(⍙B←0∊ρ⍙CMD)/⍙EXPMODE           ⍝ Keine Erklaerungstiefe angegeben?
[7]  →(~⍙NUMSTR∆ ⍙CMD)/⍙2              ⍝ Keine Zahl?
[8]  ⍙T←⍎⍙CMD                          ⍝ ⍙T ist Zahl
[9]  →((⍙T≤0)∨⍙T≠⌈⍙T)/⍙2               ⍝ Keine positive ganze Zahl?
[10] ⍙T←⍙T⌊ρ∆FELOG                     ⍝ Maximale Protokolltiefe!!!
[11] →⍙START
[12] ⍙EXPMODE:∆PROMPTMSG∆ 'Interaktive Erklaerungskomponente'
[13] ⍙T←ρ∆FELOG                        ⍝ Maximale Erklaerungstiefe
...
```

```
...
[14] ΔSTART:ΔI←0
[15] ΔLOOP:→(ΔT<ΔI←ΔI+1)/Δ3          ⍝ Keine Eintraege mehr (gewuenscht)?
[16] ΔITEM←⊃2⊃ΔI⊃⌽ΔFELOG             ⍝ Selektiere Eintrag von hinten
[17] ΔPROMPTMSGΔ '*** ERKLAERUNG ***' ΔOVERΔ ΔITEM
[18] →(~ΔB)/ΔLOOP                    ⍝ Erklaerungstiefe angegeben?
[19] ΔASK:ΔCMD←ΔDLBΔ ΔPROMPTΔ 'Weitere Erklaerungen (J/N)? '
[20] →('JYjy'∨.=↑ΔCMD)/ΔLOOP         ⍝ 'J' Antwort?
[21] →('Nn'∨.=↑ΔCMD)/0               ⍝ 'N' Antwort?
[22] ΔPROMPTMSGΔ '*** FEHLER: unzulaessige Antwort ***'
[23] →ΔASK
[24] Δ1:ΔPROMPTMSGΔ 'Keine Erklaerungen verfuegbar'
[25] →0
[26] Δ2:ΔPROMPTMSGΔ 'Argument ist keine natuerliche Zahl'
[27] →0
[28] Δ3:ΔPROMPTMSGΔ 'Keine weiteren Erklaerungen im Inferenzprotokoll'
[29] →0
```

Der Inferenzinterpreter `FORWARD` ruft die Erklärungsfunktion `ΔFΔCALLEXP` nach Abschluß der Konsultation automatisch auf, wenn die Rekursionstiefe 1 beträgt (oberste Aufrufebene) und die Bildschirmausgabe nicht durch das Setzen der Flagge `Δfscr←0` unterdrückt wird.

Das durch `FORWARD` generierte globale Inferenzprotokoll `ΔFELOG` kann nach Abschluß der Konsultation auch durch den Aufruf der Funktion `EXPLAIN` von der APL2-Interpreterebene ausgegeben werden.

```
[0] EXPLAIN
[1] ⍝ Erklaerungsfunktion. Umhuellungsfunktion fuer ΔFΔCALLEXP.
[2] ΔFΔCALLEXP ''        ⍝ Impliziter Zugriff auf ΔFELOG!!!
```

Dic Frage, *wie* ein Inferenzalgorithmus zu einem bestimmten Resultat gekommen ist, läßt sich immer sehr einfach durch eine sequentielle Ausgabe der einzelnen Inferenzschritte beantworten. Inferenzprotokolle sind allerdings für Endbenutzer in der Regel nur dann verständlich, wenn die in `IF:`- und `THEN:`-Sektionen angegebenen APL2-Bedingungen und Aktionen durch die mit `EXP:`-Direktiven festgelegten Erklärungen überschrieben werden.

Die Frage, *warum* der Interpreter einen Variablenwert abfragt, ist schwieriger zu beantworten. Zum einen wird die Reihenfolge der Variablenwertabfragen durch die eher intransparente Konfliktresolutionsfunktion festgelegt. Zum anderen wird ein Variablenwert normalerweise in mehreren Regeln als Inputvariable benötigt. Eine zunächst naheliegende Idee ist die Repräsentation von *Warum*-Erklärungen durch vorformulierte Muster innerhalb von `PROMPTABLE:`-Blöcken. Dieser Ansatz kann dadurch implementiert werden, indem ein `PROMPTABLE:`-Block innerhalb der Regelwerkdefinition durch einen `WHY:`-Subblock ergänzt wird. Damit ließe sich eine Abfrage in einem Kreditevaluationssystem etwa durch folgendes Regelwerksegment spezifizieren:

```
PROMPTABLE: EINLAGENIW
   TYP:        INT
   RANGE:      0 1E10
   PROMPTSTR: 'Einlagen inlaendischer Waehrung (in DM) '
   WHY:       'Die Hoehe der Einlagen inlaendischer Waehrungen wird zur'
              'Bestimmung der Sicherheiten erster Klasse benoetigt.'
```

Dieses Konzept, das in einer früheren Implementation der regelbasierten Expertensystemshell benutzt wurde, führt allerdings zu einem grundlegenden Problem: Eine WHY:-Spezifikation innerhalb eines PROMPTABLE:-Blocks ermöglicht lediglich eine Ausgabe eines Erklärungstextes, *warum* die *laufende* Variable abgefragt wird[7]. Normalerweise genügt diese Angabe nicht, da der assoziierte Text in der Regel auf ein Zwischenziel verweist. Konsequenterweise benötigen Endbenutzer nach der Ausgabe des durch WHY: festgelegten Textsegmentes eine Information, *warum* der Regelinterpreter die Sicherheiten erster Klasse bestimmen muß. Zwischenzielvariablen werden fast immer für eine ganze Serie von Regeln als Inputvariablen benötigt und außerdem nur in den seltensten Fällen als abfragbare Variablen klassifiziert. Daher müßte man mit einer zusätzlichen Direktive die Funktion aller zu Zwischenzielen korrespondierenden Regelwerkvariablen charakterisieren. Dieses Konzept erfordert somit eine sehr umfangreiche Regelwerkspezifikation.

Daher enthält der Regelwerkinterpreter lediglich ein sehr einfaches *Why*-Modul zur Ausgabe der Zusammenhangsstrukturen einer Expertensystemdefinition. Die zur Ausgabe der Zusammenhangsstrukturen implementierte Funktion ∆F∆CALLWHY kann mit dem Shellkommando)WHY aufgerufen werden, wobei auch ein optionaler Parameter angegeben werden darf. Tabelle 4.6 beschreibt die Bedeutung der drei möglichen Aufrufformate:

Aufruf	Bedeutung
)WHY	Gibt die zur Zeit aktive Regel aus, für deren Exekution die laufende Variable benötigt wird. Zusätzlich wird ausgegeben, welche Outputvariablen generiert bzw. modifiziert werden, wenn die aktive Regel erfolgreich exekutiert wird. (Diese Information wird aus der Systemvariablen ∆RINFO entnommen.)
)WHY rname	Gibt die Namen aller Outputvariablen an, die durch eine erfolgreiche Exekution der Regel mit dem Namen rname generiert bzw. modifiziert werden.
)WHY vname	Gibt die Namen aller Regeln aus, in denen die Variable mit dem Namen vname als Inputvariable benötigt wird. (Diese Information wird aus der Systemvariablen ∆IMAT generiert).

Tabelle 4.6: Aufrufformate der *Why*-Komponente

Die in der Funktion ∆F∆CALLWHY verwendeten Hilfsfunktionen ∆OVER∆ und ∆TABLENCV∆ dienen ausschließlich zur Verkettung bzw. Formatierung von Zwischenergebnissen und werden im Anhang abgedruckt.

[7] Daher kann man den in einem WHY:-Block angegebenen Text auch ohne weiteres zum PROMPTSTR:-Block hinzufügen.

```
∆F∆CALLWHY ⍙CMD;⍙I;⍙OV;⍙IV;⍙T
⍝ Gibt Informationen ueber die Zusammenhaenge zwischen Regeln
⍝ und Variablen aus.
⍝
→(~⍙CMD≡'')/⍙SEL                      ⍝ Kommando verfuegbar?
⍙I←(↑¨∆RINFO)⍳⊂⍙ar                    ⍝ Index der Regel ⍎⍙ar
⍙OV←3⊃⍙I⊃∆RINFO                       ⍝ Outputvariablen
⍙T←'Aktive Variable im Inferenzinterpreter = ',⍙vn
⍙T←⍙T ∆OVER∆ 'Aktive Regel im Inferenzinterpreter    = ',⍙ar
⍙T←⍙T ∆OVER∆ 'Regel ',⍙ar,' wird zur Bestimmung der folgenden'
⍙T←⍙T ∆OVER∆ 'Variablen benoetigt:'
⍙T←⍙T ∆OVER∆⍕79 ∆TABLENCV∆ ⍙OV
∆PROMPTMSG∆ ⍙T
→0
⍝ Regel? Variable? Unbekannt?
⍙SEL:→(⍙TRUL ⍙TVAR ⍙1)[((⊂⊂⍙CMD)∊¨(∆RULES ∆VARS))⍳1]
⍙TRUL:                                 ⍝ ⍙CMD enthaelt Regelnamen
⍙I←(↑¨∆RINFO)⍳⊂⍙CMD                   ⍝ Index der Regel ⍎⍙CMD
⍙OV←3⊃⍙I⊃∆RINFO                       ⍝ Outputvariablen
⍙T←'Regel ',⍙CMD,' wird zur Bestimmung der folgenden'
⍙T←⍙T ∆OVER∆ 'Variablen benoetigt:'
⍙T←⍙T ∆OVER∆⍕79 ∆TABLENCV∆ ⍙OV
∆PROMPTMSG∆ ⍙T
→0
⍙TVAR:                                 ⍝ ⍙CMD enthaelt Variablenamen
⍙I←∆VARS⍳⊂⍙CMD                        ⍝ Index der Variablen ⍎⍙CMD
⍙IV←∆IMAT[;⍙I]/∆RULES                 ⍝ Regeln mit ⍎⍙CMD als Input
⍙T←'Variable ',⍙CMD,' wird als Inputvariable fuer folgende Regeln'
⍙T←⍙T ∆OVER∆ 'benoetigt:'
⍙T←⍙T ∆OVER∆∊⍕79 ∆TABLENCV∆ ⍙IV
∆PROMPTMSG∆ ⍙T
→0
⍙1:∆PROMPTMSG∆ 'Symbol ',⍙CMD,' unbekannt'
```

Die Bedeutung der durch den Aufruf der Funktion ∆F∆CALLWHY ausgegebenen Variablen- und Regelnamen ist für Endbenutzer einer Expertensystemdefinition nur dann unmittelbar ersichtlich, wenn die Namen selbsterklärend sind. Allerdings ist eine selbsterklärende Benennung von Variablen und Regeln fast immer sehr schwierig. Daher enthält das System zwei Submodule, mit denen man Regelwerke und Variablenbelegungen ausgeben kann.

Durch das Shellkommando)RULE wird die Funktion ∆F∆CALLRUL aufgerufen, die das mit einer Regel assoziierte und durch ∆F∆RULEEXPLAIN extrahierte Regelwerk auf dem Bildschirm ausgibt.

```
[0]  ΔFΔCALLRUL ⍙CMD;⍙B;⍙MSG
[1]  ⍝ Interaktiver Regelbrowser. Gibt die zur Regel ⍙CMD korres-
[2]  ⍝ pondierende Erklaerung aus, wenn ⍙CMD nicht leer ist. Sonst
[3]  ⍝ temporaere Verzweigung in den Regelbrowser-Modus.
[4]  ⍝
[5]  →(⍙B←0∊⍴⍙CMD)/⍙RULMODE                ⍝ Keine Regel angegeben?
[6]  →(~(⊂⍙CMD)∊↑¨ΔRINFO)/⍙1               ⍝ Regel nicht bekannt?
[7]  ΔPROMPTMSGΔ 1 ΔFΔRULEEXPLAIN ⍙CMD    ⍝ Gebe Regel aus
[8]  →0
[9]  ⍙RULMODE:⍙MSG←'Regelbrowser. Hilfe mit )HELP, zurueck mit )RETURN'
[10] ΔPROMPTMSGΔ '>>> ',⍙MSG,' <<<'
[11] ⍝ Kommandoabfrage
[12] ⍙LOOP:⍙CMD←ΔPROMPTΔ 'REGELNAME> '
[13] ⍙CMD←⍙CMD~' '                          ⍝ Leerzeichen entfernen
[14] →(')RETURN' ')HELP'≡¨⊂⍙CMD)/⍙EXIT ⍙HLP
[15] →(~(⊂⍙CMD)∊↑¨ΔRINFO)/⍙1               ⍝ Regel nicht bekannt?
[16] ΔPROMPTMSGΔ 1 ΔFΔRULEEXPLAIN ⍙CMD    ⍝ Gebe Regel aus
[17] →⍙LOOP
[18] ⍙1:ΔPROMPTMSGΔ 'Regel ',⍙CMD,' ist nicht bekannt'
[19] →(⍙EXIT ⍙HLP)[0 1⍳⍙B]
[20] ⍙S:ΔSΔERROR 'ΔFΔCALLRUL'             ⍝ FATALER SYSTEMFEHLER
[21] →0
[22] ⍙HLP:⍙MSG←'Folgende Regeln koennen abgefragt werden'
[23] ⍙MSG←⍙MSG ΔOVERΔ⍕79 ΔTABLENCVΔ↑¨ΔRINFO
[24] ΔPROMPTMSGΔ ⍙MSG
[25] →⍙LOOP
[26] ⍙EXIT:→0
```

Ist anstelle der Ausgabe der `IF:-THEN:` Regel eine Ausgabe der nach `EXP:` abgespeicherten Erklärung erwünscht, so müssen die Aufrufe von `1 ΔFΔRULEEXPLAIN ⍙CMD` in den Zeilen `[7,16]` zu `0 ΔFΔRULEEXPLAIN ⍙CMD` abgeändert werden. Dabei können allerdings Probleme mit eingebetteten Variablen auftreten. Die Werte von Regelwerkvariablen werden durch die Funktion `ΔFΔCALLVAR` ausgegeben, die durch das Shellkommando `)VAR` bzw. `)VAR regelwerkvariablenname` aufgerufen wird.

```
[0]  ΔFΔCALLVAR ⍙CMD;⍙KV;⍙MSG
[1]  ⍝ Variablenbrowser. Gibt den Inhalt der in ⍙CMD enthaltenen
[2]  ⍝ Variablen aus, wenn ⍙CMD nicht leer ist. Andernfalls temporaere
[3]  ⍝ Verzweigung in den Browsermodus.
[4]  ⍝
[5]  ⍙KV←ΔVARS~(2≠⎕NC¨ΔVARS)/ΔVARS   ⍝ Bereits bestimmte Regelwerkvars
[6]  →(0∊⍴⍙CMD)/⍙VARMODE             ⍝ Keine Variable angegeben?
[7]  '→⍙1' ⎕EA 'ΔPROMPTMSGΔ ⍕⍎⍙CMD' ⍝ Inhalt der Variablen ⍙VN
[8]  →0
[9]  ⍙VARMODE:
...       ⍙MSG←'Variablenbrowser. Hilfe mit )HELP, zurueck mit )RETURN'
[10] ΔPROMPTMSGΔ '>>> ',⍙MSG,' <<<'
...
```

```
...
[11] ⍝ Kommandoabfrage
[12] ⍙LOOP:⍙CMD←ΔPROMPTΔ 'VARIABLENNAME> '
[13] ⍙CMD←⍙CMD~' '                    ⍝ Leerzeichen entfernen
[14] →(')RETURN' ')HELP'≡¨⊂⍙CMD)/⍙EXIT ⍙HLP
[15] →(~(⊂⍙CMD)∊⍙KV)/⍙2               ⍝ Variable nicht bekannt?
[16] ⍝ Gebe Variableninhalt von ⍙CMD aus (mit Fehlertest)
[17] '→⍙3' ⎕EA 'ΔPROMPTMSGΔ ⍕⍎⍙CMD'
[18] →⍙LOOP
[19] ⍙1:ΔPROMPTMSGΔ '*** FEHLER beim Listen der Variablen ',⍙CMD,' ***'
[20] →⍙EXIT
[21] ⍙2:ΔPROMPTMSGΔ 'Der Wert der Variablen ',⍙CMD,' ist nicht bekannt'
[22] →⍙HLP
[23] ⍙3:ΔPROMPTMSGΔ '*** FEHLER beim Listen der Variablen ',⍙CMD,' ***'
[24] →⍙LOOP
[25] ⍙HLP:⍙MSG←'Folgende Variablen koennen abgefragt werden'
[26] ⍙MSG←⍙MSG ΔOVERΔ⍕79 ΔTABLENCVΔ ⍙KV
[27] ΔPROMPTMSGΔ ⍙MSG
[28] →⍙LOOP
[29] ⍙EXIT:→0
```

Die in LEXIKON:-Blöcken festgelegten Einträge können mit Hilfe der Funktion ΔFΔCALLLEX ausgegeben werden. ΔFΔCALLLEX selektiert den zu einem Schlüsselwort korrespondierenden ITEM:-Eintrag, der durch den Übersetzer als eine Liste von druckbaren APL2-Ausdrücken in der Systemvariablen ΔLINFO abgespeichert wird. Diese Ausdrücke werden durch ΔFΔCALLLEX kontrolliert exekutiert und auf dem Bildschirm ausgegeben.

```
[0]  ΔFΔCALLLEX ⍙CMD;⍙KK;⍙ITEMS;⍙MSG;⍙B
[1]  ⍝ Interaktives Lexikon. Gibt den Eintrag zum Lexikonschluessel
[2]  ⍝ ⍙CMD aus, wenn ⍙CMD nicht leer ist. Andernfalls temporaere
[3]  ⍝ Verzweigung in den Lexikon-Modus.
[4]  ⍝
[5]  ⍙KK←↑¨ΔLINFO                        ⍝ Bekannte Lexikonschluessel
[6]  →(0∊⍴⍙KK)/⍙1                        ⍝ Lexikon nicht verfuegbar?
[7]  →(⍙B←0∊⍴⍙CMD)/⍙LEXMODE              ⍝ Keine Variable angegeben?
[8]  ⍝ Lexikon-Schluessel nicht verfuegbar?
[9]  →(~(⊂⍙CMD)∊⍙KK)/⍙2
[10] ⍝ Selektiere Item zu Schluessel
[11] '→⍙2' ⎕EA '⍙ITEMS←⊃⍎¨2⊃((↑¨ΔLINFO)⍳⊂⍙CMD)⊃ΔLINFO'
[12] ΔPROMPTMSGΔ ⍙ITEMS                   ⍝ Itemausgabe
[13] →0
[14] ⍙LEXMODE:⍙MSG←'Lexikon-Modus. Hilfe mit )HELP, zurueck mit )RETURN'
[15] ΔPROMPTMSGΔ '>>> ',⍙MSG,' <<<'
...
```

```
...
[16] ⍝ Kommandoabfrage
[17] ⍙LOOP:⍙CMD←∆PROMPT∆ 'LEXIKONSCHLUESSEL> '
[18] ⍙CMD←⍙CMD~' '                      ⍝ Leerzeichen entfernen
[19] →(')RETURN' ')HELP'≡¨⊂⍙CMD)/⍙EXIT ⍙HLP
[20] →(~(⊂⍙CMD)∊⍙KK)/⍙2                ⍝ Schluessel nicht bekannt?
[21] ⍝ Selektiere Item zu Schluessel
[22] '→⍙3' ⎕EA '⍙ITEMS←⊃⍎¨2⊃((↑¨∆LINFO)⍳⊂⍙CMD)⊃∆LINFO'
[23] ∆PROMPTMSG∆ ⍙ITEMS
[24] →⍙LOOP
[25] ⍙1:∆PROMPTMSG∆ 'Kein Lexikon verfuegbar'
[26] →0
[27] ⍙2:∆PROMPTMSG∆ 'Lexikonschluessel ',⍙CMD,' ist nicht bekannt'
[28] →(⍙EXIT ⍙HLP)[0 1⍳⍙B]
[29] ⍙3:∆PROMPTMSG∆
....         '*** FEHLER beim Exekutieren des Schluessels ',⍙CMD,' ***'
[30] '→⍙S' ⎕EA
[31]        '∆PROMPTMSG∆ ⊃(⊂''Eintrag ist''),2⊃((↑¨∆LINFO)⍳⊂⍙CMD)⊃∆LINFO'
.... →(⍙EXIT ⍙LOOP)[0 1⍳⍙B]
[32] ⍙S:∆S∆ERROR '∆F∆CALLLEX'           ⍝ FATALER SYSTEMFEHLER
[33] →0
[34] ⍙HLP:⍙MSG←'Folgende Lexikonschluessel koennen abgefragt werden'
[35] ⍙MSG←⍙MSG ∆OVER∆⍕79 ∆TABLENCV∆ ⍙KK
[36] ∆PROMPTMSG∆ ⍙MSG
[37] →⍙LOOP
[38] ⍙EXIT:→0
```

Durch die Eingabe des Shellkommandos `)APL2` wird der APL2-Subsetmodus aufgerufen. Dieser Betriebsmodus stellt keinen wesentlichen Bestandteil der Expertensystemshell dar und kann daher ohne eine Einschränkung der Leistungsfähigkeit des Interpreters eliminiert werden[8]. Zur Entwicklung und Fehlerbereinigung einer Expertensystemdefinition ist der APL2-Subsetmodus hingegen sehr nützlich, um Zwischenberechnungen durchzuführen und Systemschalter abzuändern. Damit besteht zum Beispiel die Möglichkeit, Bildschirmausgaben durch das Shellkommando `)APL2` (`∆fscr←0`) *während* einer Konsultation zu unterdrücken. Außerdem kann man jederzeit Zwischenberechnungen ausführen. Besonders praktisch ist im APL2-Subsetmodus die Möglichkeit, den APL2/PC-Editor `EDIT2` aufzurufen, um Regeln etc. zu editieren.

[8] Bei einer Weitergabe eines Expertensystems an Benutzer, die mit APL2 nicht vertraut sind, ist es sogar empfehlenswert, den APL2-Subsetmodus zu deaktivieren. Dazu sind zwei Änderungen erforderlich: Erstens muß das zum APL2-Subsetmodus korrespondierende Schlüsselwort)APL2 aus der Schlüsselwortliste in ∆F∆ASKUSER1 in Zeile [18] eliminiert werden. Zweitens muß das Label ⍙APL2 in Zeile [21] entfernt werden.

```
[0]  ΔFΔCALLAPL2 ⍙CMD;⍙B;⍙EM
[1]  ⍝ Exekutiert ein APL2-Kommando, wenn ⍙CMD nicht leer ist.
[2]  ⍝ Andernfalls temporaere Verzweigung in den APL2-Submodus.
[3]  ⍝ APL2-Kommandos werden kontrolliert ausgefuehrt.
[4]  ⍝
[5]  →(⍙B←0∊ρ⍙CMD)/⍙APL2MODE
[6]  '→⍙ERROR,,⍙EM←⎕EM' ⎕EA ⍙CMD
[7]  →0
[8]  ⍙APL2MODE:ΔPROMPTMSGΔ '>>> APL2-Submodus. Zurueck mit )RETURN <<<'
[9]  ⍙LOOP:⍙CMD←ΔPROMPTΔ 'APL2> '
[10] →(')RETURN'≡⍙CMD~' ')/0
[11] '→⍙ERROR,,⍙EM←⎕EM' ⎕EA ⍙CMD
[12] →⍙LOOP
[13] ⍙ERROR:ΔPROMPTMSGΔ 'APL2-Submodus-Fehler'
[14] ΔPROMPTMSGΔ ⍙EM
[15] →⍙B/⍙LOOP
```

Das exakte Verhalten der einzelnen Benutzerinteraktionskomponenten wird im nächsten Kapitel durch eine Reihe von Protokollen exemplarisch illustriert.

Kapitel 5

Beispiele

5.1 Hilfsfunktionen

Dieses Kapitel enthält eine Reihe von kurzen Beispielen, mit denen die Leistungsfähigkeit der regelbasierten Expertensystemshell demonstriert wird. Vor der Beschreibung der einzelnen Regelwerke dieser Beispiele werden zuerst die in Tabelle 2.1 angegebenen Hilfsfunktionen implementiert, die teilweise zur Programmierung der Beispiele benötigt werden.

```
FUNCTION:
   B←TRUE
   ⍝ 'Quasivariable' fuer WAHR
   B←1


FUNCTION:
   B←FALSE
   ⍝ 'Quasivariable' fuer FALSCH
   B←0

FUNCTION:
   B←L MATCH R
   ⍝ Vergleicht zwei Felder nur auf 'Inhalt'. Rank und Shape werden
   ⍝ auf der obersten Nestungsebene ignoriert.
   B←(,A)≡,B

FUNCTION:
   B←L MATCHC R
   ⍝ Vergleicht zwei Zeichenketten bzw. Skalare auf 'Inhalt'.
   ⍝ Unterschiede zwischen Gross- und Kleinschreibung und Unterschiede
   ⍝ zwischen Skalaren und Vektoren werden ignoriert.
   R←,UCLC R     ⍝ Linksargument:  Gross- zu Kleinbuchstaben als Vektor
   L←,UCLC L     ⍝ Rechtsargument: Gross- zu Kleinbuchstaben als Vektor
   B←L≡R
```

```
FUNCTION:
   C1←UCLC C
   ⍝ Transformiert Zeichenkette bzw. Zeichen C zu Kleinbuchstaben
   ⍝ Umlaute werden nicht transformiert.
   C1←⎕AF(⎕AF C)+(-/⎕AF 'aA')×C∊'ABCDEFGHIJKLMNOPQRSTUVWXYZ'

FUNCTION:
   B←EXIST VARNAME
   ⍝ Testet, ob die in VARNAME enthaltene Variable existiert
   B←2=⎕NC VARNAME

FUNCTION:
   B←RETRACT VARNAME
   ⍝ Loescht die in VARNAME enthaltene Variable
   →(B←~(⎕NC VARNAME)∊0 2)/0   ⍝ Ist kein (potentieller) Variablenname?
   B←⎕EX VARNAME

FUNCTION:
   B←PRINT A
   ⍝ Gibt das Feld A formatiert auf dem Bildschirm aus
   ⎕←⍕A
   B←1

FUNCTION:
   NOP
   ⍝ Funktion, die nichts macht! Diese Funktion wird fuer einen
   ⍝ 'leeren' THEN-Teil benoetigt.

FUNCTION:
   B←EXEC ARG
   ⍝ Funktion, die ein explizites Resultat ignoriert und lediglich
   ⍝ eine 1 zurueckgibt. Diese Funktion wird fuer Berechnungen im
   ⍝ IF-Teil benoetigt. Bsp: EXEC V4←5+⍳4 weist dem Vektor V4 die
   ⍝ Zahlen (6 7 8 9) zu und gibt immer eine 1 zurueck.
   B←1

FUNCTION:
   NORES ARG
   ⍝ Hilfsfunktion, die die Rueckgabe eines Resultates unterdrueckt.
   ⍝ Sinnvoll fuer Funktionen wie PRINT in THEN:-Bloecken
```

Die Funktionen `TRUE` und `FALSE` werden in erster Linie zur Verbesserung der Lesbarkeit von Zuweisungen innerhalb von `THEN:`-Sektionen verwendet, sofern eine Regel ohne Erklärungssektion (`EXP:`) definiert wird. Dahinter steckt die triviale Überlegung, daß Endanwender, die nicht mit APL2 vertraut sind, ein Erklärungssegment wie `THEN: DATA_OK←TRUE` leichter als `THEN: DATA_OK←1` verstehen.

Durch die Funktion `MATCH` lassen sich zwei Variablen robust vergleichen. Eine typische Fehlerquelle innerhalb einer Expertensystemdefinition besteht z.B. darin, daß im Regelwerk eine Bedingung wie `IF:ANTWORT≡'J'` gesetzt wird, während die Regelwerkvariable `ANTWORT` als Menge durch

```
PROMPTABLE: ANTWORT
   TYP: SET
   RANGE: (J, JA) (N, NEIN)
```

typisiert wird. Natürlich scheitert die Bedingung grundsätzlich, da die Variable `ANTWORT` aufgrund der Typisierung `SET` durch die Benutzerinteraktionskomponente immer mit einem Zeichenvektor (hier: `,'J'` oder `,'N'`) belegt wird. Dieser Fehler kann daher einfach durch eine Redefinition der Bedingung zu `IF: ANTWORT MATCH 'J'` vermieden werden.

`MATCHC` und `UCLC` werden ebenfalls zur Vermeidung von überfüssigen Fehlerquellen verwendet. Eine Expertensystemdefinition wird üblicherweise mit einem APL2-Editor erstellt, so daß Zeichenketten häufig ausschließlich Großbuchstaben enthalten. Endbenutzer sollten hingegen nicht mit APL2-Zeichen belastet werden. Gibt ein Endbenutzer eine Antwort in Kleinbuchstaben (Voreinstellung im ASCII-Modus) an, so scheitern alle direkten Vergleiche. Bei einer Definition von Bedingungen wie `IF: ANTWORT MATCHC 'J'` ist es hingegen egal, ob der Benutzer Groß- oder Kleinbuchstaben eingibt.

Die Funktion `EXIST` ist in den meisten Regelwerken redundant, da die Existenz einer Inputvariablen ohnehin durch die Konfliktresolutionsfunktion getestet wird. `EXIST` wird daher ausschließlich für den recht seltenen Fall benötigt, daß eine Regel *ausschließlich* dann gefeuert werden darf, wenn eine Variable *nicht* definiert ist. Dieser Test wird einfach durch die Anweisung `IF:~EXIST 'VARNAME'` in eine Regel eingebettet.

Durch die Funktion `RETRACT` lassen sich bereits definierte Regelwerkvariablen wieder eliminieren. `RETRACT` verursacht somit einen sehr gefährlichen Nebeneffekt. Andererseits ermöglicht `RETRACT`, bereits hergeleitete Schlußfolgerungen zu verwerfen. Daher kann man mit `RETRACT` bzw. mit der äquivalenten APL2-Funktion `⎕EX` nichtmonotone Inferenzfolgen generieren.

Die Funktion `ASKUSER` ruft die Shellfunktion `ΔFΔASKUSER` auf und kann daher nicht durch `COMPILE` übersetzt werden, da das Zeichen `Δ` innerhalb einer Expertensystemdefinition nicht verwendet werden darf (Ausnahme: Vollständige Kommentarzeilen).

```
[0]  B←ASKUSER VN
[1]  ⍝ Fragt den Wert der Variablen VN beim Benutzer ab und fixiert
[2]  ⍝ eine korrekte Eingabe im Arbeitsbereich. ASKUSER entspricht der
[3]  ⍝ Inferenzinterpreterfunktion ΔFΔASKUSER, ist aber fuer einen
[4]  ⍝ direkten Aufruf innerhalb einer definierten Regel oder einer
[5]  ⍝ definierten Funktion vorgesehen. Die Variable VN muss durch eine
[6]  ⍝ PROMPTABLE:-Anweisung als abfragbar klassifiziert werden und
[7]  ⍝ darf nicht als Input-, sondern nur als Outputvariable deklariert
[8]  ⍝ werden, da der Interpreter andernfalls den Variablenwert
[9]  ⍝ selbststaendig abfragt.
[10] ⍝
[11] '→⍙1' ⎕EA 'B←ΔFΔASKUSER VN'
[12] →0
[13] ⍙1:⎕←'*** FEHLER in ASKUSER: ',VN,' kann nicht abgefragt werden.'
[14] B←0
```

Mit Hilfe der Funktion `ASKUSER` läßt sich das am Ende von Abschnitt 2.3 beschriebene Problem der Eingabe eines zulässigen Variablennamens sehr einfach in einer prozeduralen Weise lösen.

```
RULE: INPUT_DEP_VAR
  INPUT:   VAR_NAMES
  OUTPUT:  DEP_VAR_NAME
  IF:      TAKE_DEP_VAR_NAME
  THEN:    NOP

FUNCTION:
  B←TAKE_DEP_VAR_NAME;I;MI
  ⍝ Fragt den Namen der abhaengigen Variablen maximal dreimal ab.
  ⍝ Testet, ob eingegebener Name der abhaengigen Variablen zulaessig
  ⍝ ist. Nach drei Fehlversuchen terminiert der Interpreter durch das
  ⍝ Setzen der Variablen STOP.
  ⍝
  B←0                         ⍝ Voreinstellung: Misserfolg
  I←0                         ⍝ Iterationszaehler
  MI←3                        ⍝ Maximale Iterationsanzahl
  LOOP:→(MI<I←I+1)/FAIL1
  B←ASKUSER 'DEP_VAR_NAME'    ⍝ Frage 'DEP_VAR_NAME' ab.
  →(B≠1)/FAIL2                ⍝     PROMPTABLE: DEP_VAR_NAME erforderlich
  →(B←(⊂DEP_VAR_NAME)∊VAR_NAMES)/SUC                ⍝ Zulaessiger Name?
  'FEHLER: Zulaessige Variablennamen sind:'
  VAR_NAMES
  →LOOP
  SUC:→0
  FAIL1: 'Drei Fehler bei Eingabe der abhaengigen Variable → STOP'
  STOP←1
  →0
  FAIL2: 'Fehler bei der Abfrage mit ASKUSER → STOP'
  STOP←1
  →0
```

5.2 Eine Reimplementation des Kreditevaluationssystems

Dieser Abschnitt enthält eine Reimplementation des in Kapitel 1.7 angegebenen Kreditbewertungssystems mit Hilfe der in Kapitel 2 beschriebenen Sprache. Einige Regeln wurden abgeändert, um die Konsistenz und Vollständigkeit des Regelwerks zu sichern. Bei dem nachfolgenden Regelwerk muß beachtet werden, daß die Anordnung (Reihenfolge) der Regel wichtig ist, da die in `IF:`-Sektionen angegebenen Bedingungen nicht immer exklusiv sind. Zum Beispiel erfüllen die durch die Bedingung `FINANZEN←'gut'` eingeschränkten Prämissensätze immer die Bedingungen der Regel `GEBE_KREDIT`, wenn die Prämissen für `FRAGE_VORGESETZTEN` erfüllt sind.

```
⍝⍝⍝⍝⍝⍝⍝⍝⍝⍝⍝⍝⍝⍝⍝⍝⍝⍝⍝⍝⍝⍝⍝⍝⍝⍝⍝⍝⍝⍝⍝⍝⍝⍝⍝⍝⍝⍝⍝⍝⍝⍝⍝⍝⍝⍝⍝⍝⍝⍝⍝⍝⍝⍝⍝⍝⍝⍝⍝
⍝                      KREDITEVALUATIONSSYSTEM                     ⍝
⍝⍝⍝⍝⍝⍝⍝⍝⍝⍝⍝⍝⍝⍝⍝⍝⍝⍝⍝⍝⍝⍝⍝⍝⍝⍝⍝⍝⍝⍝⍝⍝⍝⍝⍝⍝⍝⍝⍝⍝⍝⍝⍝⍝⍝⍝⍝⍝⍝⍝⍝⍝⍝⍝⍝⍝⍝⍝⍝
```

```
⍝
⍝ Top-Level-Aufruf ist:
⍝
⍝ ∆RULES FORWARD 'BEWERTUNG'
⍝

⍝
⍝ Initialisierung der Bankdaten (Beurteilungsskalen etc.)
⍝

RULE: BANKDATEN
   INPUT:  START
   OUTPUT: SKALA_SICHERHEITEN
           SKALA_FINANZEN
           SKALA_ERTRAG
           FINANZ_GEWICHTE
   LOCAL:  FFW
   IF:     START
   THEN:   SKALA_SICHERHEITEN←'ausgezeichnet' 'gut' 'maessig' 'schlecht'
           SKALA_FINANZEN←'ausgezeichnet' 'gut' 'mittel' 'schlecht'
           SKALA_ERTRAG←'ausgezeichnet' 'hinreichend' 'unzulaenglich'
           FFW←'NU' 5        ⍝ Nettoumsatz im Verhaeltnis zum Vermoegen
           FFW←FFW,[0.5] 'UW' 1 ⍝ Umsatzwachstum
           FFW←FFW,[1] 'UG' 5   ⍝ Umsatzgewinne
           FFW←FFW,[1] 'KV' ¯2  ⍝ Kurzfristige Verschuldung
                                ⍝    Beachte: negatives Gewicht fuer
                                ⍝    den Verschuldungsfaktor KV
           ⍝ Gewichte der unterschiedlichen Finanzfaktoren!
           FINANZ_GEWICHTE←FFW  ⍝ 4 × 2 Matrix
           SYSTEMMSG
   EXP:    'START: Initialisiert alle zur Beurteilung eines'
           'Kreditantrags notwendigen Skalen und Gewichtsfaktoren'

FUNCTION:
SYSTEMMSG
⍝ Gibt Starternachricht auf dem Bildschirm aus'
'+-----------------------------------------------------------------------+'
'|            KREDITEVALUATIONSSYSTEM, Hilfe mit )HELP                   |'
'+-----------------------------------------------------------------------+'

⍝
⍝ Regelwerk zur Beurteilung eines Kreditantrages aufgrund bereits
⍝ bekannter Bewertungen der Sicherheiten, wirtschaftlichen Lage
⍝ und Ertragserwartungen der Bank
⍝
```

```
RULE: GEBE_KREDIT
  INPUT:  SICHERHEITEN
          FINANZEN
          ERTRAG
          SKALA_SICHERHEITEN
          SKALA_FINANZEN
          SKALA_ERTRAG
  OUTPUT: BEWERTUNG
  IF:     SKALA_SICHERHEITEN VERGLEICHE SICHERHEITEN '≥' 'ausgezeichnet'
          SKALA_FINANZEN     VERGLEICHE FINANZEN     '≥' 'gut'
          SKALA_ERTRAG       VERGLEICHE ERTRAG       '≥' 'hinreichend'
  THEN:   BEWERTUNG←'gewaehre den Kredit'
  EXP:
  'Der Kunde hat ausgezeichnete Sicherheiten und mit mindestens gut'
  'bewertete Finanzfaktoren (hier: ',(⍕FINANZEN),'). Da die Bank mit'
  'einem zumindest hinreichenden Ertrag (hier: ',(⍕ERTRAG),') rechnen'
  'kann, wird der Kredit gewaehrt.'

RULE: FRAGE_VORGESETZTEN
  INPUT:  SICHERHEITEN
          FINANZEN
          ERTRAG
          SKALA_SICHERHEITEN
          SKALA_FINANZEN
          SKALA_ERTRAG
  OUTPUT: BEWERTUNG
  IF:     SKALA_SICHERHEITEN VERGLEICHE SICHERHEITEN '≥' 'maessig'
          SKALA_FINANZEN     VERGLEICHE FINANZEN     '=' 'gut'
          SKALA_ERTRAG       VERGLEICHE ERTRAG       '≥' 'hinreichend'
  THEN:   BEWERTUNG←'berate Kreditantrag mit Vorgesetzten'
  EXP:
 'Die Sicherheiten des Kunden werden als ',(⍕SICHERHEITEN)
 'beurteilt, waehrend die Einschaetzung der finanziellen Faktoren'
 (⍕FINANZEN), ' ist. Die Bank kann mit einem Ertrag rechnen, der extern'
 (⍕ERTRAG),' beurteilt wird. Da die Sicherheiten jedoch nicht als'
 'ausgezeichnet bewertet werden, ist es erforderlich, den Kreditantrag'
 'mit dem Vorgesetzten zu beraten.'

RULE: LEHNE_KREDIT_AB1
  INPUT:  SICHERHEITEN
          SKALA_SICHERHEITEN
  OUTPUT: BEWERTUNG
  IF:     SKALA_SICHERHEITEN VERGLEICHE SICHERHEITEN '<' 'maessig'
  THEN:   BEWERTUNG←'lehne den Kreditantrag ab'
  EXP:
  'Die Sicherheiten des Kunden sind ',(⍕SICHERHEITEN),' und reichen'
  'aufgrund des Sparkassengesetzes nicht zur Deckung aus. Daher muss'
  'der Kreditantrag abgelehnt werden.'
```

```
RULE: LEHNE_KREDIT_AB2
  INPUT:   FINANZEN
           SKALA_FINANZEN
  OUTPUT:  BEWERTUNG
  IF:      SKALA_FINANZEN VERGLEICHE FINANZEN '≤' 'mittel'
  THEN:    BEWERTUNG←'lehne den Kreditantrag ab'
  EXP:
  'Die finanzielle Situation des Kunden wird mit ',(⍕FINANZEN),
  'bewertet und erreicht somit hoechstens mittleres Niveau.  Der'
  'Kreditantrag wird abgelehnt, da eine geringfuegige Verschlechterung'
  'der finanziellen Situation bereits zu dem Problem fuehrt, dass der'
  'Kredit nicht ordnungsgemaess zurueckgezahlt wird.  Daher besteht das'
  'Risiko, dass der Kunde den Kredit nicht zurueckzahlen kann, so dass'
  'der Kreditantrag abgelehnt wird.'

RULE: LEHNE_KREDIT_AB3
  INPUT:   ERTRAG
           SKALA_ERTRAG
  OUTPUT:  BEWERTUNG
  IF:      SKALA_ERTRAG VERGLEICHE ERTRAG '<' 'hinreichend'
  THEN:    BEWERTUNG←'lehne den Kreditantrag ab'
  EXP:
  'Bei einer Gewaehrung des Kredites kann die Bank nicht mit einem'
  'hinreichenden Ertrag rechnen. Die Ertragslage bei Kreditvergabe'
  'wird als ',(⍕ERTRAG),' beurteilt. Daher wird der Kreditantrag'
  'unabhaengig von der Beurteilung der Sicherheiten und Finanzlage'
  'abgelehnt.'

⍝
⍝ Hilfsfunktion zum Vergleich von ordinalen Auspraegungen mit
⍝ numerischen Testrelationen wie <,≤,=,≠,≥,≥
⍝

FUNCTION:
    B←SKALA VERGLEICHE RA;VAR;TEST;VWERT
    ⍝ Vergleicht den Wert von VAR anhand der Skala SKALA durch die
    ⍝ numerische Vergleichsoperation TEST mit dem Vergleichswert VWERT
    ⍝
    (VAR TEST VWERT)←RA
    B←⍎(⍕SKALA⍳⊂VWERT),TEST,⍕SKALA⍳⊂VAR
```

```
⍝
⍝ Benutzeranforderung zur Beurteilung des erwarteten Ertrags der Bank
⍝

PROMPTABLE: ERTRAG
   TYP:     SET
   RANGE:   (ausgezeichnet AUSGEZEICHNET a A)
            (hinreichend HINREICHEND h H)
            (unzulaenglich UNZULAENGLICH u U)
   PROMPTSTR:
      'Wie beurteilt die Bank ihren Ertrag bei einer Kreditvergabe?'
      '   A ausgezeichnet'
      '   H hinreichend'
      '   U unzulaenglich'

⍝
⍝ Regelwerk zur Beurteilung der Sicherheiten in Relation zum
⍝ beantragten Kreditvolumen
⍝

RULE: SICHERH_AUSGEZ1
   INPUT:  ERSTKLASSIGE
   OUTPUT: SICHERHEITEN
           ZWEITKLASSIGE  ⍝ Diese Variablen werden gesetzt, damit der
           ILLIQUIDE      ⍝ Interpreter zweitklassige und illiquide
                          ⍝ Sicherheiten nicht mehr abfragt. Die Werte
                          ⍝ werden auf den niedrigsten Wert gesetzt,
                          ⍝ da das Volumen des beantragten Kredits
                          ⍝ bereits durch Sicherheiten erster Klasse
                          ⍝ gedeckt sind. Eine alternative Technik
                          ⍝ ist die Verwendung einer Agenda.
   IF:     ERSTKLASSIGE ≥ 100
   THEN:   SICHERHEITEN ← 'ausgezeichnet'
           ZWEITKLASSIGE←0
           ILLIQUIDE←0
   EXP:
   'Die vorgelegten Sicherheiten erster Klasse decken das beantragte'
   'Kreditvolumen mit mindestens 100 Prozent, so dass die Sicherheiten'
   'als ausgezeichnet bewertet werden.'
```

```
RULE: SICHERH_AUSGEZ2
   INPUT:  ERSTKLASSIGE
           ZWEITKLASSIGE
   OUTPUT: SICHERHEITEN
           ILLIQUIDE
   IF:     ERSTKLASSIGE > 70
           (ERSTKLASSIGE + ZWEITKLASSIGE) ≥ 100
   THEN:   SICHERHEITEN←'ausgezeichnet'
           ILLIQUIDE←0   ⍝ Niedrigster Wert
   EXP:
   'Die vorgelegten Sicherheiten erster Klasse decken das beantragte'
   'Kreditvolumen mit mindestens 70 Prozent, waehrend die Sicherheiten'
   'erster und zweiter Klasse das gesamte Volumen (100 Prozent und mehr)'
   'decken. Daher werden die Sicherheiten als ausgezeichnet bewertet.'

RULE: SICHERH_GUT
   INPUT:  ERSTKLASSIGE , ZWEITKLASSIGE  ILLIQUIDE
   OUTPUT: SICHERHEITEN
   LOCAL:  TEMP
   IF:     ERSTKLASSIGE > 70
           (TEMP ← ERSTKLASSIGE + ZWEITKLASSIGE) < 100
           (TEMP + ILLIQUIDE) ≥ 100
   THEN:   SICHERHEITEN←'gut'
   EXP:
   'Der Kunde kann das beantragte Kreditvolumen lediglich durch die'
   'Summe aller liquiden und illiquiden Sicherheiten voll decken.'
   'Die vorgelegten erst- und zweitklassigen Sicherheiten koennen'
   'hingegen nur ',(⍕ERSTKLASSIGE+ZWEITKLASSIGE),' Prozent des'
   'beantragten Volumens decken. Daher werden die Sicherheiten'
   'lediglich mit gut beurteilt.'

RULE: SICHERH_MAESSIG
   INPUT: ERSTKLASSIGE, ZWEITKLASSIGE, ILLIQUIDE
   OUTPUT: SICHERHEITEN
   LOCAL:  TEMP, B1 , B2
   IF:     ERSTKLASSIGE > 60
           ERSTKLASSIGE ≤ 70
           (TEMP ← ERSTKLASSIGE + ZWEITKLASSIGE) > 70
           (TEMP + ILLIQUIDE) > 100
   THEN:   SICHERHEITEN←'maessig'
   EXP:
   'Die Deckung des beantragten Kreditvolumens durch erstklassige'
   'Sicherheiten betraegt ',(⍕ERSTKLASSIGE),' Prozent und liegt somit'
   'zwischen 60 und 70 Prozent. Erstklassige und zweitklassige Sicher-'
   'heiten decken hingegen ',(⍕ERSTKLASSIGE+ZWEITKLASSIGE),' Prozent und'
   'ueberschreiten somit 70 Prozent. Das beantragte Kreditvolumen ist'
   'vollstaendig gedeckt, da Sicherheiten aller Klassen insgesamt'
   (⍕ERSTKLASSIGE+ZWEITKLASSIGE+ILLIQUIDE),' Prozent decken. Daher'
   'werden die Sicherheiten als ',(⍕SICHERHEITEN),' beurteilt.'
```

```
RULE: SICHERH_SCHLECHT
   COM: Ohne diese Regel verzweigt der Interpreter automatisch
        zur Bestimmung der Finanzlage, ohne dass die Regel
        LEHNE_KREDIT_AB1 getestet werden kann!!!
   INPUT:  ERSTKLASSIGE, ZWEITKLASSIGE, ILLIQUIDE
   OUTPUT: SICHERHEITEN
   LOCAL:  TEMP, B1 , B2, B3
   IF:     EXEC B1 ← ERSTKLASSIGE ≤ 60
           EXEC B2 ← (TEMP ← ERSTKLASSIGE + ZWEITKLASSIGE) ≤ 70
           EXEC B3 ← (TEMP + ILLIQUIDE) ≤ 100
           ⍝ EXEC gibt immer TRUE zurueck
           ⍝ Teste, ob mindestens eine der Bedingungen
           B1 ∨ B2 ∨ B3                  ⍝     B1, B2 oder B3 wahr ist.
   THEN:   SICHERHEITEN←'schlecht'
   EXP:
   'Das beantragte Kreditvolumen ist in folgender Weise '
   'durch Sicherheiten gedeckt:'
   'Sicherheiten erster Klasse decken'
   (⍕ERSTKLASSIGE),' Prozent.'
   'Sicherheiten erster und zweiter Klasse decken'
   (⍕ERSTKLASSIGE+ZWEITKLASSIGE),' Prozent.'
   'Sicherheiten aller Klassen decken'
   (⍕ERSTKLASSIGE+ZWEITKLASSIGE+ILLIQUIDE),' Prozent.'
   'Die Sicherheiten werden als schlecht beurteilt, da'
   'das beantragte Kreditvolumen entweder'
   'a) ueberhaupt nicht gedeckt ist ODER'
   'b) erst- und zweitklassige Sicherheiten weniger als 70 Prozent'
   '   decken ODER'
   'c) erstklassige Sicherheiten 60 Prozent oder weniger decken'

⍝
⍝ Regeln zur Ermittlung der Sicherheiten
⍝ (ERSTKLASSIGE, ZWEITKLASSIGE und ILLIQUIDE)
⍝
```

```
RULE: ERSTKLASSIGE_S
   COM:     Bestimmt Deckungskoeffizient, mit dem das beantragte
            Kreditvolumen durch erstklassige Sicherheiten gedeckt ist.
   INPUT:   BEANTRAGTER_KREDIT
            EINLAGENIW           ⍝ Einlagen inlaendischer Waehrung
            EINLAGENAW           ⍝ Einlagen auslaendischer Waehrungen
   OUTPUT:  ERSTKLASSIGE
   LOCAL:   SUMME
   IF:      TRUE             ⍝ Inferenz wird durch Inputvariablen gesteuert!
   THEN:    SUMME ← +/ EINLAGENIW EINLAGENAW
            ERSTKLASSIGE ←100 × SUMME ÷ BEANTRAGTER_KREDIT
   EXP:
   'Das beantragte Kreditvolumen kann durch Sicherheiten erster Klasse,'
   'd.h. Einlagen inlaendischer und/oder auslaendischer Waehrungen zu'
   (⍕ERSTKLASSIGE),' Prozent gedeckt werden.'

RULE: ZWEITKLASSIGE_S
   INPUT:   BEANTRAGTER_KREDIT
            WECHSEL
   OUTPUT:  ZWEITKLASSIGE
   IF:      TRUE
   THEN:    ZWEITKLASSIGE ← 100 × WECHSEL ÷ BEANTRAGTER_KREDIT
   EXP:
   'Das beantragte Kreditvolumen kann durch zweitklassige Sicherheiten'
   '(Wechsel) zu ',(⍕ZWEITKLASSIGE),' Prozent gedeckt werden.'

RULE: ILLIQUIDE_S
   INPUT:   BEANTRAGTER_KREDIT
            HYPOTHEKEN
   OUTPUT:  ILLIQUIDE
   IF:      TRUE
   THEN:    ILLIQUIDE←100 × HYPOTHEKEN ÷ BEANTRAGTER_KREDIT
   EXP:
   'Das beantragte Kreditvolumen kann durch illiquide Sicherheiten'
   '(Hypotheken) zu ',(⍕ILLIQUIDE),' Prozent gedeckt werden.'

⍝
⍝ Benutzereingabeanforderungen fuer Sicherheiten:
⍝

PROMPTABLE:   EINLAGENIW
   TYP:       INT
   RANGE:     0 1E10
   PROMPTSTR: 'Einlagen in inlaendischen Waehrungen '

PROMPTABLE:   EINLAGENAW
   TYP:       NUM
   RANGE:     0 1E10
   PROMPTSTR: 'Einlagen in auslaendischen Waehrungen '
```

```
PROMPTABLE:   WECHSEL
   TYP:       INT
   RANGE:     0 1E10
   PROMPTSTR: 'Wechselbestand '

PROMPTABLE:   HYPOTHEKEN
   TYP:       INT
   RANGE:     0 100000000
   PROMPTSTR: 'Hypotheken als Sicherheiten '

⍝
⍝ Regel zur Ermittlung und Bewertung der wirtschaftlichen Lage
⍝
RULE: FINANZ_BEURTEILUNG
   INPUT:   NU             ⍝ Nettoumsatz im Verhaeltnis zum Vermoegen
            UW             ⍝ Umsatzwachstum
            UG             ⍝ Umsatzgewinne
            KV             ⍝ Kurzfristige Verschuldung
            FINANZ_GEWICHTE
            SICHERHEITEN   ⍝ Bewirkt, dass die Sicherheiten vor den
                           ⍝ Finanzen beurteilt werden. Wird als
                           ⍝ Variable NICHT benoetigt!!!
   OUTPUT:  FINANZEN
   LOCAL:   IV , W, NWERT
   IF:      TRUE
   THEN:    ⍝ Finde Gewichte aller Ertragsfaktoren
            IV←'NU' 'UW' 'UG' 'KV'
            W←FINANZ_GEWICHTE[FINANZ_GEWICHTE[;1]⍳IV;2]
            NWERT← +/ W × ⍎¨IV             ⍝ Kumulierte Gewichte × Werte
            FINANZEN←KLASSIFIZIERE NWERT  ⍝ Ordinale Klassifikation

   EXP:
   'Die finanzielle Lage des Kreditantragsteller wird durch folgende'
   'Komponenten beurteilt:'
   '  Nettoumsatz im Verhaeltnis zum Vermoegen (NU) = ',(⍕NU)
   '  Umsatzwachstum                           (UW) = ',(⍕UW)
   '  Umsatzgewinne                            (UG) = ',(⍕UG)
   '  Kurzfristige Verschuldung                (KV) = ',(⍕KV)
   'Aus den numerischen Werten wird ein numerischer Index nach'
   'der Formel NU x 5 + UW x 1 + UG x 5 - KV x 2 berechnet. Dieser'
   'numerische Wert wird anschliessend durch die Klassifikation'
   '            unter -500    bedeutet schlecht'
   '  -500 bis unter  150    bedeutet mittel'
   '   250 bis unter 1000    bedeutet gut'
   '  1000 und mehr          bedeutet ausgezeichnet'
   'in eine Beurteilung der finanziellen Lage uebersetzt. Aufgrund '
   'dieser Berechnung wird die finanzielle Lage des Kreditantrag-'
   'stellers als ',(⍕FINANZEN),' beurteilt.'
```

```
FUNCTION:
   OWERT←KLASSIFIZIERE NWERT;S
   ⍝ Klassifiziert numerischen Wert in ordinale Auspraegung
   S←'ausgezeichnet' 'gut' 'mittel' 'schlecht'
   OWERT←(+/1,¯500 150 1000<NWERT)⊃⌽S

⍝
⍝ Benutzereingabeanforderungen zur Beurteilung der wirtschaftlichen Lage
⍝

PROMPTABLE:    NU
   TYP:        NUM
   RANGE:      0 500
   PROMPTSTR:
   'Nettoumsatz in Relation zum Betriebsvermoegen in Prozent '

PROMPTABLE:    UW
   TYP:        NUM
   RANGE:      0 500
   PROMPTSTR:
   'Umsatzwachstum im letzten Jahr in Prozent '

PROMPTABLE:    KV
   TYP:        NUM
   RANGE:      0 200
   PROMPTSTR:
   'Kurzfristige Verschuldung in Relation zum Umsatz (in Prozent) '

PROMPTABLE:    UG
   TYP:        NUM
   RANGE:      ¯100 100
   PROMPTSTR: 'Umsatzgewinne in Prozent '

PROMPTABLE:    BEANTRAGTER_KREDIT
   TYP:        INT
   RANGE:      0 1E10
   PROMPTSTR: 'Beantragtes Kreditvolumen '

⍝
⍝ Lexikon-Eintrag
⍝

LEXICON: ILLIQUIDE
   ITEM: 'Eine Sicherheit wird als illiquide bezeichnet, wenn'
         'ihre Umsetzung in Bargeld ohne Wertverlust einen relativ'
         'langen Zeitraum erfordert, waehrend ein kurzfristiger'
         'Verkauf (bis auf Ausnahmefaelle) hohe Verluste mit'
         'sich bringt.'
```

Bei der Übersetzung des Regelwerks durch

```
COMPILE KREDIT1
```

erhält man lediglich eine Meldesequenz von Bildschirmausgaben, sofern die Bildschirmflagge `Δcscr` gesetzt ist und die für den Übersetzer notwendigen Schalter (etwa durch den Aufruf von `SETGLOBALS`) definiert sind. Ein Übersetzungsprotokoll wird hingegen nicht erstellt, da die Expertensystemdefinition alle Tests des Übersetzers fehlerfrei passiert. Anschließend muß jedoch zumindest die Hilfsfunktion `TRUE` zusätzlich *inkrementell* übersetzt werden, da andernfalls ein Regelexekutionsfehler während der Konsultation auftritt. Am einfachsten ist die inkrementelle Übersetzung durch den Aufruf `INCREMENT HILFSFUNKTIONEN`, durch den das in `KREDIT1` definierte Regelwerk mit allen in Kapitel 5.1 definierten Hilfsfunktionen ergänzt wird.

`INCREMENT` setzt lediglich den Übersetzungsschalter `Δcinc` temporär auf `1` um und ruft die Übersetzungsfunktion `COMPILE` auf.

```
[0] ∆B←INCREMENT ∆CM;Δcinc
[1] ⍝ Uebersetzt die Zeichenkettenmatrix ∆CM ZUSAETZLICH zur bereits
[2] ⍝ bestehenden Uebersetzung. Uebersetzungsprotokoll wird nur fuer die
[3] ⍝ neue Eingabematrix erstellt.
[4] ⍝
[5] Δcinc←1
[6] ∆B←COMPILE ∆CM
```

Anschließend müssen die globalen Kontrollvariablen des Inferenzinterpreters durch den Aufruf von `INIT` initialisiert werden. `INIT` generiert ein Initialisierungsprotokoll mit dem Namen `ΔILOG`, in dem folgende Informationen festgehalten werden.

```
Protokoll der Initialisierung:


Regelnamen:

BANKDATEN
GEBE_KREDIT
FRAGE_VORGESETZTEN
LEHNE_KREDIT_AB1
LEHNE_KREDIT_AB2
LEHNE_KREDIT_AB3
SICHERH_AUSGEZ1
SICHERH_AUSGEZ2
SICHERH_GUT
SICHERH_MAESSIG
SICHERH_SCHLECHT
ERSTKLASSIGE_S
ZWEITKLASSIGE_S
ILLIQUIDE_S
FINANZ_BEURTEILUNG
```

```
Variablennamen:

START
SICHERHEITEN
FINANZEN
ERTRAG
SKALA_SICHERHEITEN
SKALA_FINANZEN
SKALA_ERTRAG
ERSTKLASSIGE
ZWEITKLASSIGE
ILLIQUIDE
BEANTRAGTER_KREDIT
EINLAGENIW
EINLAGENAW
WECHSEL
HYPOTHEKEN
NU
UW
UG
KV
FINANZ_GEWICHTE
BEWERTUNG

Promptvariablen:

ERTRAG
EINLAGENIW
EINLAGENAW
WECHSEL
HYPOTHEKEN
NU
UW
KV
UG
BEANTRAGTER_KREDIT
```

Inputvariablen-Regeln:

	BANKDATEN	GEBE_KREDIT	FRAGE_VORGESETZTEN	LEHNE_KREDIT_AB1	LEHNE_KREDIT_AB2	LEHNE_KREDIT_AB3	SICHERH_AUSGEZ1	SICHERH_AUSGEZ2	SICHERH_GUT	SICHERH_MAESSIG	SICHERH_SCHLECHT	ERSTKLASSIGE_S	ZWEITKLASSIGE_S	ILLIQUIDE_S	FINANZ_BEURTEILUNG
START	1	0	0	0	0	0	0	0	0	0	0	0	0	0	0
SICHERHEITEN	0	1	1	1	0	0	0	0	0	0	0	0	0	0	1
FINANZEN	0	1	1	0	1	0	0	0	0	0	0	0	0	0	0
ERTRAG	0	1	1	0	0	1	0	0	0	0	0	0	0	0	0
SKALA_SICHERHEITEN	0	1	1	1	0	0	0	0	0	0	0	0	0	0	0
SKALA_FINANZEN	0	1	1	0	1	0	0	0	0	0	0	0	0	0	0
SKALA_ERTRAG	0	1	1	0	0	1	0	0	0	0	0	0	0	0	0
ERSTKLASSIGE	0	0	0	0	0	0	1	1	1	1	1	0	0	0	0
ZWEITKLASSIGE	0	0	0	0	0	0	0	1	1	1	1	0	0	0	0
ILLIQUIDE	0	0	0	0	0	0	0	0	1	1	1	0	0	0	0
BEANTRAGTER_KREDIT	0	0	0	0	0	0	0	0	0	0	0	1	1	1	0
EINLAGENIW	0	0	0	0	0	0	0	0	0	0	0	1	0	0	0
EINLAGENAW	0	0	0	0	0	0	0	0	0	0	0	1	0	0	0
WECHSEL	0	0	0	0	0	0	0	0	0	0	0	0	1	0	0
HYPOTHEKEN	0	0	0	0	0	0	0	0	0	0	0	0	0	1	0
NU	0	0	0	0	0	0	0	0	0	0	0	0	0	0	1
UW	0	0	0	0	0	0	0	0	0	0	0	0	0	0	1
UG	0	0	0	0	0	0	0	0	0	0	0	0	0	0	1
KV	0	0	0	0	0	0	0	0	0	0	0	0	0	0	1
FINANZ_GEWICHTE	0	0	0	0	0	0	0	0	0	0	0	0	0	0	1
BEWERTUNG	0	0	0	0	0	0	0	0	0	0	0	0	0	0	0

Outputvariablen-Regeln:

	BANKDATEN	GEBE_KREDIT	FRAGE_VORGESETZTEN	LEHNE_KREDIT_AB1	LEHNE_KREDIT_AB2	LEHNE_KREDIT_AB3	SICHERH_AUSGEZ1	SICHERH_AUSGEZ2	SICHERH_GUT	SICHERH_MAESSIG	SICHERH_SCHLECHT	ERSTKLASSIGE_S	ZWEITKLASSIGE_S	ILLIQUIDE_S	FINANZ_BEURTEILUNG
START	0	0	0	0	0	0	0	0	0	0	0	0	0	0	0
SICHERHEITEN	0	0	0	0	0	0	1	1	1	1	1	0	0	0	0
FINANZEN	0	0	0	0	0	0	0	0	0	0	0	0	0	0	1
ERTRAG	0	0	0	0	0	0	0	0	0	0	0	0	0	0	0
SKALA_SICHERHEITEN	1	0	0	0	0	0	0	0	0	0	0	0	0	0	0
SKALA_FINANZEN	1	0	0	0	0	0	0	0	0	0	0	0	0	0	0
SKALA_ERTRAG	1	0	0	0	0	0	0	0	0	0	0	0	0	0	0
ERSTKLASSIGE	0	0	0	0	0	0	0	0	0	0	0	1	0	0	0
ZWEITKLASSIGE	0	0	0	0	0	0	1	0	0	0	0	0	1	0	0
ILLIQUIDE	0	0	0	0	0	0	1	1	0	0	0	0	0	1	0
BEANTRAGTER_KREDIT	0	0	0	0	0	0	0	0	0	0	0	0	0	0	0
EINLAGENIW	0	0	0	0	0	0	0	0	0	0	0	0	0	0	0
EINLAGENAW	0	0	0	0	0	0	0	0	0	0	0	0	0	0	0
WECHSEL	0	0	0	0	0	0	0	0	0	0	0	0	0	0	0
HYPOTHEKEN	0	0	0	0	0	0	0	0	0	0	0	0	0	0	0
NU	0	0	0	0	0	0	0	0	0	0	0	0	0	0	0
UW	0	0	0	0	0	0	0	0	0	0	0	0	0	0	0
UG	0	0	0	0	0	0	0	0	0	0	0	0	0	0	0
KV	0	0	0	0	0	0	0	0	0	0	0	0	0	0	0
FINANZ_GEWICHTE	1	0	0	0	0	0	0	0	0	0	0	0	0	0	0
BEWERTUNG	0	1	1	1	1	1	0	0	0	0	0	0	0	0	0

ΔILOG enthält zusätzlich mehrere Warnungssegmente, in die für die oben angegebene und korrekt definierte Regelwerkspezifikation leere Symbollisten eingetragen werden.

Das folgende, geringfügig nacheditierte Protokoll illustriert eine Konsultationssitzung zur Bestimmung der Zielvariablen BEWERTUNG, die von der APL2-Interpreterebene durch

```
ΔRULES FORWARD 'BEWERTUNG'
```

aufgerufen wird.

```
'+------------------------------------------------------------+'
'|              KREDITEVALUATIONSSYSTEM, Hilfe mit )HELP      |'
'+------------------------------------------------------------+'


Wie beurteilt die Bank ihren Ertrag bei einer Kreditvergabe?
   A ausgezeichnet
   H hinreichend
   U unzulaenglich
> H


Beantragtes Kreditvolumen > 1000


Einlagen in inlaendischen Waehrungen > 650


Einlagen in auslaendischen Waehrungen > 70


Wechselbestand > )HELP

Geben Sie eine Antwort oder ein mit ')' beginnendes Shellkommando ein:
    )HALT
       Beendigt die Konsultation.
    )APL2 [optionaler APL2-Ausdruck]
       Ruft den APL2-Interpreter auf.
    )LEXICON [optionaler Schluessel]
       Ruft das interaktive Lexikon auf.
    )RULE [optionaler Regelname]
       Ruft den Regelbrowser auf.
    )EXPLAIN [optionale Erklaerungstiefe=ganze Zahl]
       Ruft den Erklaerungsbrowser auf.
    )WHY [optionaler Regel- bzw. Variablenname]
       Gibt Informationen zur aktiven Regel bzw. ueber die
       Verwendung einer Variablen bzw. Regel aus.
    )VAR [optionaler Variablenname]
       Ruft den Variablenbrowser auf.
    )VARINFO
       Informationen zur laufenden Variablen.
    )HELP
       Diese Information.

Wechselbestand > )VAR


>>> Variablenbrowser. Hilfe mit )HELP, zurueck mit )RETURN <<<
```

```
VARIABLENNAME> )HELP
Folgende Variablen koennen abgefragt werden
 START         ERTRAG              SKALA_SICHERHEITEN SKALA_FINANZEN
 SKALA_ERTRAG  ERSTKLASSIGE        BEANTRAGTER_KREDIT EINLAGENIW
 EINLAGENAW    FINANZ_GEWICHTE

VARIABLENNAME> ERTRAG
hinreichend


VARIABLENNAME> )RETURN


Wechselbestand > 200

Hypotheken als Sicherheiten > )APL2
>>> APL2-Submodus. Zurueck mit )RETURN <<<

APL2> SKALA_ERTRAG
 ausgezeichnet  hinreichend  unzulaenglich

APL2> ρSKALA_ERTRAG
3
APL2> )RETURN

Hypotheken als Sicherheiten > )LEXICON
>>> Lexikon-Modus. Hilfe mit )HELP, zurueck mit )RETURN <<<

LEXIKONSCHLUESSEL> )HELP
Folgende Lexikonschluessel koennen abgefragt werden
 ILLIQUIDE

LEXIKONSCHLUESSEL> ILLIQUIDE
Eine Sicherheit wird als illiquide bezeichnet, wenn
ihre Umsetzung in Bargeld ohne Wertverlust einen relativ
langen Zeitraum erfordert, waehrend ein kurzfristiger
Verkauf (bis auf Ausnahmefaelle) hohe Verluste mit
sich bringt.

LEXIKONSCHLUESSEL> )RETURN

Hypotheken als Sicherheiten > 360.5
*** UNZULAESSIGE EINGABE ***

Hypotheken als Sicherheiten > )VARINFO
  Variable            = HYPOTHEKEN
  Typ                 = INT
  Wertebereich        =  0 100000000
  Eingabeanforderung = Hypotheken als Sicherheiten
```

```
Hypotheken als Sicherheiten > 360

Nettoumsatz in Relation zum Betriebsvermoegen in Prozent > )WHY

Aktive Variable im Inferenzinterpreter = NU
Aktive Regel im Inferenzinterpreter    = FINANZ_BEURTEILUNG
Regel FINANZ_BEURTEILUNG wird zur Bestimmung der folgenden
Variablen benoetigt:
 FINANZEN

Nettoumsatz in Relation zum )WHY FINANZEN
Variable FINANZEN wird als Inputvariable fuer folgende Regeln
benoetigt:
 GEBE_KREDIT FRAGE_VORGESETZTEN LEHNE_KREDIT_AB2

Nettoumsatz in Relation zum )WHY GEBE_KREDIT
Regel GEBE_KREDIT wird zur Bestimmung der folgenden
Variablen benoetigt:
 BEWERTUNG

Nettoumsatz in Relation zum Betriebsvermoegen in Prozent > 70

Umsatzwachstum im letzten Jahr in Prozent > )RULE

>>> Regelbrowser. Hilfe mit )HELP, zurueck mit )RETURN <<<

REGELNAME> )HELP
Folgende Regeln koennen abgefragt werden
 BANKDATEN         GEBE_KREDIT       FRAGE_VORGESETZTEN LEHNE_KREDIT_AB1
 LEHNE_KREDIT_AB2  LEHNE_KREDIT_AB3  SICHERH_AUSGEZ1    SICHERH_AUSGEZ2
 SICHERH_GUT       SICHERH_MAESSIG   SICHERH_SCHLECHT   ERSTKLASSIGE_S
 ZWEITKLASSIGE_S   ILLIQUIDE_S       FINANZ_BEURTEILUNG

REGELNAME> GEBE_KREDIT
Regel GEBE_KREDIT lautet
WENN
     SKALA_SICHERHEITEN VERGLEICHE SICHERHEITEN '≥' 'ausgezeichnet'
     SKALA_FINANZEN     VERGLEICHE FINANZEN     '≥' 'gut'
     SKALA_ERTRAG       VERGLEICHE ERTRAG       '≥' 'hinreichend'
DANN
     BEWERTUNG←'gewaehre den Kredit'

REGELNAME> )RETURN
```

```
Umsatzwachstum im letzten Jahr in Prozent > )RULE FINANZ_BEURTEILUNG
Regel FINANZ_BEURTEILUNG lautet
WENN
     TRUE
DANN
     ⍝ Finde Gewichte aller Ertragsfaktoren
     IV←'NU' 'UW' 'UG' 'KV'
     W←FINANZ_GEWICHTE[FINANZ_GEWICHTE[;1]⍳IV;2]
     NWERT← +/ W × ⍎¨IV                ⍝ Kumulierte Gewichte × Werte
     FINANZEN←KLASSIFIZIERE NWERT      ⍝ Ordinale Klassifikation

Umsatzwachstum im letzten Jahr in Prozent > 23

Umsatzgewinne in Prozent > 33

Kurzfristige Verschuldung in Relation zum Umsatz (in Prozent) > 10

Zielvariable BEWERTUNG erfolgreich bestimmt
Verzweige in den Erklaerungsbrowser
Interaktive Erklaerungskomponente

*** ERKLAERUNG ***
Die Sicherheiten des Kunden werden als gut
beurteilt, waehrend die Einschaetzung der finanziellen Faktoren
gut ist. Die Bank kann mit einem Ertrag rechnen, der extern
hinreichend beurteilt wird. Da die Sicherheiten jedoch nicht als
ausgezeichnet bewertet werden, ist es erforderlich, den Kreditantrag
mit dem Vorgesetzten zu beraten.

Weitere Erklaerungen (J/N)? J
*** ERKLAERUNG ***
Die finanzielle Lage des Kreditantragsteller wird durch folgende
Komponenten beurteilt:
  Nettoumsatz im Verhaeltnis zum Vermoegen (NU) = 70
  Umsatzwachstum                           (UW) = 23
  Umsatzgewinne                            (UG) = 33
  Kurzfristige Verschuldung                (KV) = 10
Aus den numerischen Werten wird ein numerischer Index nach
der Formel NU x 5 + UW x 1 + UG x 5 - KV x 2 berechnet. Dieser
numerische Wert wird anschliessend durch die Klassifikation
           unter -500    bedeutet schlecht
  -500 bis unter  150    bedeutet mittel
   250 bis unter 1000    bedeutet gut
  1000 und mehr          bedeutet ausgezeichnet
in eine Beurteilung der finanziellen Lage uebersetzt. Aufgrund
dieser Berechnung wird die finanzielle Lage des Kreditantrag-
stellers als gut beurteilt.
```

```
Weitere Erklaerungen (J/N)? J
*** ERKLAERUNG ***
Benutzerinteraktion: KV = 10

Weitere Erklaerungen (J/N)?
*** FEHLER: unzulaessige Antwort ***

Weitere Erklaerungen (J/N)? J
*** ERKLAERUNG ***
Benutzerinteraktion: UG = 33

Weitere Erklaerungen (J/N)? J
*** ERKLAERUNG ***
Benutzerinteraktion: UW = 23

Weitere Erklaerungen (J/N)? J
*** ERKLAERUNG ***
Benutzerinteraktion: NU = 70

Weitere Erklaerungen (J/N)? J
*** ERKLAERUNG ***
Der Kunde kann das beantragte Kreditvolumen lediglich durch die
Summe aller liquiden und illiquiden Sicherheiten voll decken.
Die vorgelegten erst- und zweitklassigen Sicherheiten koennen
hingegen nur 92 Prozent des
beantragten Volumens decken. Daher werden die Sicherheiten
lediglich als gut beurteilt.

Weitere Erklaerungen (J/N)? J
*** ERKLAERUNG ***
Das beantragte Kreditvolumen kann durch illiquide Sicherheiten
(Hypotheken) zu 36 Prozent gedeckt werden.

Weitere Erklaerungen (J/N)? J
*** ERKLAERUNG ***
Benutzerinteraktion: HYPOTHEKEN = 360

Weitere Erklaerungen (J/N)? J
*** ERKLAERUNG ***
Das beantragte Kreditvolumen kann durch zweitklassige Sicherheiten
(Wechsel) zu 20 Prozent gedeckt werden.

Weitere Erklaerungen (J/N)? J
*** ERKLAERUNG ***
Benutzerinteraktion: WECHSEL = 200
```

```
Weitere Erklaerungen (J/N)? J
*** ERKLAERUNG ***
Das beantragte Kreditvolumen kann durch Sicherheiten erster Klasse,
d.h. Einlagen inlaendischer und/oder auslaendischer Waehrungen
zu 72 Prozent gedeckt werden.

Weitere Erklaerungen (J/N)? J
*** ERKLAERUNG ***
Benutzerinteraktion: EINLAGENAW = 70

Weitere Erklaerungen (J/N)? J
*** ERKLAERUNG ***
Benutzerinteraktion: EINLAGENIW = 650

Weitere Erklaerungen (J/N)? J
*** ERKLAERUNG ***
Benutzerinteraktion: BEANTRAGTER_KREDIT = 1000

Weitere Erklaerungen (J/N)? J
*** ERKLAERUNG ***
Benutzerinteraktion: ERTRAG = hinreichend

Weitere Erklaerungen (J/N)? J
*** ERKLAERUNG ***
START: Initialisiert alle zur Beurteilung eines
Kreditantrags notwendigen Skalen und Gewichtsfaktoren

Weitere Erklaerungen (J/N)? J
Keine weiteren Erklaerungen im Inferenzprotokoll
1
```

5.3 Schichtung des Kreditevaluationssystems

Zur Sicherung der Einlagen von Sparern schreibt das Sparkassengesetz vor, daß Kredite nur dann vergeben werden dürfen, wenn hinreichende Sicherheiten zur Verfügung stehen. Konsequenterweise wird ein Kreditantrag zur Vermeidung überflüssiger Arbeitsschritte zuerst in Hinblick auf die zur Verfügung stehenden Sicherheiten geprüft. Bei einer Konsultationssitzung muß diese Reihenfolge daher ebenfalls eingehalten werden. Innerhalb des in Abschnitt 5.2 angegebenen Regelwerks wird die Prüfung der Sicherheiten vor einer Prüfung der Ertragslage mit einer sehr einfachen Methode erzwungen. In der Spezifikation der Regel `FINANZ_BEURTEILUNG` wird die Variable `SICHERHEITEN` als Inputvariable definiert, obwohl eine Bewertung der Sicherheiten für eine Beurteilung der Ertragslage nicht notwendig ist. Aufgrund der Konfliktresolutionsstrategie kann eine Regel aber erst dann testweise exekutiert werden, wenn alle innerhalb einer `INPUT:`-Spezifikation angegebenen Variablen abfragbar bzw. bekannt sind. Die Variable `SICHERHEITEN` stellt innerhalb des o.a. Regelwerks ein Zwischenziel dar und kann daher nicht durch eine Benutzerinteraktion erhoben werden. Damit führt die Deklaration der Variablen `SICHERHEITEN` als Inputvariable der Regel FINANZ_BEURTEILUNG dazu, daß die assoziierte APL2-Funktion erst dann testweise exekutiert werden kann, wenn der Wert der Variablen SICHERHEITEN bereits bestimmt ist. Konsequenterweise werden die zur Bewertung der Sicherheiten erforderlichen Variablen (Ermittlung der Einlagen inländischer und ausländischer Währungen etc.) vor den zur Bewertung der Ertragslage erforderlichen Variablen (Umsatzwachstum im letzten Jahr in Prozent etc.) abgefragt. Diese Methode funktioniert einwandfrei, hat aber den Nachteil, daß das Regelwerk an Transparenz verliert und außerdem prozedural interpretiert werden muß. Sinnvoller ist daher eine explizite Schichtung der Wissensbasis durch eine Agenda. Das in Abschnitt 5.2 angegebene Regelwerk kann sehr einfach in zwei Regelsegmente geschichtet werden, indem eine explizite Schnittstellenregel mit dem Namen SUBMODUL_SICHERH zur Bestimmung der Sicherheiten hinzugefügt wird[1]. Die durch das erweiterte Regelwerk abgeleiteten Schlußfolgerungen ändern sich natürlich in keiner Weise[2].

```
⍝⍝⍝⍝⍝⍝⍝⍝⍝⍝⍝⍝⍝⍝⍝⍝⍝⍝⍝⍝⍝⍝⍝⍝⍝⍝⍝⍝⍝⍝⍝⍝⍝⍝⍝⍝⍝⍝⍝⍝⍝⍝⍝⍝⍝⍝⍝⍝⍝⍝⍝⍝⍝⍝⍝⍝⍝⍝⍝⍝⍝⍝⍝⍝⍝⍝⍝⍝⍝⍝
⍝          KREDITEVALUATIONSSYSTEM mit Agendaschichtung              ⍝
⍝⍝⍝⍝⍝⍝⍝⍝⍝⍝⍝⍝⍝⍝⍝⍝⍝⍝⍝⍝⍝⍝⍝⍝⍝⍝⍝⍝⍝⍝⍝⍝⍝⍝⍝⍝⍝⍝⍝⍝⍝⍝⍝⍝⍝⍝⍝⍝⍝⍝⍝⍝⍝⍝⍝⍝⍝⍝⍝⍝⍝⍝⍝⍝⍝⍝⍝⍝⍝⍝


⍝
⍝ Top-Level-Aufruf ist:
⍝
⍝ KREDIT1AGENDA_TL ← 'BANKDATEN' 'GEBE_KREDIT' 'FRAGE_VORGESETZTEN',
⍝         'LEHNE_KREDIT_AB1' 'LEHNE_KREDIT_AB2', 'LEHNE_KREDIT_AB3'
⍝         'FINANZ_BEURTEILUNG' 'SUBMODUL_SICHERH'
⍝
⍝ KREDIT1AGENDA_TL FORWARD 'BEWERTUNG'

RULE: SUBMODUL_SICHERH
  INPUT:   SKALA_SICHERHEITEN
  OUTPUT:  SICHERHEITEN
  LOCAL:   R, B    ⍝ R enthaelt zulaessige  Regelnamen zur
                   ⍝ Beurteilung der Sicherheiten
  IF:      ~ EXIST 'SICHERHEITEN'
           EXEC R ← 'SICHERH_AUSGEZ1' 'SICHERH_AUSGEZ2'
           EXEC R ← R, 'SICHERH_GUT' 'SICHERH_MAESSIG' 'SICHERH_SCHLECHT'
           EXEC R ← R, 'ERSTKLASSIGE_S' 'ZWEITKLASSIGE_S' 'ILLIQUIDE_S'
           PRINT 'SUCHE BEURTEILUNG DER SICHERHEITEN DURCH SUBMODUL'
           1 = B ← R FORWARD 'SICHERHEITEN'
  THEN:   'SICHERHEITEN=',⍕SICHERHEITEN
  EXP:
  'Summarische Bewertung durch Submodul:'
  'Beurteile Sicherheiten als ',(⍕SICHERHEITEN),'.'
```

[1] Konzeptionell enthält das Regelwerk noch ein drittes Segment zur Bestimmung der Variablen FINANZEN. Dieses Segment besteht nur aus einer einzigen Regel (FINANZ_BEURTEILUNG) und kann daher direkt von der obersten Inferenzebene aufgerufen werden.

[2] Bei geschichteten Regelwerken ist der Tracer besonders nützlich. Vergißt man etwa in der Variablen R innerhalb der Regel SUBMODUL_SICHERH die Angabe der Submodulregel SICHERH_SCHLECHT, so entsteht bei unzureichenden Sicherheiten eine Endlosschleife, die ohne den Tracer nicht diagnostizierbar ist.

5.4 Automatische Variablenselektion in Regressionsmodellen

Die für das Kreditevaluationsystem notwendigen numerischen Algorithmen können in jeder Programmiersprache einfach implementiert werden. Die Situation wird hingegen schwieriger, wenn man gewöhnliche Matrizenalgorithmen wie kleinste Quadrateschätzer in eine Expertensystemdefinition einbetten muß. Traditionelle imperativ-prozedurale Programmiersprachen wie Fortran, C und Pascal und feldorientierte Sprachen wie Gauss erlauben zwar eine relativ einfache Programmierung derartiger Algorithmen, sind aber aufgrund der restriktiven Typisierung und Speicherplatzverwaltungsmodelle nicht besonders gut zur Implementation von KI-Algorithmen geeignet. Prolog und Lisp hingegen verfügen selbst in den besten Implementationen lediglich über Vektoren, während bequem handhabbare Matrizenoperatoren vollständig fehlen (Küsters 1990).

Das Problem einer adäquaten Integration von numerischen Matrizenoperationen in einer Regelwerkdefinition kann sehr gut an dem Problem der Variablenselektion in metrischen Regressionsmodellen illustriert werden. Metrische Regressionsmodelle werden zur Erklärung einer metrisch skalierten abhängigen Variable $y_i, i = 1, \ldots, n$ durch eine additive Kombination von metrisch skalierten unabhängigen Variablen $x_{i1}, x_{i2}, \ldots, x_{ip}$ verwendet. n bezeichnet dabei den Stichprobenumfang. Als Maximalmodell wird die Regressionsgleichung

$$y_i = \beta_0 + x_{i1}\beta_1 + \cdots + x_{ip}\beta_p + \epsilon_i \qquad (5.1)$$

festgelegt[3]. Meistens ist bei empirischen Analysen zunächst unklar, welche Variablen aus $x_{i1}, x_{i2}, \ldots, x_{ip}$ tatsächlich zur Erklärung der abhängigen Variablen y_i benötigt werden. Damit stellt das Modell in Gleichung (5.1) ein Maximalmodell dar. Andererseits ist bei den meisten Untersuchungen aufgrund vorheriger Datenanalysen bereits eine Teilmenge von Regressoren (unabhängigen Variablen) $x_{i1}, x_{i2}, \ldots, x_{ik}$ mit $k < p$ bekannt, die auf jeden Fall zur Erklärung der abhängigen Variablen herangezogen werden müssen. Dieses Modell

$$y_i = \beta_0 + x_{i1}\beta_1 + \cdots + x_{ip}\beta_k + \epsilon_i \qquad (5.2)$$

wird als Minimal- oder Basismodell bezeichnet und enthält im Extremfall[4] lediglich das absolute Glied β_0. Damit besteht für einen Datenanalytiker das Problem, eine optimale Menge von Regressoren aus der Maximalmenge $x_{i1}, x_{i2}, \ldots, x_{ip}$ zu bestimmen. Zur Variablenselektion kann man sowohl realwissenschaftliche als auch statistische Kriterien heranziehen. Realwissenschaftliche Kriterien können in einem Expertensystem nur unter größten Schwierigkeiten berücksichtigt werden, da der Wissensakquisitions- und Repräsentationsprozeß von realwissenschaftlichen Datengenerierungsprozessen nach wie vor erhebliche Probleme bereitet (Hand 1986). Statistische Kriterien basieren hingegen in erster Linie auf testtheoretischen Ansätzen[5]. Der einfachste Ansatz besteht in der Verwendung von Signifikanzteststatistiken, deren Verteilung von der getroffenen Modellannahmen abhängt. Im folgenden wird für das in Matrizenschreibweise formulierte klassische Regressionsmodell

$$y = X\beta + \epsilon \qquad (5.3)$$

[3] Annahmen und statistische Theorie dieses Modells findet man in jedem Ökonometriebuch.

[4] Modelle ohne absolutes Glied β_0 werden zur Vereinfachung der Darstellung nicht diskutiert.

[5] Die Residuenanalyse (Cook und Weisberg 1982, Daniel und Wood 1980) ist ebenfalls eine wichtiges Hilfsmittel zur Datenanalyse. Diese Methode wird aber in der folgenden Diskussion zur Vereinfachung des Beispiels ignoriert.

angenommen, daß die klassischen Regularitätsbedingungen (siehe Schmidt 1976) erfüllt sind. Damit ist der kleinste Quadrateschätzer

$$\hat{\beta} = (X^T X)^{-1} X^T y \tag{5.4}$$

zumindest approximativ normalverteilt mit Erwartungswert β und Varianz-Kovarianzmatrix $\sigma^2(X^T X)^{-1}$. Die Varianz σ^2 der Residuen $e = y - X\hat{\beta}$ kann durch den Ausdruck

$$\hat{\sigma}^2 = \frac{e^T e}{n - p - 1}$$

erwartungstreu geschätzt werden. Die zweiseitige Hypothese $H_0 : \beta_j = 0$ versus $H_1 : \beta_j \neq 0$ kann approximativ durch folgende Entscheidungsvorschrift getestet werden[6]: Akzeptiere bei vorgegebenem Signifikanzniveau α die Nullhypothese H_0 genau dann, wenn gilt:

$$|t_j| = \left| \frac{\hat{\beta}_j}{\hat{\sigma}\sqrt{[(X^T X)^{-1}]_{jj}}} \right| \leq z_{1-\alpha/2} \tag{5.5}$$

Andernfalls verwerfe H_0. Der Skalar $z_{1-\alpha/2}$ ist das $1 - \alpha/2$ Quantil der Standardnormalverteilung und wird lediglich als Approximation für das $1-\alpha/2$-Quantil der t-Verteilung mit $(n-p-1)$ Freiheitsgraden benutzt. Damit steht eine sehr einfache Regel zur Verfügung, mit der man entscheiden kann, ob die j-te Variable x_{ij} zur Erklärung der Variation der abhängigen Variablen herangezogen werden soll oder nicht. Damit ist aber noch nicht festgelegt, ob eine bestimmte unabhängige Variable in ein Regressionmodell einbezogen werden muß oder nicht. Zum einen existieren eine Reihe von Problemen wie das multiple Testproblem, multiple Ausreißer etc., für die bei weitem noch keine ausgereiften Lösungen existieren. Andererseits besteht aber schon bei der Akzeptanz der oben angegebenen Testregel das Problem, daß man nicht weiß, ob man zunächst mit dem Basismodell anfangen soll und sukzessiv wichtige Variablen einschließt (Vorwärtsselektion), oder ob man mit dem Maximalmodell beginnt und sukzessiv insignifikante Variablen ausschließt (Rückwärtsselektion). Beide Vorgehensweisen führen möglicherweise zu unterschiedlichen Modellen. Pragmatisch orientierte Datenanalytiker wie Wolstenholme und Nelder (1986) benutzen daher eine Kombination beider Techniken in folgender Form:

1. Lege ein Signifikanzniveau α fest und bestimme den korrespondierenden $z_{1-\alpha/2}$ Schwellenwert.
2. Lege ein Basismodell und ein Maximalmodell fest. Das Maximalmodell muß alle Variablen des Basismodells enthalten.
3. Bestimme alle Variablen des Maximalmodells, die nicht im Basismodell enthalten sind und bezeichne diese Variablenmenge mit `DIFF`.
4. Füge jede Variable aus der Differenzmenge `DIFF` temporär (separat) zum Basismodell hinzu und teste, ob diese Variable signifikant ist (Vorwärtssselektion).
5. Teste jede Variable aus `DIFF` im Maximalmodell auf Signifikanz (Rückwärtsselektion).

[6] Exakte Verteilungsresultate wie die F-Verteilung für lineare Hypothesen der Form $R\beta = r$ und die t-Verteilung werden wiederum zur Vereinfachung unterschlagen.

6. Erweitere das Basismodell um alle Variablen, die sowohl bei der Rückwärts- als auch bei der Vorwärtsselektion signifikant sind. Reduziere das Maximalmodell um alle Variablen, die sowohl bei der Rückwärts- als auch bei der Vorwärtsselektion insignifikant sind. Stimmen beide Modelle überein, so terminiere das Verfahren. Andernfalls gehe zu Schritt 3.

Damit wird durch den oben angegebenen Algorithmus das Basismodell sukzessiv erweitert, während das Maximalmodell sukzessiv reduziert wird. Allerdings kann der Fall auftreten, daß sich Basismodell und Maximalmodell nicht verändern, aber noch keine Konvergenz aufgetreten ist. In diesem Fall wird das Basismodell um diejenige Variable erweitert, deren Absolutbetrag der t_j-Statistik bei der Vorwärtsselektion am höchsten ist.

Natürlich kann man den Algorithmus mit ausschließlich prozeduralen Programmiertechniken implementieren. Logisch ist allerdings eine Unterscheidung zwischen numerischen und strategischen Schritten sinnvoll. Die Ermittlung der Signifikanz durch einen statistischen Test stellt eine typisch prozedurale *black box* dar, die durch formale Argumente aus der mathematischen Statistik 'gesichert' ist. Die Anwendung und 'Interpretation' dieser Tests kann hingegen als eine erklärungsbedürftige Auswertungsstrategie aufgefaßt werden, deren Einzelschritte gegenüber einem Anwender mit Hilfe einer Erklärungskomponente transparent begründet werden müssen. Konsequenterweise wird die Interpretation von formalen Tests durch ein Regelwerk repräsentiert, während die numerischen Kalkulationen durch definierte Funktionen in einer für den Endbenutzer intransparenten Weise in das Regelwerk eingebettet werden.

Die oben beschriebene Variablenselektionstrategie kann mit der Regelwerkshell durch folgende Regeln, Promptspezifikationen und Funktionen implementiert werden.

```
⍝⍝⍝⍝⍝⍝⍝⍝⍝⍝⍝⍝⍝⍝⍝⍝⍝⍝⍝⍝⍝⍝⍝⍝⍝⍝⍝⍝⍝⍝⍝⍝⍝⍝⍝⍝⍝⍝⍝⍝⍝⍝⍝⍝⍝⍝⍝⍝⍝⍝⍝⍝⍝⍝⍝⍝⍝⍝⍝⍝⍝⍝⍝⍝⍝⍝⍝⍝⍝⍝
⍝ 'MINI-EXPERTENSYSTEM' zur Variablenselektion im Regressionsmodell ⍝
⍝⍝⍝⍝⍝⍝⍝⍝⍝⍝⍝⍝⍝⍝⍝⍝⍝⍝⍝⍝⍝⍝⍝⍝⍝⍝⍝⍝⍝⍝⍝⍝⍝⍝⍝⍝⍝⍝⍝⍝⍝⍝⍝⍝⍝⍝⍝⍝⍝⍝⍝⍝⍝⍝⍝⍝⍝⍝⍝⍝⍝⍝⍝⍝⍝⍝⍝⍝⍝⍝


⍝
⍝ Aufrufsequenz zur Initialisierung und Uebersetzung:
⍝    SETGLOBALS
⍝    COMPILE KQSREGELN
⍝    INIT
⍝
⍝ Top-Level-Aufruf des Inferenzinterpreters:
⍝    ΔRULES FORWARD 'BESTMODEL'
⍝

⍝
⍝ Regelwerkdefinition:
⍝
```

```
RULE: DEFINPUT
  COM:    Definiert Datensatz und Variablennamen in einer elementaren
          Weise. In einem vollstaendigem Expertensystem wuerde ein
          Datensatz mit Daten- und Variablendefinitionen interaktiv
          definiert und eingelesen.
  INPUT:  START
  OUTPUT: X, Y, DEPVAR, INDVARS, XI, SSEQ, KERNEL, COMPLETE
  IF:     START
  THEN:   (X Y INDVARS DEPVAR)←DATADEFINITION
          XI←⍳↑⌽⍴X           ⍝ Indizes der unabhaengigen Variablen
          KERNEL←⍳1          ⍝ Indizes des Basismodells
          COMPLETE←XI        ⍝ Indizes des Maximalmodells
          ⍝ Initialisierung des Selektionsprotokolls
          SSEQ←1 2 ⍴ KERNEL COMPLETE
          NORES RETRACT 'START'
          ⍝ NORES RETRACT 'START' sichert, dass die Startregel
          ⍝ DEFINPUT nur einmal aktiviert wird.
  EXP:
  'Daten und Variablen des Modells sind initialisiert. Das Basismodell'
  'enthaelt die Variablen:'
  (⍕INDVARS[KERNEL])
  'Das Maximalmodell enthaelt die Variablen:'
  (⍕INDVARS[COMPLETE])

FUNCTION:
  Z←DATADEFINITION;X;Y;DEPVAR;INDVARS
  ⍝ Definiert Regressormatrix X, den Vektor der abhaengigen
  ⍝ Variablen Y, den Namen der abhaengigen Variablen DEPVAR
  ⍝ und die Namen der unabhaengigen Variablen INDVARS
  Y←MOORE_DAT[;7]
  X←1,MOORE_DAT[;2 3 4 5 6]
  DEPVAR←,'Y'
  INDVARS←'ONE' 'X1' 'X2' 'X3' 'X4' 'X5'
  Z←(X Y INDVARS DEPVAR)

PROMPTTABLE:    T_TAU
   TYP:         NUM
   RANGE:       0 10
   PROMPTSTR: 'Kritischer t-Wert '

RULE: SELECTBESTMODEL1
  INPUT:  KERNEL, COMPLETE, INDVARS, SSEQ
  OUTPUT: BESTMODEL
  IF:     0∊⍴COMPLETE~KERNEL
  THEN:   BESTMODEL←KERNEL
          'BESTE INDVARS =',INDVARS[BESTMODEL]
```

```
  EXP:
  'Die durch Aufwaerts- und Abwaertsselektion bestimmten Modelle'
  'stimmen ueberein, so dass die ''optimalen'' Regressoren'
  (⍕INDVARS[BESTMODEL])
  'bestimmt sind. Die Modelle wurden in folgender Sequenz selektiert:'
  (⍕('KERNEL' 'COMPLETE'),[1]SSEQ)

RULE: SELECTBESTMODEL2
  INPUT:  T_TAU, X, Y, XI, KERNEL, COMPLETE
  OUTPUT: NOTSIGNI, SIGNI
  LOCAL:  DIFFVARS, PLUSVARS, MINVARS
  IF:     ~0∊ρCOMPLETE~KERNEL
  THEN:   DIFFVARS←COMPLETE~KERNEL
          PLUSVARS←((T_TAU X Y KERNEL) SIGADD DIFFVARS)[1;]
          MINVARS←((T_TAU X Y COMPLETE) SIGMINUS DIFFVARS)[1;]
          SIGNI←PLUSVARS~PLUSVARS~MINVARS
          NOTSIGNI←COMPLETE~KERNEL,PLUSVARS,MINVARS
  EXP:
  'Basismodell:   ',(⍕INDVARS[KERNEL])
  'Maximalmodell: ',(⍕INDVARS[COMPLETE])
  'Variablen, die bei der Aufwaerts- UND bei der Abwaertsselektion'
  'signifikant sind: ',(⍕INDVARS[SIGNI])
  'Variablen, die bei der Aufwaerts- UND bei der Abwaertsselektion'
  'NICHT signifikant sind: ',(⍕INDVARS[NOTSIGNI])

RULE: SELECTBESTMODEL3
  INPUT: T_TAU,  INDVARS, KERNEL, COMPLETE, SIGNI, NOTSIGNI
  OUTPUT: KERNEL, COMPLETE, SSEQ
  IF:    ~0∊ρSIGNI,NOTSIGNI   ⍝ MINDESTENS EINE AENDERUNG
  THEN:  ⍝ KERNEL=KERNEL+Variablen, die aufwaerts UND
         ⍝ abwaerts signifikant sind
         KERNEL←KERNEL,SIGNI
         ⍝ COMPLETE=OLDCOMPLETE ohne Variablen, die weder bei der
         ⍝ Aufwaerts- noch bei der Aufwaertsselektion signifikant sind.
         COMPLETE←COMPLETE~NOTSIGNI
         SSEQ←SSEQ,[1] KERNEL COMPLETE
  EXP:
  'Erweiterung des Basismodells um signifikante Variablen fuehrt zum'
  'neuen Basismodell ',(⍕INDVARS[KERNEL])
  'Elimination der insignifikanten Variablen im Supermodell fuehrt zum'
  'neuen Supermodell ',(⍕INDVARS[COMPLETE])
```

```
RULE: SELECTBESTMODEL4
  INPUT: T_TAU,  X, Y, INDVARS, KERNEL, COMPLETE, SIGNI, NOTSIGNI
  OUTPUT: KERNEL COMPLETE SIGNI
  LOCAL: T TMAX PLUSVARS DIFFVARS
  IF:    0∊⍴SIGNI,NOTSIGNI                          ⍝ KEINE AENDERUNG
  THEN:  'Basismodell und Supermodell aendern sich nicht mehr'
         'Basismodell =',INDVARS[KERNEL]
         'Supermodell =',INDVARS[COMPLETE]
         'Ermittle Variable mit hoechstem t-Wert:'
         DIFFVARS←COMPLETE~KERNEL
         (PLUSVARS T) ← ⊂[2](T_TAU X Y KERNEL) SIGADD DIFFVARS
         TMAX←⌈/T
         SIGNI←(T=TMAX)/PLUSVARS                ⍝ Beachte: (⍳0) ≢ ⌈/⍳0
         'Fuege Variable', INDVARS[SIGNI], 'hinzu'
         KERNEL←KERNEL,SIGNI
         'Neues Basismodell:', INDVARS[KERNEL]
         'Unveraendertes Supermodell:', INDVARS[COMPLETE]
   EXP:
   'Basis- und Supermodell konnten nicht mehr durch die kombinierte'
   'Anwendung der Aufwaerts- und Abwaertsselektion geaendert werden.'
   'Daher wird lediglich das Basismodell um die Variable '
   (⍕INDVARS[SIGNI]), 'erweitert, da diese Variable den hoechsten'
   't-Wert innerhalb der potentiell unabhaengigen Variablen'
   (⍕INDVARS[COMPLETE~KERNEL]), ' aufweist.'
FUNCTION:
  PLUSVARS←LA SIGADD DIFFVARS;TT;X;Y;KERNEL;NX;TRS;TS
  ⍝ Selektiert alle Variablen aus der Menge DIFFVARS, die bei einem
  ⍝ separaten Hinzufuegen zum KERNEL Modell zum vorgegebenen t-Wert TT
  ⍝ signifikant sind. Gibt eine 2×(⍴DIFFVARS) Matrix PLUSVARS zurueck.
  ⍝ PLUSVARS[1;] enthaelt die Indizes der signifikanten Variablen,
  ⍝ waehrend PLUSVARS[2;] die korrespondierenden t-Werte enthaelt.
  ⍝
  (TT X Y KERNEL)←LA             ⍝ Schwelle X-Matrix Y-Vektor Kernmodell
  →(~0∊⍴KERNEL~KERNEL~DIFFVARS)/FEHLER
  →(0∊⍴KERNEL)/LEER
  ⍝ Generiere einen Vektor von Regressormatrizen. Jedes Element
  ⍝ enthaelt die Regressoren des Basismodells, zu dem jeweils eine
  ⍝ Variable aus DIFFVARS hinzugefuegt wird.
  NX←(⊂X[;KERNEL]),¨DIFFVARS⎕[2]¨⊂X
  ⍝ Berechne t-Werte fuer jede Subregression
  TRS←(⊂Y)TKQS¨NX
  ⍝ Selektiere den t-Wert der letzten Variablen pro Regression
  TS←↑¨⌽¨TRS
  ⍝ Selektiere Indizes und t-Werte aller Variablen, die zum
  ⍝ Schwellenwert TT signifikant sind (zweiseitiger Test).
  PLUSVARS←(TT<|TS)/DIFFVARS,[0.5]TS
  →0
  LEER:PLUSVARS←⍳0
  →0
  FEHLER:'SIGADD: KERNEL ENTHAELT DIFFVARS'
```

```
FUNCTION:
  MINUSVARS←LA SIGMINUS DIFFVARS;TT;X;Y;COMPLETE;TRS;TS
  ⍝ Selektiert alle Variablen aus der Menge DIFFVARS, die
  ⍝ innerhalb des Supermodells COMPLETE zum vorgegebene t-Wert TT
  ⍝ signifikant sind. Gibt eine 2×(⍴DIFFVARS) Matrix MINUSVARS zurueck.
  ⍝ MINUSVARS[1;] enthaelt die Indizes der signifikanten Variablen,
  ⍝ waehrend MINUSVARS[2;] die korrespondierenden t-Werte enthaelt.
  ⍝
  (TT X Y COMPLETE)←LA        ⍝ Schwelle X-Matrix Y-Vektor Supermodell
  →(0∊⍴DIFFVARS)/LEER
  →(~0∊⍴DIFFVARS~COMPLETE)/FEHLER
  ⍝ Ermittelt die t-Werte aller Variablen des Supermodells
  TRS←Y TKQS X[;COMPLETE]
  ⍝ Ermittelt die t-Werte aller Variablen aus DIFFVARS
  TS←TRS[COMPLETE⍳DIFFVARS]
  ⍝ Selektiere Indizes und t-Werte aller Variablen, die zum
  ⍝ Schwellenwert TT signifikant sind (zweiseitiger Test).
  MINUSVARS←(TT<|TS)/DIFFVARS,[0.5]TS
  →0
  FEHLER:'SIGMINUS: DIFFVARS enthaelt Indizes, die nicht im Supermodell'
  'enthalten sind'
  →∘                          ⍝ Generiere APL2-Fehler
  LEER:MINUSVARS←⍳0

FUNCTION:
  Z←Y KQS X;N;P;B;XXI;E;S2;T;SE
  ⍝ Berechnet den kleinsten Quadrateschaetzer der Regression von Y auf
  ⍝ X und gibt die Regressionskoeffizienten sowie die korrespondierenden
  ⍝ t-Werte zurueck.
  ⍝
  (N P)←⍴X                   ⍝ Fallzahl Variablenanzahl
  B←Y⌹X                      ⍝ KQS
  XXI←⌹(⍉X)+.×X              ⍝ Inv(X'X)
  E←(Y-X+.×B)                ⍝ Residuen
  S2←(+/E×E)÷(N-P)           ⍝ Standardfehler der Residuen
  SE←(S2×1 1⍉XXI)*0.5        ⍝ Standardfehler des KQS
  T←B÷SE                     ⍝ t-Ratio
  Z←(B T)                    ⍝ Schaetzer t-Werte

FUNCTION:
  TR←Y TKQS X
  ⍝ Ermittelt die t-Werte der Regression von Y auf X
  TR←2⊃Y KQS X
```

Zur Illustration des Regelwerks wird ein kleiner Datensatz von Moore (1975) benutzt, der u.a. in Chatterjee und Hadi (1986) zur Demonstration verschiedener Methoden der Residuendiagnostik verwendet wird.

I	X1	X2	X3	X4	X5	Y
1	1125	232	7160	85.9	8905	1.5563
2	920	268	8804	86.5	7388	0.8976
3	835	271	8108	85.2	5348	0.7482
4	1000	237	6370	83.8	8056	0.716
5	1150	192	6441	82.1	6960	0.313
6	990	202	5154	79.2	5690	0.3617
7	840	184	5896	81.2	6932	0.1139
8	650	200	5336	80.6	5400	0.1139
9	640	180	5041	78.4	3177	¯0.2218
10	583	165	5012	79.3	4461	¯0.1549
11	570	151	4825	78.7	3901	0
12	570	171	4391	78	5002	0
13	510	243	4320	72.3	4665	¯0.0969
14	555	147	3709	74.9	4642	¯0.2218
15	460	286	3969	74.4	4840	¯0.3979
16	275	198	3558	72.5	4479	¯0.1549
17	510	196	4361	57.7	4200	¯0.2218
18	165	210	3301	71.8	3410	¯0.3979
19	244	327	2964	72.5	3360	¯0.5229
20	79	334	2777	71.9	2599	¯0.0458

Nach einer Übersetzung und Initialisierung des in KQSREGELN abgespeicherten Regelwerks kann das Variablenselektionsverfahren durch

```
ΔRULES FORWARD 'BESTMODEL'
```

gestartet werden. Das System fragt den kritischen Schwellenwert $z_{1-\alpha/2}$ interaktiv ab. Die im Regelwerk eingebetteten Bildschirmausgaben sind knapp und melden lediglich das Endergebnis und die Ausweichoperation bei fehlender Konvergenz zwischen dem Basis- und dem Maximalmodell (erfolgreiche Exekution der Regel SELECTBESTMODEL4).

```
Kritischer t-Wert > 2.5


Basismodell und Supermodell aendern sich nicht mehr
Basismodell = ONE
Supermodell = ONE X1 X3 X4 X5
Ermittle Variable mit hoechstem t-Wert:
Fuege Variable X3 hinzu
Neues Basismodell: ONE X3
Unveraendertes Supermodell: ONE X1 X3 X4 X5


BESTE INDVARS = ONE X3 X5


Zielvariable BESTMODEL erfolgreich bestimmt
Verzweige in den Erklaerungsbrowser
```

```
Interaktive Erklaerungskomponente
*** ERKLAERUNG ***
Die durch Aufwaerts- und Abwaertsselektion bestimmten Modelle
stimmen ueberein, so dass die 'optimalen' Regressoren
 ONE X3 X5
bestimmt sind. Die Modelle wurden in folgender Sequenz selektiert:
 KERNEL  COMPLETE
 1       1 2 3 4 5 6
 1       1 2 4 5 6
 1 4     1 4 6
 1 4 6   1 4 6
Weitere Erklaerungen (J/N)? N
```

Die innerhalb des Regelwerks eingebetteten Ausgaben und Erklärungstexte sind lediglich für Statistiker informativ, können aber in einem statistischen Expertensystem durch ausführliche Texte überschrieben werden.

5.5 Prozedurale Programmierung mit der Expertensystemshell

In diesem Abschnitt wird anhand der Berechnung der Fakultät demonstriert, wie ein prozedural-iterativer Algorithmus mit einem Regelwerk programmiert werden kann. Bei Verwendung der in diesem Buch beschriebenen Expertensystemshell ist eine derartige Vorgehensweise *nie notwendig*, da alle prozeduralen Algorithmen sehr einfach durch definierte APL2-Funktionen oder durch Aufrufe von APL2-Primitiven direkt in das Regelwerk eingebettet werden können. Die Fakultät läßt sich in APL2 direkt durch `!N` bestimmen, so daß eine explizite Programmierung des iterativen Algorithmus durch `IF:-THEN:`-Regeln *völlig überflüssig* ist. Abgeschlossene Expertensystemshells stellen hingegen sehr oft keine Flußkontrollstrukturen zur Verfügung, so daß alle prozeduralen Algorithmen durch Regeln repräsentiert werden müssen.

```
⍝⍝⍝⍝⍝⍝⍝⍝⍝⍝⍝⍝⍝⍝⍝⍝⍝⍝⍝⍝⍝⍝⍝⍝⍝⍝⍝⍝⍝⍝⍝⍝⍝⍝⍝⍝⍝⍝⍝⍝⍝⍝⍝⍝⍝⍝⍝⍝⍝⍝⍝⍝⍝⍝⍝⍝⍝⍝⍝⍝
⍝         'Regelwerk' zur Berechnung der Fakultaet               ⍝
⍝⍝⍝⍝⍝⍝⍝⍝⍝⍝⍝⍝⍝⍝⍝⍝⍝⍝⍝⍝⍝⍝⍝⍝⍝⍝⍝⍝⍝⍝⍝⍝⍝⍝⍝⍝⍝⍝⍝⍝⍝⍝⍝⍝⍝⍝⍝⍝⍝⍝⍝⍝⍝⍝⍝⍝⍝⍝⍝⍝


⍝
⍝ Aufruf: ∆RULES FORWARD ,'Y'
⍝
⍝ Bemerkung: ∆fexp←1 bewirkt, dass die IF-THEN-Eintraege von erfolgreich
⍝ gefeuerten Regeln nicht in das Inferenzprotokoll ∆FELOG eingetragen
⍝ werden.
⍝
```

```
RULE: FACTERMINATE
  COM:    Regel zum Terminieren der Iteration. Zur Beachtung:
          Y wird ausschliesslich mit dieser Regel festgelegt!!!
  INPUT:  C           ⍝ Iterationszaehler
          A           ⍝ Akkumulator
          X           ⍝ Argument
  OUTPUT: Y           ⍝ Ergebnis
  IF:     C=1         ⍝ WENN: Iterationszaehler auf 1
  THEN:   Y←A         ⍝ DANN: gebe Akkumulator als Ergebnis zurueck
  EXP:    'Fakultaet(',(⍕X),')=',(⍕Y)

RULE: FACITER
  COM:    Iterative Regel zur Bestimmung der Fakultaet
  INPUT:  C,A         ⍝ Iterationszaehler, Akkumulator
  OUTPUT: C,A         ⍝ Ueberschreiben
  IF:     C > 1       ⍝ WENN: Iterationszaehler noch NICHT auf 1
  THEN:   A←C×A       ⍝ DANN: Akkumulator=Akkumulator×Zaehler
          C←C-1       ⍝       und Zaehler senken

RULE: FACSTART
  COM:    Initialisiert Iterationszaehler und Akkumulator
  INPUT:  X, START
  OUTPUT: C           ⍝ Iterationszaehler
          A           ⍝ Akkumulator
  IF:     START
          ~ ∨/EXIST ¨ 'C' 'A'
  THEN:   C←X
          A←1
          NURES RETRACT 'START'  ⍝ Regel darf nur 1 × gefeuert werden

PROMPTTABLE:  X
  TYP:        INT
  RANGE:      1 1000
  PROMPTSTR: 'FAKULTAET'
```

Nach der Übersetzung und Initialisierung dieses Pseudoregelwerks ist es sinnvoll, den Inferenzschalter `∆fexp` auf Null zu setzen, so daß nur die in `FACTERMINATE` eingetragene Erklärung in das Erklärungsprotokoll `∆FELOG` eingetragen wird. Andernfalls werden alle Iterationsschritte, die durch die Regel `FACITER` exekutiert werden, in das Erklärungsprotokoll eingetragen. Die beiden folgenden Protokolle illustrieren diesen Unterschied:

```
    ∆fexp←0
    ∆RULES FORWARD ,'Y'


FAKULTAET> 3

Verzweige in den Erklaerungsbrowser
Interaktive Erklaerungskomponente
*** ERKLAERUNG ***
Fakultaet(3)=6
```

```
Weitere Erklaerungen (J/N)? J
*** ERKLAERUNG ***
Regel FACITER lautet
WENN
     C > 1                    ⍝ WENN: Iterationszaehler noch NICHT auf 1
DANN
     A←C×A                    ⍝ DANN: Akkumulator=Akkumulator×Zaehler
     C←C-1                    ⍝       und Zaehler senken

Weitere Erklaerungen (J/N)? J
*** ERKLAERUNG ***
Regel FACITER lautet
WENN
     C > 1                    ⍝ WENN: Iterationszaehler noch NICHT auf 1
DANN
     A←C×A                    ⍝ DANN: Akkumulator=Akkumulator×Zaehler
     C←C-1                    ⍝       und Zaehler senken

Weitere Erklaerungen (J/N)? J
*** ERKLAERUNG ***
Regel FACSTART lautet
WENN
     START
     ~ ∨/EXIST ¨ 'C' 'A'
DANN
     C←X
     A←1
     NORES RETRACT 'START'  ⍝ Regel darf nur 1 × gefeuert werden

Weitere Erklaerungen (J/N)? J
*** ERKLAERUNG ***
Benutzerinteraktion: X = 3

Weitere Erklaerungen (J/N)? J
Keine weiteren Erklaerungen im Inferenzprotokoll
```

Offensichtlich sind die mit den Regeln FACSTART und FACITER assoziierten Erklärungen in Form von WENN-DANN-Aussagen nicht informativ. Daher ist eine Unterdrückung der Regelprotokollierung von Regeln ohne EXP:-Komponente durch das Setzen des Schalters Δfexp sinnvoll.

```
     Δfexp←1
     ΔRULES FORWARD ,'Y'


FAKULTAET> 3
Verzweige in den Erklaerungsbrowser
Interaktive Erklaerungskomponente
```

```
*** ERKLAERUNG ***
Fakultaet(3)=6
Weitere Erklaerungen (J/N)? J

*** ERKLAERUNG ***
Benutzerinteraktion: X = 3
Weitere Erklaerungen (J/N)? J
Keine weiteren Erklaerungen im Inferenzprotokoll
```

Kapitel 6

Schlußbemerkungen

Zahlreiche Planungsmethoden der Wirtschaftswissenschaft erfordern den Einsatz von quantitativen Methoden, die mit den klassischen Programmiersprachen der künstlichen Intelligenz nur unter großen Schwierigkeiten implementiert und somit nur sehr schwer in Expertensysteme integriert werden können. Die in diesem Buch entwickelte regelbasierte Expertensystemshell ermöglicht hingegen eine bedeutend einfachere Implementation von regelbasierten Expertensystemen, in denen umfangreiche numerische Berechnungen erforderlich sind. Dennoch muß darauf hingewiesen werden, daß das vorgestellte System ein Prototyp ist und sich in erster Linie zum Experimentieren eignet. Zur Zeit hat das System die folgenden Schwächen, die bei einem Ausbau zu einem Produktionssystem beseitigt werden sollten:

- Vermutlich enthält das System wegen fehlender Beta-Tester eine Reihe von Fehlern, die in zukünftigen Versionen eliminiert werden müssen. Außerdem wurden bisher lediglich relativ einfache Regelwerke mit dem System definiert, so daß eine Bewährung für umfangreiche Regelwerke, die allerdings nur noch mit einem Team entwickelt werden können, aussteht.

- Das System erlaubt Inkonsistenzen zwischen den durch `INPUT:-`, `OUTPUT:-` und `LOCAL:-`-Direktiven deklarierten Variablen und den in `IF:-` und `THEN:-`Anweisungen benötigten Variablen. Die Zulässigkeit derartiger Inkonsistenzen ermöglicht einerseits eine prozedurale Steuerung der Regelselektionsschritte. Andererseits besteht jedoch die Gefahr, daß eine Regel selektiert wird, deren Inputvariablen weder bekannt noch abfragbar sind. Daher ist eine Erweiterung des Systems durch einen Parser nützlich, mit dem die in `IF:-` und `THEN:-`Blöcken benötigten Inputvariablen diagnostiziert werden.

- Die *Why*-Komponente ist sehr rudimentär aufgebaut, da bisher noch keine einfache und benutzerfreundliche Lösung bekannt ist.

- Ebenso kritisch ist eine konsistente Erweiterung der Wissensbasis durch eine Lernkomponente, für die ebenfalls ausgereifte Konzepte in der Literatur fehlen.

- Nicht alle Wissensarten können in einer einfachen Weise durch Regelwerke repräsentiert werden. Unter Umständen ist eine Systemerweiterung erforderlich, durch die taxonomische Wissenssegmente mit Hilfe von Rahmen repräsentiert werden können. Dafür bietet sich der Ansatz von Alfonseca (1989a, 1989b) an.

- Der Übersetzer fängt nicht alle potentiellen Fehler ab. Am kritischsten sind syntaktische und semantische Fehler in `IF:`- und `THEN:`-Sektionen, die in der hier implementierten Version nur durch den Interpreter abgefangen werden.

- Die zeilenorientierte Benutzeroberfläche ist für Endanwender unbequem. Allerdings kann das System durch einfache, wenn auch systemspezifische Änderungen auf eine Fensterumgebung abgeändert werden, sofern eine Window-Bibliothek zur Verfügung steht.

- Das Programm kann zur Verbesserung der Wartbarkeit stärker modularisiert werden. Der Systemkern besteht aus ungefähr 70 definierten APL2-Funktionen und Operatoren, die teilweise sehr lang sind. Zerlegt man das Programm in kleinere Einheiten, so tritt das Problem auf, daß die Gesamtstruktur aufgrund der unzureichenden Modularisierungswerkzeuge von APL2 unübersichtlicher wird. Außerdem enthält das System zuviele prozedural-imperative Elemente (Sprünge). Allerdings stellt sich die Frage, ob eine funktional-applikative Umstrukturierung von Fehlerbehandlungsalgorithmen und Input-Output-Routinen in einem vernünftigen Kosten-Nutzen-Verhältnis steht.

Die in Kapitel 2 dargestellte Regelsprache weist drei Mängel auf:

- Die Regelsyntax enthält kein formales Element, mit dem gesichert werden kann, daß eine Regel nur einmal gefeuert wird. Für diesen Zweck müssen Regelwerkvariablen in Form von Exekutionsschaltern benutzt werden, die durch Bedingungen der Form `IF:~EXIST 'rule_fired'` getestet werden. Daher ist eine Erweiterung der Regelsyntax mit einem zusätzlichen Spezifikationsblock der Form `FIRE: [MULTIPLE|ONCE]` sinnvoll.

- Durch eine `PROMPTABLE:`-Spezifikation kann die Länge eines Vektors für die Typen `VNUM`, `VINT` und `VCV` nicht a priori festgelegt werden. Daher ist eine Erweiterung der Promptsyntax mit einem zusätzlichen Spezifikationsblock der Form `NOITEMS: number_of_elements` sinnvoll.

- Nach dem Schlüsselwort `CHECKFCT:` darf lediglich eine monadische Testfunktion angegeben werden. Zur Übergabe von Regelwerkvariablen ist eine Erweiterung auf dyadische Funktionen notwendig. Dabei muß durch ein geeignetes Konstrukt im Inferenzinterpreter gesichert werden, daß das Linksargument vor einer Exekution der Testfunktion auch existiert.

Anhang A

APL2-Hintergrundinformationen

A.1 APL2-Strukturnotation

Variablen müssen in APL2 nicht deklariert werden. Dennoch lassen sich nicht alle Funktionen und Operatoren auf jede beliebige Datenstruktur anwenden. Daher ist es bei der Angabe von APL2-Idiomen sinnvoll, den erwarteten Datentyp durch symbolische Variablennamen zu beschreiben, die hier in Anlehnung an Cason (1989) gewählt werden[1]. Innerhalb von Programmen werden hingegen kontextsensitive Namen wie `STACK` und `TAKEPART` verwendet.

Datentypkürzel	Inhalt
S	Skalar oder ein einelementiger Vektor
O	Einelementiger Vektor
V	Vektor
M	Matrix
A	Feld mit beliebiger Dimension
B	Boolesche Daten
I	Ganzzahlige Daten
L	Natürliche Zahlen (einschl. 0) als Daten (oft Längen)
F	Reelle Zahlen (Gleitkommazahlen) als Daten
N	Numerische Elemente als Daten
C	Zeichen (Character) als Daten

Tabelle A.1: Datentypkürzel

Ein boolescher Vektor wird daher durch `VB` bezeichnet, während ein Vektor von Matrizen durch `VM` gekennzeichnet wird. Allgemeine und nicht näher spezifizierte Funktionen und Operatoren werden oft durch `FKT`, `LFKT`, `RFKT`, `OP`, `LOP` oder `ROP` bezeichnet. Das Präfix `R` bzw. `L` deklariert dabei die Position (rechts oder links).

Die Datenstruktur einer APL2-Variablen kann durch die `DISPLAY` Funktion aus dem Arbeitsbereich `DISPLAY` (IBM 1987b, 1988a, 1988b) graphisch dargestellt werden[2]. Eine graphische

[1] Bei der APL-Programmierung erlebt man aber immer wieder Überraschungen, wenn sich herausstellt, daß eine Routine, die ursprünglich nur für Vektoren erstellt wurde, auch für beliebig dimensionierte Felder funktioniert.

[2] Der APL2-Kode dieser Funktion wird auch im Anhang von Brown, Pakin und Polivka (1988) angegeben.

Darstellung der Matrix `MVVC←1 2⍴⊂3⍴⊂'AB'` ergibt

```
.→------------------------------------.
↓ .→--------------.  .→--------------. |
| | .→-. .→-. .→-. | | .→-. .→-. .→-. | |
| | |AB| |AB| |AB| | | |AB| |AB| |AB| | |
| | '--' '--' '--' | | '--' '--' '--' | |
| '∊--------------'  '∊--------------' |
'∊------------------------------------'
```

Die an den Blockkanten angegebenen Symbole besitzen folgende Bedeutung:

Symbol	Bedeutung
→	Letzte Vektor-, Matrix- oder Feldachse
↓	Achse einer Matrix oder eines höherdimensionalen Feldes
⊖ oder ⌽	Feld ist an dieser Achse leer
~	Numerische Daten
(kein Symbol)	APL2-Zeichen in Daten
+	APL2-Zeichen und numerische Daten treten gemischt auf
∊	Genestetes (verschachteltes) Feld
_	Skalares Leerzeichen

Tabelle A.2: Bedeutung der DISPLAY–Symbole

Die `DISPLAY`-Funktion ist insbesondere für die Strukturanalyse von genesteten Felder nützlich, bei denen die einzelnen Komponenten unterschiedliche (inhomogene) Strukturen aufweisen. Bei großen Datenstrukturen ist die Darstellung allerdings sehr unübersichtlich.

Homogene Felder lassen sich sehr einfach durch eine Strukturnotation von Brown (1987) beschreiben, in der die Form der einzelnen Subkomponenten durch eine Folge von Formbezeichnern, die in Tabelle A.3 angegeben sind, beschrieben wird.

Formbezeichner	Bedeutung
`(,N M P ...)`	Feld mit Achsendimensionen `N, M, P, ...`
`(⍳0)`	Skalar (Dimension `0`, atomar oder genestet)

Tabelle A.3: Formbezeichner für genestete Felder

`(,2 4 3)` bezeichnet etwa ein Feld mit den Achsendimensionen $2 \times 4 \times 3$, während `(⍳0)` einen Skalar darstellt. Dieser Skalar kann ein APL2-Zeichen, einen numerischen Wert oder einen genesteten Skalar repräsentieren. Die Struktur der genesteten Matrix `MVVC←1 2⍴⊂3⍴⊂'AB'` wird durch `(,1 2)(,3)(,2)(⍳0)` repräsentiert, während die Struktur des homogenen, genesteten Skalars `2⍴⊂⊂⊂2⍴⊂⊂1 2 3` durch `(,2)(⍳0)(⍳0)(,2)(⍳0)(,3)(⍳0)` dargestellt werden kann. Zur automatischen Bestimmung der Nestungsstruktur kann man die APL2-Funktion

```
[0] RES←STRUCT A
[1] ⍝ Ausgabe der Struktur des Feldes A
[2] ⍎(0=≡A)/'→0 (RES←''(⍳0)'')'                ⍝ Atomarer Skalar?
[3] ⍎((⍳0)≡⍴A)/'→0 (RES←''(⍳0)'', STRUCT ↑A)'  ⍝ Nichtatomarer Skalar?
[4] RES←'(,',(⍕⍴A),')',STRUCT↑A                ⍝ Feld!
```

verwenden. Das Konstrukt `⍎BS/CV` repräsentiert die von Fortran bekannte konditionale Flußkontrollstruktur `IF`. Ist der boolesche Skalar `BS` wahr (`1`), so selektiert der Operator *compress* (`/`) die Zeichenkette `CV`, die anschließend durch die Funktion *execute* (Aktivieren, `⍎`) ausgeführt wird. Ist `BS` Null, so wird durch `BS/CV` der Leervektor `''` selektiert, dessen Ausführung durch *execute* nichts ergibt, so daß zur nächsten Zeile verzweigt wird. Die Flußkontrollstruktur `→B/LABEL,⍴R←FKTA` führt die Zuweisung `R←FKT A` hingegen grundsätzlich aus und verzweigt anschließend zur Zeile `LABEL`, sofern die boolesche Bedingung wahr ist.

Die Prozedur `MAKESTRUCT` erzeugt eine Strukturvorlage (Modell) aus einer Nestungsstrukturangabe und akzeptiert die Ausgabe von `STRUCT` als Eingabe.

```
[0] STR←MAKESTRUCT CV
[1] ⍝ Erzeugt eine numerische Leerstruktur aus Strukturangabe in CV
[2] ⍝ Akzeptiert Ausgabe von STRUCT als Eingabe
[3] CV←¯1↓(1+CV='(')⊂CV  ⍝ Partitionieren in Strukturebenen
[4] CV←CV,¨⊂'⍴⊂'         ⍝ Einschliessen und Expandieren jeder Ebene
[5] CV←CV,'0'            ⍝ Anhaengen des numerischen Prototyps
[6] STR←⍎∊CV             ⍝ Strukturstring strecken und ausfuehren
```

Damit erhält man sowohl aus `DISPLAY MAKESTRUCT STRUCT MVVC` als auch aus `DISPLAY MAKESTRUCT '(,1 2)(,3)(,2)(⍳0)'` die folgende graphische Repräsentation:

```
.→-------------------------------------------.
↓ .→-----------------.  .→-----------------. |
| | .→--. .→--. .→--. | | .→--. .→--. .→--. | |
| | |0 0| |0 0| |0 0| | | |0 0| |0 0| |0 0| | |
| | '~--' '~--' '~--' | | '~--' '~--' '~--' | |
| '∊-----------------'  '∊-----------------' |
'∊-------------------------------------------'
```

Als Füllelement für die ausschließlich aus den APL2-Zeichen `'A'` und `'B'` bestehende Variable `MVVC` wird nicht das Leerzeichen, sondern das numerische Füllelement `0` eingesetzt, da die Funktion `STRUCT` den Skalartyp der Elemente nicht analysiert. Damit ist `DISPLAY MAKESTRUCT STRUCT MVVC` äquivalent zu `DISPLAY MVVC=MVVC`. Eine Strukturvorlage mit korrektem Füllelement kann sehr einfach durch die Verwendung der selektiven Spezifikation von *ravel* durch folgende Anweisungssequenz erzielt werden:

```
TEMPLAT←MAKESTRUCT STRUCT A
(,TEMPLAT)←⊂PROTOTYP A
```

Eine Anwendung der Funktion `STRUCT` auf inhomogene Strukturgrößen liefert sinnlose Ergebnisse. Der Funktionsaufruf `STRUCT ((1 2)(3 4))(3 4 5)` ergibt das offensichtlich fehlerhafte Resultat `(,2)(,2)(,2)(⍳0)`, da `STRUCT` nicht testet, ob das Argument homogen ist[3].

[3]Allerdings kann die Funktion STRUCT durchaus zur partiellen Bestimmung der Struktur von inhomogenen Strukturgrößen, die sich lediglich auf der untersten Strukturebene im Typ oder in der Länge unterscheiden, herangezogen werden. Ein Beispiel ist eine tief genestete Struktur, die auf der untersten Ebene Zeichenkettenvektoren mit unterschiedlichen Längen enthält.

A.2 APL2-Beispiele

In diesem Anhang werden die wichtigsten APL2-Funktionen und Operatoren durch einfache und kurze Beispiele illustriert. Ausführliche Erläuterungen findet man in der APL2-Einführung (IBM 1985a), im APL2-Referenzhandbuch (IBM 1988a) sowie in dem Textbuch von Brown, Pakin und Polivka (1988). Die Beispiele gehen grundsätzlich vom Indexursprung 1 aus (⎕IO←1). Ausnahmen werden explizit vermerkt. Die bei der Darstellung verwendeten Strukturkürzel beziehen sich lediglich auf die Standardverwendung einer Funktion. Wiederholen (*replicate*) VI/A ist etwa nicht nur für Vektoren mit ganzzahligen Werten als Linkselement, sondern auch für den leeren Vektor ⍳0 definiert. Derartige Spezialfälle oder Verallgemeinerungen werden nur in Ausnahmefällen berücksichtigt.

Zuweisung (*assignment*): A←Values

```
      A←1 2 3              .       A←'A' 'B' 'C'
      A                    .       A
1 2 3                      .  ABC
```

Addieren (*add*): N1+N2

```
      2+4 ¯3 1             .       2 3 4+[1]3 2ρ⍳6
6 ¯1 3                     .  3  4
                           .  6  7
                           .  9 10
```

Logisches Und (*and*): B1∧B2

```
      0 0 1 1 ∧ 0 1 0 1
0 0 0 1
```

Klammer-Index (*bracket index*): A[I;J;K]

```
      A←1 3 2ρ⍳6           .                  .
      A                    .      A[1;2;1]    .       DISPLAY [;1 3;]
 1 2                       .  3               .  ..→--.
 3 4                       .                  .  ↓↓1 2|
 5 6                       .                  .  ||5 6|
                           .                  .  ''∼--'
```

Verkette (*catenate*): A1,A2

```
      (2 2ρ'ABCD'),[1]'XY'      .       (2 2ρ'ABCD'),'XY'
AB                              .  ABX
CD                              .  CDY
XY                              .
```

Aufrunden (*ceiling*): ⌈N

```
      ⌈¯3.2 4.2
¯3 5
```

Komprimieren (*compress*): `BV/A`

```
      0 1 0 1 1/'ABCDE'
 BDE
```

Konjugieren (*conjugate*): `+N`

```
      +3J2 10          .        +5.5        .          + 'A'
3J¯2 10                .     5.5            .     DOMAIN ERROR
```

Stichprobe nehmen (*deal*): `I1?I2` (ohne Wiederholung, Resultat hängt von `⎕RL` ab)

```
      3?5              .        5?5
 5 1 2                 .     5 4 1 3 2
```

Entschlüsseln (*decode*): `N1⊥N2`

```
      2 2 2 ⊥ 1 0 1  .        5 ⊥ 3 6 7  .        (3×5*2)+(6×5*1)+(7×5*0)
5                    .     112            .     112
```

Tiefe (*depth*): `≡A`

```
      DISPLAY (1 (2 (3 4)) 5)        .          ≡(1 (2 (3 4)) 5)
 .→----------------.                 .    3
 |    .→--------.  |                 .          ≡(2 (3 4))
 | 1 |    .→--. | 5 |                .    2
 |    | 2 |3 4| |  |                 .          ≡1
 |    |   '∼--' |  |                 .    0
 |    '∊--------'  |                 .
 '∊----------------'                 .
```

Richtung (*direction*): `×N`

```
      × 3 ¯3 4 1 0 ¯1   .         ×1J1
 1 ¯1 1 1 0 ¯1          .     0.7071067812J0.7071067812
```

Öffnen (*disclose*): `⊃A`

```
      ⊃(1 2 3) (4 5 6)  .        DISPLAY ⊂1 2 3   .          DISPLAY ⊃⊂1 2 3
 1 2 3                  .     .---------.          .      .→----.
 4 5 6                  .     | .→----. |          .      |1 2 3|
      ρ⊃(1 2 3) (4 5 6) .     | |1 2 3| |          .      '∼----'
 2 3                    .     | '∼----' |          .
                        .     '∊--------'          .
```

Dividieren (*divide*): `N1÷N2`

```
      3 0 0 ÷ 1 2 0     .        3 ÷ 0
 3 0 1                  .     DOMAIN ERROR
```

Entfernen (*drop*): VI↓A

```
    3↓⍳7        .     ¯3↓⍳7     .     DISPLAY 9↓⍳7
4 5 6 7         .  1 2 3 4      .  .⊖.
                .               .  |0|
                .               .  '~'
```

Komponentenweise ausführen (monadisch) (*each monadic*): FKT¨A

```
    DISPLAY ⍴¨(1 2) 'A'      .         ⎕CR 'DLB'
.→--------.                  .     Z←DLB C
| .→. .⊖. |                  .     Z←(∨\C≠' ')/C
| |2| |0| |                  .
| '~' '~' |                  .         ⍴ ¨ DLB ¨ '  AB'  'CDE'
'∊--------'                  .     2 3
```

Komponentenweise ausführen (dyadisch) (*each dyadic*): A1 FKT¨A2

```
    DISPLAY 3⍴¨(1 2) 'A'     .         DISPLAY 2 1⍴¨(1 2) 'A'
.→--------------.            .     .→----------.
| .→----. .→--. |            .     | .→--. .→. |
| |1 2 1| |AAA| |            .     | |1 2| |A| |
| '~----' '---' |            .     | '~--' '-' |
'∊--------------'            .     '∊----------'
```

Einschließen (*enclose*): ⊂A

```
    DISPLAY ⊂1 2 3           .         DISPLAY ⊂ 1
.---------.                  .     1
| .→----. |                  .
| |1 2 3| |                  .
| '~----' |                  .
'∊--------'                  .
```

Verschlüsseln (*encode*): N1⊤N2

```
    2 2 2 ⊤ 5            .       5 5 5 ⊤ 112     .       5 ⊤ 112
1 0 1                    .    4 2 2              .  2
```

Einfach aufreihen (Strecken) (*enlist*): ∊A

```
    DISPLAY ∊(1 2 (3 4 (5 6)))
.→----------.
|1 2 3 4 5 6|
'~----------'
```

Prüfen auf Gleichheit (*equal*): A1=A2

```
    3 4 5=3 1 3          .       DISPLAY 2=1 2 3
1 0 0                    .    .→----.
                         .    |0 1 0|
                         .    '~----'
```

Aktivieren (*execute*): `⍎CV`

```
      ⍎'A←2 3⍴⍳6'
      A
1 2 3
4 5 6
```

Expandieren (*expand*): `B\A`

```
      DISPLAY 1 0 0 1 0 1\'ABC'   .       DISPLAY 1 0 0 1 0 1\⍳3
.→-----.                          .   .→-----------.
|A  B C|                          .   |1 0 0 2 0 3|
'------'                          .   '~-----------'
```

Muster suchen (*find*): `CV1⍷CV2`

```
      CV←'ABCDABCDCD CD'
      'CD' ⍷ CV
0 0 1 0 0 0 1 0 1 0 0 1 0
```

Ersten Bestandteil entnehmen (Erste) (*first*): `↑A`

```
      DISPLAY ↑2 3⍴'ABC'          .          ↑(1 2) (3 4) (5 6)
 A                                .      1 2
 -                                .
```

Formatieren (*format*): `⍕A`

```
     ⍕'ZEILE1' 'ROW2',(2 2 ⍴⍳4)    .       ⍕'SPALTE1' 'COL2',[1](2 2 ⍴⍳4)
ZEILE1 1 2                         .   SPALTE1 COL2
ROW2   3 4                         .         1    2
                                   .         3    4
```

Formatieren mit Darstellungsbeispiel (*format by example*): `CV⍕A`

```
      ' 055.50' ⍕ 0.3 3.3 33.33 333.333 0
 000.30 003.30 033.33 333.33 000.00
```

Formatieren mit numerischer Angabe (*format by specification*): `IV⍕A`

```
      1 0 ⍕ 1 0 0 1 1 1 0     .       6 2 ⍕ 2.7 3.999 4.81 18
1001110                       .   2.70  4.00  4.81 18.00
```

Ordnungsvektor absteigend (monadisch) (*grade down monadic*): `⍒A`

```
      A←4.4 1.1 3.3 2.2       .
      ⍒A                      .         A[⍒A]
1 3 4 2                       .   4.4 3.3 2.2 1.1
```

Ordnungsvektor absteigend (dyadisch) (*grade down dyadic*): `VC⍒VCA`

```
      VC←'CAB'                .
      VCA←'ABCCBA'            .
      VCA[VC⍒VCA]             .         VC⍒VCA
BBAACC                        .     2 5 1 6 3 4
```

Ordnungsvektor aufsteigend (monadisch) (*grade up monadic*): ⍋CA

```
      4 1 3 2.2                  .
      ⍋A                         .        A[⍋A]
 2 4 3 1                         .   1 2.2 3 4
```

Ordnungsvektor aufsteigend (dyadisch) (*grade up dyadic*): CV⍋CA

```
      VCA[VC⍋VCA]                .        VC⍋VCA
CCAABB                           .    3 4 1 6 2 5
```

Prüfen auf Größer (*greater than*): N1>N2

```
      ¯3 1 2.1 > 0 1 1
 0 0 1
```

Prüfen auf Größer oder Gleich (*greater than or equal*): N1≥N2

```
      ¯3 1 2.2 ≥ 0 1 1.1
 0 1 1
```

Indizieren (*index*): IV⌷A

```
      A←2 3⍴⍳6                   .
      2 1⌷A                      .        A[2;1]
4                                .   4
```

Index zeigen (*index of*): V⍳A

```
      ¯1 3 6 4 1 9 ⍳4 10         .        'ABCDE' ⍳ 'FD '
 4 7                             .   6 4 6
```

Inneres Produkt (*inner product*): A1 LFKT.RFKT A2

```
      (1 2 ) +.× (10 × 2 3⍴⍳6)   .       +/ 1 2 × ⊂[2]2 3 ⍴ 10×⍳6
 90 120 150                      .    90 120 150
      (0 1) ∧.∨ (1 1)            .
 1                               .
```

Indexvektor bilden (*interval*): ⍳I

```
      ⎕IO←0        .      ⎕IO←1
      ⍳5           .      A←2 3⍴⍳6
 0 1 2 3 4         .      A
      ⎕IO←1        .   1 2 3        .      ⎕IO←1
      ⍳5           .   4 5 6        .      ⊂[2]A
 1 2 3 4 5         .      A[1;2]    .   1 2 3  4 5 6
                   .   2            .      ⎕IO←0
                   .      ⎕IO←0     .      ⊂[1]A
                   .      A[1;2]    .   1 2 3  4 5 6
                   .   6            .
```

Schichten (*laminate*): `A1,[F]A2`

```
      1 2 3,[0.5] 4 5 6        .         DISPLAY 1 2 3,[1.5] 4 5 6
 1 2 3                         .    .→--.
 4 5 6                         .    ↓1 4|
                               .    |2 5|
                               .    |3 6|
                               .    '~--'
```

Prüfen auf Kleiner (*less than*): `N1<N2`

```
      ¯3 1.1 2 < 0 1.1 1        .         0 0 1 1 < 0 1 0 1
 1 0 0                          .    0 1 0 0
```

Prüfen auf Kleiner oder Gleich (*less than or equal*): `N1≤N2`

```
      ¯3 1 2 ≤ 0 1 1            .         0 0 1 1 ≤ 0 1 0 1
 1 1 0                          .    1 1 0 1
```

Absolutbetrag bilden (*magnitude*): `|A`

```
      |3 ¯3 0 1                 .         1J1
 3 3 0 1                        .    1.414213562
```

Prüfen auf Identität (*match*): `A1≡A2`

```
   DISPLAY (1 2)≡(1 2 3)  .     DISPLAY (1 2 3)≡(1 2 3)   .       1≡,1
0                         . 1                             .  0
```

Maximum (*maximum*): `N1⌈N2`

```
      3 ¯2 ¯9 ⌈ 2 ¯1 8
 3 ¯1 8
```

Minimum bilden (*minimum*): `N1⌊N2`

```
      3 ⌊ 2.9 12.9 2 ¯2.1
 2.9 3 2 ¯2.1
```

Multiplizieren (*multiply*): `N1×N2`

```
      3 4 1 × ¯2          .      (2 3⍴⍳6) ×[2] 1 2 3
 ¯6 ¯8 ¯2                 .   1  4  9
                          .   4 10 18
```

Nicht Gleichzeitig (*nand*): `B1⍲B2`

```
      0 0 1 1 ⍲ 0 1 0 1          .         0 0 1 1 ∧ 0 1 0 1
 1 1 1 0                         .    0 0 0 1
```

Vorzeichen umkehren (*negative*): `-NA`

```
      - 3 4.2 ¯2.2
¯3 ¯4.2 2.2
```

Weder-Noch (*nor*): `B1⍱B2`

```
      0 0 1 1⍱0 1 0 1          .        0 0 1 1∨0 1 0 1
 1 0 0 0                       .    0 1 1 1
```

Logisch negieren (*not*): `~B`

```
      ~ 0 1 1 0
 1 0 0 1
```

Prüfen auf Ungleich (*not equal*): `N1≠N2`

```
      1 2 10 ≠ 2 1 10          .       (0 0 1 1)≠(0 1 0 1)
 1 1 0                         .  0 1 1 0
```

Logisches Oder (*or*): `B1∨B2`

```
      0 0 1 1∨0 1 0 1
 0 1 1 1
```

Äußeres Produkt (*outer product*): `A1 ∘.FKT A2`

```
      DISPLAY (⍳2)∘.,'ABC'      .        DISPLAY (⍳3)∘.×⍳3
 .→-----------------.           .    .→----.
 ↓ .→--. .→--. .→--. |          .    ↓1 2 3|
 | |1 A| |1 B| |1 C| |          .    |2 4 6|
 | '+--' '+--' '+--' |          .    |3 6 9|
 | .→--. .→--. .→--. |          .    '~----'
 | |2 A| |2 B| |2 C| |          .
 | '+--' '+--' '+--' |          .
 '∊-----------------'           .
```

Partitionieren (*partition*): `VL⊂A`

```
      DISPLAY 1 1 1 0 1 1 2 2 3⊂'ABCDEFGHI'
 .→-------------------.
 | .→--. .→-. .→-. .→. |
 | |ABC| |EF| |GH| |I| |
 | '---' '--' '--' '-' |
 '∊-------------------'
```

Bestandteil auswählen (*pick*): `I⊃V`

```
      3⊃((2 3 2) 5 (7 2) 9)      .       ⍴3⊃((2 3 2) 5 (7 2) 9)
 7 2                             .   2
```

Aufreihen (*ravel*): ,A

```
      ,2 3ρι6                 .       ,(1 2)(3 4)(5 6)
 1 2 3 4 5 6                  .  1 2  3 4  5 6
      ρ,2 3ρι6                .       ρ,(1 2)(3 4)(5 6)
 6                            .  3
```

Kehrwert bilden (*reciprocal*): ÷N

```
      ÷ 1 3 5 ¯5              .       ÷ 0
 1 0.3333333333 0.2 ¯0.2      .  DOMAIN ERROR
```

Reduktion (*reduction*): FKT/A

```
      ×/1 3 5  .     -/1 3 5   .     ÷/ 1 3 5  .     1 - 3 - 5
 15            .  3            .  1.666666667  .  3
```

N-fache Reduktion (*N-wise reduction*): LS FKT/A

```
      2 ×/ 2 5 8 10  .     3 ×/ 2 5 8 10
 10 40 80            .  80 400
```

Wiederholen (*replicate*): VL/A

```
      2 1 0 2/'ABCD'
 AABDD
```

Strukturieren (*reshape*): VLρA

```
      2 3ρ'AB'      .     2 3 ρ10     .      2 3 ρι6
 ABA                .  10 10 10       .  1 2 3
 BAB                .  10 10 10       .  4 5 6
```

Divisionsrest bilden (*residue*): N1|N2

```
      3| 3 4 ¯4     .     3  | ¯3,¯2,¯1,0,1,2,3,4,5,6
 0 1 2              .   0 1 2 0 1 2 0 1 2 0
```

Parallel spiegeln (Umkehren) (*reverse*): ⌽A

```
      ⌽ 3 5 1       .     ⌽[1]2 3ρι6  .       ⌽2 3 ρι6
 1 5 3              .  4 5 6          .  3 2 1
                    .  1 2 3          .  6 5 4
```

Zufallszahl(en) auswählen (*roll*): ?VL (mit Wiederholung, Resultat hängt von ⎕RL ab)

```
      ? 5ρ2
 2 1 1 2 2
```

Rotieren (*rotate*): VI⌽A

```
      ¯2⌽1 2 3 4 5  .     2⌽1 2 3 4 5  .       1 2⌽2 3ρι6
 4 5 1 2 3          .  3 4 5 1 2       .  2 3 1
                    .                  .  6 4 5
```

Aufstufen (*scan*): FKT\A

```
      +\1 2 3 4 5          .        DISPLAY ,\1 2 3
1 3 6 10 15                .     .→----------------.
                           .     |    .→--. .→----. |
                           .     | 1 |1 2| |1 2 3| |
                           .     |    '~--' '~----' |
                           .     '∊----------------'
```

Dimension zeigen (*shape*): ⍴A

```
      ⍴(2 3 4) (1 2)       .        ⍴ 3 5 2 ⍴ 1000
2                          .  3 5 2
```

Subtrahieren (*subtract*): N1-N2

```
      2 3 4 - 1 2 30
1 1 ¯26
```

Entnehmen (*take*): VI↑A

```
      DISPLAY 3↑1 2 5 10 3     .         5↑1 2 3
.→----.                        .     1 2 3 0 0
|1 2 5|                        .
'~----'                        .
```

Transponieren (monadisch) (*transpose monadic*): ⍉A

```
      ⍉2 3 ⍴⍳6
1 4
2 5
3 6
```

Transponieren (dyadisch) (*transpose dyadic*): I⍉A

```
      1 1 ⍉ 3 3⍴⍳9     .      2 1⍉2 3⍴⍳6      .         1 2 1⍉3 3 5⍴⍳45
1 5 9                  .  1 4                  .     1  6 11
     A←3 3⍴1000        .  2 5                  .    17 22 27
     (1 1⍉A)←1         .  3 6                  .    33 38 43
     1 1⍉A             .                       .
1 1 1                  .                       .
```

Eliminieren (*without*): V1~V2

```
      'ABCDEFGHIJ' ~ 'CD'     .        (⍳6) ~ 3 1
ABEFGHIJ                      .    2 4 5 6
```

Atomare Zeichenfunktion (*atomic function*): ⎕AF

```
      ⎕AF 67                  .         ⎕AF 'C'
C                             .    67
```

Fixieren (*fix*): ⎕FX

```
      ⎕FX 'Z←DLB C' 'Z←(∨\C≠'' '')/C'
```

Zeichenrepräsentation (*character representation*): ⎕CR

```
      ⎕CR 'DLB'
 Z←DLB C
 Z←(∨\C≠' ')/C
```

Alternatives aktivieren (*execute alternate*): ⎕EA

```
      Z←'''FEHLER: TEILER=0''' ⎕EA 'Z←3÷0'
      Z
 FEHLER: TEILER=0
```

Probeweise aktivieren (*execute controlled*): ⎕EC

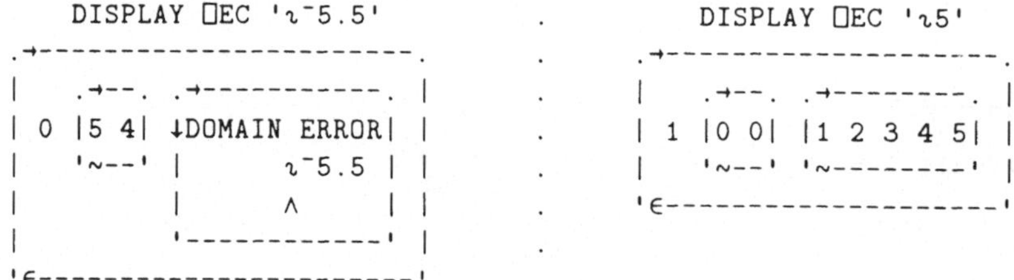

```
      DISPLAY ⎕EC 'ι¯5.5'                   .        DISPLAY ⎕EC 'ι5'
 .→----------------------.                  .   .→---------------------.
 |    .→--. .→-----------. |                .   |    .→--. .→--------. |
 | 0  |5 4| ↓DOMAIN ERROR| |                .   | 1  |0 0| |1 2 3 4 5| |
 |    '~--' |       ι¯5.5 | |               .   |    '~--' '~--------' |
 |          |       ∧     | |               .   '∊---------------------'
 |          '------------' |                .
 '∊----------------------'                  .
```

Symbolnamenklasse (*name class*): ⎕NC

```
      A←3            .          ⎕CR 'DLB'      .        ⎕NC '123A3'
      ⎕NC 'A'        .     Z←DLB C             .    ¯1
 2                   .     Z←(∨\C≠' ')/C       .    ⍝ Unzulaessiger Name
                     .          ⎕NC 'DLB'      .
                     .     3                   .
```

Symbolnamen zeigen (*name list*): ⎕NL

```
      'A' ⎕NL 2 3 4
 A                              ⍝
 ANT                            ⍝ Drei APL-Symbole, die mit 'A' beginnen
 APL2                           ⍝
```

Ausgabegenauigkeit (*printing precision*): ⎕PP

```
      ⎕PP←3          .          ⎕PP←10
      ÷3             .          ÷3
0.333                .     0.3333333333
```

Steuerzeichen (*terminal control characters*): ⎕TC

```
     'ABC',⎕TC[2],'DEF'     .        ⍴'ABC',⎕TC[2],'DEF'
 ABC                        .  7
 DEF                        .
```

Zeitangabe (*time stamp*): ⎕TS

```
      ⎕TS
1990 12 25 3 29 25 130
```

Arbeitsspeicher (*workspace available*): ⎕WA

```
      ⎕WA              ⍝ Verfuegbarer Kernspeicher
4882896
      ⎕WA←3            ⍝ Zuweisung wird ignoriert
      ⎕WA
4882896
```

Verzweigung (*branching*) in definierten Funktionen und Operatoren: →ausdruck

```
→3                  ⍝ Verzweigt zu Zeile 3 innerhalb einer
                    ⍝     definierten Funktion oder innerhalb eines
                    ⍝     definierten Operator

→LABEL              ⍝ Verzweigt zu der mit LABEL: markierten Zeile

→⍳0                 ⍝ Verzweigt zur naechsten Zeile

→4 2 1              ⍝ Verzweigt zu Zeile 4

→(B)/LABEL          ⍝ Verzweigt zu der mit LABEL: markierten Zeile,
                    ⍝      wenn die boolesche Bedingung B wahr ist

→(A B C)[1 2 3⍳3]   ⍝ Verzweigt zu der mit C: markierten Zeile

→0                  ⍝ Terminiert Funktion bzw. Operator
```

A.3 APL2-Idiome

APL2-Idiome sind in vielerlei Hinsicht mit kleinen Hilfsprozeduren in anderen Programmiersprachen vergleichbar und dienen zur Durchführung einfacher Berechnungen, für die eine direkte APL2-Primitive nicht zur Verfügung steht. Da APL2 sehr kompakt ist, werden derartige Hilfsfunktionen häufig nicht in APL2-Funktionen oder Operatoren eingebettet, sondern als Quasi-Primitive direkt ohne einen Funktionsaufruf in anderen APL2-Prozeduren verwendet. Viele APL2-Applikationen setzen sich aus einer geschickten Kombination derartiger Idiome zusammen. Erfahrene Programmierer erfassen die semantische Bedeutung eines Idioms direkt ohne einen Nachvollzug der im Idiom verwendeten Primitivfunktionen und Operatoren. Daher ist APL2-Kode bei einer weitgehend standardisierten Verwendung von Idiomen relativ einfach lesbar. Ein Beispiel ist etwa das APL2-Idiom ⍋⍋VN, mit dem die Rangstatistik eines numerischen Vektors VN berechnet wird (Thomson 1989). Diese Operation ist nicht unmittelbar einsichtig. Programmierer, die das Idiom jedoch kennen, können die Funktionsweise von Prozedurteilen, in denen dieses Idiom verwendet wird, sehr schnell nachvollziehen.

Die Semantik von APL2-Idiomen ist mathematisch beweisbar. Ein Beispiel ist das Idiom <\B, mit dem alle Elemente eines booleschen Vektors B mit Ausnahme der ersten 1 auf Null gesetzt wird. Der formale Beweis dieser Aussage besteht aus folgenden Schritten:

- R←<\B ist äquivalent zu R[I]←→</I↑B für alle I∈⍳⍴B. Daher genügt es zu zeigen, daß R[I] dann und nur dann 1 ist, wenn alle Elemente von I↑B mit Ausnahme von B[I] Null sind.
- Für boolesche Skalare B1 und B2 gilt 1←→B1<B2 dann und nur dann, wenn B2 Eins ist und B1 Null ist.
- Ausdrücke der Form B[1]<B[2]<B[3]<...<B[I-1]<B[I] werden von rechts nach links ausgewertet. Dieser Ausdruck ist nur dann 1, wenn B[I] Eins ist und alle Elemente aus (I-1)↑B Null sind. Andernfalls würde eine Subterm 1←→B[K] mit K<I existieren, so daß die Aussage B[K]<0 oder B[K]<1 wahr wäre. Dies ist aber unmöglich. Somit ist die Aussage bewiesen.

APL- und APL2-Idiome werden seit vielen Jahren gesammelt und publiziert. Eine Vielzahl von nützlichen APL2-Idiomen findet man in Cason (1989). In diesem Anhang werden lediglich die wichtigsten Idiome angegeben. Ein Teil der hier angegebenen Idiome wurde Graham (1986) entnommen, bei dem man auch eine Übersicht über die vielfältigen Anwendungen von Idiomen findet.

- Datenstrukturtests:
  - Atom (nichtgenesteter Skalar)? 0=≡A
  - Numerisches Atom? 0≡↑0⍴⊂N
  - Zeichenatom? ' '≡↑0⍴⊂C
  - Skalar? (⍳0)≡⍴A
  - Einfaches Feld? 1=≡A
  - Genestetes Feld? 1<≡A
  - Leeres Feld? 0∈⍴A

- Datenselektoren:
  - Das letzte Item in einem Feld: `↑⌽,A`
  - `L+1`-te Komponente entnehmen: `↑L↓V` (Funktioniert auch, wenn die Länge von `V` kürzer als `L` ist, d.h. `(⍴V)<L`).
- Datenkonstruktoren:
  - Initialisieren einer Matrix ohne Zeilen: `M←0 L⍴''`
  - Initialisieren einer Matrix ohne Spalten: `M←L 0 ⍴''`
  - Initialisieren von mehreren Variablen durch einen Wert: `(V1 V2 ... Vn)←⊂Wert`
  - Vektor der Länge `L` mit alternierenden `0`-en und `1`-sen: `L⍴0 1`
  - Einheitsmatrix: `N N ⍴1,N⍴0`
- Datendeskriptoren:
  - Anzahl der Elemente von `A` als einelementiger Vektor: `⍴,A`.
  - Anzahl der Elemente von `A` als Skalar: `×/⍴A`
  - Erste Dimension: `↑⍴A`
  - Letzte Dimension: `↑⌽⍴A`
  - Typ: `↑0⍴⊂R`.
  - Prototyp: `↑0⍴⊂↑R`.
  - Wie oft treten die Items von Vektor `V1` in Vektor `V2` auf? `+/V1∘.≡V2`
  - Anzahl der führenden `1`-sen: `+/∧\B`.
  - Anzahl der führenden Leerzeichen: `+/∧\CV=' '`
  - Anzahl der abschließenden Leerzeichen: `+/∧\⌽CV=' '`
- Kontrollstrukturen:
  - Durchführung der Anweisung `Z←F R`, falls skalare boolesche Bedingung `B` erfüllt ist (If-Klausel): `⍎B/'Z←F R'`
  - Do or die: `'⎕ES ⎕ET' ⎕EA 'Geschuetzter APL2-Ausdruck'`
  - Zuweisung eines Wertes an `A`, falls `A` undefiniert ist `(0←→⎕NC 'A')`: `A←'Werte' ⎕EA 'A'`
- Strukturerhaltende Filter:
  - Erzeugen einer Strukturvorlage von `A`, in der alle atomaren Skalare mit `0` belegt sind: `A≠A`
  - Erzeugen einer Strukturvorlage von `A`, in der alle atomaren Skalare mit `1` belegt sind: `A=A`
  - Setzt alle Zeichen in jeder Zeile der Matrix `CM` ab dem ersten Zeichen `CS1` auf `CS2`: `((,∨/CM=CS1)/,CM)←CS2`
  - Setzt alle Kommentare in jeder Zeile einer Zeichenrepräsentation `CM` auf ein Leerzeichen: `((,∨/CM='⍝')/,CM)←' '`

- Setzt alle Zeichen in quotierten Teilzeichenketten (einschließlich *quote*) in jeder Zeile der Matrix CM auf ein Leerzeichen: ((,B∨≠\B←CM='''')/,CM)←' '

- Strukturmodifizierende Filter:

  - Eliminiert Duplikate in geordnetem Vektor: (1,1↓V≠1⌽V)/V
  - Eliminiert Duplikate in Vektor: ((V⍳V)=⍳⍴V)/V
  - Eliminiert führende Leerzeichen: (∨\C≠' ')/C
  - Eliminiert abschließende Leerzeichen: (⌽∨\⌽C≠' ')/C
  - Eliminiert multiple Leerzeichen: (~' '⍷ C)/C (Zwei Leerzeichen zwischen den *Quotes*)
  - Eliminiert Leerzeichen: C~' '
  - Konvertiert Vektor zu einer einspaltigen Matrix: ,[⍳0]V
  - Konvertiert Matrix in einen Vektor von Zeilenvektoren: ⊂[1+⎕IO]M
  - Konvertiert Matrix in einen Vektor von Spaltenvektoren: ⊂[⎕IO]M
  - Schichtet ein Rang N Feld an der letzten Achse: ⊂[(0≠⍴⍴A)/⌈/⍳⍴⍴A]A (Indexursprung ⎕IO←1).
  - Löscht alle Leerzeichen in jedem Subvektor von V: VV~¨' '
  - Konvertiert einen Vektor von Zeichenketten in einen einfachen Vektor, in dem die einzelnen Zeichenketten nur durch ein Leerzeichen getrennt sind: 1↓∊' ',¨VV
  - Erzeugt einelementigen Vektor aus Skalar: A←1/A. Ist A kein Skalar, so wird die Datenstruktur beibehalten.

- Sonstige:

  - Setzen von 0-en mit Ausnahme der ersten 1: <\B
  - Setzen von 1-sen nach der ersten 0: ≤\B
  - Setzen von 1-sen nach der ersten 1: ∨\B
  - Setzen von 0-en nach der ersten 0: ∧\B
  - Paritätsbestimmung: ≠/BV (Ergibt eine 1 für eine ungerade Anzahl von 1-sen und 0 für eine gerade Anzahl von 1-sen.)
  - Kartesisches Produkt zwischen L und R: (⊂¨L)∘.,(⊂¨R)
  - Zeilennummern vor erster Spalte von Matrix: (⍳↑⍴M),M
  - Ersetzt alle Elemente in A durch NEU: (,A)←⊂NEU
  - Ersetzt alle Elemente in A, deren boolescher Schalter B wahr ist: ((,B)/,A)←⊂NEU
  - Größte, in der Maschine darstellbare Zahl: ⌊/⍳0
  - Kleinste, in der Maschine darstellbare Zahl: ⌈/⍳0
  - Neutrales Element bezüglich der Addition: 0 ←→ +/⍳0
  - Neutrales Element bezüglich der Multiplikation: 1 ←→ ×/⍳0

A.4 APL2-Programmiertechniken zur Fehlerbehandlung

Die Erstellung von völlig fehlerfreien Programmen ist für komplexe Probleme faktisch unmöglich. Typische Fehler in APL2-Programmen und deren Ursachen können in folgende Gruppen klassifiziert werden:

- Syntaktische Fehler. Dazu gehören
  - fehlerhafte Klammersetzungen wie `A←(ρA)ρ1)`,
  - fehlerhafte Variablenbezeichnungen wie `3A2` und
  - fehlerhafte Zuweisungen wie `A←3.2 E4` (Leerzeichen zwischen `2` und `E`).
  - Valenzfehler (z.B. eine Funktion mit zwei Argumenten wird nur mit einem Argument aufgerufen).
- Semantische Fehler. Mögliche Ursachen sind unter anderem:
  - Die Anwendungen von nicht definierten Operationen auf fehlerhafte Daten wie `2 3 ∧ 1 0` und `+/'ABC'` oder etwa die Anwendung der definierten Funktion `DLB` (DropLeadingBlanks) auf einen genesteten Vektor.
  - Dimensionsfehler wie `(2 3ρι6),4 5ρ'A'` und `3 4 ≤ 3 1 8` .
  - Wertebereichsfehler wie `3÷0 2` (Division durch `0`).
  - Die Verwendung von undefinierten Variablen, Funktionen und Operatoren.
- Ressourcenfehler, die auf eine Erschöpfung des Kernspeichers (`WS FULL`) oder des externen Plattenspeichers, ungeeignete Hardwarekomponenten (Hercules-Graphik anstelle von VGA-Graphik auf einem PC) usw. zurückzuführen sind.
- Algorithmische Fehler, die im wesentlichen entweder auf die Auswahl oder die Implementation eines fehlerhaften oder ungeeigneten Algorithmus für eine Problemstellung zurückzuführen sind. Ein Beispiel ist etwa die Verwendung der definierten Funktion

```
[0] B←NUMSTR_Fehler CV;LN
[1] ⍝ Ist CV ein Zeichenvektor, der eine Zahl enthaelt?
[2] LN←'0123456789.E¯'
[3] B←(∧/CV∊LN)∧(~'E'≡↑CV)
```

  Laut Kopfkommentar soll getestet werden, ob die Zeichenkette `CV` eine Zahl repräsentiert. Offensichtlich erkennt die Prozedur `NUMSTR_Fehler`, daß Argumente wie `'3.2 4.9E3'` (zwei Zahlen) und `'E3.9'` (Zahl beginnt mit `E`) keine Zahlen darstellen. Argumente wie `'4.5.4'` (zwei Dezimalpunkte), `'.E'` (keine Ziffer) und `'1EEE1'` (mehrfache Exponentenzeichen) werden durch die Prozedur jedoch fehlerhaft als Zeichenketten, die eine Zahl darstellen, klassifiziert. Algorithmische Fehler sind sehr schwierig zu diagnostizieren, wenn aufgrund des Fehlers keine syntaktischen oder semantischen Folgefehler auftreten.

APL2 wird üblicherweise interpretiert. Daher werden Syntaxfehler in definierten APL2-Prozeduren nicht bei der Definition, sondern erst bei der Ausführung der fehlerhaften Zeile erkannt. Fehlerposition und Fehlerursache lassen sich mit Hilfe der Syntaxprüfung des APL2-Interpreters und Fehlersuchhilfen wie Stopvektoren `S∆`, Verfolgungsvektoren `T∆` und Statusindikatoranzeigen wie `)SI` lokalisieren und eliminieren. Diese Diagnosehilfsmittel sind für Programmierer, die gleichzeitig die einzigen Benutzer einer Applikation sind, ausreichend. APL2-Fehlermeldungen sind präzise, aber auch sehr knapp. Benutzer, die die interne Struktur eines Programms nicht kennen, sind hingegen beim Auftreten eines APL2-Fehlers völlig verloren. Daher ist es notwendig, Anwender von APL2-Applikationen vor internen Programmfehlern zu schützen, indem sinnvolle Fehlermeldungen und Fehlerausweichmechanismen programmiert werden. Dies ist insbesondere dann notwendig, wenn ein Programm hochgradig inhomogene Datenstrukturen verarbeiten muß, die durch Benutzerinteraktionen eingegeben werden.

Fehler können in APL2 durch das explizite Testen von Prozedurargumenten, aber auch durch die Verwendung von APL2-spezifischen Systemfunktionen und Variablen zur Behandlung von Ereignissen (*event handling*) abgefangen werden. Beide Techniken besitzen Vor- und Nachteile. Explizite Argumenttests ermöglichen eine sehr genaue Diagnose der Fehlerursache. Ein Nachteil besteht darin, daß Argumenttests einen erhöhten Programmieraufwand erfordern, bei dem wiederum Fehler auftreten können. Außerdem reicht die Phantasie des Programmdesigners oft nicht aus, alle potentiellen Fehlerquellen zu diagnostizieren. Zusätzlich erhöhen komplexe Argumenttests die Rechenzeit. APL2-Systemfunktionen zur Fehlerbehandlung sind hingegen effizient und können sehr einfach benutzt werden. Allerdings sind Fehler nur sehr grob klassifizierbar. Zur sinnvollen Fehlerbehandlung werden daher beide Techniken, die im folgenden an einfachen Beispielen demonstriert werden, kombiniert.

Zur Implementation eines benutzerfreundlichen Systems zur Matrizenalgebra benötigt man etwa die Matrizenmultiplikation, die in APL2 durch `Z←A+.×B` implementiert werden kann. Die Operation `Z←A+.×B` ist in APL2 aufgrund der Operatorkonzeptes sehr allgemein definiert und kann daher auch auf leere und genestete Argumente sowie auf 3 und höherdimensionale Tensoren angewandt werden. Die Operation `(3 0ρ1)+.×(0 3ρ1)` ergibt die Matrix `(3 3ρ0)`. Möchte man `+.×` hingegen ausschließlich im Sinne der linearen Algebra verwenden, so müssen folgende Fehlerquellen abgefangen werden:

1. Linksargument `A` fehlt.
2. `A` oder `B` sind Leervektoren: `0∊(ρA),ρB`.
3. `A` oder `B` überschreiten *rank* 2: `(2<ρρA)∨2<ρρB`.
4. Die Spaltendimension von `A` stimmt nicht mit der Zeilendimension von `B` überein (`(↑⌽ρA)≠↑ρB`) und beide Argumente können nicht durch eine implizite Skalar- oder 1-Item-Vektorextension verknüpft werden können: `(1=↑⌽ρ1/A)∨(1=↑ρ1/B)`
5. `A` oder `B` sind genestet: `(1<≡A)∨1<≡B`
6. `A` oder `B` enthalten APL2-Zeichen aus `⎕AV`: `∨/' '=↑¨0ρ¨(,A),,B`.
   (Alternative Tests sind `' '∊↑¨0ρ¨(,A),,B` und `(,A,,B)∨.∊⎕AV`.)
7. Wertebereichüberlauf, der etwa bei der Multiplikation von `A←3.0E300` und `B←3.0E100` auftritt (Wertebereichunterlauf analog).
8. Erschöpfung des Arbeitsspeichers (`WS FULL`)

Die ersten sechs Fehlerquellen lassen sich durch die Einbettung der Matrizenmultiplikation in eine definierte Funktion MMULT, die Fehlerbehandlungssegmente enthält, abfangen, ohne daß der APL2-Interpreter mit einer Interpretationsfehlermeldung abbricht.

```
[0]  Z←A MMULT B
[1]  ⍝ Gewoehnliche Matrizenmultiplikation von A und B
[2]  Z←''                                   ⍝ Default bei Fehler
[3]  →(2≠⎕NC 'A')/ERR1
[4]  →(0∊(ρA),ρB)/ERR2
[5]  →((2<ρρA)∨2<ρρB)/ERR3
[6]  →(~∨/((↑⌽ρA)=↑ρB),(1=↑⌽ρ1/A),1=↑ρ1/B)/ERR4
[7]  →((1<≡A)∨1<≡B)/ERR5
[8]  →(∨/' '=↑¨0ρ¨(,A),,B)/ERR6
[9]  Z←A+.×B
[10] →0
[11] ERR1:'MMULT-FEHLER: Linksargument fehlt'
[12] →0
[13] ERR2:'MMULT-FEHLER: Mindestens ein Argument ist leer'
[14] →0
[15] ERR3:'MMULT-FEHLER: Mindestens ein Argument ueberschreitet Rank 2'
[16] →0
[17] ERR4:'MMULT-FEHLER: Argumente sind nicht kompatibel'
[18] →0
[19] ERR5:'MMULT-FEHLER: Mindestens ein Argument ist genestet'
[20] →0
[21] ERR6:'MMULT-FEHLER: Mindestens ein Argument enthaelt Zeichen'
```

Eine Fehlerprüfung durch explizite Argumentkontrolle (Zeilen [3-8]) ist programmiertechnisch durch eine Unterscheidung der verschiedenen Fehlerursachen recht aufwendig. Zusätzlich sind einige Fehlertests wie Zeile [8] zur Typüberprüfung sehr zeit- und speicherplatzintensiv. Fehlerursachen wie Speicherplatzmangel (WS FULL) können nur durch einen relativ aufwendigen Vergleich des erforderlichen und verfügbaren (⎕WA) Speicherplatzes abgefangen werden. Dabei ist zu beachten, daß nicht nur Kernoperationen wie +.×, sondern auch Argumenttests wie (∨/' '=↑¨0ρ¨(,A),,B) Speicherplatz benötigen, der bei einer Speicherplatzberechnung einbezogen werden muß. Ein Wertebereichüberlauf kann ohne komplexe Zusatzalgorithmen[4] nur durch eine erhebliche Beschränkung des Argumentwertebereichs abgefangen werden.

APL2 stellt eine Reihe von eleganten und effizienten Systemfunktionen zur Fehlerbehandlung zur Verfügung, mit denen man eine Reihe der oben angegebenen Probleme umgehen kann. Die wichtigsten Funktionen sind alternatives Aktivieren (*execute alternate*) und Fehlersimulation (*event simulation*):

- Mit der Funktion alternatives Aktivieren (⎕EA)

  'Alternativ-Ausdruck' ⎕EA 'Standard-Ausdruck'

  wird der APL2-Ausdruck 'Standard-Ausdruck' testweise nach dem Prinzip *trial and error* ausgeführt. Scheitert diese Operation, so werden die Systemvariablen ⎕EM (Fehlernachricht, *event message*) und ⎕ET (Fehlertyp, *event type*) gesetzt und der 'Alternativ-Ausdruck' ausgeführt, durch den normalerweise eine explizite Fehlerbehandlungsroutine aufgerufen wird. ⎕EM enthält eine Fehlernachricht, wie sie bei einer direkten

[4] Etwa Prozeduren zur Implementation einer beliebig genauen Arithmetik.

Ausführung einer APL2-Funktion bzw. eines APL2-Operators durch den Interpreter ausgegeben würde, während ⎕ET einen zweistelligen ganzzahligen Vektor zurückgibt, durch den die Fehlerursache klassifiziert wird. Mit Hilfe der Systemfunktion ⎕EA kann die Fehlerdiagnostik eines Systems durch den Programmierer erweitert und/oder modifiziert werden. Im Extremfall enthält ein System nur eine durch ⎕EA implementierte Fehlerüberprüfung, die bei einem Fehlerereignis eine globale Fehlermeldung, eine Fehlerausweichroutine und/oder einen Systemdump ausgibt bzw. startet.

- Die Systemfunktion ⎕ES (Fehlersimulation) ermöglicht eine explizite Simulation von Fehlerursachen wie Dimensionsfehlern (LENGTH ERROR), Index-Fehlern (INDEX ERROR) etc.. Daher lassen sich mit ⎕ES definierte Prozeduren erstellen, deren Fehlermechanismus mit dem Fehlermechanismus von APL2-Primitiven wie ρ und ¨ übereinstimmt. Ohne die Verwendung von ⎕ES brechen definierte Funktionen an der Fehlerposition innerhalb der definierten Prozedur ab. Damit ermöglicht ⎕ES eine Programmierung von definierten APL2-Funktionen und Operatoren, die sich in Fehlersituationen wie APL2-Primitiven verhalten.

Eine Matrizenmultiplikationsfunktion, die die gleichen Fehlerabfangmechanismen wie eine Systemprimitive aufweist, kann durch folgende Funktion implementiert werden:

```
[0] Z←A MMULT1 B
[1] ⍝ Gewoehnliche Matrizenmultiplikation von A und B
[2] ⎕ES(2≠⎕NC 'A')/5 1          ⍝ Valenz-Fehler
[3] ⎕ES(0∊(ρA),ρB)/5 3          ⍝ Laengen-Fehler: Leeres Argument
[4] ⎕ES((2<ρρA)∨2<ρρB)/5 4      ⍝ Wertebereich-Fehler: Tensor-Argument
[5] ⎕ES((1<≡A)∨1<≡B)/5 4        ⍝ Wertebereich-Fehler: Genestetes Argument
[6] '⎕ES ⎕ET' ⎕EA 'Z←A+.×B'     ⍝ Sonstige Aktivierungsfehler
```

MMULT1 unterscheidet nicht zwischen Fehlern, die aufgrund von genesteten Argumenten (Zeile [4]) auftreten und Fehlern, die auf Argumente mit einem Rank >2 (Zeile [5]) zurückgeführt werden können. Beide Fehlerquellen generieren die Meldung DOMAIN ERROR. Ist eine explizite Angabe der Fehlerursache notwendig, so muß eine Fehlermeldung als Linksargument für die Systemfunktion ⎕ES angegeben werden. Eine derartige Version wird durch MMULT2 implementiert.

```
[0]   Z←A MMULT2 B
[1]   ⍝ Gewoehnliche Matrizenmultiplikation von A und B
[2]   'Linksargument fehlt' ⎕ES(2≠⎕NC 'A')/5 1
[3]   'Argument ist leer   ' ⎕ES(0∊(ρA),ρB)/5 3
[4]   'Rank > 2            ' ⎕ES((2<ρρA)∨2<ρρB)/5 4
[5]   'Genestetes Argument' ⎕ES((1<≡A)∨1<≡B)/5 4
[6]   '→ERRDIAG' ⎕EA 'Z←A+.×B'
[7]   →0
[8]   ERRDIAG:
[9]   'Argumente inkompatibel' ⎕ES((↑⌽ρA)≠↑ρB)/5 3
[10]  'APL2-Zeichen in Argument' ⎕ES(∨/' '=↑¨0ρ¨(,A),,B)/5 4
[11]  'Unbekannter Fehler       ' ⎕ES 0 1
```

Im Gegensatz zu MMULT ist in MMULT2 kein expliziter Test für die Möglichkeit einer Skalarextension notwendig, da die abgeleitete Funktion +.× Rechts- oder Linksargumente, die Skalare oder 1-Item-Vektoren darstellen, automatisch erweitert. Daher können Argumente mit inkompatiblen Dimensionen in der Aktivierung des Rechtsargumentes 'Z←A+.×B' von ⎕EA in Zeile [6] nur aufgrund von unterschiedlichen Matrizendimensionen auftreten, die in Zeile [9] durch (↑ϕρA)≠↑ρB abgefangen werden.

Die Verwendung der Systemfunktion ⎕ES garantiert nicht, daß eine Funktion auf der Aufrufebene terminiert. Die Kondition ∨/' '=↑¨0ρ¨(,A),,B benötigt viel Speicherplatz, so daß bei einer Fehlerverzweigung in Zeile [10] Speicherplatzprobleme auftreten können (WS FULL) die nicht durch alternatives Aktivieren geschützt sind. Speicherplatzengpässe bei der Ausführung von Z←A+.×B werden hingegen durch ⎕EA geschützt. Fehler, die aufgrund von Fehlertestanweisungen entstehen können, lassen sich durch eine Umhüllungsfunktion (*cover function*) wie Prozedur MMULT2T abfangen:

```
[0] Z←A MMULT2T B
[1] ⍝ Gewoehnliche Matrizenmultiplikation von A und B
[2] 'Linksargument fehlt' ⎕ES(2≠⎕NC 'A')/5 1
[3] Z←'⎕ES ⎕ET' ⎕EA 'A MMULT2 B'
```

Zeile [2] in Funktion MMULT2 ist in diesem Fall redundant und kann gestrichen werden. Scheitert innerhalb der Funktion MMULT2 der Datentyptest in Zeile [10] aufgrund von Speicherplatzmangel, so wird der Ausführungsprozeß auf der Ebene der Aufrufebene von MMULT2T mit der Fehlermeldung WS FULL angehalten. Ein direkter Aufruf von MMULT2 hätte die Folge, daß die Funktion MMULT2 in Zeile [10] gestoppt würde.

Die Verwendung von Umhüllungsfunktionen ist eine beliebte Technik zur Protektion von ganzen Modulsegmenten. Ein einfaches Beispiel ist etwa der Aufruf einer Funktion BOT durch eine Kette von Funktionsaufrufen:

```
[0] Z←TOP N
[1] '⎕EM' ⎕EA 'Z←MID N'
```

Die Funktion TOP ruft die Prozedur MID. Scheitert der Aufruf von MID, so wird lediglich eine Fehlermeldung ausgegeben, da das Linksargument von ⎕EA lediglich die Fehlernachricht ⎕EM enthält.

```
[0] Z←MID N
[1] '⎕ES ⎕ET' ⎕EA 'Z←BOT N'
```

Funktion MID ruft BOT. Im Gegensatz zu TOP wird bei einem Scheitern des Ausdrucks 'Z←BOT N' durch das Linksargument von ⎕EA ein expliziter Fehler durch ⎕ES ⎕ET simuliert, der zu einem Eintrag im Statusindikatorstack führt.

```
[0] Z←BOT N
[1] '''BOT-Fehler'' ⎕ES ⎕ET' ⎕EA 'Z←?Nρ1000'
```

Wird die Funktion TOP mit dem Argument 1E8 aufgerufen, so erhält man zumindest auf kleineren Rechnern die Fehlerausgabe

```
WS FULL
      Z←MID N
        ∧
```

da die in BOT angegebene Anweisung Z←?N1000 an Speicherplatzmangel scheitert. Die Fehlerausgabe führt jedoch nicht zu einem Eintrag im Statusindikator, da die Funktion TOP im

Linksargument von ⎕EA lediglich ⎕EM und nicht ⎕ES verwendet. Der direkte Aufruf `BOT 1E8` führt hingegen zur Fehlermeldung

```
BOT-Fehler
      BOT 100000000
      ∧
```

und einem Eintrag eines ⋆ als Indikation eines nicht vollständig ausgeführten Ausdrucks im Statusindikator, da durch die Ausführung von ⎕ES ⎕ET ein expliziter Fehler simuliert wurde. Durch die Angabe des Linksargumentes `'BOT-Fehler'` an ⎕ES wird die Fehlermeldung `WS FULL` überschrieben.

Programmentwicklern hilft diese Art der Fehlerbehandlung nur partiell, da die Aufrufsequenz aus derartigen Fehlernachrichten nicht nachvollziehbar ist. Zweckmäßiger ist ein vollständiger Report der Aufrufsequenz, Zeilennummern und vollständigen Fehlermeldungen, die etwa durch folgende Prozeduren gesichert werden:

```
[0]   Z←TOP1 N;errrep;EMSG;EM;LC
[1]   ⍝ Top-Level-Funktion (Cover-Funktion):
[2]   ⍝ TOP1 ruft MID1
[3]   ⍝ MID1 ruft BOT1
[4]   EMSG←'TOP1-Fehler:'
[5]   errrep←''      ⍝ Initialisierung des 'semiglobalen' Protokolls
[6]   '→ERR,(⍴EM←⎕EM),⍴LC←↑⎕LC' ⎕EA 'Z←MID1 N'
[7]   →0
[8]   ERR:
[9]   errrep←errrep,⊂EMSG,LC,⊂EM
[10]  ∆ERROR_REPORT∆←⍕(⊃¯1↓¨errrep),↑¨⌽¨errrep
[11]  'TOP1-Fehler: Report in Variable ∆ERROR_REPORT∆'
```

Fehler, die in `TOP1` aufgrund einer fehlerhaften Ausführung von `MID1` resultieren, werden wie bei `TOP` durch ⎕EA abgefangen. Durch die Ausführung des Linksargumentes von ⎕EA wird die Position der fehlerhaften Zeile ⎕LC (*line counter*) sowie die Fehlermeldung ⎕EM (*event message*) den lokalen Variablen `LC` und `EM` zugewiesen. Anschließend wird in das Fehlerbehandlungssegment `ERR` verzweigt. `errrep` ist eine lokale Variable, in der die Fehlermeldungen und Positionen protokolliert werden.

```
[0] Z←MID1 N;EMSG;ET;EM;LC
[1] EMSG←'MID1-Fehler:'
[2] Z←''
[3] '→ERR,(ET←⎕ET),(⍴EM←⎕EM),⍴LC←↑⎕LC' ⎕EA 'Z←BOT1 N'
[4] →0
[5] ERR:
[6] errrep←errrep,⊂EMSG,LC,⊂EM   ⍝ errrep ist 'semiglobal'!
[7] EMSG ⎕ES ET
```

Im Gegensatz zu `TOP1` wird im Linksargument von ⎕EA zusätzlich der Fehlertyp ⎕ET der Variablen `ET` zugewiesen. Das Fehlerbehandlungssegment verkettet die Fehlerposition und Meldung an die für `MID1` *globale* Variable `errrep` und simuliert mit Hilfe von ⎕ES das im

Rechtsargument von ⎕EA aufgetretene Fehlerereignis[5].

```
[0] Z←BOT1 N;EMSG;ET;EM;LC
[1] EMSG←'BOT1-Fehler:'
[2] '→ERR,(ET←⎕ET),(ρEM←⎕EM),ρLC←↑⎕LC' ⎕EA 'Z←?Nρ1000'
[3] →0
[4] ERR:
[5] errrep←errrep,⊂EMSG,LC,⊂EM  ⍝ errrep ist 'semiglobal'!
[6] EMSG ⎕ES ET
```

Ein Aufruf der Funktion TOP1 mit dem Argument 1E8 liefert die Fehlermeldung

```
TOP1_Fehler: Report in Variable ∆ERROR_REPORT∆
```

Die umformatierte Fehlerliste in der globalen Variablen ∆ERROR_REPORT∆ enthält die Zeichenmatrix

```
 BOT1-Fehler: 2   WS FULL
                      Z←?Nρ1000
                        ∧
 MID1-Fehler: 3   BOT1-Fehler:
                      Z←BOT1 N
                        ∧
 TOP1-Fehler: 6   MID1-Fehler:
                      Z←MID1 N
                        ∧
```

die weitaus mehr Informationen über die Fehlerursache enthält. Fehlernachrichten können natürlich detaillierter als in diesem Beispiel ausgegeben werden.

Die Systemfunktion ⎕EA kann auch zum geschickten Testen von Funktions- und Operatorargumenten verwendet werden. Ein Beispiel ist die Funktion NUMSTR, in der die nicht durch den Zeichentest in Zeile [2] erfaßten nichtnumerischen Zeichenvektoren nach der Methode *do or die* analysiert werden:

```
[0] B←NUMSTR CV
[1] ⍝ Ist CV ein numerischer Zeichenvektor, eine Zahl repraesentiert?
[2] →(~B←(∧/CV∊'0123456789E.¯')∧(~'E'=↑CV))/0          ⍝ Zeichentest
[3] 'B←0' ⎕EA 'B←↑1,⊂×',CV        ⍝ Richtung als einfache Testfunktion
```

Enthält CV keine als Zeichenkette repräsentierte Zahl, so scheitert die Richtungsbestimmung durch × in Zeile [3]. Damit können nichtnumerische Zeichenvektoren wie '3.3.3' usw. erkannt werden. Der Test in Zeile [2] ist allerdings nicht völlig redundant. Nichtnumerische Zeichenketten wie 'E100' werden durch den Richtungstest nicht erkannt, wenn E100 eine definierte Variable ist, die ein numerisches Feld oder einen numerischen Skalar enthält. Man beachte, daß NUMSTR nur für Zeichenketten korrekt arbeitet. Der genestete Skalar ⊂⊂'12.3' führt hingegen zu einem Exekutionsfehler.

Durch die in APL2 implementierten Fehlerbehandlungsfunktionen und Variablen lassen sich eine Reihe von Fehlern und deren Programmpositionen in einer eleganten und nützlichen Art

[5] Die Verwendung von lokal definierten Variablen in anderen Prozeduren funktioniert nur wegen der dynamischen Bindung in APL2. In Programmiersprachen mit statischer (lexikalischer) Bindung wie Scheme muß man Prozeduren entweder per Definition hierarchisch verschachteln oder die Fehlerliste explizit übergeben.

und Weise abfangen. Allerdings besteht nach wie vor das Problem, die Fehlerursache innerhalb der Eingabedaten zu lokalisieren. Dieses Problem entsteht insbesondere beim Übersetzen, bei der ein Zeichenfeld, das ein Programm in einer künstlichen Sprache enthält, in eine Zielsprache übersetzt werden muß. Übersetzungsfehler aufgrund von Eingabefehlern müssen exakt auf Fehler in der Eingabedatei zurückgeführt werden, wobei zumindest für größere Eingabefelder eine genaue Fehlerpositionsangabe erforderlich ist. Eine einfache Lösung dieses Problems besteht in der Verwendung von statischen Verbunden als Prozedurargumente und varianten Verbunden als Rückgabeparameter:

```
        (FLAG DATARETURN) ← FKT (DATA STARTPOS)
```

Das Prozedurargument (DATA STARTPOS) enthält neben den primären Daten DATA einen ganzzahligen Skalar oder Vektor STARTPOS, der die Anfangsposition des Datensegmentes DATA innerhalb des Quellfeldes angibt. Als Rückgabeparameter (FLAG DATARETURN) wird eine varianter Verbund mit folgender Struktur verwendet:

```
FLAG ←→ 0                falls kein Fehler auftritt
DATARETURN ←→            primaeres Ergebnis der Prozedur FKT

FLAG ←→ Fehlerkode       falls ein Fehler auftritt
DATARETURN ←→            Fehlerposition ←→
                         (Startposition+Fehlerposition innerhalb von DATA)
```

Ein einfaches Beispiel ist die Partitionierung eines hierarchisch geklammerten arithmetischen Ausdrucks auf der Ebene von Klammerpaaren, die mit der Prozedur PAP1 erzeugt werden kann. PAP1 ignoriert arithmetische Operatoren wie ⋆,+ etc.

```
NM←PAP1 CV;IP
⍝ Stumpffunktion von PAP; ohne Fehlertests
→(''≡CV)/SIMPLE           ⍝ Leere Zeichenkette?
IP←(+\'('=CV)-+\')'=CV    ⍝ Findet Klammernestung
→(0=⌈/IP)/SIMPLE          ⍝ Keine Klammern
IP←1+IP≥1                 ⍝ Beschraenkung auf unterste Klammerebene
IP←(1,¯1↓IP)=IP           ⍝ Position der Klammern
CV←IP⊂CV                  ⍝ Partitionierung der Klammern
NM←PAP1¨CV                ⍝ Rekursiver Aufruf
→0
SIMPLE:NM←CV              ⍝ Keine Klammerhierarchie
→0
```

PAP1 partititioniert einen geklammerten Ausdruck nur dann, wenn kein Fehler vorliegt. Ein einfaches Beispiel ist

```
      DISPLAY PAP1 '(ALPHA⋆(BETA-(GAMMA-DELTA))+EPS)'
.→-------------------------------------------.
| .→---------------------------------------. |
| | .→-----. .→--------------------. .→---. | |
| | |ALPHA⋆| | .→----. .→----------. | |+EPS| | |
| | '------' | |BETA-| |GAMMA-DELTA| | '----' | |
| |          | '-----' '-----------' |        | |
| |          '∊--------------------'         | |
| '∊---------------------------------------' |
'∊-------------------------------------------'
```

Der Ergebnisvektor enthält nur ein Item, da auf der obersten Ebene nur ein Klammerpaar vorliegt. Enthält CV einen geklammerten Ausdruck, in dem nicht alle Klammern abgeschlossen sind, so erhält man durch PAP1 unsinnige Resultate. Daher muß dieser Fehler abgefangen werden. Die Umhüllungsfunktion PAP wurde syntaktisch nach dem oben angegebenen Verbundschema aufgebaut und gibt als zweites Element bei einem Fehler anstelle eines genesteten Vektors eine Positionsziffer zurück, die die letzte mögliche Position einer nicht geschlossenen oder nicht geöffnete Klammer angibt.

```
[0]   NV←PAP RA;CV;SP;IP;LE;EP
[1]   ⍝ (PartitionAtParens) Partitioniert Zeichenkette an Klammerpaaren
[2]   (CV SP)←RA                    ⍝ I: Zeichenkette - Startposition
[3]   IP←(+\'('=CV)-+\')'=CV        ⍝ Findet Klammernestung
[4]   →(0<↑⌽IP)/ERR1                ⍝ Klammern nicht geschlossen?
[5]   →(¯1∊×IP)/ERR2                ⍝ Klammern zuviel?
[6]   NV←0(PAP1 CV)                 ⍝ O: Rekursiver Aufruf Stumpffunktion
[7]   →0
[8]   ERR1:LE←↑⌽IP                  ⍝ Letztes Element
[9]   EP←(⌽<\⌽(LE-1 0)⍷0,IP)⍳1      ⍝ Fehlerpos. nicht geschl. Klammer
[10]  NV←1(SP+EP)                   ⍝ O: Fehler - Fehlerpos
[11]  →0
[12]  ERR2:EP←IP⍳¯1                 ⍝ Fehlerpos. redundante Klammer
[13]  NV←2(SP+EP)                   ⍝ O: Fehler - Fehlerpos
```

Die Testfunktion PAPTEST analysiert das Resultat von PAP und gibt gegebenenfalls eine Fehlermeldung aus.

```
[0] PAPTEST CV;Z;N
[1] N←10                ⍝ Beispiel: ein beliebiger Offset (STARTPOS)
[2] Z←PAP CV N
[3] →(0≠↑Z)/ERR
[4] 'Partitionierung:'(DISPLAY 2⊃Z)
[5] →0
[6] ERR:'FEHLER: Klammer ',(1⊃Z)⊃('nicht geschlossen' 'zuviel')
[7] CV←CV,[0.5]' '
[8] CV[2;(2⊃Z)-N]←'↑'
[9] CV
```

Ein Beispiel ist der folgende, nicht vollständig geklammerte Zeichenvektor, bei dem zwei führende Klammern (vor ALPHA und vor BETA) nicht geschlossen sind.

```
      PAPTEST '(ALPHA⋆(BETA-((GAMMA-DELTA)+EPS)'
FEHLER: Klammer nicht geschlossen
(ALPHA⋆(BETA-((GAMMA-(DELTA)+)EPS)
     ↑
```

Die Funktionen PAP und PAP1 lassen sich noch verbessern, da die Berechnung der Partitionierungspunkte IP nur einmal, nämlich in der Coverfunktion PAP erfolgen muß. Eine Alternative zu Verbunden sind globale, ganzzahlige Zeiger, mit denen die Positionen von Teilzeichenketten verfolgt werden. Eine derartige Technik verstößt gegen den Grundsatz der Transparenz von Funktionen, ist aber nicht immer zu vermeiden.

Fehlerbehandlung bzw. Fehlerursachenverfolgung ist in allen Programmiersprachen relativ aufwendig und verdeckt oft die algorithmischen Grundideen, die hinter Prozeduren stehen. Eine

Reihe von interessanten Anwendungen von APL2-Systemfunktionen zur Fehlerbehandlung werden detailliert in Rabenhorst (1982), IBM (1985a), IBM (1988a) und insbesondere in Graham (1983) beschrieben.

Anhang B

Zusatzfunktionen der Expertensystemshell

B.1 Hilfsfunktionen

```
[0] ⍙B←∆APL2SYM∆ ⍙S
[1] ⍝ Ueberprueft, ob ⍙S einen zulaessiger APL2/PC-Symbolname enthaelt
[2] ⍝
[3] →(¯1=⎕NC ⍙S)/⍙B←0        ⍝ Name als APL2 Symbolname unzulaessig?
[4] →(18<⍴⍙S)/⍙B←0           ⍝ Name zu lang (nur fuer APL2/PC relevant)
[5] ⍙B←1                     ⍝ Erfolg(Zulaessig)

[0] ⍙CV1←∆DLB∆ ⍙CV
[1] ⍝ Eliminiert fuehrende Leerzeichen (DeleteLeadingBlanks)
[2] ⍝
[3] ⍙CV1←(~∧\⍙CV=' ')/⍙CV

[0] ⍙CV1←∆DLTB∆ ⍙CV;⍙B
[1] ⍝ Eliminiert fuehrende und endende Leerzeichen
[2] ⍝ (DropLeadingandTrailingBlanks)
[3] ⍝ Entspricht ∆CV1←∆DLB∆ ∆DTB∆ ⍙CV
[4] ⍙B←⍙CV=' '
[5] ⍙CV1←(+/∧\⍙B)↓(-+/∧\⌽⍙B)↓⍙CV

[0] ⍙CV1←∆DMB∆ ⍙CV
[1] ⍝ Eliminiert multiple Leerzeichen (DeleteMultipleBlanks)
[2] ⍝
[3] ⍙CV1←(~'  '⍷⍙CV)/⍙CV

[0] ⍙CV1←∆DQ∆ ⍙CV
[1] ⍝ Dupliziert Quotes in Zeichenketten,d.h. ('  → '')
[2] ⍝ (DuplicateQuotes)
[3] ⍝
[4] ⍙CV1←(1+''''=⍙CV)/⍙CV
```

```
[0] ΔCV1←ΔDTBΔ ΔCV
[1] ⍝ Eliminiert endende Leerzeichen (DeleteTrailingBlanks)
[2] ⍝
[3] ΔCV1←(⌽~∧\' '=⌽ΔCV)/ΔCV

[0] C1←ΔLCUCΔ C
[1] ⍝ Konvertiert Kleinbuchstaben (ohne Umlaute) in Grossbuchstaben
[2] ⍝
[3] C1←⎕AF(⎕AF C)+(-/⎕AF 'Aa')×C∊'abcdefghijklmnopqrstuvwxyz'

[0] ΔCM1←ΔNUMBΔ ΔCM
[1] ⍝ Setzt fuehrende Ziffern der Form [xxx] vor die erste Spalte
[2] ⍝ einer Zeichenmatrix
[3] ⍝
[4] ΔCM1←(⊃'[',¨(⍕¨¯1+⍳↑⍴ΔCM),¨⊂'] '),ΔCM


[0] ΔB←ΔNUMSTRΔ ΔCV
[1] ⍝ Ist ΔCV ein numerischer Zeichenvektor, der eine Zahl
[2] ⍝ repraesentiert? ACHTUNG: Komplexe Zahlen sind unzulaessig!!!
[3] ⍝
[4] →(~ΔB←(ΔCV∧.∊'0123456789E.¯-')∧(~'E'=↑ΔCV))/0       ⍝ Zeichentest
[5] 'ΔB←0' ⎕EA 'ΔB←↑1,⊂×',ΔCV    ⍝ Richtung als einfache Testfunktion


[0]  ΔA←ΔA1 ΔOVERΔ ΔA2;ΔP
[1]  ⍝ Setzt zwei Skalare, Vektoren bzw. Matrizen linksbuendig ueber-
[2]  ⍝ einander.  ACHTUNG: Kann bei gemischten Feldern (Feldern mit
[3]  ⍝ Zeichen und Zahlen) unter APL2/PC und APL2R3 zu unterschied-
[4]  ⍝ lichen Resultaten fuehren, da Fuellelemente unterschiedlich
[5]  ⍝ bestimmt werden.
[6]  ⍝
[7]  ΔA1←(¯2↑1 1,⍴ΔA1)⍴ΔA1  ⍝ Skalar bzw. Vektor zu einzeiliger Matrix
[8]  ΔA2←(¯2↑1 1,⍴ΔA2)⍴ΔA2  ⍝ Skalar bzw. Vektor zu einzeiliger Matrix
[9]  ΔP←↑⌽(⍴ΔA1)⌈⍴ΔA2                            ⍝ Maximale Spaltenzahl
[10] ΔA←(ΔP↑[2]ΔA1),[1]ΔP↑[2]ΔA2                 ⍝ Uebereinandersetzen


[0] ΔNCV←ΔC ΔPACΔ ΔCV
[1] ⍝ Partitioniert Zeichenkette beim Zeichen ΔC. ΔC ist kein
[2] ⍝ Bestandteil des Resultates (PartitionAtCharacter)
[3] ⍝
[4] ΔNCV←(ΔC≠ΔCV)⊂ΔCV
```

```
[0] ∆NCV←∆C ∆PA1C∆ ∆CV;∆IP
[1] ⍝ Partitioniert eine Zeichenkette beim ersten Zeichen ∆C.
[2] ⍝ ∆C ist kein Bestandteil des Resultates.
[3] ⍝
[4] ∆IP←∆CV⍳∆C                     ⍝ Index des ersten Zeichens
[5] ∆NCV←((∆IP-1)↑∆CV)(∆IP↓∆CV)    ⍝ Zwei Subvektoren
```

```
[0] ∆Z←∆P ∆REP∆ ∆R
[1] ⍝ Replicate FUNKTION! (notwendig, da replicate syntaktisch ein
[2] ⍝ Operator ist.)
[3] ⍝
[4] ∆Z←∆P/∆R
```

```
[0] ∆MNV←∆I ∆TABLENCV∆ ∆NV;∆R;∆C
[1] ⍝ Tabelliert einen genesteten Vektor von Zeichenketten in
[2] ⍝ Matrixform auf maximal ∆I Bildschirmspalten.
[3] ⍝
[4] ⍝ Anzahl der notwendigen Spalten, 1+ Korrektur fuer Abstand
[5] ⍝ zwischen den Eintraegen, -1 Korrektur fuer linken Rand.
[6] ∆C←1⌈⌊(∆I-2)÷(⊃⌈/1+⍴¨∆NV)
[7] ∆R←⌈(⍴∆NV)÷∆C                  ⍝ Anzahl der notwendigen Zeilen
[8] ∆MNV←(∆R,∆C)⍴(∆R×∆C)↑∆NV       ⍝ Auffuellen und Umformen
```

```
[0] ∆Z←∆TABLE∆ ∆R;∆LH;∆TH;∆MAT
[1] ⍝ Ergaenzt eine Matrix ∆MAT durch Beschriftungen.
[2] ⍝ (links ∆LH, oben ∆TH)
[3] ⍝
[4] (∆LH ∆TH ∆MAT)←∆R               ⍝ LeftHeader TopHeader MATrix
[5] ∆Z←0 0⍴' '                      ⍝ Voreinstellung
[6] →(0∊⍴∆MAT)/0                    ⍝ Matrix leer?
[7] ∆Z←⍕(' ',,[1.5]¨∆TH),[1]∆LH,[2]∆MAT
```

```
[0] ∆Z←∆UNIQUE∆ ∆R
[1] ⍝ Eliminiert Duplikate (Selektiert das erste eindeutige Element).
[2] ⍝
[3] ∆Z←((∆R⍳∆R)=⍳⍴∆R)/∆R
```

```
[0] ΔCMO←ΔI ΔWRAPΔ ΔCM;ΔL
[1] ⍝ Bricht Zeichenmatrix ΔCM in Spalte ΔI um.
[2] ⍝
[3] ΔCMO←ΔCM
[4] →(ΔI≥↑⌽ρΔCMO)/0              ⍝ Nichts zum Umbrechen?
[5] ΔL←⌈(↑⌽ρΔCMO)÷ΔI             ⍝ Wieviele Vielfache von ΔI benoetigt man
[6] ΔCMO←(ΔI×ΔL)↑[2]ΔCMO         ⍝ Spaltenzahl auf Vielfaches von ΔI
[7] ΔCMO←((ΔL×↑ρΔCMO),ΔI)ρΔCMO       ⍝ Auf Matrix mit ΔI Spalten umbrechen
[8] ΔCMO←ΔCMO[⍋(↑ρΔCMO)ρ⍳ΔL;]  ⍝ Zeilen in korrekte Reihenfolge umbrechen
```

```
[0] ΔCMO←ΔI ΔWRAPBLΔ ΔCM
[1] ⍝ Wie ΔWRAPΔ: Bricht Zeichenkettenmatrizen in der Spalte ΔI um,
[2] ⍝ setzt aber zusaetzlich eine Leerzeile nach jedem Umbruch ein,
[3] ⍝ sofern ein Umbruch notwendig ist.
[4] ⍝
[5] ΔCMO←ΔCM
[5] →(ΔI≥↑⌽ρΔCMO)/0                 ⍝ Nichts zum Umbrechen
[6] ΔCMO←ΔI ΔWRAPΔ ΔCMO,[1]' '
```

B.2 Globale Schalter

```
[0]   SETGLOBALS
[1]   ⍝ Setzt alle globalen Schalter und Variablen der Shell, die nicht
[2]   ⍝ durch den Uebersetzer COMPILE, Initialisierer INIT, Browser
[3]   ⍝ BROWSE bzw. durch den Inferenzinterpreter FORWARD initialisiert
[4]   ⍝ werden. (Globale Kontrollvariablen wie ∆RINFO und globale
[5]   ⍝ Protokolle wie ∆CLOG werden durch Subfunktionen erzeugt.)
[6]   ⍝
[7]   ⍝⍝⍝⍝⍝⍝⍝⍝⍝⍝⍝⍝⍝⍝⍝⍝⍝⍝⍝⍝⍝⍝⍝⍝⍝⍝⍝⍝⍝⍝⍝⍝⍝⍝⍝⍝⍝⍝⍝⍝⍝⍝⍝⍝⍝⍝⍝⍝⍝⍝⍝⍝⍝⍝⍝⍝⍝⍝⍝⍝⍝⍝⍝⍝⍝
[8]   ⍝
[9]   ⍝ Uebersetzungsschalter fuer COMPILE
[10]  ∆cinc←0    ⍝ Inkrementelle Uebersetzung                 = nein
[11]  ∆cdeb←1    ⍝ Debug-Option bei der Regelfixierung        = ja
[12]  ∆cove←0    ⍝ Symbole werden ueberschrieben              = nein
[13]  ∆cscr←1    ⍝ Bildschirmausgabe von Meldungen            = ja
[14]  ⍝
[15]  ⍝ ACHTUNG: Beim ersten Aufruf von COMPILE darf nicht inkrementell
[16]  ⍝          uebersetzt werden.
[17]  ⍝
[18]  ⍝ Der Uebersetzer generiert die folgenden Kontrollvariablen, die
[19]  ⍝ in ∆C∆INIT initialisiert werden:
[20]  ⍝
[21]  ⍝ ∆RINFO    Regelinformationen
[22]  ⍝ ∆PINFO    Promptvariableninformationen
[23]  ⍝ ∆LINFO    Lexikonschluessel und Eintraege
[24]  ⍝ ∆USYM     Namen aller Symbole des Regelwerks
[25]  ⍝ ∆CLOG     Uebersetzungsprotokoll (Dieses Protokoll wird nur
[26]  ⍝           erzeugt, wenn ein Fehler auftritt)
[27]  ⍝⍝⍝⍝⍝⍝⍝⍝⍝⍝⍝⍝⍝⍝⍝⍝⍝⍝⍝⍝⍝⍝⍝⍝⍝⍝⍝⍝⍝⍝⍝⍝⍝⍝⍝⍝⍝⍝⍝⍝⍝⍝⍝⍝⍝⍝⍝⍝⍝⍝⍝⍝⍝⍝⍝⍝⍝⍝⍝⍝⍝⍝⍝⍝⍝
[28]  ⍝
[29]  ⍝ Initialisierungsparameter fuer INIT
[30]  ∆iscr←1    ⍝ Bildschirmausgabe                          = ja
[31]  ⍝
[32]  ⍝ Die folgenden, durch COMPILE generierten Variablen werden durch
[33]  ⍝ INIT modifiziert, indem Mehrfacheintraege eliminiert werden.
[34]  ⍝     ∆RINFO
[35]  ⍝     ∆PINFO
[36]  ⍝     ∆LINFO
[37]  ⍝     ∆USYM
[38]  ⍝ INIT erzeugt zusaetzlich eine Reihe von Kontrollvariablen, die
[39]  ⍝ fuer die Inferenzfunktion FORWARD benoetigt werden:
[40]  ⍝
[41]  ⍝ ∆RULES    Namen der Regeln
[42]  ⍝ ∆VARS     Namen der Regelwerkvariablen
[43]  ⍝ ∆PROVARS  Namen der abfragbaren Variablen
[44]  ⍝ ∆BPV      Boolescher Vektor der abfragbaren Variablen (⍴∆VARS)
....
```

```
....
[45]  ⍝ ΔIMAT    Boolesche Matrix: Regeln x Inputvariablen
[46]  ⍝ ΔOMAT    Boolesche Matrix: Regeln x Outputvariablen
[47]  ⍝
[48]  ⍝ Die Initialisierung wird IMMER in ΔILOG protokolliert.
[49]  ⍝⍝⍝⍝⍝⍝⍝⍝⍝⍝⍝⍝⍝⍝⍝⍝⍝⍝⍝⍝⍝⍝⍝⍝⍝⍝⍝⍝⍝⍝⍝⍝⍝⍝⍝⍝⍝⍝⍝⍝⍝⍝⍝⍝⍝⍝⍝⍝⍝⍝⍝⍝⍝⍝⍝⍝⍝⍝⍝⍝⍝⍝⍝⍝
[50]  ⍝
[51]  ⍝ INIT sollte vor BROWSE aufgerufen werden, da BROWSE andernfalls
[52]  ⍝ auch alle Mehrfacheintraege listet.
[53]  ⍝
[54]  ⍝⍝⍝⍝⍝⍝⍝⍝⍝⍝⍝⍝⍝⍝⍝⍝⍝⍝⍝⍝⍝⍝⍝⍝⍝⍝⍝⍝⍝⍝⍝⍝⍝⍝⍝⍝⍝⍝⍝⍝⍝⍝⍝⍝⍝⍝⍝⍝⍝⍝⍝⍝⍝⍝⍝⍝⍝⍝⍝⍝⍝⍝⍝⍝
[55]  ⍝
[56]  ⍝ Schalter der Inferenzmaschine FORWARD
[57]  Δfnew←1     ⍝ Regelwerkvariablen werden geloescht,
[58]  ⍝             Erklaerungsprotokoll neu initialisiert      = ja
[59]  Δfscr←1     ⍝ Bildschirmausgabe fuer Protokoll ΔFLOG      = ja
[60]  Δflog←1     ⍝ Inferenz- und Debugprotokoll in ΔFLOG       = ja
[61]  Δfexp←0     ⍝ Nur durch EXP: spezifizierte Erklaerungen
[62]  ⍝             sowie Benutzereingaben werden protokolliert.
[63]  ⍝             Erklaerungssubstitute durch IF:-THEN:-Teil-
[64]  ⍝             Extraktion werden jedoch unterdrueckt.      = nein
[65]  ⍝
[66]  ⍝ Mehrstufenschalter:
[67]  Δfdep←0     ⍝ Inferenztiefe (Muss vorm Erstaufruf von FORWARD
[68]  ⍝             auf 0 gesetzt werden. Wird bei einem rekursiven
[69]  ⍝             Aufruf von FORWARD innerhalb von FORWARD um 1
[70]  ⍝             erhoeht und nach der Beendigung eines rekursiven
[71]  ⍝             FORWARD Aufrufs um 1 gesenkt.)
[72]  ⍝ Δfdeb←127  ⍝ Debug-Level (alle Debugstufen)
[73]  ⍝             Debugstufen sind:
[74]  ⍝             0    keine Debugausgaben.
[75]  ⍝             1    Ausgabe der selektierten Regel durch
[76]  ⍝                  Konfliktresolutionsroutine ΔFΔCRES.
[77]  ⍝             2    Ausgabe der Regelselektionsschritte durch
[78]  ⍝                  Konfliktresolutionsroutine ΔFΔCRES.
[79]  ⍝             4    Ausgabe der gefeuerten Regel mit Erfolgs-
[80]  ⍝                  bzw. Misserfolgsmeldung in ΔFΔFIRERULE.
[81]  ⍝             8    Ausgabe der zur Regelexekution durch
[82]  ⍝                  ΔFΔFIRERULE erforderlichen Variablen
[83]  ⍝                  (nur Namen) und Ausgabe der Namen der Variablen,
[84]  ⍝                  die bei einer erfolgreichen Exekution geaendert
[85]  ⍝                  werden.
[86]  ⍝             16   Ausgabe der zur Regelexekution durch ΔFΔFIRERULE
[87]  ⍝                  erforderlichen Variablen, die abgefragt werden
[88]  ⍝                  muessen.
....
```

```
....
⍝                 32   Ausgabe der Werte der Inputvariablen vor der
⍝                      Exekution einer Regel sowie Ausgabe der nach
⍝                      erfolgreicher Exekution geaenderten Output-
⍝                      variablenwerte.
⍝                 64   Ausgabe der Regelwerke von gefeuerten Regeln.
⍝
Δfdeb←0     ⍝ Debug-Level (keine Debugstufen)
⍝
⍝ ACHTUNG: Eine Bildschirmausgabe der Debug-Information erfordert
⍝ Δfscr=1, da andernfalls alle Bildschirmausgaben mit Ausnahme der
⍝ Benutzerinteraktionen (Prompts etc.) unterdrueckt werden!!!
⍝
⍝ Die Inferenzmaschine generiert zwei globale Symbole, die bei
⍝ Setzen der Flagge Δfnew neu initialisiert werden.
⍝ ΔFLOG     Inferenzprotokoll, in dem neben gefeuerten Regeln
⍝           auch alle Benutzerinteraktionen und Debug-Informationen
⍝           aufgezeichnet werden. Dieses Protokoll wird nur
⍝           generiert, wenn der Schalter Δflog gesetzt ist.
⍝
⍝ ΔFELOG    Protokoll, das waehrend der Konsultation fuer
⍝           Erklaerungen herangezogen wird. Dieses Protokoll wird
⍝           IMMER generiert. ΔFELOG kann waehrend und nach der
⍝           Konsultation zum Listen gefeuerter Regeln und
⍝           Benutzerinteraktionen herangezogen werden.
⍝⍝⍝⍝⍝⍝⍝⍝⍝⍝⍝⍝⍝⍝⍝⍝⍝⍝⍝⍝⍝⍝⍝⍝⍝⍝⍝⍝⍝⍝⍝⍝⍝⍝⍝⍝⍝⍝⍝⍝⍝⍝⍝⍝⍝⍝⍝⍝⍝⍝⍝⍝⍝⍝⍝⍝⍝⍝⍝⍝
⍝
⍝ Reservierte Woerter Δrw, die nicht als Variablen-, Regel- oder
⍝ Funktionsnamen verwendet werden duerfen:
Δrw←'SETGLOBALS' 'COMPILE' 'INCREMENT' 'INIT' 'BROWSE'
Δrw←Δrw,'FORWARD' 'HALT' 'EXPLAIN' 'ASKUSER'
⍝
⍝⍝⍝⍝⍝⍝⍝⍝⍝⍝⍝⍝⍝⍝⍝⍝⍝⍝⍝⍝⍝⍝⍝⍝⍝⍝⍝⍝⍝⍝⍝⍝⍝⍝⍝⍝⍝⍝⍝⍝⍝⍝⍝⍝⍝⍝⍝⍝⍝⍝⍝⍝⍝⍝⍝⍝⍝⍝⍝⍝⍝
```

B.3 Der Regelwerklister

```
ΔZ←BROWSE;ΔUSYM;ΔRSYM;ΔPSYM;ΔLSYM;ΔFSYM
⍝ Hilfsfunktion zur Aufbereitung der DISPLAY Darstellung der
⍝ durch den Uebersetzer generierten Funktionen und Kontrolldaten.
⍝ Benoetigt die Systemfunktion DISPLAY. ACHTUNG: Unterstellt,
⍝ dass Mehrfacheintraege in den benutzten globalen Kontroll-
⍝ variablen ΔUSYM, ΔRINFO, ΔPINFO und ΔLINFO bereits durch den
⍝ Aufruf der Funktion INIT eliminiert wurden. Andernfalls werden
⍝ auch Mehrfacheintraege gelistet.
⍝
ΔUSYM←ΔUSYM                           ⍝ Symbolnamen
ΔRSYM←↑¨ΔRINFO                        ⍝ Regelnamen
ΔPSYM←↑¨ΔPINFO                        ⍝ PromptVarNamen
ΔLSYM←↑¨ΔLINFO                        ⍝ Lexikon-Schluessel
ΔFSYM←(⊂[2]⎕NL 3 4)~¨' '              ⍝ Funktions- und Operator-Namen
⍝ Benutzerdefinierte Funktionen des Regelwerks
ΔFSYM←ΔFSYM~ΔFSYM~ΔUSYM~ΔRSYM,ΔPSYM,ΔLSYM
ΔZ←0 ΔBΔRULE¨ΔRSYM                    ⍝ Browse Regeln
ΔZ←ΔZ,0 ΔBΔPROMPTABLE¨ΔPSYM           ⍝ Browse Prompts
ΔZ←ΔZ,0 ΔBΔFUNCTION¨ΔFSYM             ⍝ Browse Funktionen
ΔZ←ΔZ,0 ΔBΔLEXICON¨ΔLSYM              ⍝ Browse Lexikon-Eintraege
⍝ Trenner (79 '⍝') vor Eintraege setzen und zu Matrix aufbereiten
ΔZ←⊃⊃,/(⊂⊂79⍴'⍝'),¨ΔZ
```

```
ΔZ←ΔB ΔBΔRULE ΔRN;ΔH;ΔS;ΔR
⍝ Die zur Regel ΔRN gehoerenden Eintraege innerhalb der globalen
⍝ Kontrollvariable ΔRINFO und die Zeichenrepraesentation ⎕CR
⍝ werden durch DISPLAY dargestellt. Das Ergebnis wird als Matrix
⍝ (ΔB≡1) oder als genesteter Vektor (ΔB≡0) zurueckgegeben.
⍝
⍝ Vereinbarung der Titel pro Eintrag
ΔH←'RULE:' 'INPUT:' 'OUTPUT:' 'LOCAL:' 'IF:' 'THEN:' 'EXP:' '⎕CR:'
⍝ Datenselektoren pro Eintrag
ΔS←'1⊃' '2⊃' '3⊃' '4⊃' ',[⍳0]5⊃' ',[⍳0]6⊃' ',[⍳0]7⊃' 'ΔNUMBΔ ⎕CR 1⊃'
⍝ Erweiterung der Titel durch Datenselektoren
ΔH←ΔH,¨' ',¨ΔS,¨⊂'REGELEINTRAG'
⍝ Waehlt Eintrag der Regel ΔRN aus der Kontrollvariablen ΔRINFO
ΔR←((↑¨ΔRINFO)⍳⊂ΔRN)⊃ΔRINFO
⍝ Kontrollierte Exekution der Selektoren
ΔR←(⊂'''>>> Nicht selektierbar <<<''')⎕EA¨ΔS,¨⊂'ΔR'
⍝ Auf max. 79 Spalten umgebrochene DISPLAY-Repraesentation
ΔR←79 ΔWRAPΔ¨DISPLAY¨ΔR
⍝ Zusammenfassen aller Eintraege zu einem genesteten Vektor
ΔZ←⊃,/(⊂¨ΔH),¨⊂[2]¨ΔR
→(~ΔB)/0                            ⍝ Umbruchflagge nicht gesetzt?
ΔZ←⊃ΔZ                              ⍝ Zu Matrix umbrechen
```

```
[0]  ⍙Z←⍙B ΔBΔPROMPTABLE ⍙PN;⍙H;⍙S;⍙P
[1]  ⍝ Die zur Promptvariablen ⍙PN korrespondierenden Eintraege inner-
[2]  ⍝ halb der Kontrollvariable ΔPINFO werden durch DISPLAY darge-
[3]  ⍝ stellt. Das Ergebnis wird als Matrix (⍙B≡1) oder als genesteter
[4]  ⍝ Vektor (⍙B≡0) zurueckgegeben.
[5]  ⍝
[6]  ⍝ Vereinbarung der Titel pro Eintrag
[7]  ⍙H←'PROMPTABLE:' 'TYP:' 'RANGE:' 'PROMPTSTR:' 'CHECKFCT:'
[8]  ⍝ Datenselektoren pro Eintrag
[9]  ⍙S←'1⊃' '2⊃' '3⊃' ',[⍳0]4⊃' '5⊃'
[10] ⍝ Erweiterung der Titel durch Datenselektoren
[11] ⍙H←⍙H,¨' ',¨⍙S,¨⊂'PROMPTEINTRAG'
[12] ⍝ Selektiert Eintrag der Promptvariablen ⍙PN aus ΔPINFO
[13] ⍙P←((↑¨ΔPINFO)⍳⊂⍙PN)⊃ΔPINFO
[14] ⍝ Kontrollierte Exekution der Selektoren
[15] ⍙P←(⊂'''>>> Nicht selektierbar <<<''')⎕EA¨⍙S,¨⊂'⍙P'
[16] ⍝ Auf max. 79 Spalten umgebrochene DISPLAY-Repraesentation
[17] ⍙P←79 ΔWRAPΔ¨DISPLAY¨⍙P
[18] ⍝ Zusammenfassen aller Eintraege zu einem genesteten Vektor
[19] ⍙Z←⊃,/(⊂¨⍙H),¨⊂[2]¨⍙P
[20] →(~⍙B)/0                           ⍝ Umbruchflagge nicht gesetzt?
[21] ⍙Z←⊃⍙Z                             ⍝ Zu Matrix umbrechen
```

```
[0]  ⍙Z←⍙B ΔBΔFUNCTION ⍙FN;⍙H;⍙S;⍙F
[1]  ⍝ Die zur Funktion ⍙FN korrespondierende Zeichenrepraesentation
[2]  ⍝ ⎕CR ⍙FN wird durch DISPLAY dargestellt. Das Ergebnis wird
[3]  ⍝ entweder als Matrix (⍙B≡1) oder als genesteter Vektor (⍙B≡0)
[4]  ⍝ zurueckgegeben.
[5]  ⍝
[6]  ⍝ Vereinbarung der Titel pro Eintrag
[7]  ⍙H←('FUNCTION: ',⍙FN)('⎕CR: ⎕CR ''',⍙FN,'''')
[8]  ⍝ Datenselektoren pro Eintrag
[9]  ⍙S←'' '⎕CR '
[10] ⍝ Kontrollierte Exekution der Selektoren
[11] ⍙F←(⊂'''>>> Nicht selektierbar <<<''')⎕EA¨⍙S,¨⊂'⍙FN'
[12] ⍝ Auf maximal 79 Spalten umgebrochene DISPLAY-Repraesentation
[13] ⍙F←79 ΔWRAPΔ¨DISPLAY¨⍙F
[14] ⍝ Zusammenfassen der beiden Eintraege zu einem genesteten Vektor
[15] ⍙Z←⊃,/(⊂¨⍙H),¨⊂[2]¨⍙F
[16] →(~⍙B)/0                           ⍝ Umbruchflagge nicht gesetzt?
[17] ⍙Z←⊃⍙Z                             ⍝ Zu Matrix umbrechen
```

```
[0]  ⍙Z←⍙B ∆B∆LEXICON ⍙LN;⍙H;⍙S;⍙L
[1]  ⍝ Der zum Lexikon-Schluessel ⍙LN korrespondierende Eintrag aus
[2]  ⍝ der Kontrollvariable ∆LINFO wird durch die DISPLAY-Funktion
[3]  ⍝ dargestellt. Das Ergebnis wird entweder als Matrix (⍙B≡1) oder
[4]  ⍝ als genesteter Vektor (⍙B≡0) zurueckgegeben.
[5]  ⍝
[6]  ⍝ Vereinbarung der Titel pro Eintrag
[7]  ⍙H←'LEXICON:' 'ITEM:'
[8]  ⍝ Datenselektoren pro Eintrag
[9]  ⍙S←'1⊃' ',[⍳0]2⊃'
[10] ⍝ Erweiterung der Titel durch Datenselektoren
[11] ⍙H←⍙H,¨' ',¨⍙S,¨⊂'LEXIKONEINTRAG'
[12] ⍝ Waehlt Lexikoneintrag aus der Kontrollvariable ∆LINFO aus
[13] ⍙L←((↑¨∆LINFO)⍳⊂⍙LN)⊃∆LINFO
[14] ⍝ Kontrollierte Exekution der Selektoren
[15] ⍙L←(⊂'''>>> Nicht selektierbar <<<''')⎕EA¨⍙S,¨⊂'⍙L'
[16] ⍝ Auf maximal 79 Spalten umgebrochene DISPLAY-Repraesentation
[17] ⍙L←79 ∆WRAP∆¨DISPLAY¨⍙L
[18] ⍝ Zusammenfassen der beiden Eintraege zu einem genesteten Vektor
[19] ⍙Z←⊃,/(⊂¨⍙H),¨⊂[2]¨⍙L
[20] →(∼⍙B)/0                           ⍝ Umbruchflagge nicht gesetzt?
[21] ⍙Z←⊃⍙Z                             ⍝ Zu Matrix umbrechen
```

B.4 Ein APL2-Kreuzreferenzer

Bei der Übersetzung einer definierten Regel wird nicht geprüft, ob alle zur Exekution notwendigen Variablen-, Funktions- und Operatornamen durch `INPUT:-`, `OUTPUT:`, `LOCAL:-` und `FUNCTION:-`Direktiven bzw. durch `RULE:-` und `FUNCTION:-`Direktiven deklariert werden. Daher muß man bei einem Wertefehler (`VALUE ERROR`) bei der Exekution einer übersetzten Regel manuell prüfen, welche Symbolnamen benutzt werden, da das APL2/PC-System (IBM 1988b) keinen Kreuzreferenzer zur Verfügung stellt. Der folgende APL2-Kreuzreferenzer erleichtert diese Prüfung.

```
[0]  ΔXR←ΔF XREF ΔFN;⎕IO;ΔT;ΔBC;ΔBQ;ΔFLN;ΔRD;ΔSS;ΔSC;ΔEC;ΔCR;ΔNA;ΔLA;ΔB
[1]  ⍝ Kreuzreferenzer fuer APL2 Funktionen und Operatoren
[2]  ⍝ Argumente: ΔFN ←→ Funktions oder Operatorname (CV)
[3]  ⍝            ΔF  ←→ falls gesetzt, Referenz quotierter Symbole
[4]  ⎕IO←1                         ⍝ Fehlerhaft mit ⎕IO←0
[5]  ⍝ Entferne Kommentare (Blank Comment)
[6]  ΔT←⎕FX 'CM←ΔBC CMI' 'CM←CMI' '((,∨\CM=''⍝'')/,CM)←'' '''
[7]  ⍝ Entferne quotierte Segmente (Blank Quotation)
[8]  ΔT←⎕FX 'CM←ΔBQ CMI;B' 'CM←CMI' '((,B∨≠\B←CM='''''''')/,CM)←'' '''
[9]  ⍝ Finde Zeilennummern (Find Line Numbers)
[10] ΔT←⎕FX 'L←CM ΔFLN CV' 'L←(∨/CV⍷CM)⌿⍳↑⍴CM'
[11] ⍝ Entferne doppelte Eintraege (Remove Duplicates=Unique)
[12] ΔT←⎕FX 'U←ΔRD V' 'U←((V⍳V)=⍳⍴V)/V'
[13] ⍝ Als Teilzeichenkette enthalten? (SubString)
[14] ΔT←⎕FX 'B←CVS ΔSS CV' 'B←∨/CVS⍷CV'
[15] ⍝ Startzeichen
[16] ΔSC←'AaBbCcDdEeFfGgHhIiJjKkLlMmNnOoPpQqRrSsTtUuVvWwXxYyZz⎕ΔΔ'
[17] ⍝ Unzulaessige Startzeichen fuer Namen
[18] ΔEC←'1234567890_¯'
[19] →('Δ'=↑ΔFN)/0                ⍝ Reservierter Name?
[20] →(3 4∧.≠⎕NC ΔFN)/0           ⍝ Weder Fkt noch Opr?
[21] →(0∊⍴ΔCR←⎕CR ΔFN)/0          ⍝ Gelockt?
[22] ⍎(2≠⎕NC 'ΔF')/'ΔCR←ΔBQ ΔCR'  ⍝ Quotierte Teile auf Leerzeichen
[23] ΔCR←ΔBC ΔCR                  ⍝ Kommentare auf Leerzeichen
[24] ΔCR←' ',ΔCR,' '              ⍝ Leerspalten als Trenner
[25] ΔNA←(,ΔCR∊ΔSC,ΔEC)⊂,ΔCR      ⍝ Partitioniere bei SC,EC Zeichen
[26] ΔNA←(~(↑¨ΔNA)∊ΔEC)/ΔNA       ⍝ Eliminiere unzulaessige Namen
[27] ΔNA←(~'⎕'≡¨ΔNA)/ΔNA          ⍝ Eliminiere Symbolname '⎕'
[28] ΔNA←ΔRD ΔNA                  ⍝ Jeder zulaessige Name nur einmal
[29] ⍝ Non-Name Zeichen zu Leerzeichen
[30] ((~,ΔCR∊ΔSC,ΔEC,':')/,ΔCR)←' '
[31] ΔLA←((' ',¨ΔNA,¨':')ΔSS¨⊂,ΔCR)/ΔNA ⍝ Label-Namen
[32] ((,ΔCR=':')/,ΔCR)←' '             ⍝ ':' in CR auf Leerzeichen
[33] ΔXR←¯1+⊃(⊂ΔCR)ΔFLN¨' ',¨ΔNA,¨' '  ⍝ Zeilennummer bestimmen
[33] ⍝ Label-Namen durch ':' markieren
[34] (ΔB/ΔNA)←((ΔB←∨/ΔNA∘.≡ΔLA)/ΔNA),¨':'
[35] ΔXR←((⊃⊂¨ΔNA),ΔXR)[⎕AV⍋⊃ΔNA;]     ⍝ Sortieren und zusammensetzen
[36] (((¯1)≡¨,ΔXR)/,ΔXR)←' '           ⍝ ¯1 durch Blank ersetzen
```

XREF ist eine dyadische Funktion, die auch als monadische Funktion aufgerufen werden kann. Im Rechtsargument muß der Funktions- bzw. Operatorname der zu referenzierenden Routine angegeben werden. Ein Aufruf ohne Linksargument bewirkt, daß XREF lediglich unquotierte Segmente der im Rechtsargument angegebenen Funktion referenziert. Ein Aufruf von XREF mit einem beliebig definierten Linksargument führt hingegen dazu, daß auch quotierte, d.h. durch ' eingeschlossene Zeichenketten als Quellkode aufgefaßt werden. Diese Option ist lediglich zur Referenzierung von APL2-Ausdrücken in *execute* (⍎) Aufrufen etc. notwendig, führt aber bei der Aktivierung dazu, daß auch gewöhnliche Worte in Zeichenketten (etwa ULRICH in A ←'ULRICH KUESTERS') als Symbolnamen referenziert werden. Außerdem werden Kodesegmente einer Zeile ab dem ersten quotierten Kommentarzeichen ignoriert (Zeile [23]). Daher ist es empfehlenswert, ausschließlich Regeln, die ohne Debug-Option übersetzt wurden (∆cdeb←0), zu referenzieren. Durch einen Aufruf des Kreuzreferenzers für die in Kapitel 3 definierte Übersetzerfunktion ∆C∆LOOP erhält man folgende Ausgabe:

```
∆C∆FUNCTION    14
∆C∆LEXICON     17
∆C∆LOOP         0
∆C∆OUTPUT      23
∆C∆PROMPTABLE  11
∆C∆RULE         8
∆S∆ERROR       21
⍙1:             7 21
⍙2:             9 12 15 18 23
⍙B              0  3 24
⍙BS             0  8  9 11 12 14 15 17 18
⍙C              0  6  8 11 14 17
⍙EXIT:          5 20
⍙F1:            7 14
⍙I              0  4  5  6
⍙K              0  6  7
⍙L1:            7 17
⍙LOOP:          5 10 13 16 19 25
⍙NV             0  5  6
⍙P              0  6  8 11 14 17 21
⍙P1:            7 11
⍙R1:            7  8
```

Sprungmarken (Label) stellen in APL2 grundsätzliche lokale Symbole dar und werden innerhalb der Kreuzreferenz durch einen Doppelpunkt markiert. APL2 unterscheidet syntaktisch nicht zwischen niladischen Funktionen und Variablen, so daß der Kreuzreferenzer ohne eine Ermittlung der Symbolklasse durch ⎕NC nicht in der Lage ist, zwischen Funktionen und Variablen zu unterscheiden. Allerdings kann man sehr einfach an der Ausgabe von XREF erkennen, ob ein Symbol global oder lokal definiert ist. Lokale Symbole werden grundsätzlich in der Kopfzeile (Zeile [0]) deklariert und können somit an der Zeilennummer 0 erkannt werden.

Die folgenden Beispiele illustrieren eine Referenzierung von übersetzten Regeln. Durch die Übersetzung der in Kapitel 5.2 definierten Regel `SICHERH_GUT` ohne Debug-Option wird folgende Funktion im Arbeitsbereich fixiert.

```
[0] ΔR←SICHERH_GUT;TEMP
[1] ⍝ Autokode Kode generiert durch Regel SICHERH_GUT
[2] ΔR←0 ⍝ IF-TEIL
[3] →(~ERSTKLASSIGE>70)/0
[4] →(~(TEMP←ERSTKLASSIGE+ZWEITKLASSIGE)<100)/0
[5] →(~(TEMP+ILLIQUIDE)≥100)/0
[6] ΔR←1 ⍝ THEN-TEIL
[7] SICHERHEITEN←'gut'
```

Damit erhält man:

```
      XREF 'SICHERH_GUT'
 ERSTKLASSIGE  3 4
 ILLIQUIDE     5
 SICHERHEITEN  7
 SICHERH_GUT   0
 TEMP          0 4 5
 ZWEITKLASSIGE 4
 ΔR            0 2 6
```

Eine Übersetzung mit Debug-Option führt hingegen zu folgender Zeichenrepräsentation:

```
[0] ΔR←SICHERH_GUT;TEMP
[1] ⍝ Autokode generiert durch Regel SICHERH_GUT
[2] ΔR←0 ⍝ IF-TEIL
[3] '→0 (ΔR←¯1 (↑⎕LC)1)' ⎕EA '→(~ERSTKLASSIGE > 70)/0'
[4] '→0 (ΔR←¯1 (↑⎕LC)2)' ⎕EA
          '→(~(TEMP ← ERSTKLASSIGE + ZWEITKLASSIGE) < 100)/0'
[5] '→0 (ΔR←¯1 (↑⎕LC)3)' ⎕EA '→(~(TEMP + ILLIQUIDE) ≥ 100)/0'
[6] ΔR←1 ⍝ THEN-TEIL
[7] '→0 (ΔR←¯2 (↑⎕LC)1)' ⎕EA 'SICHERHEITEN←''gut'''
```

Damit kann man durch eine Kreuzreferenzierung der nichtquotierten Kodesegmente lediglich die lokalen Variablen und den Regelnamen ermitteln.

```
      XREF 'SICHERH_GUT'
 SICHERH_GUT 0
 TEMP        0
 ⎕EA         3 4 5 7
 ΔR          0 2 6
```

Ein Aufruf des Kreuzreferenzers mit einem auf 1 gesetzten Linksargument führt hingegen dazu, daß die quotierte Zeichenkette `'gut'` auch als Symbol aufgelistet wird:

```
      1 XREF 'SICHERH_GUT'
ERSTKLASSIGE 3 4
ILLIQUIDE    5
SICHERHEITEN 7
SICHERH_GUT  0
TEMP         0 4 5
ZWEITKLASSIGE 4
gut          7
⎕EA          3 4 5 7
⎕LC          3 4 5 7
ΔR           0 2 3 4 5 6 7
```

Natürlich kann man einen leicht modifizierten Kreuzreferenzer in den in Kapitel 3 beschriebenen Übersetzer integrieren, so daß die in `ΔRINFO` abgespeicherten Regelsegmente bei der Übersetzung direkt analysiert werden. Diese Erweiterung ist aber nur dann sinnvoll, wenn Inkonsistenzen und Deklarationsfehler bei Regelwerkdefinitionen gehäuft auftreten.

Abschließend sei bemerkt, daß der Kreuzreferenzer unter dem APL2R3-Interpreter die Symbolnamen anders sortiert. Ursache ist der Unterschied zwischen den Sortierreihenfolgen beim *dyadic grade*.

Anhang C

Ein exemplarisches Fehlerprotokoll des Übersetzers

Bemerkung: Durch eine Nacheditierung des Protokolls sind die hinter den Fehlermeldungen angegebenen Positionen falsch.

```
FEHLERANALYSE:
--------------

⍝ GLOBALE FEHLER, DIE MIT GETRENNTEN INPUTMATRIZEN ODER
⍝ INPUTPARAMETERN ZU 'COMPILE' AUSGETESTET WERDEN MUESSEN:
⍝
⍝ 1)  FALSCHE ARGUMENTE FUER 'COMPILE'
⍝
⍝ 2)  TEXT MIT DEN ZEICHEN ∆,⍙,⎕TC[2] IST NORMALERWEISE NICHT
⍝     ERLAUBT. AUSNAHME: VOLLSTAENDIGE KOMMENTARZEILEN
⍝
⍝ 3)  INPUTMATRIZEN OHNE SCHLUESSELWOERTER, Z.B.
⍝     COMPILE 10 10 ⍴ ' '
⍝     ODER
⍝     COMPILE 2 10⍴20↑'RUL'


⍝ ******************** R E G E L N ****************************


RULE: INIT             ⍝ INIT IST EIN RESERVIERTES WORT
IF: 1
THEN: 1


*∧* FEHLER in ∆C⍙RULE: Verwendung eines reservierten Namens 1541

....
```

```
RULE: EINEZEILE INPUT: A OUTPUT: B IF: A THEN: B EXP: 'NICHTS'
                 ⍝ EIN EINZEILER IST ERLAUBT, SOLANGE MULTIPLE IF UND
                 ⍝ THEN-BLOECKE DURCH ⎕TC[2] ABGESCHLOSSEN WERDEN

RULE: IF_FEHLT        ⍝ IF-TEIL FEHLT!!!
THEN: 1

*^* FEHLER in ∆C∆RULE: Schluesselwort IF: oder THEN: fehlt 2031

RULE: THEN_FEHLT      ⍝ THEN-TEIL FEHLT!!!
IF:   1

*^* FEHLER in ∆C∆RULE: Schluesselwort IF: oder THEN: fehlt 2241

RULE: TWOIF           ⍝ MEHRFACHE SCHLUESSELWOERTER
IF:   1
THEN: 1
IF:   1

*^* FEHLER in ∆C∆RULE: Multiple Schluesselwoerter 2591

RULE:                 ⍝ REGELNAME FEHLT!!!
IF: 1
THEN: 1

*^* FEHLER in ∆C∆RULE: Regelname fehlt 2871

RULE:  12A3           ⍝ UNZULAESSIGER REGELNAME
IF: 1
THEN: 1

*^* FEHLER in ∆C∆RULE: Regelname ist unzulaessig 3151

RULE: GLOB_LOC_CONFLICT1 ⍝ KONFLIKT ZWISCHEN GLOBALEN UND LOKALEN
   INPUT: A B C          ⍝ VARIABLEN
   OUTPUT: X Y
   LOCAL: A
   IF: 1 THEN: 1

*^* FEHLER in ∆C∆RULE: Konflikte zw. lokalen und globalen Vars 3571

RULE: GLOB_LOC_CONFLICT2 ⍝ KONFLIKT ZWISCHEN GLOBALEN UND LOKALEN
   INPUT: A B C          ⍝ VARIABLEN
   OUTPUT: X Y
   LOCAL: X
   IF: 1 THEN: 1

*^* FEHLER in ∆C∆RULE: Konflikte zw. lokalen und globalen Vars 3991
....
```

```
[75]
[76]  RULE: GLOB_LOC_CONFLICT3 ⍝ KONFLIKT ZWISCHEN GLOBALEN UND LOKALEN
[77]     INPUT: A B C         ⍝        VARIABLEN
[78]     OUTPUT: X Y
[79]     LOCAL: A B X Y
[80]     IF: 1 THEN: 1
[81]
[82]  *∧* FEHLER in ∆C∆RULE: Konflikte zw. lokalen und globalen Vars 4411
[83]
[84]  RULE: XXX1                ⍝ REGELNAME UND GLOBALER VARIABLENNAME
[85]    INPUT: XXX1             ⍝ STIMMEN UEBEREIN
[86]    OUTPUT: YYY1
[87]    IF: 1
[88]    THEN: 1
[89]
[90]  *∧* FEHLER in ∆C∆RULE: Regelname als Variablenname verwendet 4831
[91]
[92]  RULE: XXX2                ⍝ REGELNAME UND LOKALER VARIABLENNAME
[93]    LOCAL: XXX2             ⍝ STIMMEN UEBEREIN
[94]    IF: 1
[95]    THEN: 1
[96]
[97]  *∧* FEHLER in ∆C∆RULE: Regelname als Variablenname verwendet 5181
[98]
[99]  RULE: SYMBOL1 SYMBOL2   ⍝ MEHRFACHE NAMEN FUER EINE REGEL
[100] *∧* FEHLER in ∆C∆TAKESYM: Mehrfache Symbolnamen 5251
[101]
[102] IF: 1
[103] THEN: 1
[104]
[105] RULE: FALSCHE_VARS      ⍝ REGEL, IN DER FEHLERHAFTE VARIABLEN-
[106]                         ⍝ BEZEICHNUNGEN AUFTRETEN. MELDET NUR
[107]                         ⍝ ERSTEN FEHLER
[108]   INPUT: 123
[109] *∧* FEHLER in ∆C∆TAKEVAR: Ein Symbolname ist unzulaessig 5743
[110]
[111]   OUTPUT: A1 1A
[112]   LOCAL:  L1 ≥A
[113]   IF:1 THEN: 1
[114]
[115] RULE:
[116] *∧* FEHLER in ∆C∆RULE: Schluesselwort IF: oder THEN: fehlt 6091
[117]
[118] PROMPTABLE:
[119]
[120]
[121] ⍝ ********************* P R O M P T S **************************
[122]
.....
```

```
*∧* FEHLER in ΔCΔPROMPTABLE: Kein Variablenname angegeben  6441
PROMPTABLE: PROMPT_NOK
  TYP: SET
  RANGE: (J JA, SI, POSITIV, 1) N       ⍝ GEMISCHT!!!
*∧* FEHLER in ΔCΔPARSESET: Worte ausserhalb von Klammern 6653
  PROMPTSTR: 'POSITIV ? '
  CHECKFCT: IS_POSITIVE
PROMPTABLE: VAR4B       ⍝ HIER FEHLT DER TYP-EINTRAG. DAHER
   TYP:                 ⍝ 'CV' ALS VOREINSTELLUNG
   CHECKFCT: NICHTS
PROMPTABLE: VAR4C       ⍝ HIER DARF RANGE NICHT ANGEGEBEN WERDEN
   TYP:
   RANGE: 5 8
*∧* FEHLER in ΔCΔTAKERANGE: Wertebereich trotz fehlenden TYPs 7421
PROMPTABLE: PSTR_FEHLER
   PROMPTSTR:  'SDDASDSADSASDA    ⍝ STRING NICHT GESCHLOSSEN
*∧* FEHLER in ΔCΔTAKECODE: Quotes (') nicht balanciert 7771
PROMPTABLE: PSTR_NOK      ⍝ PROMPSTR OHNE T ANSTELLE VON PROMPTSTR
   PROMPSTR: 'DAS SYSTEM KENNT DIE VARIABLEN'
             'VARS=',(⍕VARS)'
             'WAEHLEN SIE EINE DAVON AUS '
*∧* FEHLER in ΔCΔTAKESYM: Mehrfache Symbolnamen 8121
PROMPTABLE: VAR6              ⍝ MEHRFACHE SCHLUESSELWOERTER
  TYP: INT
  RANGE: 1 10
  TYP: VINT
*∧* FEHLER in ΔCΔPROMPTABLE: Multiple Schluesselwoerter 8471
PROMPTABLE: VAR7              ⍝ KEINE GANZEN ZAHLEN FUER RANGE
   TYP: INT
   RANGE: - 4.2 2
*∧* FEHLER in ΔCΔPARSENUM: RANGE keine ganzen Zahlen 8751
PROMPTABLE: VAR8              ⍝ TYPE: ANSTELLE VON TYP:
   TYPE: INT
.....
```

```
*∧* FEHLER in ∆C∆TAKESYM: Mehrfache Symbolnamen 8894

   RANGE: 1 10

PROMPTABLE: VAR9          ⍝ UNZULAESSIGER TYP
    TYP: UNT
*∧* FEHLER in ∆C∆TAKETYP: Unzulaessiger TYP-Schluessel 9175

    RANGE: 0 2

PROMPTABLE: VAR10         ⍝ MIN > MAX
    TYP: NUM
    RANGE: 434334 2

*∧* FEHLER in ∆C∆PARSENUM: Minimum ist groesser als Maximum 9591

PROMPTABLE: VAR11         ⍝ UNZULAESSIGER NAME FUER CHECKFCT
    CHECKFCT: 2323A

*∧* FEHLER in ∆C∆PROMPTABLE: Testfunktionsname unzulaessig 9801

PROMPTABLE: VAR11 ⍝ ACHTUNG HIER TRITT SCHLUESSEL 'CHECKFCT:'
                  ⍝ (MIT DOPPELPUNKT) IN EINER KOMMENATARZEILE
                  ⍝ VOR DER TATSAECHLICHEN SPEZIFIKATION AUF
                  ⍝ UND FUEHRT DAHER ZU EINEM FEHLER
    CHECKFCT: DSSD

*∧* FEHLER in ∆C∆PROMPTABLE: Multiple Schluesselwoerter 10221

PROMPTABLE: VAR11
⍝ ACHTUNG, HIER TRITT DAS SCHLUESSELWORT 'CHECKFCT:' (MIT ':')
⍝ IN EINER REINEN KOMMENTARZEILE AUF UND WIRD DAHER IGNORIERT!!!
CHECKFCT: DSSD

PROMPTABLE: OTTO          ⍝ TYP:-ANGABE IN FORTSETZUNGSKOMMENTAR
*∧* FEHLER in ∆C∆TAKESYM: Mehrfache Symbolnamen 10645

    RANGE: 22  119

PROMPTABLE:               ⍝ KEIN VARIABLENNAME ANGEGEBEN
    TYP: INT
    CHECKFCT: DSSD

*∧* FEHLER in ∆C∆PROMPTABLE: Kein Variablenname angegeben  11061

PROMPTABLE: 123           ⍝ UNZULAESSIGER VARIABLENNAME
    PROMPTSTR: 'DSDSD'

.....
```

```
⍝ ********************* F U N K T I O N E N ******************

*∧* FEHLER in ∆C∆PROMPTABLE: Variablenname unzulaessig 11411

FUNCTION:    ⍝ FEHLERFREI, SOFERN DAS SYMBOL 'FUNC1' NICHT SCHON
             ⍝ ALS VARIABLE IM SPEICHER EXISTIERT. DANN KOMMT EIN
             ⍝ FIXIERFEHLER!!!
  Z←FUNC1 CV;B    ⍝ DIESER KOMMENTAR WIRD IGNORIERT (DURCH APL2)
  B←∧\' 'CV       ⍝ FEHLER WIRD NICHT DURCH DEN UEBERSETZER
                  ⍝ DIAGNOSTIZIERT!!!
  Z←(+/B)↓CV

FUNCTION: EIN_FEHLER ⍝ FEHLER: SCHLUESSELWORT IN KOPF
                     ⍝ APL2-KODE IST IMMER ZEILENORIENTIERT!!!
  Z←FUNC3 CV;B
  Z←CV     ⍝ DIREKTER KOMMENTAR, WIRD IN FUNKTION EINGEBETTET



*∧* FEHLER in ∆C∆FUNCTION: Schluesselwort in Kopf 12461

FUNCTION:         ⍝ FEHLER: OPERATORKOPF IST NICHT EXTRAHIERBAR!
  Z←(A B C D E) F ⍝ UNZULAESSIGER SYNTAX
  Z←F

*∧* FEHLER in ∆C∆FUNCTION: Funktionsname nicht extrahierbar 12741

FUNCTION:         ⍝ FEHLER, HIER IST EIN KLAMMER NICHT GESCHLOSSEN
  Z←(A B
  Z←B

*∧* FEHLER in ∆C∆FUNCTION: Funktionsname nicht extrahierbar 13021

FUNCTION:            ⍝ FEHLER, HIER FEHLT EINE OFFENE KLAMMER
  Z←A B)
  Z←B

*∧* FEHLER in ∆C∆FUNCTION: Funktionsname nicht extrahierbar 13301

FUNCTION:            ⍝ FEHLER, ZU TIEFE KLAMMERSETZUNG
  Z←(A (B C D) E)
  Z←E

*∧* FEHLER in ∆C∆FUNCTION: Funktionsname nicht extrahierbar 13581

.....
```

```
FUNCTION:              ⍝ FEHLER: DOPPELTE KLAMMERSETZUNG
  Z←(A B)  (C D)
  Z←3

*∧* FEHLER in ∆C∆FUNCTION: Fixierfehler 13861

FUNCTION:              ⍝ DOPPELTE KLAMMERSETZUNG MIT EINFACHNESTUNG
  Z←(A C) EINNEST (D E)
  Z←A

*∧* FEHLER in ∆C∆FUNCTION: Fixierfehler 14141

FUNCTION:
  Z←MIST4 CV;B,,,,     ⍝ FIXIERFEHLER
  Z←CV

*∧* FEHLER in ∆C∆FUNCTION: Fixierfehler 14421

FUNCTION:              ⍝ RESERVIERTER NAME
  Z←INIT A
  Z←A,A

⍝ ****************** L E X I C O N *****************************


*∧* FEHLER in ∆C∆FUNCTION: Verwendung eines reservierten Namens 14911

LEXICON: NEU         ⍝ ITEM FEHLT!!!
   'DAS IST NEU'

LEXCICON: REGELN      ⍝ WAS IST EIN REGELEINTRAG?
    ⍝ ACHTUNG: LEXCICON: ANSTELLE VON LEXICON:
*∧* FEHLER in ∆C∆TAKESYM: Mehrfache Symbolnamen 15264

   ITEM:             ⍝ HIER FOLGEN DIE ERLAEUTERUNGEN!!!
      'EINE REGEL IN DIESEM SYSTEM IST EIN WENN-DANN PAAR'
      'WOBEI, DIE WENN-BEDINGUNG AUS AUSFUEHRBAREN BOOLESCHEN'
      'APL2-AUSDRUECKEN BESTEHT, WAEHREND DIE DANN-BEDINGUNG'
      'AUSFUEHRBARE APL2-DIREKTIVEN ENTHAELT'

*∧* FEHLER in ∆C∆LEXICON: Schluesselwort fehlt 15714

LEXICON: FEHLERHAFT   ⍝ HIER IST LEXICON: MIT EINEM DOPPELPUNKT
                      ⍝ ANGEGEBEN, SO DASS DER UEBERSETZER DIE
             ⍝ ZEICHENKETTE 'LEXICON:' IM FORTSETZUNGKOMMENTAR
             ⍝ FINDET. SCHLUESSELWORT IN DER VORHERGEHENDEN ZEILE
             ⍝ WIRD HINGEGEN DURCH ∆C∆RAVEL UEBERGANGEN!!!
*∧* FEHLER in ∆C∆LEXICON: Schluesselwort fehlt 16031
```

Literaturverzeichnis

Abelson, H., Sussman, G.J. und Sussman, J. (1985). *Structure and Interpretation of Computer Programs*. MIT Press, Cambridge, Massachusetts.

Aho, A.V., Hopcroft, J.E. und Ullman, J.E. (1987). *Data Structures and Algorithms*. Addison-Wesley, Reading, Massachusetts.

Aho, A.V., Sethi, R. und Ullman, J.E. (1986). *Compilers – Principles, Techniques and Tools*. Addison-Wesley, Reading, Massachusetts.

Aikins, J. (1983). Prototypical Knowledge for Expert Systems. *Artificial Intelligence*, 20, 163–210.

Alfonseca, M. (1989a). Object-oriented Programming in APL2. *APL 89 – Conference Proceedings, APL Quote Quad*, 19, 6–11.

Alfonseca, M. (1989b). Frames, semantic networks, and object-oriented programming in APL2. *IBM Journal of Research and Development 33*, 502–510.

Alfonseca, M. und Tobar, M.J. (1986). Extending APL to Logic Programming. *APL 86 – Conference Proceedings, APL Quote Quad*, 16, 272–275.

Amarel, S. (1968). On Representation of Problems of Reasoning about Actions. In: Michie, D. (1968, Hrsg.). *Machine Intelligence 3*. Elsevier, Amsterdam–New York.

Anscombe, F. (1981). *Computing in Statistical Science through APL*. Springer, New York.

APL News (1990). What's Happening: Standard Dept. *APL News*, Springer, Volume, 22, No.1, 4–4.

Backus, J. (1978). 1977 ACM Turing Award Lecture: Can Programming Be Liberated from the von Neumann Style? A Functional Style and Its Algebra of Programs. *Communications of the ACM*, 21, 613–641.

Bard, Y. (1988). Rule-based Inferencing Functions for APL Applications. *IEEE Expert*, 42–52. (Ebenfalls erschienen als: Bard, Y. (1986). Rule-based Inferencing Functions for APL Applications. *IBM Cambridge Scientific Center Report G320-2154*, IBM Cambridge Scientific Center, Cambridge, MA.)

Barker, V.E., O'Connor, D.E., Bachant, J. und Soloway, E. (1989). Expert Systems for Configuration at Digital: XCON and Beyond. *Communications of the ACM*, 298–218.

Barr, A. und Feigenbaum, E.A. (1981). *The Handbook of Artificial Intelligence – Volume 1, 2 und 3*. Addison-Wesley, Reading, Massachusetts.

Bartoli, G., Bartolo, I., Berry, P.C. und Spadavecchia, V.N. (1975). Executable Models in APL to Introduce Concepts in Computer Science. *APL75*, University of Pisa, 26–36.

Bergquist, G.A. (1987). *APL Advanced Techniques and Utilities.* Zark Inc., 53 Shenipsit Street, Vernon, Connecticut 06066.

Bowen, K.A. und Kowalski, R.A. (1982). Amalgamating Language and Metalanguage in Logic Programming. In: Clark, K.L. und Tarnlund, S.A. (1982, Hrsg.). *Logic Programming.* Academic Press, New York, 153–172.

Brachman, R.J. (1983). What IS-A Is and Isn't: An Analysis of Taxonomic Links in Semantic Networks. *IEEE Computer*, 30–36.

Brachman, R.J. (1988). The Basics of Knowledge Representation and Reasoning. *AT&T Technical Journal*, 67, 7–24.

Bratko, I. (1987). *Prolog – Programmierung für die künstliche Intelligenz.* Addison-Wesley, Bonn.

Brown, J.A. (1973). *A Generalization of APL (A Programming Language).* Prepared for: Rome Air Development Center. Distributed by: National Technical Information Service, U.S. Department of Commerce, 5285 Port Royal Road, Springfield Va. 22151. (Ph.D. Thesis, Syracuse University).

Brown, J.A. (1982). Understanding Arrays. *APL 82 – Conference Proceedings, APL Quote Quad*, 13, 67–71.

Brown, J.A. (1983). APL2 Syntax: Is It Really Right to Left? *APL 83 – Conference Proceedings, APL Quote Quad*, 13, 219–221.

Brown, J.A (1984a). The Principles of APL2. *IBM Technical Report TR 03.247*, Santa Teresa Laboratory, San Jose, CA.

Brown, J.A. (1984b). Function Assignment and Arrays of Functions. *APL 84 – Conference Proceedings, APL Quote Quad*, 14, 81–84.

Brown, J.A. (1985). A Development of APL2 Syntax. *IBM Journal of Research and Development*, 29, 37–48.

Brown, J.A. (1987). Why APL2? A discussion of Design Principles. *APL 87 – Conference Proceedings, APL Quote Quad*, 17, 30–36.

Brown, J.A. und Alfonseca, M. (1987). Solutions to Logic Problems in APL2. *APL 87 – Conference Proceedings, APL Quote Quad*, 17, 356–361.

Brown, J.A., Cook, J., Groner, L.H. und Eusebi, E. (1986). Logic Programming in APL2. *APL 86 – Conference Proceedings, APL Quote Quad*, 16, 282–288.

Brown, J.A., Eusebi, E., Cook, J. und Groner, L.H. (1986). Algorithms for Artificial Intelligence in APL2. *IBM Technical Report TR 03.281*, Santa Teresa Laboratory, San Jose, CA.

Brown, J.A. und Guerreiro, R. (1987a). APL2 Implementations of Unification. *APL 87 – Conference Proceedings, APL Quote Quad*, 17, 216–224.

Brown, J.A. und Guerreiro, R. (1987b). Designing APL2 Programms for Unification. *APL 87 – Conference Proceedings, APL Quote Quad*, 17, 465–468.

Brown, J.A. und Jenkins, M.A. (1981). The APL Identity Crisis. *APL 81 – Conference Proceedings, APL Quote Quad*, 12, 62–66.

Brown, J.A., Pakin, S. und Polivka, R.P. (1988). *APL2 at a Glance*. Prentice Hall, Englewood Cliffs. (Deutsche Übersetzung: *APL2 – Ein erster Einblick*, Springer, Berlin, 1989.)

Brownston, L., Farell, R. Kant, E. und Martin, N. (1985). *Programming Expert Systems in OPS5*. Addison-Wesley, Reading, Massachusetts.

Buchanan, B.G. und Shortliffe, E.H.; (1984, Hrsg.). *Rule-based Expert Systems*. Addison-Wesley, Reading, Massachusetts.

Budd, T.A. (1983). An APL Compiler for the UNIX timesharing system. *APL 83 – Conference Proceedings, APL Quote Quad*, 13, 205–209.

Budd, T. (1988). *An APL Compiler*. Springer, New York.

Butler, C.W., Hodil, E.D. und Richardson, G.L. (1988). Building Knowledge-Based Systems with Procedural Languages. *IEEE Expert*, 47–59.

Cason, S. (1989). APL2 Phrases. *IBM Technical Report TR 01.A845, International Business Machines*, Endicott, New York.

Cercone, N. und McCalla, G. (1987). What Is Knowledge Representation? In: Cercone, N. und McCalla, G. (1987, Hrsg.). *The Knowledge Frontier: Essays in the Representation of Knowledge*. Springer, New York.

Chatterjee, S. und Hadi, A.S. (1986). Influential Observations, High Leverage Points, and Outliers in Linear Regression. *Statistical Science*, 1, 379–416.

Ching, W.M. (1986). Program analysis and Code generation in an APL/370 compiler. *IBM Journal of Research and Development*, 30, 594–602.

Clocksin, W.F. und Mellish, C.S. (1987). *Programming in Prolog*. Springer, Berlin.

Cohen, P. und Lieberman, M.D. (1983). A Report on FOLIO: An Expert Assistant for Portfolio Managers. *Proceedings IJCAI-83*, 212–214.

Cook, R.D. und Weisberg, S. (1982). *Residuals and Influence in Regression*. Chapman and Hall, New York.

Corlett, R., Davies, N., Khan, R., Reichgelt, H. und van Harmelen, F. (1989). The Architecture of Socrates. In: Jackson, P., Reichgelt, H. und van Harmelen, F. (1989, Hrsg.). *Logic-Based Knowledge Representation*. MIT Press, Cambridge, Massachusetts, 37–64.

Crowder, H. (1986). The APL2 Name Association Facility. Understanding the APL-FORTRAN Connection. *IBM Technical Report TR 03.286*, Santa Teresa Laboratory, San Jose, CA.

Crowder, H. und Dunbar, D. (1986). Interactive Programming in a Multifacet Environment: The APL2 Connection to IBM Program Products. *IBM Technical Report TR 03.288*, Santa Teresa Laboratory, San Jose, CA.

Daniel, C. und Wood, F.S. (1980). *Fitting Equations to Data – Computer Analysis of Multifactor Data*. Wiley, New York.

Davies, N. und Khan, R. (1989). Applications of Socrates. In: Jackson, P., Reichgelt, H. und van Harmelen, F. (1989, Hrsg.). *Logic-Based Knowledge Representation*. MIT Press, Cambridge, Massachusetts, 65–83.

Decker, R. und Gaul, W. (1990). Einige Bemerkungen über Expertensysteme für Marketing und Marktforschung. *Diskussionspapier Nr. 145*, Institut für Entscheidungstheorie und Unternehmensforschung, Universitität Karlsruhe.

DIN (Deutsches Institut für Normung e.V., 1991). *DIN ISO 8485: Informationsverarbeitung – Programmiersprache APL*. Beuth Verlag, Berlin.

Duff, T. (1985). Zitat in: Bentley, J. (1985). Programming Pearls - Bumber-Sticker Computer Science. *Communications of the ACM*, Vol. 28, No. 9, 896–901

Dybvig, R.K. (1987). *The Scheme Programming Language*. Prentice Hall, Englewood Cliffs.

Eisenberg, M. und Peele, H.A. (1983). APL Learning Bugs. *APL 83 Conference Proceedings, APL Quote Quad*, 13, 11–16.

Engelmann, U., Gerneth, T. und Meinzer, H.P. (1989). Implementation of Predicate Logic in APL2. *APL 89 – Conference Proceedings, APL Quote Quad*, 13, 124–128.

Eusebi, E.V. (1985a). Operators for Program Control. *APL 85 – Conference Proceedings, APL Quote Quad*, 15, 181–189.

Eusebi, E.V. (1985b). Operators for Recursion. *APL 85 – Conference Proceedings, APL Quote Quad*, 15, 190–194.

Eusebi, E. und Brown, J.A. (1986). APL2 and AI: A Study of Search. *APL 86 – Conference Proceedings, APL Quote Quad*, 16, 295–300.

Fellenstein, C., Green, C.O., Palmer, L.M., Walker, A. und Wyler, D.J. (1985). A Prototype Manufacturing Knowledge Base in Syllog. *IBM Journal of Research and Development*, 29, 413–421.

Fikes, R. und Kehler, T. (1985). The Role of Frame-based Representation in Reasoning. *Communication of the ACM*, 28, 904–920.

Fordyce, K. und Sullivan, G. (1987). Boolean Array Structures for a Rule Based Forward Chaining Inference Engine. *APL 87 – Conference Proceedings, APL Quote Quad*, 17, 185–195.

Fordyce, K. und Sullivan, G. (1988). Expert Systems and the Management Science, Decision Support, Industrial Engineer Professional. In: Wolff, M.R. (1988, Hrsg.). *Entscheidungsunterstützende Systeme im Unternehmen*. Oldenbourg, München, 165–174.

Fordyce, K., Jantzen, J., Sullivan, G.A. Sr. und Sullivan, G.A. Jr. (1989). Representing Knowledge with Functions and Boolean Arrays. *IBM Journal of Research and Development*, 33, 627–646.

Forgy, C.L. (1982). Rete: A fast algorithm for the many pattern/many object pattern match problem. *Artificial Intelligence*, 19, 17–37.

Forsyth, R. (1984, Hrsg.). *Expert Systems – Principles and Case Studies*. Chapman and Hall, London.

Franksen, O.I. (1984). *Mr. Babbage's Secret – The Tale of a Cypher – and APL*. Prentice Hall, Englewood Cliffs.

Frenkel, K.A. (1990). The European Community and Information Technology. *Communications of the ACM*, 33, 404–410.

Friedman, D.P. und Felleisen, M. (1987). *The Little LISPer.* MIT Press, Cambridge, Massachusetts.

Gabriel, R. (1987). LISP. In: Shapiro, S.C. (1987, Hrsg.). *Encyclopedia of Artificial Intelligence – Volume I+II.* Wiley, New York, 508-528.

Gale, W.A. (1986). REX Review. In: Gale, W.A. (1986, Hrsg.): *Artificial Intelligence and Statistics.* Addison-Wesley, Reading, Massachusetts, 173–227.

Geller, J. (1988). Letter to the Editors. *SIGART Newsletter*, No. 105, 4–4.

Genesereth, M.R. und Ginsberg, M.L. (1985). Logic Programming. *Communications of the ACM*, 28, 933–941.

Genesereth, M.R. und Nilsson, N.J. (1987). *Logical Foundations of Artificial Intelligence.* Morgan Kaufmann, Palo Alto.

Ghandour, Z. und Mezei, J. (1973). General Arrays, Operators and Functions. *IBM Journal of Research and Development*, 335–352.

Giannesini, F., Kanoui, H., Pasero, R. und van Caneghem, M. (1986). *Prolog.* Addison-Wesley, Wokingham, England.

Gibson, L., Levine, J.S. und Metzger, R. (1985). *Application Systems in APL – How to build them right.* Prentice-Hall, Englewood Cliffs, New Jersey.

Gilman, L. und Rose, A.J. (1984). APL – An Interactive Approach. 3. Auflage, Wiley, New York.

Goldberg, A. und Robson, D. (1989). *Smalltalk–80: The Language.* Addison-Wesley, Reading, Massachusetts.

Gong, G. (1983). Letting Macsyma Help. In: Gentle, J.R. (Hrsg., 1983). *Computer Science and Statistics: The Interface.* North-Holland, Amsterdam, 237–244.

Graham, A. (1983). Examples of Event Handling in APL2. *APL Quote Quad*, 13, No.3, 121–127.

Graham, A. (1986). Idioms and Problem Solving Techniques in APL2. *APL Quote Quad*, 16, 172–178.

Grenander, U. (1982). *Mathematical Experiments on the Computer.* Academic Press, New York.

Guerreiro, R. (1986). APL2 and LISP: a Comparison. In: Camacho, A. (1986, Hrsg.). *APL86 Tutorials.* British APL Association, 151–174.

Gull, W.E. und Jenkins, M.A. (1979). Recursive Data Structures in APL. *Communications of the ACM*, 22, 79–96.

Hagamen, W.D. und Gardy, M. (1986). The numeric representation of knowledge and logic – Two artificial intelligence applications in medical education. *IBM System Journal*, 25, 207–235.

Hagamen, W.D., Gardy, M., Bell, G., Rekosh, E. und Zatz, S. (1985). MEDCAT: An APL Program for Medical Diagnosis, Consultation, and Teaching. *APL 85 – Conference Proceedings, APL Quote Quad*, 15, 308–314.

Hand, D.J. (1986). Patterns in Statistical Strategy. In: Gale, W.A. (1986, Hrsg.): *Artificial Intelligence and Statistics.* Addison-Wesley, Reading, Massachusetts, 355–387.

Hansen, H.R. (1986). *Wirtschaftsinformatik I*. 5. Auflage, Gustav Fischer, Stuttgart.

Hayes, P.J. (1979). The Logic of Frames. In: Metzing, D. (1979). *Frame Conception and Text Understanding*. De Gruyter, Berlin, 46–61.

Hayes-Roth, F. (1985). Rule-based Systems. *Communications of the ACM*, 28, 921–932.

Henderson, P. (1980). *Functional Programming: Application and Implementation*. Prentice-Hall, Englewood Cliffs, New Jersey.

Heuer, S., Koch, U. und Cryer, C. (1988). INVEST: An Expert System for Financial Investments. *IEEE Expert*, 60–68.

Hohti, A. und Kanerva, O. (1988). Typesetting APL with TEX. *APL Quote Quad*, 18, 13–16.

Hu, D. (1987). *Programmer's Reference Guide to Expert Systems*. Howard Sams, Indianapolis.

Hudak, P. (1989). Conception, Evolution, and Application of Functional Programming Languages. *ACM Computing Surveys*, 14, 359–411.

IBM (1985a). *An Introduction to APL2*. International Business Machines, Order Number: SH20-9229. Bezug über IBM-Zweigstellen.

IBM (1985b). *APL2 Programming: Guide*. International Business Machines, Order Number: SH20-9216. Bezug über IBM-Zweigstellen.

IBM (1987a). *APL2 Programming: System Service Reference*. International Business Machines, Order Number: SH20-9218. Bezug über IBM-Zweigstellen.

IBM (1987b). *APL2 Programming: Using the Supplied Routines*. International Business Machines, Order Number: SH20-9233. Bezug über IBM-Zweigstellen.

IBM (1988a). *APL2 Programming: Language Reference*. International Business Machines, Order Number: SH20-9227. Bezug über IBM-Zweigstellen.

IBM (1988b). *APL2 Programming – APL2 for the IBM PC and IBM PS/2: User's Guide, Version 1.0*. International Business Machines, Order Number: 38F1756. Bezug über IBM-Zweigstellen.

Iverson, K.E. (1962). *A Programming Language*. Wiley, New York. (Reprinted by: Renaissance Data Systems, P.O. Box 20023, Park West, Finance Station, New York 10025-1510.)

Iverson, K.E. (1976). *APL in Exposition*. APL Press, Swarthmore, Pennsylvania.

Iverson, K.E. (1980). 1979 ACM Turing Award Lecture: Notation as a Tool of Thought. *Communications of the ACM*, 23, 444–465.

Jackson, P. (1986). *Introduction to Expert Systems*. Addison-Wesley, Wokington, England.

Jackson, P., Reichgelt, H. und van Harmelen, F. (1989, Hrsg.). *Logic-Based Knowledge Representation*. MIT Press, Cambridge, Massachusetts.

Janko, W. (1987). Investigation into the Efficiency of Using APL for the Programming of an Inference Machine. *APL 87 – Conference Proceedings, APL Quote Quad*, 17, 450–456.

Jantzen, (1989). Inference Planning using Digraphs and Boolean Arrays. *APL 89 – Conference Proceedings, APL Quote Quad*, 19, 200–204.

Jizba, Z.V. (1986). Trees and Networks Using APL2. *APL Quote Quad*, 16, 15–18.

Kajiya, J.T. (1983). Designing and Implementing an Array Theory Incorporating Abstract Datatypes. *APL 83 – Conference Proceedings, APL Quote Quad*, 13, 291–296.

Kaneko, A. (1988). Comparative Analysis of LISP and APL2. *APL 88 – Conference Proceedings, APL Quote Quad*, 18, 183–196.

Keppel, E. und Kropp, D. (1985). APL2 or LISP? Implementing "Frames", Knowledge Representation Scheme. *Vector – The Journal of The British APL Association*, 2, 97–107.

Klösgen, W. (1990). The Integration of Knowledge-Based and Statistical Methods in a Statistics Interpreter. In: Faulbaum, F., Haux, R. und Jöckel, K.H. (1990, Hrsg.). *SoftStat '89 – Fortschritte der Statistik-Software 2*. Gustav Fischer, Stuttgart, 316–323.

Knuth, D. (1973). *The Art of Computer Programming – Volume I – Fundamental Algorithms*. Addison-Wesley, Reading, Massachusetts.

Kramer, B.M. und Mylopoulos, J. (1987). Representation, Knowledge. In: Shapiro, S.C. (1987, Hrsg.). *Encyclopedia of Artificial Intelligence – Volume I+II*. Wiley, New York, 882–890.

Küsters, U.L. (1990). *Programming Languages for the Development of Statistical Expert Systems*. BUGH Wuppertal.

Küsters, U.L. und Arminger, G. (1989). *Programmieren in GAUSS – Eine Einführung in das Programmieren statistischer und numerischer Algorithmen*. Gustav Fischer, Stuttgart–New York.

Kurbel, K. (1989). *Entwicklung und Einsatz von Expertensystemen: Eine anwendungsorientierte Einführung in wissensbasierte Systeme*. Springer, Berlin.

Lattermann, D. (1986). *APL in Beispielen*. 4. Auflage, Oldenbourg, München.

Liski, E.P. und Nummi,T. (1986). An APL-System for Analysing Multivariate Data. In: De Antoni, F., Lauro, N. und Rizzi, A. (1986): *Compstat Proceeding in Computational Statistics*, Physica, Heidelberg-Wien.

Lloyd, J.W. (1987). *Foundations of Logic Programming*. Springer, Berlin.

Locarek, H. (1988). *Wissensbasierte Systeme zur Durchführung statistischer Analysen – Konzeption und Implementation eines Prototypen*. Peter Lang, Frankfurt.

Lochner, H. (1989). *APL2 Handbuch*. Springer, Berlin.

Ludewig, J. (1985). *Sprachen für die Programmierung*. Bibliographisches Institut, Mannheim.

Luger, G.F. und Stubblefield, W.A. (1989). *Artificial Intelligence and the Design of Expert Systems*. Benjamin/Cummings, Redwood City, California.

MacKenzie, N. (1984). APL and Elementary Logic. *APL Quote Quad*, 15, 21–26. (Correction in: *APL Quote Quad*, 16, 31.)

MacLennan, B.J. (1990). *Functional Programming – Practice and Theory*. Addison-Wesley, Reading, Massachusetts.

Maida, A.S. (1987). Frame Theory. In: Shapiro, S.C. (1987, Hrsg.). *Encyclopedia of Artificial Intelligence – Volume I+II*. Wiley, New York, 302–312.

Mansour, S.M. (1989). Techniques for Avoiding Conditional Execute in APL2. *APL 89 – Conference Proceedings, APL Quote Quad*, 19, 242–248.

Martin, W.A. und Fateman, R.J. (1971). The MACSYMA System. *Proceedings of the Second Symposium on Symbolic and Algebraic Manipulation*, ACM SIGSAM, New York, 59–75.

McDermott, D. (1982): R1: A Rule-based Configurer of Computer Systems. *Artificial Intelligence*, 19, 39–88.

McInturff, J.C. (1989). Expressing Qualified Logic in APL. *APL 89 – Conference Proceedings, APL Quote Quad*, 19, 249–272.

Metzger, R.C. (1981). APL Thinking: Finding Array-Oriented Solutions. *APL 81 – Conference Proceedings, APL Quote Quad*, 12, 212–218.

Meyer, B. (1988a). Reusability: The Case for Object-Oriented Design. *IEEE Software*, 4, 50–64.

Meyer, B. (1988b). *Object-oriented Software Construction*. Prentice Hall, New York.

Michalski R.S., Carbonell,J. und Mitchell, T.M. (1983, Hrsg). *Machine Learning: An Artificial Intelligence Approach*. Springer, New York.

Minsky, M. (1975). A framework for representing knowledge. In: Winston, P.H. (1975, Hrsg.). *The Psychology of Computer Vision*. McGraw-Hill, New York.

Moller, G.L. (1986). A Logic Programming Tool for Qualitative System Design. *APL 86 – Conference Proceedings, APL Quote Quad*, 16, 266–271.

Moore, J. (1975). *Total biochemical oxygen demand for airy manures*. Ph.D. thesis, University of Minnesota, Department of Agricultural Engineering. (Zitiert nach: Chatterjee, S. und Hadi, A.S. (1986))

More, T. (1973). Axioms and Theorems for a Theory of Arrays. *IBM Journal of Research and Development*, 135–175.

Naeve, P. (1990). Is there Something New that Can Be Learned or Solved by Building Statistical Expert Systems? In: Faulbaum, F., Haux, R. und Jöckel, K.H. (1990, Hrsg.). *SOFTSTAT'89 – Fortschritte der Statistik-Software 2*. Gustav Fischer, Stuttgart, 291–299.

NAG (1985). *The GLIM System Release 3.77 Manual*. Numerical Algorithms Group Ltd., Oxford und Royal Statistical Society.

Nauta, G.C. (1987). Trees as nested arrays and the use of under-disclose. *APL 87 – Conference Proceedings, APL Quote Quad*, 17, 157–162.

Newell, A. (1982). The Knowledge Level. *Artificial Intelligence*, 18, 87–127.

Nilsson, N.J. (1982). *Principles of Artificial Intelligence*. Springer, Berlin.

O'Brien, C.M. (1990). A Knowledge-Base for Generalized Linear Modelling. In: Faulbaum, F., Haux, R. und Jöckel, K.H. (1990, Hrsg.). *SoftStat '89 – Fortschritte der Statistik-Software 2*. Gustav Fischer, Stuttgart, 324–331.

Partridge, D. (1989). *KI und das Software Engineering der Zukunft*. McGraw Hill, Hamburg.

Pedersen, K. (1988). Connecting Expert Systems and Conventional Environments. *AI-Expert*, 3, 26–35.

Peele, H.A. und Eisenberg, M. (1985). APL Teaching Bugs. *APL 85 – Conference Proceedings, APL Quote Quad*, 15, 86–93.

Polivka, R.P. (1984). The Impact of APL2 on Teaching APL. *APL84 – Conference Proceedings, APL Quote Quad*,14, 263–269.

Polivka, R. und Pakin, S. (1975). *APL: The Language and Its Usage*. Prentice Hall, Englewood Cliffs.

Pournelle, J. (1983). The Debate Goes On ...: A discussion of the future of microcomputer languages. *BYTE*, 312–328.

Quillian, M.R. (1967). Word Concepts: A Theory and Simulation of some Basic Semantic Capabilities. *Behavioral Science*, 12, 410–430. (Wiederabgedruckt in: Brachman, R.J. und Lesque, H.J. (1985, Hrsg.). *Readings in Knowledge Representation*. Morgan Kaufmann, Los Altos, CA.)

Rabenhorst, D.A. (1982). APL Event/Response Programming. *APL 82 – Conference Proceedings, APL Quote Quad*, 13, 265–268.

Ramsey, J.B. und Musgrave, G.L. (1981). *APL-STAT – A Do-It-Yourself Guide to Computational Statistics Using APL*. Lifetime Learning Publications, Belmont, California.

Rees, J. und Clinger, W. (1986, Hrsg.). Revised^3 Report on the Algorithmic Language Scheme. *AI Memo 848a*, Massachusetts Institute of Technology – Artificial Intelligence Laboratory, Massachusetts.

Robinson, J.A. (1965). A Machine-Oriented Logic Based on the Resolution Principle. *Journal of the Association for Computer Machinery*, 12, 23–41.

Rojas, J., Rodriguez, P. und Alfonseca, M. (1989). An Expert System in Chemical Analysis Synthesis written in APL2/PC. *APL 89 – Conference Proceedings, APL Quote Quad*, 19, 299–303.

Schmidt, P. (1976). *Econometrics*. Marcel Dekker, New York.

Sergot, M.J. (1982). A Query-the-User facility for Logic Programming. In: Degano, P. und Sandwell, E. (1982). *Integrated Interactive Computer Systems*. North-Holland, Amsterdam.

Shapiro, E. (1983). *Algorithmic Program Debugging*. MIT Press, Cambridge, Massachusetts.

Shapiro, S.C. (1987). Processing, Bottom-Up and Top-Down. In: Shapiro, S.C. (1987). *Encyclopedia of Artificial Intelligence – Volume I+II*. Wiley, New York, 779–785.

Smith, A. (1988). Windows and Pop-up Menus in Application Design. *APL 88 – Conference Proceedings, APL Quote Quad*, 18, 294–305.

Smith, R.A. (1980). Nested Arrays: The Tool for the Future. In: Rose, A.J. und Schick, B.A. (1980, Hrsg.). *APL in Practice*. Wiley, New York.

Sommerville, I. (1987). *Software Engineering*. Addison-Wesley, Bonn.

Sowa, J.F. (1984). *Conceptual Structures – Information Processing in Mind and Machine*. Addison-Wesley, Reading, Massachusetts.

Sowa, J. (1987). Semantic Networks. In: Shapiro, S.C. (1987, Hrsg.). *Encyclopedia of Artificial Intelligence – Volume I+II*. Wiley, New York, 1011–1024

Specht, D. (1989). *Wissensbasierte Systeme im Produktionsbetrieb*. Hanser, München. (zugleich: Habilitationsschrift *Wissensbasierte Systeme in der Fabrik*, TU Berlin 1988).

Steele, G.Y. Jr. (1984). *Common Lisp: The Language*. Digital Press.

Sterling, L. und Beer, R.D. (1989). Metainterpreters for Expert System Construction. *Journal of Logic Programming*, 163–178.

Sterling, L. und Shapiro, E. (1986). *The Art of Prolog*. MIT Press, Cambridge, Massachusetts.

Stiers, D., Goovaerts, M.J. und de Kerf, J. (1987). *APL – The Language and Its Actuarial Applications*. North-Holland, Amsterdam.

Stoy, J.E. (1977). *Denotational Semantics: The Scott-Strachey Approach to Programming Language Theory*. MIT Press, Cambridge.

Stoyan, H. (1988). *Programmiermethoden der Künstlichen Intelligenz*. Springer, Berlin.

Streitberg, B. und Naeve, P. (1986). A modestly intelligent system for identification, estimation, and forecasting of univariate time series: A^4: ARIMA, artificial intelligence, and APL2. In: Haux, R. (1986, Hrsg.). *Expert Systems in Statistics*. Gustav Fischer, 111–137.

Stroustrup, B. (1986). An Overview of C++. *SIGPLAN Notices*, 21, 7–18.

Sullivan, G. und Fordyce, K. (1985). Artificial Intelligence Development Aids (AIDA). *APL 85 – Conference Proceedings, APL Quote Quad*, 15, 106–113.

Sullivan, G. und Fordyce, K. (1986). A Boolean Array Based Algorithm in APL for Forward Chaining in Rule-Based Production Expert Systems. *APL Quote Quad 16*, 5–12.

Sullivan, G. und Fordyce, K. (1986). Extending Worksheet Modeling Software with Expert System Technology: An Example of APL's Ability to Keep Pace with New Needs. *APL 86 – Conference Proceedings, APL Quote Quad*, 13, 107–117.

Tello, E.R. (1989). *Object-Oriented Programming for Artificial Intelligence*. Addison-Wesley, Reading, Massachusetts.

Texas Instruments, Inc. (1987). *TI-Scheme Language Reference Manual*. Bezug durch den PC-Software-Fachhandel.

Thomson, N. (1985). A Guide to Using Operators in APL2. *Vector – The Journal of the British APL Association*, 2, 118–125.

Thomson, N. (1986). APL2–A Mathematician's Delight. *APL 86 – Conference Proceedings, APL Quote Quad*, 16, 45–49.

Thomson, N. (1987). APL2 – A Very Superior Fortran. *APL 87 – Conference Proceedings, APL Quote Quad*, 17, 84–87.

Thomson, N. (1989). *APL Programs for the Mathematics Classroom*. Springer, New York.

Tobar, M.J. und Alfonseca, M. (1986). Emulating Prolog in an IBM PC APL Environment. *APL Quote Quad*, 16, 13–15.

Touretzky, D.S. (1983). A Comparison of Reduction in APL with Polarity in Lisp. *APL 83 – Conference Proceedings, APL Quote Quad*, 13, 259–263.

Toyama, T. und Yasuda, M. (1988). Innovation of Decision Support-Matplan based on Structured Matrix Supported By APL. *APL 88 – Conference Proceedings, APL Quote Quad*, 18, 318–328.

Tu, H.C. und Perlis, A.J. (1986). FAC: A Functional APL Language. *IEEE Software*, 36–45.

van Batenburg, F.H.D. (1988). The Code-Line: A "New" Structured Concept. *APL Quote Quad*, 19, 14–19.

Wade, J. (1984). Practical Guidelines for a User-Friendly Interface. *APL 84 – Conference Proceedings, APL Quote Quad*, 14, 365–371.

Walker, A. (1986). Knowledge Systems: Principles and Practice. *IBM Journal of Research and Development*, 30, 2–13.

Walker, A., McCord, M., Sowa, J.F. und Wilson, W.G. (1987). *Knowledge Systems and Prolog– A Logical Approach to Expert Systems and Natural Language Processing*. Addison-Wesley, Reading, Massachusetts.

Waterman, D.A. (1986). *A Guide to Expert Systems*. Addison-Wesley, Reading, Massachusetts.

Wick, M.R. und Slagle, J.R. (1989). An Explanation Facility for Today's Expert Systems. *IEEE Expert*, 26–36.

Winston, P.H. (1984). *Artificial Intelligence*. Addison-Wesley, Reading, Massachusetts.

Winston, P.H. und Horn, B.K.P. (1989). *LISP*. Addison-Wesley, Reading, Massachusetts.

Wirth, N. (1984). *Compilerbau*. Teubner, Stuttgart.

Wirth, N. (1985). *Systematisches Programmieren*. Teubner, Stuttgart.

Wirth, N. (1986). *Algorithmen und Datenstrukturen mit Modula-2*. B.G. Teubner, Stuttgart.

Wolfram, S. (1988). *Mathematica – A System for Doing Mathematics by Computer*. Addison-Wesley, Redwood City.

Wolstenholme, D.E. und Nelder, J.A. (1986). A Front End for GLIM. In: Haux, R. (1986). *Expert Systems in Statistics*. Gustav Fischer, Stuttgart, 155–177

Wolstenholme, D.E., O'Brien, C.M. und Nelder, J.A. (1988). GLIMPSE: a knowledge-based front end for statistical analysis. *Knowledge Based System*, 1, 173–178.

Woods, W.A. (1975). What's in a Link: Foundations for Semantic Networks. In: Bobrow, D.G. und Collins, A.M. (1975). *Representation and Understanding: Studies in Cognitive Science*. Academic Press, New York, 35–82.

Zippel, M. (1982). A Parser as a User-Interface, driven by an Enclosed Array. *APL 82 – Conference Proceedings, APL Quote Quad*, 13, 389–396.